"十三五"江苏省高等学校重点教材

U0685758

# 船舶管理

## CHUANBO GUANLI

（二/三副）

主编　王国正　陶　肆

主审　王锦法　阎羡功

大连海事大学出版社
DALIAN MARITIME UNIVERSITY PRESS

ⓒ 王国正　陶肆　2024

**图书在版编目(CIP)数据**

船舶管理：二／三副／王国正,陶肆主编. — 大
连：大连海事大学出版社，2024.11
("十三五"江苏省高等学校重点教材)
ISBN 978-7-5632-4541-3

Ⅰ.①船… Ⅱ.①王… ②陶… Ⅲ.①船舶管理—资
格考试—高等学校—教材 Ⅳ.①U692

中国国家版本馆 CIP 数据核字(2024)第 070737 号

**大连海事大学出版社出版**

地址:大连市黄浦路523号 邮编:116026 电话:0411-84729665(营销部) 84729480(总编室)
http://press.dlmu.edu.cn E-mail:dmupress@dlmu.edu.cn

大连天骄彩色印刷有限公司印装　　　　　　　**大连海事大学出版社发行**

2024 年 11 月第 1 版　　　　　　　　　　　　2024 年 11 月第 1 次印刷
幅面尺寸:184 mm×260 mm　　　　　　　　　　　　　　　印张:19
字数:472 千　　　　　　　　　　　　　　　　　印数:1~2000 册

出版人:刘明凯

责任编辑:王　琴　　　　　　　　　　　　　　责任校对:任芳芳
封面设计:张爱妮　　　　　　　　　　　　　　版式设计:张爱妮

ISBN 978-7-5632-4541-3　　　定价:53.00 元

# 前　言

本书根据 STCW 78/10 公约等国际公约和《中华人民共和国船员条例》《中华人民共和国船员培训管理规则》等国内规则编写而成。

本书力求能够覆盖《海船船员培训大纲(2021 版)》对二/三副的培训要求的全部内容,兼顾课程体系的系统性和完整性,注重理论和航海实践相结合,综合当前船舶与船员管理的最新知识和信息,有效地帮助和指导高职高专航海技术专业学生和参加海船驾驶员适任证书考试的学员掌握相关的船舶与船员管理知识,同时通过介绍与分析海上实际工作中常遇到的问题,来加强对船舶驾驶员工作能力的培养。为了便于读者学习,本书在编写过程中力求概念清楚、理论正确、重点突出、条理清晰、文字通顺、理论结合实际。

本书共分九个项目,内容包括:安全管理体系基础、船员职务、船舶安全生产规章制度、国际海事公约、国内海事法规、防止船舶污染海洋环境、船舶检验、海上应急反应、领导力和团队工作技能。本书适用于高职高专航海技术专业学生学习和 500 总吨及以上海船二/三副适任证书考试培训,也可作为航海院校教师的教学参考书。

本书由江苏海事职业技术学院王国正和陶肆担任主编,江苏海事职业技术学院王锦法、阎羡功担任主审。陶肆负责本书的统稿工作。江苏海事职业技术学院张海峰、孙建明、许金辉、张斗胜、臧继明、王法初、郭若昕及江苏远洋运输有限公司刘全省船长参与了本书的编写。王国正、王法初、刘全省编写了项目一;张海峰、许金辉编写了项目二;孙建明、刘全省、张斗胜编写了项目三;陶肆、臧继明、郭若昕编写了项目四;陶肆、王国正、王法初编写了项目五;臧继明、郭若昕编写了项目六;王国正、张斗胜编写了项目七;许金辉、张海峰、陶肆编写了项目八;陶肆、张海峰、刘全省编写了项目九。

本书的编写得到了海事局、航海院校、航运企业的大力支持与帮助,在此表示衷心感谢。

由于编者水平有限、时间仓促,不足之处和差错在所难免,竭诚希望前辈、同行和读者批评指正。

编　者

2024 年 1 月

# 目　录

# 项目一
# 安全管理体系基础

## 学习目标

1. 了解安全管理的基础知识。
2. 了解安全管理体系。

## 任务一　管理的基本原则

原理是指某种客观事物的实质及运动的基本规律。管理原理是对管理工作的实质内容进行科学分析总结而形成的基本真理,它是现实管理的抽象,也是对各项管理制度和管理方法的高度综合与概括,因而对一切管理活动具有普遍的指导意义。

世界上一切科学技术的进步,一切物质财富的创造,一切社会生产力的发展,一切社会经济系统的运行,都离不开人的努力、人的劳动与人的管理,并且都是为了造福人类,促进人类社会的全面发展。人本原理就是以人为主体的管理思想。这是管理理论发展百年来的主要特点。

人本原理主要包括下述主要观点:职工是企业的主体;职工参与是有效管理的关键;使人性得到最完美的发展是现代管理的核心;服务于人是管理的根本目的。

### 一、企业的主体是职工

劳动是企业经营的基本要素之一,劳动者是创造价值的主体。对于提供劳动服务的劳动者在企业生产经营中的作用,人们的认识是逐步的,这个认识过程大体上经历了三个阶段。

1. 要素研究阶段

对劳动力在生产过程中的作用的研究是随着以机器大生产为主要标志的现代企业的出现而开始的。但在早期,这种研究基本上限于把劳动者视为生产过程中的一个不可缺少的要素。

1

比如，科学管理的奠基人泰罗的全部管理理论和研究工作的目的都是致力于挖掘作为机器附属物的劳动者的潜能。他仔细研究工人操作的每个动作，精心设计出最合理的操作程序，要求所有工人严格地执行，而不是自己再去创造和革新。他坚信，工人只要按照规范程序去作业，就能实现最高的劳动生产率，从而获得最多的劳动报酬，这样对工人和企业双方都有利。泰罗之后，所有对劳动和劳动力的研究大多未摆脱这种把人视作机器附属物的基本观点和方法。

### 2. 行为研究阶段

第二次世界大战前后，特别是战后，有一部分管理学家和心理学家开始认识到劳动者的行为决定了生产效率、生产质量和生产成本。在此基础上，他们进行大量的案例分析，研究影响劳动者行为的因素。通过这些研究他们发现，人的行为是由动机决定的，而动机又取决于需要。劳动者的需要是多方面的，经济需要只是其中的一种。所以，他们强调管理者要从多方面去激发劳动者的劳动热情，引导他们的行为，使其符合企业的要求。这一阶段的认识有其科学、合理的一面，但其基本出发点仍然是把劳动者作为管理的客体。

### 3. 主体研究阶段

20世纪70年代以来，随着日本经济的崛起，人们通过对日本成功企业的经验剖析，进一步认识到职工在企业生产经营活动中的重要作用，逐渐形成了以人为主体的管理思想。中国管理学家蒋一苇在20世纪80年代末发表的著名论文《职工主体论》中明确提出"职工是社会主义企业的主体"的观点，从而把对职工在企业经营活动中地位和作用的认识提升到了一个新高度。根据这种观点，职工是企业的主体，而非客体；企业管理既是对人的管理，也是为人的管理；企业经营的目的，绝不是单纯的商品生产，而是为包括企业职工在内的人的发展服务。

## 二、有效管理的关键是职工参与

实现有效管理有两条完全不同的途径：

（1）高度集权、从严治厂：依靠严格的管理和铁的纪律，重奖重罚，使得企业目标统一，职工行动一致，从而实现较高的工作效率。

（2）适度分权、民主治厂：依靠科学管理和职工参与，使个人利益与企业利益紧密结合，使企业全体职工为了共同的目标而自觉地努力奋斗，从而实现更高的工作效率。

两条途径的根本不同之处在于，前一条路径把企业职工视作管理的客体，职工处于被动管理的地位；后一条路径把企业职工视作管理的主体，职工处于主动参与管理的地位。当企业职工受到饥饿和失业的威胁时，或感受到政治与社会的压力时，前一条路径可能是有效的；而当职工经济上已比较富裕，基本生活已得到保证，就业和流动比较容易，所处的政治和社会环境比较宽松时，后一条路径就必然更为合理、更为有效。

影响企业发展的因素固然很多，但归纳起来无非是"天时""地利""人和"。其中，"人和"最为宝贵。有了"人和"，才能去争取和利用"天时"（客观环境和机遇）；有了"人和"，才有可能去逐步提升和充分发挥"地利"（本企业的资源优势）。如果没有"人和"，经营者与劳动者纠纷不断，企业领导内部、上下级之间、各部门之间遇事互相扯皮、遇责互相推诿、遇权或利互相争夺，则再好的外部环境也将被浪费，再好的内部条件也将被耗尽，失败将是必然结果。

"人和"的物质基础是经济利益一致。真正"人和"的企业应当成为全体职工的命运共同体。职工并不会因为企业的性质是国有企业，就自然地产生这种"主人翁感"，也不会因为企业的非国有性质，就一定不能形成命运共同体。

一方面,新一代的中国人已经摆脱了那种平均主义、空想主义的思潮,他们不会根据滔滔不绝、气壮山河的宏论来决定自己的行为,而是根据自身的感受来认识企业。他们通过工资报酬分配、企业红利分配、管理者工作态度和作风、管理者对劳动者权益的关心程度等,来判定是否应把自己的命运托付给企业。

另一方面,企业职工,从厂长、经理到普通职工,都是依靠向企业让渡自己的劳动力的使用权而谋生的劳动者。职工的劳动目前仍然是他们谋生的主要手段,并且只有当劳动者具有企业需要的劳动能力时,才能成为企业的职工。职工之间的工作岗位和劳动报酬的差别,也基本上是根据劳动力状况(受教育程度、专长、能力、经验等)、劳动态度、劳动贡献等因素确定的。企业生产经营活动中领导与被领导的分工是集体劳动的客观需要,人人享有平等的人权,人人都是劳动者,人人都可能成为领导者。许多在生产劳动中表现出聪明才智的职工,有可能发展成为担当管理企业重任的领导者,也有不少领导者因事业失败而重新成为普通的劳动者。

正是通过企业全体职工的共同努力,企业各项资源(包括劳动力本身)才得到最合理的利用,才为企业创造出产品、利润和财富。所以,企业全体职工都有权参与企业管理。企业中的一部分职工(经营者和管理人员)的职责就是管理。所以,要特别重视非专职管理的职工(普通工人、职员和技术人员)参与企业管理的问题。虽然参与企业管理具体的途径和形式是多种多样的,但以下三种形式应当是最基本的:

(1)由职工代表大会选举代表加入企业的最高决策层——管理委员会或董事会。职工代表在管理委员会和董事会中应占有一定比例,并享有与其他代表同等的权利。

(2)由职工代表大会选举代表加入企业的最高监督层——监事会。职工代表在监事会中应占有较多名额,并与其他监事一样,享有监督企业生产经营活动的职权。

(3)广泛参加日常生产管理活动(如质量管理、设备管理、成本管理、现场管理等)。由于劳动者最了解自己直接参与的那部分生产经营活动的实际情况,因此,他们在参与日常生产管理活动时应有更大的发言权,这样才会取得更好的效果。

## 三、现代管理的核心是使人性得到最完美的发展

人之初是性本善还是性本恶?不论在古今中外的伦理思想中,还是在现代管理学的研究中,这个问题已经争论了很长时间。这两种相互对立的观点都可以在社会生活中找到支持或反对的论据与事例。这个事实本身就表明,世界上并不存在绝对善或绝对恶的人性。人性是受后天环境影响而形成的,因而也是可以改变的。

不同的时代,人性都不可避免地被打上历史的烙印。在封建社会,超经济的人身依附成为人性中最普遍的现象。君臣之间、官民之间、夫妇之间、父子之间、地主与农民之间、师徒之间、主仆之间……基本以人身依附作为建立正常关系的准则,并且以是否完全遵守这一准则作为评价人性是否完美的标准。资本家拥有资本,劳动者拥有自己的劳动力,人们都是"平等"的"商品"所有者,都是以利己为目的,通过市场进行"自由"的交换和买卖,相互讨价还价,然后成交、签订合同。因此,"利己""守信"就成为资本主义条件下人际关系的基本准则,并以能否遵守这一准则作为评价人性是否正常的标准。一切管理活动也都建立在这一准则之上。按照马克思的设想,在资本主义高度发达的基础上建立的社会主义社会,将会因物质财富的极大丰富而使人们的思想觉悟得到极大提高,人们之间将形成完全平等的友爱关系。但是,当今中国管理界管理所面临的人性状况仍极为复杂。成功的管理者要在应对这个挑战的过程中,引导

和促进人性的发展。

事实上，管理者会在管理过程中影响企业职工人性的发展。同时，管理者行为本身又是管理者人性的反映。只有管理者的人性达到一定的境界，才能使企业职工的人性得到全面发展，而职工队伍的发展又是企业成功的关键。在多元文化的时代，在多样化的组织中，实施每一项管理措施、制度、办法时，不仅要看到其取得的经济效果，而且要考虑其对人的精神状态的影响。从尊重人，尊重人的种族、信仰、文化、爱好、兴趣的角度出发，才能真正促进人的全面发展。

## 四、管理的根本目的是服务于人

我们说管理是以人为主体的，是为人服务的，是为了实现人的全面发展，这个"人"当然不仅包括企业内部、参与企业生产经营活动的人（虽然在大多数情况下，这类人是管理学研究的主要对象），而且包括存在于企业外部的、企业通过提供产品为之服务的用户。为社会生产和提供某种产品或服务，是企业存在的主要理由。在我国传统的计划经济体制下，企业是根据国家指令性计划来组织产品生产的。据此生产出来的产品交由国家有关部门统一销售，企业不需要研究社会和用户的要求。因此，执行上级指令成为企业活动的主要任务，服务于行政主管部门成为企业管理明显的或隐含的宗旨。在市场经济条件下，市场需求的特点及发展趋势逐渐取代国家指令性计划，成为企业组织生产经营活动的主要依据，市场是否愿意接纳和使用企业的产品成为企业能否继续生存、企业经营能否成功的决定因素。"服务用户""服务市场"逐渐取代"服务上级""服务计划"，成为企业以及企业管理必须遵循的基本宗旨。

在市场经济条件下，用户是企业存在的社会土壤，是企业利润的来源。我们知道，作为商品生产者，企业生产不是为了企业自己或企业职工对某种产品的直接使用或消费，而是通过这些产品的销售获得销售收入，在补偿生产过程中的各种消耗后获得利润。只有获得销售收入和销售利润，企业才能获得继续生存的权利或发展（在更大规模上生存）的条件。销售收入与销售利润的获得是以市场用户愿意接受和购买企业产品为前提的，而用户是否愿意接受和购买企业的产品，取决于这些产品能否满足他们的需要。因此，为用户服务、满足用户的需要，实质上是企业实现其社会存在的基本条件。

（1）企业要在这种思想的指导下，研究市场需求的特点及发展趋势，据此确定企业的经营和产品发展方向。由于人的社会发展通常需要借助物质产品的消费来实现，因此，广义上，为人的发展而服务的企业，其经营及管理不仅要研究消费者已经表现出需求的产品特点，更应重视那些尚未被消费者所知的新产品的开发，从而挖掘他们的潜在需求。

（2）企业要从用户的角度出发，努力提高设备和材料的使用效率，加速资金周转，以减少资金占用和材料消耗，降低生产成本，从而降低产品的销售价格，以使消费者能够充分利用有限的货币购买力，获取更多的物质产品，满足其更多的需要。

（3）企业还要在这种思想的指导下，研究消费者通过使用本企业产品使其需求得到满足的实现条件。消费者购买某种产品不是为了这种产品的物质本身，而是为了获得这种产品所具有的使用价值。为了使产品的使用价值得到充分实现，企业不仅要为消费者提供符合其需求的产品，而且要为消费者提供与其使用有关的各种服务。

因此，为服务用户，企业还要在提供的产品品种对路、功能完善、质量优良、价格合理的前提下，提供产品使用方法的说明和指导、使用过程中的维护和修理等售后服务。

综上所述,尊重人、依靠人、发展人、为了人是人本原理的基本内容和特点。管理者应牢牢记住管理的终极目标是让人类的未来更美好。

# 任务二　管理的系统原则

任何社会组织都是由人、物、信息组成的系统,任何管理都是对系统的管理,没有系统,也就没有管理。系统原理不仅为认识管理的本质和方法提供了新的视角,而且它所提供的观点和方法已广泛渗透到相关的原理之中,从某种程度上说,在管理原理的有机体系中起着统率的作用。

## 一、系统的概念

系统是指由若干相互联系、相互作用的部分组成,在一定环境中具有特定功能的有机整体。就其本质来说,系统是"过程的复合体"。

在自然界和人类社会中,一切事物都是以系统的形式存在的,任何事物都可以看作一个系统,例如,人的呼吸系统、生态系统、工程技术系统、行政系统、经济系统、教育系统等。系统根据组成要素的性质,可分为自然系统和人造系统。自然系统是由自然物组成的系统,如生态系统、气象系统、太阳系等。人造系统是人们为达到某种目的而建立的系统,如生产系统、交通系统、商业系统、管理系统、危机预警系统等。

## 二、系统的特征

1. 集合性

集合性是系统最基本的特征。一个系统由两个或两个以上的子系统构成。构成系统的子系统称为要素,也就是说,系统是由各个要素集合而成的,这就是系统的集合性。例如,一个典型的大中型工业企业系统通常由研究开发子系统、生产子系统、销售子系统、生产及生活服务子系统、管理子系统等组成。

2. 层次性

系统的结构是有层次的,构成系统的子系统和子子系统分别处于不同的地位。系统从总体上看,有宏观和微观之分,而从微观上看,还有各种层次。由于系统层次具有普遍性,因而系统概念本身也就具有层次性,有系统、子系统、子子系统等。例如,工厂的车间相对于工厂系统来说是子系统,相对于班组子系统来说又是母系统;工厂相对于公司系统来说也是子系统。虽然系统与子系统是相对而言的,但层次是客观存在的。

3. 相关性

系统内各要素之间相互依存、相互制约的关系,就是系统的相关性。一方面,系统的相关性表现为子系统同系统之间的关系,系统的存在和发展,是子系统存在和发展的前提,因而各子系统本身的发展,就要受到系统的制约。例如,国民经济系统中的工业、农业、商业等子系统的发展,要受到国民经济这一系统的制约。另一方面,系统的相关性表现为系统内部子系统或要素之间的关系。某个要素的变化会影响另一些要素的变化,而各个要素之间关系的状态,对子系统和整个系统的发展都可能产生重要的影响。

## 三、系统原理的要点

### 1. 整体性原理

整体性原理是指系统要素之间的相互关系及要素与系统之间的关系以整体为主进行协调,局部服从整体,使整体效果达最优。实际上就是从整体着眼,从部分着手,统筹考虑,各方协调,达到整体的最优化。

从系统目的的整体性来说,局部与整体存在着复杂的联系和交叉效应。大多数情况下,局部与整体是一致的。对局部有利的事对整体也是有利的,对整体有利的事对局部也是有利的。但有时,局部认为是有利的事,从整体上来看并不一定就是有利的,甚至是有害的。有时,局部的利越大,整体的弊反而越大。因此,当局部和整体发生矛盾时,局部利益必须服从整体利益。

从系统功能的整体性来说,系统的功能不是要素功能的简单相加,而是往往要大于各个部分功能的总和,即整体大于各个孤立部分的总和。这里的"大于",不仅指数量上大,而且指各部分在组成一个系统后,产生了总体功能,即系统功能。这种总体功能的产生是一种质变,它的功能大大超过了各个部分功能的总和。因此,系统要素的功能必须服从系统整体的功能,否则,就会削弱整体功能,从而失去系统功能。

在现实情形中经常可以看到:一个系统中,重局部,轻全局,特别是局部之间不协调,从而损害了全局的利益。在这种情况下,子系统的功能虽好,但不利于达到整体的目的,其效果当然不会好;相反,有时候子系统的效益虽然低一些,但有利于实现系统功能,有利于达到整体的目的,其效果自然是好的。例如,一支球队是一个互相配合的有机系统,如果队员个个球艺精湛,但相互配合不默契,不能形成一个整体,就肯定不能成为一支优秀的球队。

### 2. 动态性原理

系统作为一个运动着的有机体,其稳定状态是相对的,运动状态则是绝对的。系统不仅作为一个功能实体存在,而且作为一种运动存在。系统内部的联系就是一种运动,系统与环境的相互作用也是一种运动。系统功能是关于时间的函数,因为不论是系统要素的状态和功能,还是环境的状态或联系的状态,它们都是变化的,即运动是系统的生命。例如,企业是社会经济系统中的子系统,它为了适应外部社会经济系统的需要,必须不断地完善和改变自己的功能,而企业内部各子系统的功能及相互关系也必须随之相应地发生变化。企业系统就是在这种不断变化的动态过程中生存和发展的,因此,企业的产品结构、工艺过程、生产组织、管理机构、规章制度、经营方针、管理方法等都具有很强的时限性。

掌握系统的动态原理,研究系统的动态规律,可以帮助我们预见系统的发展趋势,树立超前观,减少偏差,掌握主动性,使系统向着期望的目标顺利发展。

### 3. 开放性原理

封闭系统因受热力学第二定律作用,其熵将逐渐增大,活力逐渐降低。严格地说,完全封闭的系统是不存在的,即不存在一个与外部环境完全没有物质、能量、信息交换的系统。任何有机系统都是耗散结构系统,系统与外界不断交流物质、能量和信息,以维持生存;并且只有当系统从外部获得的能量大于系统内部消耗散失的能量时,系统才能克服熵而不断发展壮大。所以,对外开放是系统的生命力。在管理工作中,任何试图把本系统封闭起来并与外界隔绝的做法,都只会失败。明智的管理者应当从开放性原理出发,充分估计外部环境对本系统的种种影响,努力从开放中增加本系统从外部环境吸收的物质、能量和信息。

### 4. 环境适应性原理

系统不是孤立存在的,它会与周围事物发生各种联系。这些与系统发生联系的周围事物的全体,就是系统的环境,它是一个更高级的大系统。如果系统与环境进行物质、能量和信息的交流,能够保持最佳适应状态,则说明这是一个有活力的理想系统,否则一个不能适应环境的系统是无生命力的。

系统对环境的适应并不都是被动的,也有能动的,那就是改善环境。环境可以影响系统,系统也可以影响环境。例如,构成社会系统的人类具有改造环境的能力,没有条件可以创造条件,没有良好的环境可以改造环境。这种适应和改造环境的能动性,受到一定时期人类掌握科学技术(包括组织管理)知识和经济力量的制约。作为管理者,既要有勇气看到能动地改变环境的可能,又要冷静地看到自己的局限,这样才能实事求是地做出科学的决策,保证组织的可持续发展。

## 四、管理的效益原则

### 1. 效益的含义

效益是指有效产出与投入之间的一种比例关系,是一种有益的效果。效果、效率与效益都是对投入与产出之间关系的评价。

### 2. 效益的分类

经济效益是指人们在社会经济活动中所取得的收益性成果,它是通过增强经济活动的效果而得到的实际经济利益,即以最小代价,创造出最大价值,达到最佳经济效果。

社会效益是指劳动所产生的成果对社会产生的有用的和积极的影响,以及做出的贡献。

经济效益与社会效益既有联系,又有区别。在管理活动中,要坚持两种效益的统一。

### 3. 影响管理效益的因素

一切管理都是为了努力地提高效益,但并不是一切管理都是有效益的。因为管理在使分散的人、财、物结合在一起并形成一个整体的时候,可能产生积极效应,也可能产生消极效应。

管理效益取决于管理者(主体、主导、核心),也取决于管理对象(人、财、物、时间、空间、信息等,其中人是最重要的),还受到管理环境(政治、经济、科学技术和社会心理等)的影响。

### 4. 效益原则的内容与要求

在管理中,管理的效益原则的基本要求有:重视效益,追求效益,以最小的消耗和代价获取最佳的经济效益和社会效益,追求管理的整体效益和长期效益。

### 5. 效益原则的应用

效率管理是通过分析组织及组织的流程,对组织的效率进行规定、分析和评估,提高组织的效率,从而有效地实现组织目标的活动。它强调要以一切可行的效率标准来统一人们的思想、指导人们的行动,把效率作为管理活动的宗旨并放在工作的中心位置,这是效率管理的精髓所在。

### 6. 提高效率的途径

科学地管理(对人):管理的首要任务是对人进行管理,提高人的效率,需要通过建立相关的组织与人事制度来明确个人责任。

合理地使用物质资源(对物):现代管理要求,任何组织都不能通过高消耗来带动组织的发展,而应当把降低成本作为挖掘组织发展潜力的基本途径。

# 任务三　安全管理体系

## 一、管理体系的定义

管理体系(Management System),是组织用于建立方针、设定目标以及实现这些目标的过程的相互关联和相互作用的一组要素。一个组织的管理体系可包括若干个不同的管理体系,如质量管理体系(ISO9001)、环境管理体系(ISO14001)、职业健康安全管理体系(ISO45001)、信息安全管理体系(BS7799/ISO27001)、汽车行业质量管理体系(IATF16949)、电信业质量管理体系(TL9001)、食品安全管理体系(HACCP)等,是企业组织制度和企业管理制度的总称。

## 二、管理体系的相关术语

1. 审核

审核是指为获取审核证据并对其进行客观的评价,以确定满足审核准则的程度所进行的系统的、独立的并形成文件的过程。

注1:内部审核,有时称第一方审核,由组织自己或以组织的名义进行,用于管理评审和其他内部目的,可作为组织自我合格声明的基础。

注2:外部审核包括通常所说的第二方审核和第三方审核。

注3:第二方审核由组织的有关方(如顾客)或由其他人员以相关方的名义进行。

注4:第三方审核由外部独立的组织进行。这类组织提供符合要求(如 GB/T 19001—2016 和 GB/T 24001—2016)的认证或注册。

注5:质量管理体系和环境管理体系被一起审核,称为"一体化审核"。

注6:两个或两个以上审核机构合作,共同审核同一个受审核方,称为"联合审核"。

2. 审核准则

审核准则是指用作依据的一组方针、程序或要求。

3. 审核证据

审核证据是指与审核准则有关的并且能够被证实的记录、事实陈述,也可以是其他信息。

注:审核证据可以是定性的或定量的。

4. 审核发现

审核发现是指将收集到的审核证据对照审核准则进行评价的结果。

注:审核发现能表明收集到的审核证据是否符合审核准则,也能指出改进的方法。

5. 审核结论

审核结论是指审核组考虑了审核目标和所有审核发现后得出的最终审核结果。

6. 审核委托方

审核委托方是指要求审核的组织或个人。

7. 受审核方

受审核方是指被审核的组织。

8. 审核员

审核员是指有能力实施审核的人员。

9. 审核组

审核组是指实施审核的一名或多名审核员。

10. 技术专家

技术专家是指向审核组提供特定知识或技术的人员。

11. 审核方案

审核方案是指针对特定时间段策划,并具有特定目的的一组(一次或多次)审核。

12. 审核计划

审核计划是指对一次审核活动和安排的描述。

13. 审核范围

审核范围是指审核的内容和界限。

注:审核范围通常包括对实际位置、组织单元、活动和过程以及所覆盖的时期的描述。

14. 能力

能力是指经证实的个人素质以及经证实的应用知识和技能的本领。

## 三、相关管理体系介绍

一体化管理体系是指为实现组织的目标,将若干个不同的管理体系,如质量管理体系(ISO9001)、环境管理体系(ISO14001)、职业健康安全管理体系(ISO45001),通过一定的方式方法整合在一个架构下运行的一个管理体系。

一体化管理体系有狭义和广义之分。将两个不同的管理体系整合的一体化管理体系或将三个不同的管理体系整合的一体化管理体系即为狭义的一体化管理体系;集约型一体化管理体系即为广义的一体化管理体系。

集约型一体化管理体系,是 QHSE(质量管理体系、环境管理体系、职业健康安全管理体系)等多个不同的管理体系一体化整合管理的再扩展、再提升。QHSE 等多个不同的管理体系整合而成的一体化管理体系自成系统,是一个独立运行的体系;若以企业为整体,从全局角度和系统目标来看,QHSE 管理与企业其他诸多专项管理仍是多体系在运行;而在集约型一体化管理体系中,质量管理体系、环境管理体系、职业健康安全管理体系只是管理体系中的重要组成部分。

集约型一体化管理体系是企业为充分发挥自身整体效能,满足相关的法律法规、国家标准和相关方以及其他要求,承担应尽的经济责任、社会责任和政治责任,实现组织的目标,借鉴将多个不同的管理体系整合的思路,以企业为整体,将组织所有资源和活动按照过程方法重新整合成一体的一种管理体系模式。其内涵可概括为:以控制论、系统论、信息论理论为指导,全面吸收和广泛应用 ISO9001 标准的管理理念、原则和方法,从企业全局角度和系统目标出发,将全部活动和相关资源作为过程进行控制,将相互关联的过程或过程网络作为体系来管理,在充分识别企业适用的法律法规、技术性标准及其他要求,分析比较包括我国企业标准体系等在内的不同体系标准特定要素,确定企业内部包括党群工作在内的所有管理过程和相互作用、优化配置管理资源的基础上,通过吸收整合、总结提炼、丰富扩展而形成的以过程为基础的、以企业为整体的管理体系,并以文本化形式予以体现,用以规定和指导体系的实施、保持和持续改进。

　　该体系要求覆盖企业内部管理各个方面，做到"横向到边、纵向到底"，用一套制度支持全方位管理，既能满足多个体系标准认证要求，又能促进各项管理职能有机融合，形成集合协同优势，充分利用有限资源，建立自我完善的运行机制，有利于提高企业整体管理的效率，提高企业整体管理的效果，实现企业的目标。

　　建立、实施该体系能使企业广泛采用当今国际通用的、公认的 ISO9001 的管理理念、原则、方法和技能，在企业管理方面逐步与国际要求接轨；并随着体系的持续改进，在企业逐步形成相对统一的管理理念、思想、方法和具有自身特色的管理文化，为企业全面提高竞争能力，实现可持续发展，承担应尽的经济责任、社会责任和政治责任奠定坚实的基础。

# 项目二
# 船员职务

📖 **学习目标**

1. 了解二/三副的基本职责。
2. 掌握二/三副的专项职责。

## 任务一 二副职责

### 一、二副的基本职责

(1) 在船长、大副的领导下,履行规定的船舶航行和停泊值班职责,并主管航海仪器设备(包括驾驶台各种助航仪器、操舵装置,气象仪表和 GMDSS 设备等)和航海图书资料。

(2) 熟悉并遵守值班联系制度,以及航行安全、技术操作方面的规章。

(3) 管理驾驶台航海仪器设备,并负责其正确使用和养护,排除一般故障。

(4) 向新到任的船舶驾驶人员介绍航海仪器设备的性能和操作注意事项。

(5) 负责在驾驶台张贴有关图表资料,如驾驶台规则、航海仪器设备操作说明等。

(6) 负责提出所管航海仪器设备及其备件耗材的添置、更新申领报告。

(7) 负责管理天文钟和船钟,及时校正船钟。

(8) 负责管理国旗、信号旗、号灯、号型和白昼信号灯、应急航行灯等设备。

(9) 负责保持驾驶台、海图室和所管库室的整洁。

(10) 负责保持在驾驶台内存放的救生信号和器材充足及有效。

(11) 负责申领并管理海图、航海图书资料及各种驾驶台记录簿等,并及时登记、改正。

(12) 开航前,按船长指示备妥所需的国旗、海图及有关资料,设计计划航线。

(13) 航行和锚泊时值 0000—0400、1200—1600 班;系泊时,与三副轮值夜班。

（14）进出港口、靠离移泊时，在船尾瞭望，并按船长的指示指挥船尾系解缆作业。

（15）每天填写并与机舱交换正午报告，航次结束后及时填报航次报告。

（16）装卸货期间，按配载计划和大副的具体布置，现场监督货物装卸、积载、系固等。

（17）修船时，做好所管航海仪器设备修理项目的自修、监修与验收工作。

（18）如被指定为船上的 GMDSS 操作员，按规定履行相应的无线电通信和遇险报警职责。

（19）完成大副指派的其他工作。

（20）当大副因病或其他原因不能履行职务时，临时代理大副职务。

## 二、二副的具体职责

### 1. 开航准备职责

二副在开航前应：

（1）按照离港准备工作检查表或开航前检查表做好各项开航前准备工作。

（2）备齐航次所需的国旗及改正好的海图、航海图书资料（航路指南及其补篇、进港指南、灯标表、潮汐表、航海天文历及其附表等）和其他航海出版物。

（3）检查确认驾驶台已按规定张贴布置船舶操纵要素图表、磁罗经自差表、重要航海仪器和设备的操作规程、驾驶台规则、驾驶轮机联系制度等。

（4）检查确认已按规定在指定场所放置航海日志、车钟记录簿、VHF 守听与通话记录簿、狭水道航行记录簿、测天记录簿、磁罗经自差记录簿、天文钟误差记录簿、雷达使用记录簿、陀螺罗经工作保养记录簿等文书。

（5）检查确认驾驶台救生信号均在有效期内。

（6）按船长指示，在海图上画妥计划航线，并标出每一段航程的航向和航行距离以及转向点的经纬度。在拟订计划航线时，如有疑问，应及时请示船长。

（7）根据船长指示在船舶开航前完成航次计划，并交船长审核。将经船长签字确认的航次计划存放在驾驶台专用文件夹内。

（8）检查和试验驾驶台航海仪器设备、气象仪表，及早启动陀螺罗经，开启并调整好雷达、GPS 等助航设备，在 AIS 上录入航次信息。如需负责管理和使用 GMDSS 设备，开启并调整相关设备。

（9）取出望远镜、EPIRB 等在停泊时暂时收藏的设备和物品，置于规定处所。

（10）将需在国外购买的海图、仪器备件、记录纸以及救生信号等的书面清单交给船长。

（11）向大副和（或）船长报告开航准备情况。如有程序文件要求，填妥开航准备报告并交给船长。

### 2. 靠离移泊时的专项职责

靠离移泊时，二副在船尾指挥。要求二副：

（1）靠离移泊前了解船长或引航员的靠离移泊计划和要求。

（2）靠离移泊前做好以下靠离移泊的准备：

①将对讲机充满电并将其调至商定频道，试验对讲机通话质量。

②督促水手长检查船尾绞缆机工作是否正常，检查导缆滚筒和挽缆桩有无异常。

③督促水手长和水手备妥撇缆、系缆、拖缆、回头缆、卸扣碰垫、防鼠挡等，并检查各设备状态。

④检查参加靠离移泊人员的穿戴是否符合安全操作要求。

⑤向参加靠离移泊人员交代船长靠离移泊计划和自己的执行方案,确定人员分工。

⑥根据靠泊计划,指挥人员预先在甲板上铺放好一定长度的系缆。

⑦离泊前检查船尾系缆状况,保证能顺利解除。

⑧联系港方远离船尾附近影响离泊的船只和岸上机械。

⑨报告驾驶台船尾靠离移泊准备情况。

(3)在靠离移泊过程中

①根据船长指示和现场情况,正确地指挥现场操作,注意现场操作人员和船舶的安全。

②及时向船长报告:船尾有无影响动车的障碍物;距他船、码头、浮筒的距离;船尾附近他船的动态及距离;缆绳系带情况或收绞情况;现场操作情况;等等。

③靠离移泊时严格按照船长命令送出或解除船尾系缆。第一根缆绳上桩或最后一根缆绳解除后应立即报告船长,最后一根缆绳绞离水面后也应立即报告船长。在收绞缆绳的过程中应随时向船长报告缆绳收绞情况。

④根据船长指示以及靠离移泊时现场实际情况,保持与船首的协调。

⑤根据船长指示,及时系解协助靠离移泊的拖船缆绳。

(4)靠离移泊后,督促水手长关闭有关电源,收藏好靠离移泊操作用的器材并清理好现场。

(5)靠泊后,督促水手挂好防鼠挡,调整系缆,使其均匀受力。

(6)离泊后应盘放好缆绳(自动绞缆机上盘好的缆绳除外),加罩并系固,或将缆绳收入专用舱室。

(7)经船长同意后方可离开船尾靠离移泊操作现场。

3.航行中的专项职责

除认真履行航行值班职责,保证船舶航行安全外,二副还应:

(1)每天中午与机舱对时,并互换正午报告。

(2)每天中午统计航行时间和累计航程,并将其填入航海日志。

(3)按船长指示准备临时要用的海图和航海图书资料。

(4)正确设置C站、EGC和NAVTEX航海警告接收信息,阅签无线电航行警告。对于重要的无线电航行警告,应立即报告船长,同时用铅笔标注于海图上,并提醒其他驾驶员注意。负责将航行警告装订备查,保存1年。

(5)负责航行中航海仪器设备出现的一般故障的排除。

(6)在被指定履行无线电操作员的部分职责时,按规定完成无线电通信任务。

4.驾驶台管理职责

二副的驾驶台管理职责有:

(1)负责保持驾驶台、海图室的整洁、有序。

(2)禁止无关人员擅动置于驾驶台内的各种航海仪器设备以及航海图书资料。除非经船长批准,禁止任何人将放置于驾驶台的航海图书资料及有关文件销毁或携带出驾驶台。

(3)靠泊中,驾驶台无人值守时,应将可携带走的贵重物品收藏妥当,锁闭驾驶台门窗。

(4)未经船长批准,禁止无关人员随意进出、参观驾驶台。如需外来工程师检修、安装位于驾驶台内的航海仪器设备,应陪同并予以协助。

（5）负责在驾驶台内张贴驾驶台规则和驾驶台操作指南、驾驶与轮机联系制度、操舵装置使用说明方框图、船舶破损控制图、船舶操纵资料、航海仪器设备操作规程、磁罗经自差表、引航员登船装置布置图、船舶号灯号型示意图、中国沿海港口信号规定、值班安排表等。协助三副在驾驶台内张贴应变部署表、救生衣穿着示意图等。

5.航海仪器设备的管理职责

（1）为了保证航海仪器设备（包括气象仪表，下同）处于正常的技术状态和得到有效的管理，二副应：

①按照仪器说明书，建立航海仪器设备的使用、养护、检修记录簿和误差校测记录簿，认真做好相关记录。

②负责各种航海仪器设备的正确使用和养护，并定期对其进行清洁、加油检查，及时更换驾驶台内各种记录仪器的记录纸，及时更换航海仪器设备的损坏部件，检查并根据需要更换陀螺罗经液体；及时排除航海仪器设备的一般故障，保持其处于良好工作状态。

③负责编制主要航海仪器设备的操作规程，妥善保管各种航海仪器设备的使用、操作说明书。

④将驾驶台主要航海仪器设备的操作规程张贴或悬挂在操作岗位附近醒目位置，提醒值班驾驶员严格按照操作规程和安全注意事项进行操作。

⑤负责向新来的驾驶员详细介绍主要航海仪器设备的性能、特点、技术现状、误差情况、操作规程、使用方法等；禁止无关人员擅自动用航海仪器设备；见习人员学习使用航海仪器设备时，应亲自或要求其他驾驶员现场指导。

⑥在船舶开航前，对位于驾驶台的主要航海仪器设备进行一次检查和工作试验，发现不正常现象应予以消除，或报告船长并及时申请修理。

⑦如某航海仪器设备故障或误差过大，以致不能正常工作，应及时查找原因、排除故障，若不能排除，及时申请修理；必要时，在征得船长同意的情况下，通知其他驾驶员停止使用该仪器设备。

⑧保证标准罗经、陀螺罗经复示器、雷达、无线电定位仪等在不用时罩好防潮、防尘的罩盖；在停港时，保证望远镜、六分仪和方位仪等非固定或手持使用的精密仪器被锁存在柜内并放置干燥剂；保证陀螺罗经主体周围清洁、干燥、通风，保证磁罗经周围无铁块及磁性物质。

⑨定期养护操舵仪，经常核对装在驾驶台而属于轮机部管理的仪表的正确性，发现异常现象应立即通知轮机部有关人员检修。

⑩负责全船公共场所的船钟拨时、上弦、换电池、校正和检修。负责管理天文钟，按时上弦、换电池、校正和记录误差；发现天文钟误差过大，应立即报告船长，若出现不规则的快慢变化，应及时检查修理。

⑪在修船期间，做好所管航海仪器设备修理项目的验收工作。进坞后和出坞前，应对测深仪和计程仪发射接收体的水下部分进行检查、保养，并做好记录。外来工程师上船检修航海仪器设备时，应陪同、协助，并做好监修和验收工作。

⑫建立自己所管的仪器、设备、备件、工具和资料的清册，交接时按册清点。负责向大副提出所管航海仪器设备及其备件、耗材的添置更新、申领、修理报告。

（2）如船上没有专职的无线电操作员，而指定二副履行无线电操作员的部分职责时，二副还应：

①负责无线电通信设备有关资料的申领、改正、保管工作,保持其齐全有效。

②负责 GMDSS 通信设备和其他通信设备的周期性试验、检查、保养、维修工作,并将结果记入无线电日志。

③在无线电通信设备经修理、安装或更新后,做好调试、验收工作。

④负责 GMDSS 通信设备和其他通信设备有关物料、备件的申领、保管工作,并建立台账。

⑤在开航前,保持通信设备处于良好工作状态,各种 GMDSS 通信设备打印纸齐全。

⑥负责通信费用的统计工作。

⑦负责保管有关文件、图纸、说明书、报文底稿、电稿、账单和无线电日志。

⑧负责对船员进行无线电遇险通信设备使用的培训,并将结果记入无线电日志。

6. 航海图书资料的管理职责

在航海图书资料的管理方面,二副有下列职责:

(1)负责管理、登记、保管、改正、清点和领退航海图书资料(包括海图、航海书籍、航海参考资料、航行通告、航行警告、航海仪器技术说明书、各种记录簿等);负责登记并保管航海图书资料清册,职务交接时移交该清册。

(2)根据本船情况,负责将全部海图分成中文版海图、外文版海图、专用海图、常用海图和其他海图等几类,按图号顺序,妥善地存放在不同的海图抽屉内;航次结束后,将不再使用的海图根据图类和海图号放回原存放位置;作为海事证明用的海图应交船长保管。

(3)经常检查、清点航海图书资料,熟悉各种航海图书资料在驾驶台或海图室内的具体放置位置,如发现遗失,查找原因并立即报告船长;未经船长同意,不允许其他人将航海图书资料携带出驾驶台或海图室;督促他人将从驾驶台或海图室临时借出的航海图书资料及时送回。

(4)尽可能从船公司领取航次所需的各种航海图书资料;来不及从公司领取且急需的航海图书资料,可先报船长批准后通过代理购买,事后补办申领手续。

(5)收到新的中、外文版航行通告及其补篇后,应立即在海图卡片中进行登记;然后根据轻重缓急,先改妥本航次所用海图,尽快改妥常用海图,抓紧改正其他海图。

(6)将航行通告及其补篇按年份及中、外文版分别装订保管;航行通告内所涉及的其他图书资料也应建立修改卡片,并参照修改海图的精神,根据轻重缓急,予以改正。

(7)阅签收到的无线电航行警告,并根据内容和需要用铅笔在相关海图上标注,然后将无线电航行警告专卷装订备查,保存 1 年。

(8)执行公司文件规定,报经船长批准,对更新后的废旧航海图书资料进行处理。

7. 应急职责

二副在应急中的职责有:

(1)航行中无论发生何种应急情况,应继续在驾驶台负责航行值班,并协助船长应急。如正在休息,听到应急警报后应立即上驾驶台接替值班驾驶员负责航行值班,并协助船长应急。

(2)若船舶在航行中发生火灾应急,应负责操控位于驾驶台的 $CO_2$ 释放控制系统,并在大副确认具备释放条件以后按船长的命令一次性释放。

(3)若在航行中发生触礁、搁浅、漏水等应急情况,应在驾驶台负责瞭望、定位、记录重要事项;负责应急现场、船长(驾驶台)、机舱之间的通信联络以及船岸间的 VHF 联系,并按船长指示协助做好其他工作。

(4)航行中发现船上有人落水时,应立即向人落水侧操满舵甩开船尾,就近抛投救生圈并派人在高处瞭望跟踪落水人员,停车并鸣放人落水警报,记录人员落水船位;停泊中发现有人落水时,就近抛投救生圈,鸣放人落水警报。

(5)弃船时,在驾驶台协助船长定位、记录、通信联络,发出遇险警报;在证实机舱锅炉熄火、机电设备全部停止运行、海底阀和应急遥控阀全部关闭后向船长报告;协助船长降下国旗并携带国旗、航海日志、相关海图重要文件与物品等离船;检查各救生艇是否携带 VHF 及雷达应答器。

(6)若船舶正在搜救遇险船舶,应立即上驾驶台协助船长执行协调搜救任务。

8.职务交接职责

因公休或奉调离船,在进行职务交接时,交、接班二副有下列职责:

(1)交班二副应向接班二副介绍并交代清楚:

①所管航海仪器设备的技术性能、现状及操作注意事项;

②海图及航海图书资料的改正情况;

③所管航海仪器设备的维护保养计划以及近期修理计划;

④驾驶台救生信号和器材的存放位置及有效期;

⑤应申请购买的海图及航海图书资料、航海仪器备件及耗材等;

⑥与停泊值班、装卸值班以及开航准备有关,需要特别交代的事项;

⑦船长、大副交办的事项等。

如有必要,上述有关介绍最好形成书面文字(交接班备忘录),以便接班二副备查。

(2)交班二副应向接班二副移交:航海仪器设备清册;航海仪器说明书清单;航海仪器设备养护记录簿;海图登记卡片和登记簿;航海图书资料清册;驾驶台书籍与记录簿清单;本人管理的国旗、信号旗、救生信号等清单;本人保管的物料清单;本职务所使用的工具、物品及库房钥匙;等等。

(3)填写交接班报告或职务交接单,以及 GMDSS 设备交接报告。

# 任务二　三副职责

## 一、三副的基本职责

(1)在船长、大副的领导下履行规定的船舶航行和停泊值班职责,并主管船舶救生、消防设备。

(2)熟悉并遵守值班、联系制度,以及航行安全、技术操作方面的规章。

(3)负责管理消防设备和器材以及火灾探测和报警系统,定期养护、检查、换剂。

(4)负责管理并能熟练地操作固定式灭火系统。

(5)负责管理救生艇(筏)、救生浮具及其属具、备品,定期更换淡水和食品等。

(6)负责保持各种救生信号在有效期内(驾驶台由二副管理的除外)。

(7)对船上各处配置的救生衣应经常检查,发现损坏,应及时修复或更换。

(8)负责船舶各种救生消防器材、设备的登记并做好检查、修理、更换的记录。

(9)负责救生、消防设备及器材的更新、添置、定期检验和厂修的申报。

（10）按规定向船员讲解救生、消防知识,各种救生、消防设备和器材的操作使用方法。

（11）按规定向接班船员及第一次上船的新船员介绍其应急岗位、应急职责和主要消防救生器材的使用。

（12）开航前,如有船员变动,编制新的船舶应变部署表和船员应急任务卡。

（13）张贴或悬挂经船长批准的新的船舶应变部署表。

（14）按规定在船上有关场所布置船舶救生、消防操作规程、示意图符号和标志。

（15）航行和锚泊时值 0800—1200、2000—2400 班;系泊时,和二副轮值夜班。

（16）进出港口、靠离移泊和抛起锚时,在驾驶台执行瞭望和传达船长的指令。

（17）装卸货期间,按配载计划和大副的具体布置,现场监督货物装卸、积载、系固等。

（18）修船时,做好所管项目的自修、监修和验收。

（19）完成大副指派的其他工作。

（20）当二副因病或其他原因不能履行职务时,临时代理二副职务。

## 二、三副的具体职责

1. 开航准备职责

三副在航次开航前应:

（1）按照离港准备工作检查表或开航前检查表做好各项开航前准备工作。

（2）当船上人员发生变动时,重新编制并布妥船舶应变部署表和船员应急任务卡。

（3）对在救生、消防设备日常检查中发现的缺陷的纠正情况进行必要的开航前复查。

（4）对可能在开航前移动过的救生、消防设备和送岸检验(修)设备进行检查,及时复位。

（5）巡视检查救生艇、救生筏及其降落设备的状况。

（6）检查救生艇内属具(包括淡水、干粮、救生信号等)的情况。

（7）检查救生圈是否按规定配备齐全,自亮浮灯及救生绳情况是否正常。

（8）检查灭火系统是否正常;检查所有通风筒上的防火挡板是否活络;检查所有消火栓是否活络,消防皮龙等是否放置在规定位置。

（9）对船舶火灾探测和报警系统进行必要的检查、试验。

（10）巡视检查下列图表及规章的布置情况:消防布置总图、防火控制图;船舶应变部署表、船员应急任务卡;训练手册;日常防火防爆守则;安全防火巡回路线图;固定式灭火系统操作规程;救生艇起落操作规程;救生筏释放示意图;救生衣穿着示意图;逃生路线标志;其他有关救生、消防的重要须知和图解标志;等等。

（11）向大副和(或)船长报告开航准备情况;如有程序文件要求,填妥开航准备报告并交给船长。

2. 靠离移泊时的职责

三副在船舶靠离移泊时应:

（1）在驾驶台协助船长、引航员瞭望,维持驾驶台秩序。

（2）执行船长、引航员的车钟令,记录过浮时间、车钟令、重要船位和有关情况。

（3）传达船长、引航员给船首、尾的指令及逆向的报告。

（4）负责驾驶台与机舱的联系以及 VHF 通信。

（5）督促并检查一水及时、正确地显示有关号灯、号型和旗帜。

（6）监视有关仪器、仪表的工作情况和有关数据，以及操舵装置的工作情况及操舵情况。

（7）执行船长的其他指示。

（8）将靠离移泊全过程的主要情况记录在航海日志记事栏内。

3. 消防设备的管理与检查职责

三副在船舶消防设备的管理与检查方面的职责有：

（1）负责对由甲板部管理的消防设备、器材进行养护、检查和换剂，按规定定期申报岸基检验，发现故障及时修理或报修。

（2）负责保持火灾探测和报警系统工作正常，发现故障及时修理或报修。

（3）负责保持固定式灭火系统的管系以及分路阀的铭牌、标志鲜明，分路阀阀门活络。

（4）保证各种消防设备、器材色泽鲜明醒目，放置地点有明显的标志且便于取用。

（5）冬天负责检查并排放甲板消防管路中的残水。

（6）应经常对消防设备、器材以及消防员装备进行检查，以保证：

①$CO_2$ 间内整洁、干燥、通风设施良好、无影响操作的杂物；室内有适当的照明和有效的通信设备，应急灯工作正常，门上贴有 IMO 标识，门外有备用钥匙；所有 $CO_2$ 气瓶放置牢固；瓶中的 $CO_2$ 重量符合规定，没有渗漏现象；$CO_2$ 气瓶称重与管路吹通证书均在有效期内；$CO_2$ 气瓶管道连接正确，管道接头和放气喷头完好、不堵塞，$CO_2$ 专用释放扳手均放置在固定位置；瓶头阀销放置正确，大型灭火系统管系控制阀门活络，分路阀的铭牌、标志鲜明。

②消防总管通畅并正确标识，消防泵或应急消防泵启动后能正常向消防总管送消防水；消防总管上放水阀与减压阀（如装有）状况良好，可以随时排出管中的存水；所有消火栓阀门活络，手轮转动自如，无滴漏现象；所有消防皮龙（水带）无破裂、磨损和漏水现象，皮龙表面清洁，卡箍无锈蚀；所有消防皮龙能被迅速连接和断开，接头处垫圈完好；消防皮龙箱编号、IMO 标识齐全，箱内配有 F 扳手，消防皮龙在箱内盘放正确。

③消防员装备符合要求。呼吸器性能良好且保持有足够的气压；呼吸器面罩不漏气，在低压区有报警声；防护服、头盔、手套、靴子等消防员装备完好无损；安全索摆放整齐，没有任何缠绕；防爆电筒内的电池有足够的能量。

④太平斧、火钩完好无损，随时可用；消防水桶保持足够盛水且无杂物；沙桶、沙箱经常盛有足够的沙且保持干燥、松散、无杂物。

⑤通风系统挡火（烟）闸开关正常；自闭式防火门工作正常；测爆仪或可燃气体指示器可正常使用；货舱、机舱及各舱室的烟火探测装置及火灾报警系统工作正常。

（7）应定期进行船舶消防布置的检查，以保证：

①特定的场所已按船舶防火控制图的要求配置了消防设备、器材和（或）消防员装备。

②消防设备、器材没有被挪作他用；凡使用过的消防设备、器材已按规定经过检查、晾晒、充剂、保养后放回了原位。

③消防皮龙和水枪放置在一起；国际通岸接头存放在防火控制图中指定的地方，并和配套工具存放在一起；船上的消防员装备被分别放置在两处存放。

④防火控制图及安全防火巡回路线图已按规定编制，并在有关场所张贴；防火控制图上的设备标识与实际相符；防火控制图的副本或一本含有防火控制图的小册子，已装入甲板室外有醒目标志的风雨密盒（筒）内。

⑤舷梯口已悬挂禁烟、禁带火种的警告牌；货舱内"NO SMOKING"字样清晰。

⑥$CO_2$灭火系统标志清楚并附有操作说明,管系阀门上已标明了所通往的舱室。

⑦存放消防装备、器材的储藏间有明显标志。

(8)负责解决在维护保养和检查中发现的一般问题;对在维护保养和检查中发现的重大问题,应立即向大副或船长报告,并在他们的安排和协助下,解决问题。

4.救生设备的管理与检查职责

三副在船舶救生设备、救生器材及其属具和备品管理与检查方面的职责有:

(1)负责管理救生(助)艇、救生筏、救生圈、救生衣、保温救生服等救生设备及其属具、备品。

(2)负责管理救生信号(驾驶台内由二副管理的除外),保持各种救生信号在有效期内。

(3)负责救生设备及其属具、备品的清点、登记保养,以及更新、添置、修理、检验的申报。

(4)保证所有救生设备标记正确、清晰,保证所有救生设备都配置或保存在规定的场所。

(5)做好以下工作(如有需要,可请求水手长和水手配合):

①按照公约的规定进行救生艇的周检查与月度检查,并按时申请岸上检验;定期进行救生艇、吊艇架、吊艇机的除锈、油漆工作;经常清除救生艇内的污秽和积水;严寒时,做好淡水箱和艇用磁罗经的防冻工作;发现救生(助)艇、救生筏、救生圈、救生衣等的标志不再清晰时,应予以重新喷刷。

②定期给吊艇架、吊艇机、滑车等活动部分以及吊艇索和其他钢索加(抹)油,必要时应对滑车做拆装检查。

③如发现救生艇反光带破损、脱落、反光效果不佳,应予以更换。

④救生艇用的各种缆索平时均应用帆布罩盖,避免其裸露,发现磨损、腐蚀应及时调换;应按规定对救生艇的吊艇索进行换新。

⑤保持救生衣和保温救生服清洁干燥、标识正确,并按要求进行配备;受潮后应予以晾晒,避免高温烘烤。

(6)应经常对救生设备进行检查,以保证:

①救生艇艇身油漆以及船名、船籍港、艇号、定员、规格等标志清晰并符合有关规定。

②救生艇燃料和润滑油已按有关规定备足。

③救生艇淡水、食品、属具、备品等已按有关规定配足或配齐,并保持有效。

④救生艇、吊艇装置、脱钩、脱缆装置和艇机状况良好。

⑤气胀式救生筏的静水压力释放器已按要求连接好。

⑥救生衣、救生服、救生圈等已按规定配备,救生圈、救生衣的标志清晰并符合有关规定。

⑦抛绳器、救生信号等已按规定配备且有效。

(7)应经常对船舶救生的布置进行检查,以保证:

①救生艇存放位置周围没有堆放会妨碍救生艇起落及操作的物件。

②除VHF无线电话和雷达应答器平时需存放在驾驶室内外,所有艇用属具均放置在救生艇内并系固,没有被挪作他用。

③救生艇旁的救生艇起落操作规程已布置,张贴于应急照明下清晰可见。

④救生筏旁的救生筏释放示意图已布置并清晰可见。

⑤单舷配置可移动救生筏时,在连通甲板上没有影响该救生筏移动的障碍物。

⑥救生圈、救生衣、救生信号、救生抛绳器、保温救生服等放置在规定位置。

⑦有关场所及船员居室已布置救生衣穿着示意图。

⑧大风浪航行时临时加绑的救生圈不妨碍其紧急取用,风浪过后及时恢复原状。

（8）应提醒船长,安排人员将气胀式救生筏及静水压力释放器按规定的时间间隔,送至检修站检修。

（9）负责解决在维护保养和检查中发现的一般问题;对在维护保养和检查中发现的重大问题,应立即向大副或船长报告,并在他们的安排和协助下,解决问题。

5. 应急职责

三副在应急中的职责主要有:

（1）航行中无论发生何种应急情况,都应将航行值班职责移交给二副,并立即履行应变部署表中规定的职责。

（2）发生火灾时,在火灾现场协助现场指挥(大副或轮机长)工作。如需使用 $CO_2$ 等大型固定式灭火系统,按船长命令负责释放,并解决释放中遇到的技术问题;如需使用来自岸上的消防水,负责准备好国际通岸接头,操纵隔离阀。

（3）发生船体漏水时,协助大副寻找漏损部位;按大副指示带领水手关闭属于甲板部舱室的水密门、窗,加固薄弱的水密舱壁。

（4）航行中发现船上有人落水时,应立即向人落水一侧操满舵甩开船尾,就近抛投救生圈并派人在高处瞭望跟踪落水人员,停车并鸣放人落水警报,记录人员落水船位;停泊中发现有人落水时,就近抛投救生圈,鸣放人落水警报。

（5）弃船时,如放两艘救生艇,担任其中一艘救生艇的艇长,并履行下列职责:

①带好对讲机,迅速赶到应变部署表中规定的救生艇登乘处。

②做好放艇前的检查工作,并在准备就绪后向船长报告。

③协助船长检查有关人员是否按应变部署表的规定,携带其应携带的物品登艇。

④在登艇前,向船长请示:本船遇险地点;是否发出遇险求救信号及遇险求救信号是否有回答;可能遇救的时间、地点;驶往最近陆地或交通线的航向、距离;放多艘救生艇后的救生艇集合地点;是原地等待还是驶向指定的地点;各艇筏之间的通信联络约定;其他有关救生方面的指示。

⑤按船长命令放下救生艇(筏),组织船员和旅客有秩序地登艇。

（6）若船舶正在搜救遇险船舶,应按船长的命令备妥救生(助)艇,在必要时放下救生(助)艇前往搜救遇险船舶和人员。

6. 职务交接

因公休或奉调离船,在进行职务交接时,交、接班三副有下列职责:

（1）交班三副应向接班三副介绍并交代清楚:

①救生、消防设备的分布情况、技术状况及有关产品证书、检验报告;

②救生、消防设备的养护、检修、检验情况及有关记录;

③救生、消防设备的待修、待检项目;

④开航前救生、消防设备的检查及其他准备工作情况;

⑤与停泊值班、装卸值班以及开航准备有关的需要特别交代的事项;

⑥船长、大副交办的事项等。

如有必要,上述有关介绍最好形成书面文字(交接班备忘录),以便接班三副备查。

（2）交班三副应向接班三副移交：救生、消防设备清册；救生、消防设备检查、养护登记簿；应急设备试验、检查、修理记录簿；$CO_2$ 气瓶称重和管路吹通证书；本职所使用的工具、物品及库房钥匙等。

（3）填写交接班报告或职务交接单。

# 项目三
# 船舶安全生产规章制度

## 学习目标

1. 掌握船舶安全生产规章。
2. 熟悉船舶安全生产制度。

## 任务一　船舶安全生产规章

### 一、船舶日常防火守则

1. 防火原则

船舶消防工作应坚持"防消结合，以防为主"的原则，并从船舶日常工作和日常防火抓起，有效控制火灾发生的源头，减少和杜绝重大火灾事故的发生。

2. 防火规定

（1）船上应建立防火巡视、检查制度，制定防火巡视路线图并在驾驶台张贴。每班至少按规定的防火巡视路线巡视检查一次，检查情况记入航海日志。

（2）船舶应在货舱、机舱油漆间、氧气间、乙炔间、电瓶间以及甲板等禁烟场所设立明显的禁烟标志，禁止在上述场所吸烟和进行未经许可的明火作业。

（3）禁止躺在床上吸烟，烟头必须放在注水烟缸里，禁止向舷外乱丢烟蒂。禁止在船上燃放烟花爆竹，禁止玩弄、施放过期救生信号。

（4）废弃的棉纱头、破布必须放在指定的金属容器内，不得乱丢乱放。潮湿或油污的棉毛织品应及时处理，不能放在闷热的地方。船上使用的垃圾桶应不燃、有盖、可封闭，桶内需注水。船员不得私自存放易燃易爆物品，船用油漆等易燃易爆液体应存放在油漆间或专门处所。

（5）人员在离开居住舱室、工作场所时要随手关灯。禁止使用任何物品遮盖照明装置或取暖装置,禁止在电热器具上烘烤衣物。不准任意接拆、移动船舶电器线路,不得擅自拉线装灯或乱拉收音机天线。

(6)在使用电水壶、电暖瓶、电磁炉等加热装置时不得离人,严禁使用明火电炉(封闭式电炉仅限工作使用),禁止船员携带电热杯等电热器具上船使用。严禁私自拉接电源线,必须对各类电源线头进行绝缘包扎,不得暴露,防止漏电或短路。

(7)室外各类照明灯具应保持水密,防止因上浪、下雨致使电线短路引发火灾,物料仓库照明灯具垂直下方不得放置易燃物。

(8)船舶进厂修船前,全船应进行一次防火安全教育。厂修期间甲板和机舱值班人员应按照规定进行安全巡视并做记录,每天收工后值班人员负责检查清理施工现场。

(9)在进行明火作业时应遵守船舶劳动作业安全操作规范和明火作业审批表的要求。船舶在港期间需进行明火作业,必须向主管机关申报,得到批准后方可进行。

## 二、驾驶台规则

1. 驾驶台范围

驾驶台是船舶航行的指挥中心,属保安限制区域,其范围包括操舵室、海图室、GMDSS设备室、两翼甲板和标准罗经甲板等处所。航行中,除当值人员外,其他人员非工作需要不得进入。

2. 驾驶台管理

(1)驾驶台必须保持内外整洁。航行中,每天值0400—0800班的值班水手负责驾驶台内外的清洁。离港前1小时,值班驾驶员应通知值班水手进行全面的清洁和整理。

(2)航行中,驾驶台的门窗在任何时候都不可全部关闭,尤其在能见度不良时,瞭望人员应在两翼甲板值守。夜间航行时,严禁有碍正常航行和瞭望的灯光外露。锚泊中,值班人员应根据船长指示,保持VHF无线电话24小时值守。

(3)无关人员不得擅动驾驶台各种仪器、仪表、设备、航海图书资料、来往报文等。未经船长许可,不得任意销毁或更改航海图书资料或携带资料出驾驶台。

(4)操舵室和标准罗经附近,不可放置铁质或磁性物件。

(5)驾驶台无人值守时,二副应将可携带的贵重仪器和重要物品收藏在柜内并加锁,驾驶台所有门窗均应闭锁。未经船长批准,驾驶台不准外人参观。若有外人参观、检修、检查,应派有关人员专门陪同。

(6)值班驾驶员有责任维持驾驶台秩序,保持驾驶台的整洁,严格执行驾驶台规则。

3. 驾驶台常规命令

航行期间,以下驾驶台常规命令中对值班驾驶员的要求,应视为驾驶台规则的一部分。

(1)经常检查和确认号灯、号型以及其他航行设备、操舵装置、标准罗经和陀螺罗经、GMDSS设备、AIS设备等的工作状况和误差情况。

(2)始终遵守海上避碰规则、港口规章及特殊水域的特别规定,严格执行船长的常规命令和特殊指示,确保船舶航行安全。

(3)保证对在值班期间获悉或发生的所有与船舶航行安全有关的每一信息进行处理。

### 三、船长夜航命令簿规则

为了保证船舶夜间航行以及锚泊期间的安全,正确地执行航次计划,设船长夜航命令簿(目前有部分船公司设船长命令簿,其作用与船长夜航命令簿相似)。船长夜航命令簿用完后由船长或二副负责保存,保存期为1年。

1. 命令的发布

(1)在夜间航行、锚泊时或在其他必要情况下,船长应在就寝前将有关航行、锚泊要求及注意事项详细、明确地写入船长夜航命令簿中,并将其将其放在海图室内规定的地点。

(2)当船长夜航命令簿有错字或内容错误时,应按航海日志的要求改正,内容不得随意涂改。

(3)船长临时增改命令内容时,应通知值班驾驶员,并在更改处签字。

2. 命令的执行

(1)值班驾驶员接班时必须阅读并充分理解船长夜航命令簿内的各项指示,阅读后用钢笔签字,并严格执行。

(2)值班驾驶员如对船长夜航命令有任何疑问,应立即请示船长。

(3)值班驾驶员在执行船长夜航命令簿内指示时,如遇情况变化,执行有困难,应及时报告船长,以便船长修改命令。

### 四、航海日志的记载与管理规则

航海日志是船舶重要的法定文件之一。航海日志既是船舶运行全过程的原始记录,又是分析、总结航海经验和判断、处理海事的重要依据。船长、驾驶员必须严格、认真地做好航海日志的记载与管理工作。

#### (一)航海日志记载的基本要求

(1)航海日志的记载必须真实,不得弄虚作假、隐瞒重要事实、故意涂改内容。

(2)航海日志的记载,应当明确反映出船舶航行、停泊、作业或修理的基本情况。

(3)船舶主要资料经船长审查后,由大副或二副负责填入航海日志簿首。

(4)值班驾驶员应使用不褪色的蓝色或黑色墨水,用中文(地名、人名、船名等可写原文)和规定的航海名词缩写代号或符号记载,字体要端正清楚,词句要准确、简练,不得随意删改或涂抹。如果记错或漏写,应将错误字句用红色墨水笔画一横线删去,被删字句仍应清楚可见,改补字句写在错漏字句的上面,改正人在其后加括号签字。

(5)航海日志的左页和右页应依时间顺序进行记录,不得间断,每日终了,左、右页应同时换新页后继续记录。

#### (二)航海日志左页和右页的记载

1. 航海日志左页的记载

航海日志左页记载的内容包括:航行记录、气象和海况记录、舱水测量记录、中午测算4个部分。

(1)航行记录

除每班记录一次外,当航向、风流压差值罗经改正量有变动时,也应记录。如航向、航速变动频繁,可写"船长(或引航员)领航,航向、航速不定"。

(2)气象和海况记录

正常情况下,航行及锚泊中每4小时记录一次。如遇恶劣天气或天气突变,应增加观测和记录次数。

(3)舱水测量记录

航行或锚泊时,正常情况下每日记录两次(0800时、1600时),必要时可增加测量次数。木匠负责测量,大副负责记录。

(4)中午测算

航行中,每天中午由二副负责记载前一天中午至当天中午的统计数据。实际航程是指根据实测所得的航迹线上的实际里程。轮机长应提供主机的平均转数、燃料的消耗与存量。

2.航海日志右页记事栏的记载

(1)无论航行、停泊或修理,凡有关船舶的动态、现象及动作,值班驾驶员均应按时间顺序在航海日志右页记事栏内逐行详细记载,交班时应紧接本班记载之后签字以示负责。

(2)航海日志记事栏内具体记载内容包括:

①抵、离港前的准备情况,如:对影响航行安全的主要航行设备的核对或检查时间与结果;船舶备车情况;船舶抵、离港时的首、尾吃水;等等。

②靠、离码头(浮筒)泊位时采取的船舶操纵措施,如:引航员姓名及其上下船时间及地点;拖船船名及靠上和解拖的时间及动态;系上第一根缆和靠妥的时间;开始解缆和解掉最后一根缆绳的时间;抛锚及锚抛妥或开始绞锚及锚离底的时间;泊位名称;锚位以及水深;抛左锚还是右锚,以及出链长度;备车、完车和定速时间及船位;等等。

③航行中与航行安全及船舶定位有关的情况,如:船位,包括观察与推算时间、定位手段、位移差等;测天定位、卫星定位和交接班船位(用精确到分以下小数点一位的纬度和经度记载)、陆测、测深、雷达和无线电助航仪器等船位(应记录观测数据,若出现位移差,应记录其数据,以及采取的措施);经过重要物标的时间、方位和距离;经过重要航标的时间、正横距离;进出通航分道、船位报告点、交通管制区的时间;改变航向的时间;船位和计程仪读数;开始或停止使用风流压差的时间;气象和海况发生突变的时间以及按规章所采取的安全措施;舵工作情况检查及结果;货舱的检查结果和已采取的保管货物措施;船舶安全巡回检查的情况;日出、日没、开关航行灯、升降国旗及各种信号的时间;发生海事的时间、船位、经过;自救或救助他船的经过、措施及效果;等等。

④停泊时与停泊安全及装卸作业有关的情况,如:货物装卸的开工、停工、复工、完工时间;开工舱口数、工班数及变化情况;停工原因及停工舱室;各舱货物装卸情况;他船靠离本船时间、来由;燃油、淡水、物料补给时间及数量;压载水的排注时间、舱别及数量;货舱检验及通过时间;升降国旗时间以及显示号灯、号型时间;船舶首尾吃水;船舶系泊安全巡查时间及情况。

3.航海日志右页重大事项记录栏的记载

航海日志右页重大事项记录栏记载船上非经常性及较重大事件,以及国际公约要求航海日志记载的内容。重大事项记录栏由船长、大副填写,航海日志记载中严重错漏的更正应由船长亲自填写。

下列情况应填入笔试航海日志重大事项记录栏:船舶交接与试航的情况;发生海事、人员伤亡事故;船员严重失职和违纪;自然人的出生与死亡;海难救助与共同海损措施;船舶遭遇司法扣押或被主管机关滞留的基本情况；对救生、消防器材检查的时间和情况；应急演习的时间、地点及详细情况；到离港时货物、燃料、淡水、压载的总数（如有旅客，包括旅客人数），以及到离港时的船舶六面吃水、初稳性高度；船长和大副职务交接情况概述及交接手续办理完毕的时间；航海日志记载中有严重错漏的更正；等等。

### （三）航海日志的管理

（1）中国籍国际航行船舶和500总吨以上的沿海船舶必须使用中华人民共和国海事局监制的航海日志，由海事局统一编号，船舶每次可申请签发4册。空白航海日志需经国家海事局授权机构签发（盖章）后才可投入使用。

（2）航海日志每册为100页，启用前大副应对其进行认真检查，保证漆封完好，没有漏页、重页和装订错误。启用新的航海日志时，应与轮机日志核对页数，并与其保持一致。

（3）船舶驾驶员负责按规定记录航海日志。大副应每天查阅航海日志记录是否符合要求，并应逐日签署。船长对航海日志的记载全面负责，应经常检查、指导航海日志的记录，并应及时逐页签署。

（4）大副负责对用完的航海日志进行保管。航海日志用完后应留船保存2年，然后送公司保存。

（5）船舶发生海事时，船长必须将航海日志及有关海图妥善保存，弃船时要将航海日志带走，以供海事调查之用。

## 五、车钟记录簿记载和管理规定

车钟记录簿是船舶的重要法定文件之一，发生海事时，可供海事调查之用，见表3-1-1。

表3-1-1　主机动作的记录符号

| 符号 | 符号内容 | 符号 | 符号内容 | 符号 | 符号内容 |
|---|---|---|---|---|---|
| ⊙ | 校对时钟、车钟 | ⫫ | 微速前进 | ⫫ | 微速后退 |
| ⊗ | 备车 | ✓ | 慢速前进 | ╱ | 慢速后退 |
| ✕ | 停车 | ✓̸ | 半速前进 | ╱̸ | 半速后退 |
| ◯ | 完车 | ✓̸̸ | 快速前进 | ╱̸̸ | 快速后退 |
| ⊗̸ | 定速 | | | | |

1. 车钟记录簿记载的基本要求

（1）车钟记载符号应按记录簿首页规定的符号记录。

（2）每次备车前，驾驶台与机舱应准确对时；航行中，驾驶台应在正午时刻与机舱对时，以避免驾驶台与机舱车钟记录簿所记载的时间存在误差。

（3）记录车钟的时间，驾驶台以摇车钟令的时间为准，机舱以回车钟令的时间为准。时间应以船钟显示的时间为准，用时和分来表示，精确到1/4分钟。

（4）在使用车钟记录簿时，不能留有空格，更不能随意涂改。若填写错误，应用笔清晰地划掉，并重新更正后签名。每次车钟使用完毕后，值班驾驶员和值班轮机员应及时在各自的车钟记录簿上签名。

（5）凡有车钟自动记录设备的船舶，在使用该设备时，应对时间进行校准，以保持与船时一致，并认真检查自动记录设备工作是否正常。在驾驶台操纵主机时，有车钟自动记录设备的船舶，允许车钟记录簿上只记录对钟（包括对时钟和车钟）、备车（包括冲车和试车），以及完车或定速航行的时间，不必记录每一车钟令。每卷车钟记录纸用完后应对其进行整理，并妥善保存。

2. 车钟记录簿的管理要求

（1）每艘船舶应配备车钟记录簿2本，驾驶台和机舱各1本，同时启用和使用。

（2）启用新的车钟记录簿之前，应认真检查记录簿的页数，如有空白、缺页等，则不能使用。

（3）在启用车钟记录簿前应在其封面填上船名、部门，并盖上船章。

（4）车钟记录簿用完后，由船长、轮机长负责保存，保存期为2年，如涉及海事，需保存至海事处理完毕。

## 六、自动舵使用规定

1. 自动舵使用时机

（1）自动舵的使用由船长根据船舶所处的通航环境和情况等决定，必须确保航行安全。值班驾驶员和水手未经船长同意，不得擅自使用自动舵。

（2）下列情况不论昼夜均不得使用自动舵：

①能见度不良时；

②进出港口，航经狭水道、分道通航区、冰区和船舶密集水域时；

③当船舶处在避让状态、改变航向或他船追越距本船较近时；

④其他不宜使用自动舵时。

2. 自动舵使用规定

（1）在自动舵使用中，船长或值班驾驶员根据需要可以随时下令终止使用，改用手操舵，操舵水手必须坚决迅速执行。

（2）操舵水手和驾驶员必须能够正确和熟练地进行手动舵/自动舵/应急舵的转换操作。在转换操作时，值班驾驶员应认真进行监督和检查。如有不当，应立即予以纠正。

（3）值班水手要认真监督自动舵的运转情况，密切注意陀螺罗经、磁罗经航向和舵角的变化，发现不稳定或异常情况应立刻报告值班驾驶员并换为手操舵。

（4）使用自动舵期间，值班人员更应认真瞭望，需要避让时，应及时改换手操舵。

（5）值班驾驶员应至少每小时检查自动舵的运转情况并核对陀螺罗经、磁罗经的航向是否正确。

（6）每班至少进行一次手操舵、自动舵转换试验，并记入航海日志。

（7）抵港或过运河前，应进行手操舵试验，并记入航海日志。

（8）使用手操舵的应是一位合格的值班水手。水手如要练习手操舵，应先征得值班驾驶员同意。

## 七、系离泊作业规定

### 1. 系离泊准备

（1）船舶在确知进出港的时间后，应认真做好系离泊准备工作。有关人员应认真检查主机、副机（发电柴油机，下同）、舵机、锚机、绞缆机。驾驶和轮机值班人员要密切配合，按驾驶、轮机部门联系制度，做好对时、对车钟、对舵冲车、试验汽笛、检查号灯号型和备车等工作。

系泊所需的撇缆、引缆、制动索（链）、卸扣、碰垫、锚球等用品应提前备妥，系缆、拖缆均应置于随时可用之处。三副应会同大副、二副试验对讲机以保证联系畅通。离泊前，值班驾驶员在观察船舶开航水尺的同时，应检查首、尾系缆情况，以保证能顺利解除。

（2）船长应将确定了的系离泊操作步骤和有关安全注意事项向大副、二副交代清楚。船长如需改变原定的系离泊的操作步骤，应及早通知大副、二副。船长应将和引航员共同商定的靠离泊计划及时通知大副、二副和机舱，以便提前做好系离泊的准备工作。

### 2. 系离泊操作要求

（1）系离泊操作时，全体操作人员必须戴安全帽、防护手套，穿着防滑工作鞋。操作人员要提前到达现场，做好准备工作，禁止无关人员进入现场。

（2）收带缆时，应严格执行驾驶台的命令，动作要正确、迅速，并注意作业安全。

（3）大副在船首指挥，木匠协助。应注意船速、有无障碍物、障碍物与船舶的距离，并随时将上述情况通知驾驶台。

（4）二副在船尾指挥，水手长协助。应注意有无障碍物、障碍物与船舶的距离、船尾是否清爽等，并随时将上述情况通知驾驶台。

（5）三副在驾驶台按船长或引航员命令操纵车钟、汽笛，记录船舶动态，传达船长的车、舵令并监督水手操舵。

（6）当船舶贴近码头时，船首尾应注意配合，不要盲目快绞缆绳，以使得船舶在最后靠泊阶段平行贴近码头。

（7）船舶靠妥后，缆绳必须上桩（自动缆除外）。若系于双柱上，则挽"8"字花不得少于4道。缆绳不得挽于绞缆机或锚机的非专用滚筒上。

（8）根据船舶的吨位、装载情况、风流等因素决定系缆的根数。系泊缆绳应有足够的安全强度，并应有一定数量的备用缆绳。在风大流急的情况下，应停止使用自动张力绞缆机的自动张力装置。在台风季节，凡有可能受到台风威胁的船舶，应酌情加带系缆。

### 3. 系离泊作业善后

系离泊作业完成后，应清理现场，将工具收回放妥。靠泊后，在缆绳和导缆孔接触处应垫衬帆布或麻袋，以防磨损缆绳，并在每根系缆上装妥防鼠挡。离泊后，锚机刹车要刹紧，合上制链器并盖好防浪盖。如需长时间在海上航行，应将缆绳收藏到库房里保存，或用帆布罩盖并绑扎牢固。

## 八、高处作业安全规定

高处作业又称高空作业,凡在坠落高度基准面2米以上(含2米)有可能坠落的地方进行的作业,均为高处作业。

1. 作业准备

(1)在进行高处作业前,应对作业进行严密的组织,强调安全注意事项。

(2)在进行高处作业前,应确认参加高处作业的船员身体健康,无妨碍从事高处作业的疾病。酒后、过度劳累、情绪异常的船员不得从事高处作业。

(3)从事高处作业的船员应认真做好各项准备工作,并对高处作业使用的绳索、滑车、跳板、坐板、脚手架、活动梯、安全带、保险绳等进行认真检查。有需要时,应张挂安全网。安全带的系挂点必须牢固,不准将安全带系在活动物件上,也不得将多根安全带系挂在同一系挂点上,亦不得将安全带和坐板或跳板系在同一系挂点上。

(4)从事高处作业的船员必须戴好安全帽并系紧帽带,穿着连体工作服和防滑软底鞋(不得穿着长筒靴、塑料底鞋以及拖鞋、凉鞋)并系紧鞋带,系好安全带。

(5)若要在汽笛、无线电天线雷达附近进行高处作业,负责的现场指挥应通知驾驶台,确保相关设备停止使用,直到作业完成。

(6)若作业区有冰、雪、霜冻,或砂石、油脂等,须在作业前清扫(除)干净,防止滑跌。若在夜间进行高处作业,应保持整个作业现场有足够的照明。

2. 作业安全注意事项

(1)甲板部在进行高处作业时,大副或水手长必须亲临现场检查、指导或担任指挥;轮机部在进行高处作业时,轮机长和机工长必须亲临现场检查、指导或担任指挥,必要时,应请水手长到现场进行指导。

(2)在进行高处作业时,现场应安排专人负责照看。在高处作业下方的可能坠落范围内禁止有人从事其他作业。根据作业高度 $H$ 的不同,可能坠落范围的半径 $R$ 也不同。当 $H$ 为 2~5米时,$R$ 为2米;当 $H$ 为5~15米时,$R$ 为3米;当 $H$ 为15~30米时,$R$ 为4米。

(3)高处作业使用的工具、材料及零部件必须用吊桶、吊袋、吊绳系好后再进行上下传送,禁止抛掷。上下梯子时必须面向梯子双手握牢,禁止一手携物,一手扶梯上下。使用舱内的壁梯上下时不得手持工具或物品。禁止两人在同一梯子上紧跟上下,或两人站在同一梯子上作业。

(4)正在从事高处作业的船员不得将工具放置在容易跌落的地方。暂时不用的工具和物料应放置在专用容器内,并置于稳当、可靠的位置。

(5)高处作业应使用安全、可靠的登高工具,严禁使用一般起重设备吊运或采用攀爬的方式登高。如果作业的地方是船员通常不能触及的地方,应使用梯子、跳板或坐板。用活动梯子上高或登箱作业时,必须有专人扶住梯子,以防止梯子倾滑。

(6)在舱盖未关闭的舱口围上作业应视为高处作业,需采取相应的安全措施。舱盖未关闭时,禁止在舱口围上行走。由于船舶二层舱舱口围四周无围栏,因此在船舶二层舱的舱口附近作业时应特别小心,防止意外坠落底舱。

(7)高处作业的现场指挥,应随时检查作业情况,纠正违章行为。如发现危险情况,现场指挥有权立即停止作业。在作业过程中,现场指挥不应离开作业现场。

（8）除特殊情况外,在雷雨、大雾或阵风风力达 6 级或 6 级以上等恶劣天气条件下,应停止高处作业。

## 九、舷外、水面作业的安全规定

舷外作业是指在空载水线以上的船体外部进行的作业。水面作业是指在漂浮于水面的浮具(包括艇筏)上进行的作业。

1. 作业准备

（1）在进行舷外、水面作业前,应对作业进行严密的组织,强调安全注意事项。

（2）从事舷外、水面作业的船员必须身体健康,无妨碍从事舷外或水面作业的疾病。酒后、过度劳累、情绪异常的船员不得从事舷外或水面作业。

（3）从事舷外、水面作业的船员应认真做好各项准备工作,并对舷外、水面作业如绳索、滑车、跳板、坐板、安全带、保险绳等进行认真检查。

（4）在舷外高处作业应穿好救生衣,并且准备一个具有足够长度绳索的救生圈;进行水面作业时必须穿好救生衣,备妥救生圈。

2. 作业安全注意事项

（1）作业时,大副或水手长应在现场检查、指导或担任指挥,现场应有专人负责照看。

（2）上下跳板或浮具时,应使用软梯,禁止攀爬跳板的吊索,禁止人员随同浮具起落。用吊桶、吊袋、吊绳系好工具、材料等上下传送,禁止抛掷。

（3）船舶在航行中禁止进行舷外作业。在有风浪的情况下,即使船舶处于停航状态,也不应安排舷外或水面作业。若情况特殊,停航期间必须在有风浪的情况下进行舷外或水面作业,应将救助艇准备妥当,以便随时用于救助,水手长必须在现场紧密监视和照看。夜间不得进行舷外、水面作业。

（4）在进行水面作业时,船上应悬挂慢车信号,并注意过往船舶掀起的波浪。如果过往船舶的船行波较大,应及时通知和提醒浮具或艇筏上的作业船员,以防发生意外。

（5）舷外、水面作业的现场指挥,应随时检查作业情况,纠正违章行为。如发现危险情况,现场指挥有权立即停止作业。在作业过程中,现场指挥不应离开作业现场。

## 十、进入封闭舱室作业的规定

1. 船上的封闭舱室

船上的封闭舱室是指诸如液货舱、压载舱、淡水舱、污水舱、污水井、燃油舱、滑油舱、空隔舱、泵间、箱形龙骨、锅炉内部、主机扫气道、大型压缩空气瓶内部、尾轴弄,以及油船的空舱、散装液体化学品船和液化气船罐体内部等这样一些封闭或基本封闭的舱室、场所。

2. 封闭舱室潜在的危险

（1）空舱或其他封闭舱室若已封闭了一段时间,里面的氧气含量可能非常少。

（2）船舶燃油舱、油柜、锅炉内部、主机扫气道罐体、容器等封闭空间,装载木材、粮食、鱼粉、生铁、松节油等耗氧货物的二层柜、大舱,以及通风不良的泵间等,都具有潜在的或明显的缺氧危险,并可能伴随其他有害气体,如一氧化碳等。

（3）由于货物泄漏，泵间、空隔舱、箱形龙骨等船上的封闭舱室可能有有毒、有害、可燃、可爆的气体存在。

（4）与货油舱、燃油舱以及装载危险货物的舱室或舱柜毗邻的舱室或其他封闭舱室，也可能存在有毒、有害、可燃、易燃的气体。

（5）曾载运过油类货物、化学品或气体货物的货舱或其他舱柜，仍可能遗留有毒、有害、可燃、可爆的气体。

**3. 作业准备**

（1）由一名高级船员（通常为部门长）负责拟订行动计划，并报船长批准。行动计划应包括：拟进入封闭舱室的名称；拟进入封闭舱室人员的名单；封闭舱室外守护人员的名单、封闭舱室内外人员之间的通信联络手段；预计完成作业的时间；封闭舱室内通风系统及通风情况、备用的进出口、紧急信号和紧急撤离程序、应急救人计划；等等。

（2）在进入封闭舱室前应对该场所进行彻底、不间断的通风，然后进行空气质量测定。

（3）在作业前把进入封闭舱室的安排告知值班驾驶员和轮机员，并在封闭舱室入口处挂上"里面有人"的警告牌。

（4）在进行封闭舱室作业前，应对作业进行严密的组织，强调安全注意事项。进行封闭舱室内作业的船员应无影响安全作业的疾病或身体不适。

（5）对封闭舱室内外人员之间的通信联络手段进行测试，确定安全可靠。

（6）把救援设备放置在封闭舱室的入口处。这些救援设备应包括自给式呼吸器连同备用气瓶、救生索、救援带，以及可以在易燃易爆空气中使用的防爆手电筒和低压防爆工作灯。如有必要，需要准备好将体力不支人员吊离场地的器材和设备。

（7）对需要使用的呼吸器做好气压和供气量、低压警报、面具正压和密封性测试。

**4. 作业安全注意事项**

（1）所有进入封闭舱室的船员应熟悉紧急信号和紧急撤离程序。

（2）未经船长或指定负责人的许可，任何人不得进入封闭舱室。进入封闭舱室的船员数量，只限于真正需要在该场所内作业的人数。当有人员在封闭舱室内作业时，应至少有1名船员在入口处守护。

（3）当有人员在封闭舱室内作业时，应通知有关部门封妥有关设备和控制阀，并贴上"禁止启动"或"禁止打开"告示或安全标志牌，防止因误操作而危及舱室内作业船员的人身安全。

（4）当有人员在封闭舱室内作业时，场所内必须保持不间断的通风，同时必须定时测试场所内的空气情况。当空气中的氧气含量低于标准，或有毒、有害气体的含量高于标准，或空气情况正在变差，或通风系统发生故障而不能正常进行通风时，必须通知场地内的所有船员撤离。封闭舱室内各处的氧气含量应不低于18%，二氧化碳含量应不高于2%，有毒有害气体的含量应为0。

（5）除非为处理紧急事故或在封闭舱室内的行动会严重受阻，否则进入封闭舱室内的船员应能够采用2种及2种以上供气方式。如果只需在封闭舱室内做短暂停留，可采用单供气方式，但在这种情况下，戴上呼吸器进入封闭舱室的人员必须身处适当的位置，以便一旦发生意外可以马上被拉出。

（6）由于自给式呼吸器供气时间有限（一般不超过1小时），因此，当需要在封闭舱室内进行长时间的作业时应使用供气式呼吸器，由场外为场内的作业船员连续提供新鲜的空气。但使用供气式呼吸器时，必须采取安全措施以免场外的空气供应中断，若空气是由机房供应的，更需特别留意。

## 十一、船舶明火作业安全规定

明火作业也叫动火作业。在船上，明火作业是指使用电焊、气焊、气制等手段进行焊接、切割与烘烤等热工作业，作业地点可以是在甲板、货舱、深舱内，也可以是在机舱内，其特点是在作业过程中有明火产生。

1. 明火作业申请

在船上进行明火作业前应填写明火作业申请并征得船长同意，港内明火作业还需按规定提前向海事管理机构书面报备。

2. 明火作业前的环境考察

（1）对不属于危险区域的开敞甲板，必须考察以作业点为中心、10米为半径，向上2米，向下至平台或甲板的柱形空间。

（2）对危险区域的开敞甲板，必须考察作业点向首尾延伸15米，以船舶宽度为界，向下至平台或甲板，向上2米的柱形空间。

（3）对不属于危险区域的舱室，必须考察以作业点为中心、5米为半径的空间。

（4）对危险区域的舱室，必须考察作业舱室及毗邻的舱室。

3. 明火作业必须满足的技术条件

（1）可燃气体浓度不大于爆炸下限的1%，相对风速小于13.8米/秒。

（2）施工现场，须清除易燃易爆物品，备妥足够、有效的消防器材，并有防止火花扩散的安全措施。

（3）明火作业前，应拆除作业现场内有影响的电缆或切断其电源并对其进行安全遮盖。

（4）在隔热舱壁或间架板上进行明火作业前，必须拆除距焊割边缘0.5米内的一切可燃物，对0.5米以外的可燃物应采取防止焊割热传导的措施，进行有效遮盖。

（5）对可以拆除的管子等机件，应将其移至电焊间或安全地点焊补。对无法拆除的油管、污水管等，应进行有效清洗，使管内可燃气体达到本标准的要求；或充满惰性气体、水；或拆开管子接头，对作业点两端进行有效隔堵。

（6）在长期封闭的舱室或空间狭小的通道进行明火作业前，必须进行足够的通风，使空气中含氧量达到18%以上。

（7）明火作业前，必须查清作业面的反面和周围，并确认无易爆物品。

（8）在燃油舱、滑油舱（柜）、油船供油舱、泵舱、隔离舱、压载舱等进行明火作业前，必须封闭与其相连的所有管系、阀门，并进行洗舱、除气，铲除硫化铁锈皮、油泥，取得船舶检验部门签发的"船舶可燃气体清除证书"。

（9）在测爆合格的舱室或处所进行明火作业必须在4小时之内开工，否则，应重新进行测爆认可。作业前和作业中，应有专人对施工区域及有影响处所，随时复测可燃气体浓度。

（10）在使用明火作业的设备前，必须确认其技术状态良好。

（11）焊工必须持有主管机关认可的合格证书。

（12）明火作业时，必须有人负责监护。作业完毕，必须彻底清理现场，在确认无残留火种后，监护人员方可撤离。

4. 不可进行明火作业的情形

(1)无法对作业环境条件进行考察或违反明火作业技术条件要求的。

(2)加油、涂刷油漆等有火灾危险的工作现场。

(3)盛有或残存易燃易爆油、气的容器和管道,未经泄至正常气压的压力容器。

(4)正在装卸易燃易爆或产生易燃易爆粉尘货物的船舶。

(5)油船在装卸洗舱、除气和压载作业时。

(6)航行中的油船,在货油舱和货油管上不可进行明火作业。

## 十二、救生艇安全操作规定

1. 何时可用救生艇

除演习及应急外,不得随意使用救生艇。使用救生艇须经船长同意,港内用艇还应征得港口主管当局的批准。

2. 放艇前的检查

(1)操作人员应穿工作服、工作鞋、戴安全帽、手套,随艇上下人员应穿救生衣。

(2)放艇前,应检查并备齐艇内属具及备品,塞上艇底塞,检查首缆绳以及定位索的固定情况,检查其他属具与物品的固定情况。应检查机动艇储油是否充足,并发动艇机一次。应对吊艇机械进行检查试验,确保制动器应完好,稳艇索、保险钩等处于无妨碍位置,艇摇把已取下,应检查每个导向滑车、吊艇滑车、钢丝缆及吊艇钩均确认无损,艇下方至水面清爽。

(3)按船舶应变部署同时放艇时,由各艇长分别负责检查和指挥;放一艘艇时,由大副和水手长负责检查指挥,机械部分由轮机长派人检查。

(4)负责检查和指挥放艇的艇长,应向船长报告放艇前的准备工作情况,经认可并确认艇下方无障碍物,在船长下达放艇的指令后,方可放艇。

3. 救生艇释放的一般规定

(1)在使用救生艇时,应严格按起落操作规程进行救生艇的起落。任何人不得站在艇下方无护栏保护的甲板边缘以及吊艇钢丝一旦崩断可能会甩伤人的地方。

(2)航行中放艇,船长应掌握放艇时机,要在停车后余速不大时,才可放艇入水。

(3)一般情况下应放大船下风舷的艇,大船偏顶浪20°~30°,稳定航向,将艇放至水面后,迅速解脱吊艇钩。

(4)应尽可能做到同时解脱前、后钩。大船有进速时应避免先脱前钩。目前,大多数救生艇上配备有联动脱钩装置,当艇着水后拉动脱钩装置,首、尾吊艇钩同时解脱。

(5)在降落救生艇时应备有碰垫,同时用艇篙支撑,防止艇与大船之间碰撞。

(6)对吊艇索下的滑车,脱钩后应及时将其拉紧,防止其晃动伤人。

(7)机动救生艇的艇机应在落水之前启动起来,脱掉吊艇钩后立即驶离大船。

4. 封闭式救生艇释放操作程序

封闭式救生艇的吊艇架一般都为重力式,放艇操作程序为:

(1)解除救生艇的稳索,打开救生艇的舱门,松开外接充电电源插头,打开吊艇架的安全插销;

(2)全体登艇人员依次登艇坐好,并系好安全带,只留1人在艇甲板;

(3)留下的1人解开外面的系索后登艇;

（4）艇长检查确认全体艇员登艇后关闭救生艇舱门；

（5）艇长再次检查确认登艇人员的就位情况后，于驾驶位发动艇机挂空挡；

（6）艇长发出放艇指令和警报并提示登艇人员注意；

（7）拉动艇内释放手柄或钢丝，使吊艇机闸松动，降下救生艇；

（8）救生艇降到水面后，采用承载或正常释放方式脱开艇钩；

（9）拉动艇缆脱离装置的控制杆，解掉艇缆，操纵救生艇离开难船。

5. 自由降落式救生艇释放一般规定

自由降落式救生艇的释放规定与封闭式救生艇释放规定基本相同，其放艇操作程序为：

（1）解除救生艇的稳索，打开救生艇的尾部舱门，松开外接充电电源插头，摘除艇尾部的释放钩，检查确认放艇通道和艇落水区域无障碍物；

（2）全体登艇艇员依次登艇，由前至后按顺序坐好，系上安全带；

（3）艇长最后登艇并在艇内关闭尾门；

（4）艇长再次检查确认登艇人员的就位情况后，于驾驶位发动艇机挂空挡；

（5）艇长发出放艇指令和警报并提示登艇人员注意；

（6）艇长启动液压释放装置，救生艇靠自身重力沿滑道自由下滑降落入水，然后从水中浮起；

（7）艇长开动艇机，操纵救生艇离开难船。

6. 其他要求

（1）救生艇在行驶中应保持与大船的联系，大船值班人员应加强瞭望，注意救生艇动态。

（2）救生艇返回大船后应立即吊起，放尽积水。救生艇不准在水上过夜。

（3）使用救生艇，应将艇号、使用原因及时间详细记入航海日志。

# 任务二　船舶安全生产制度

## 一、船舶开航准备和检查制度

为保证船舶航行安全，满足适航要求，开航前，船舶应做好以下开航准备和检查工作。

1. 证书

检查并确认船舶和船员证书齐全有效。检查并确认船员配备符合最低安全配员要求。

2. 航海出版物

备齐本航次所需海图，并改正到最新。备齐本船应配备的航海出版物，并改正到最新。

3. 航次计划

（1）根据航路指南和有关航海图书资料提供的所经海区的水文、气象、助航标志、危险障碍物、分道通航制、航行规章以及航区的政治情况等，结合本船性能、设备技术状态和人员的技术水平及经验，制订航次计划、航行计划和计划航线。

（2）检查并确认已备妥足够的燃油、淡水、伙食和物料等。

（3）及时接收航行警告并阅签与标识。及时接收天气预报，并进行气象分析。

4. 救生、消防设备

（1）检查并确认救生艇外观良好；艇内属具及备品齐全，救生信号在有效期内；救生筏外观良好、证书有效；救生圈、救生衣及保温服齐全且无破损。

（2）检查并确认大型灭火系统处于有效工作状态；灭火器放置在规定位置，可以随时使用；消防管系、消火栓、消防水带无破损、泄漏、锈死；国际通岸接头及配件齐全；消防员装备齐全并分开放置；探火、失火报警装置正常；防火门自闭装置及通风筒防火挡板启闭正常。

（3）船员有变更时，修改应变部署表并报船长批准后公布。

5. 航海仪器、信号设备

（1）检查、试验、测试并确认：

①雷达调试图像清晰正常；

②陀螺罗经的主、分罗经误差不超过$\pm0.5\%$；

③磁罗经经校正后的剩余自差标准磁罗经不超过$\pm3°$，操舵磁罗经不超过$\pm5°$；

④测深仪测试零点显示准确，其深度误差浅水不超过$\pm1$米，深水不超过$\pm5$米，或指示深度的$\pm5\%$，取其大者；

⑤卫星通信设备功能正常；

⑥GPS工作正常；

⑦AIS中已输入本航次相关数据；

⑧GMDSS中高频收发信机功能正常；

⑨DSC能在VHF 70频道上正常工作；

⑩双向VHF无线电话收、发信正常，有备用电池；

⑪EPIRB检测正常；

⑫NAVTEX接收、打印清晰；

⑬SART测试正常；

⑭VDR/SVDR测试正常；

⑮ECDIS工作正常；

⑯各类报警装置测试正常。

（2）检查、试验并确认：

①航行灯、号灯及其报警功能正常；

②号型、信号旗齐备；

③音响信号齐备，汽笛使用正常；

④遇险求救信号及抛绳器齐备并在有效期内。

6. 锚、舵等装置

（1）开航前12小时内，对操舵装置进行检查和试验。

（2）开航前1小时进行备车和对舵，并测试车钟、校对船时。

（3）检查确认锚设备、甲板水密装置、大舱进水报警装置及排水系统有无异常。

（4）检查确认吊货索具已固定，舱盖已关严并密封。

（5）检查确认引航员登、离船装置及照明均正常。

7. 船舶开航状态

（1）检查确认船舶吃水没有超过与当时季节、航行水域相适应的载重线标志。

（2）确认船舶稳性符合稳性规范或港口当局对稳性的要求。

（3）检查确认船舶横倾角不超过 1°,吃水差适当。

（4）检查确认已采取必要的措施防止舱内货物移动。

（5）检查确认已对装载机械、车辆、集装箱、卷钢、大件货及甲板货采取可靠的绑扎、固定或防止移动的措施。

8. 其他

（1）确认 PSC、FSC 检查缺陷项及影响航行安全的缺陷均已纠正。

（2）确认对主管机关提出的其他缺陷均已采取纠正措施。

## 二、船舶在能见度不良水域中航行的安全制度

1. 进入能见度不良水域航行前的准备

（1）严格执行安全管理体系文件中的相关规定,并按照"能见度受到限制水域航行检查表"认真检查,完成各项安全准备工作。

（2）及时抄收天气预报、气象传真、航海警告和雾航警报。

（3）船长和驾驶员应充分掌握雾情资料、航区特点、潮流情况、通航密度和选用合适的定位方法等。

（4）船长应督促驾驶人员对各种航行仪器、雾号和航行灯进行检查,以确保其在能见度不良水域中航行时能正常使用。

（5）船长应督促有关人员检查排水和水密设备,使之处于良好状态。

（6）轮机长应按船长要求备足供主机变速的燃油。

（7）值班驾驶员在雾袭来以前,应抓紧时间测定船位并观察周围海面的情况。

2. 能见度不良水域中航行

（1）驾驶人员应保持正规瞭望,仔细观察,从灯光、水天线、目标等的变化中判断视线是否正在恶化,船舶是否正在进入能见度不良水域。

（2）当能见度小于 5 海里,并且能见度在进一步降低时,即认为能见度不良,船舶应处于航行戒备状态,并做好一切船舶在能见度不良水域中航行的准备,驾驶员应报告船长并通知机舱,开启雷达,将雷达调整到最佳工作状态并正确使用,注意守听 VHF 16/70 频道和加强瞭望。

（3）当能见度小于 3 海里时,即认为能见度严重不良,应按规定施放雾号,通知船长上驾驶台,不得以任何理由迟叫或不叫船长。通知机舱备车,进行雷达标绘、系统观测。不论白天或夜间,必须开启航行灯。

（4）能见度严重不良时,船长必须立即到驾驶台指挥或指导船舶操纵,坚持在驾驶台值守。值班驾驶员应将船位、四周环境和已采取的措施报告船长。船长应研究核实能见度不良水域航行安全措施的实施情况,督促值班驾驶员认真瞭望、勤测船位。

（5）机舱接到备车航行通知后,应立即报告轮机长,轮机长应下机舱检查核实机舱操纵的一切准备工作,并严格执行驾驶台的备车、用车命令。

（6）每一船舶在任何时候均应使用安全航速行驶,以便能采取适当而有效的避碰行动,并能在适合当时环境和情况的距离内把船停住。

（7）全船应保持肃静,禁止喧哗,以免干扰驾驶员的听觉。船舶在能见度不良水域中航行,必须利用一切有效手段保持正规瞭望,禁止与工作无关的交谈,打开驾驶台门窗,充分利用

视觉、听觉发现可疑动向和音响。

（8）当航经近岸、船舶密集、狭水道等复杂水域遇雾时，应视情派人员瞭头。瞭头人员应及时将所发现或听到的情况及疑点报告驾驶台。

（9）连续守听 VHF 16/70 频道，并使用 VHF 16/70 频道在通话空隙中发布本船雾航警报。雾航警报用中、英文交替发出，力求简明。其内容包括船名、时间、船位、航向、航速和意向，提醒过往船舶注意，并充分利用 AIS 相关功能获取来船的动态与信息，以便协调避让。

（10）在能见度不良水域中航行，严禁使用自动舵。

（11）船长和值班驾驶员应对危险来船进行雷达连续观测和标绘，以判断来船动向及最近会遇距离，对危险来船实施预操作。

（12）为确保船舶在能见度不良水域的航行安全，当视线恶劣、渔船密集、避让困难、航道复杂及船长对航行安全无把握时，在条件许可的情况下，船长有权择地锚泊或滞航，切勿盲目航行。

### 三、船舶在大风浪水域中航行的安全制度

1. 进入大风浪水域航行前的准备

（1）严格执行安全管理体系文件中的相关规定，并按照"大风浪水域航行检查表"认真检查。

（2）根据本船情况、航次任务、航区、货种特点，认真做好大风浪水域航行前的各项准备工作。

（3）高度重视大风浪中航行安全的重要性，力戒麻痹和松懈思想，研究安全措施，明确各自的职责。

（4）及时抄收天气预报、气象传真、航海警告和大风浪警报。

（5）密切注视气象变化，制订周密的航行计划。

（6）做好货物的绑扎加固，对甲板和舱内的货物进行再检查、再加固。

（7）将吊货设备、锚设备、舷梯、救生艇筏以及一切没有固定的物件绑牢；对机舱可以移动的设备进行加固；将所有堆放的大缆放入舱室内。

（8）检查甲板开口封闭的水密性；检查各水密门是否良好；关闭大舱舱盖、天窗、舷窗、道门；将通风筒关闭并加盖防水布；将锚链筒盖好，防止海水灌进锚链舱。检查为排水管系、排水泵、分路阀配备的潜水泵等，保证其处于良好工作状态；清洁污水沟（井），保证黄蜂巢、甲板上的排水孔畅通。

（9）在甲板装设甲板扶手绳，保证甲板巡视人员和其他作业人员的安全。

（10）检查日常通信设备和应急通信设备，保障通信畅通。检查助航仪器，确保其处于正常状态。

（11）备妥和查阅航线附近的海图以及航海图书资料，预选适当的避风锚地。

（12）对主机、副机和舵机进行认真的检查，防止其在大风浪中发生故障。

（13）检查并保证驾驶台和机舱、舵机室在应急情况下的通信畅通。

（14）必要时，对空船进行压载。

2. 大风浪中航行

（1）及时抄收天气预报、气象报告、气象传真等气象资料，根据获取的气象信息，科学分析航行区域当时的天气情况和大势。如天气恶劣，每天要加收天气报告，以便及时掌握天气变化

要素。

（2）每天至少测量油水舱2次，以便及时发现隐患并采取措施。

（3）加强检查，保证主机、副机、舵机的正常运转。

（4）根据实际海况及船舶当时的具体情况，正确地选择航向和航速，以防止出现大倾角的横摇或出现谐摇。应避免全速顶着较大涌浪航行。

（5）坚持安全巡回检查，将检查的结果记入航海日志。

（6）停止甲板工作，严格限制在甲板上的活动。

（7）如船舶稳性欠佳、横摇周期长，有条件者应立即压进足够的双层底压舱水，以改善稳性。

（8）加强甲板设备、货物绑扎情况的检查，对可能发生移动或倒塌的物件必须及时采取有效措施，消除安全隐患。定时检查货物情况，防止因货物移动而影响船舶安全。

（9）避免大舵角旋回或避让。一旦发生因操舵引起的船舶倾斜，应避免急速回舵。

（10）合理地操纵船舶，降低船舶在波浪中的弯矩和剪力。

（11）必要时调整航线，以避开恶劣海况区域。

（12）定时检查并保证甲板开口的水密性，检查排水管系，保证排水畅通。

（13）大风浪中掉头应慎重，时机应恰当，避免盲目、不顾后果。

## 四、船员职务交接制度

船员公休、事假、因故奉调离船或在船职务变动，有接替船员到船接任时，应按职责将分管工作认真交接清楚，保证船舶工作秩序正常。

1. 对交班船员的要求

（1）交班船员接到交班通知后，应做好交接准备，在休假离船前必须按"交接班报告表"的内容向接班人员交代清楚与职责相关的所有情况，操作级和管理级船员还应备妥"交接班备忘录"，对船舶营运情况、设备存在的问题、未完成的工作等，应在备忘录中详细说明。

（2）交班船员应帮助接班船员熟悉本船安全、消防、救生、应急设备与设施应变部署和本人在应变部署中的职责、任务。

2. 对接班船员的要求

（1）接班船员应按"交接班报告表"所列内容和"交接班备忘录"的内容逐项确认，对机械设备的性能和所存在的问题做好详细记录，只要条件允许，应进行试操作。

（2）接班船员应尽快熟悉所主管的设备操作程序，以及为正确履行其职责应熟悉的其他安排。

3. 交接班报告

（1）交接班的操作级以上（含操作级）船员必须填写"交接班报告表"，双方同意后在报告表上签字，并由船长或轮机长签署。

（2）船长、轮机长、大副完成交接后，应分别在航海日志、轮机日志上共同签署。其他船员交接完毕后报告部门长。

4. 代为交接

凡接班船员到船时交班船员已先离去，未能对口交接者，应由船长或由其指定人员代为交接。

# 项目四
# 国际海事公约

## 学习目标

1. 了解《国际海上人命安全公约》相关内容。

2. 了解港口国监督程序。

3. 了解《国际防止船舶造成污染公约》。

4. 了解《国际载重线公约》相关知识。

5. 掌握《海员培训、发证和值班标准国际公约》相关内容。

6. 了解《国际卫生条例》相关知识。

7. 熟悉《海事劳工公约》相关内容。

8. 了解国际船舶压载水和沉积物控制与管理公约。

9. 了解《联合国海洋法公约》。

国际海事组织（IMO）对海上交通安全非常重视，其制定的一系列公约对引导船旗国和港口国政府、船舶所有人和经营人、船长和船员的行为，保证船舶航行安全起到了非常重要的作用。

# 任务一　国际海上人命安全公约

## 一、公约简介

### （一）功用

《国际海上人命安全公约》（International Convention for the Safety of Life at Sea，SOLAS）是一个旨在对船舶及其设备、船员操作、公司管理和船旗国管理等实施有效控制从而保障海上人命安全的国际公约，也是保障海上人命安全最古老、最重要的公约。SOLAS 的主要目的是规定与安全相关的船舶构造、设备及操作的最低标准，船舶必须通过规定的检验并持有公约规定的证书，作为该船已达到公约标准的证明。现行 SOLAS 为《1974 年国际海上人命安全公约》（SOLAS 1974），该公约于 1980 年 5 月 25 日起生效。我国于 1980 年 1 月 7 日加入了该公约，公约生效之日起同时在我国生效。

SOLAS 1974 每年有诸多修正案，这些修正案大多按照"默认程序"生效。截至 2024 年1 月 5 日，SOLAS 1974 已有 168 个缔约国，其船队总吨位占世界船队总吨位的 98.69%。

### （二）构架

SOLAS 1974 经过两次议定书的修改和多次修正之后，其正文部分由 13 个条款、1978 年议定书、1988 年议定书以及 1 个附则组成。公约附则是公约的核心内容，实施公约的技术性要求都体现在附则中。

SOLAS 1974 的附则共有 15 章(第 Ⅰ 章总则、第 Ⅱ 章构造、第 Ⅲ 章救生设备与装置、第 Ⅳ 章无线电通信设备、第 Ⅴ 章航行安全、第 Ⅵ 章货物和燃油运输、第 Ⅶ 章危险货物运输、第 Ⅷ 章核能船舶、第 Ⅸ 章船舶安全营运管理、第 Ⅹ 章高速船安全措施、第 Ⅺ-1 章加强海上安全的特别措施、第 Ⅺ-2 章加强海上保安的特别措施、第 Ⅻ 章散货船附加安全措施、第 ⅩⅢ 章符合性验证、第 ⅩⅣ 章极地水域营运船舶的安全措施、第 ⅩⅤ 章载运超 12 名工业人员船舶的安全措施)和 1 个附录。

鉴于 SOLAS 公约内容的迅速扩充，现多采用简单明了的公约附则，而将其技术细则集中成单项规则置于公约附则之外。这些单项规则包括:《国际消防安全系统规则》(FSS 规则)、《国际救生设备规则》(LSA 规则)、《国际海运危险货物规则》(IMDG 规则)、《国际海运固体散装货物规则》(IMSBC 规则)、《货物积载和系固安全操作规则》(CSS 规则)、《船舶装运木材甲板货安全操作规则》(CTDC 规则)、《国际散装谷物安全装运规则》(IBGC 规则)、《散货船安全装卸操作规则》(BLU 规则)、《国际散装运输危险化学品船舶构造和设备规则》(IBC 规则)、《国际散装运输液化气体船舶构造和设备规则》(IGC 规则)、《国际高速船安全规则》(HSC 规则)、《国际船舶安全营运和防止污染管理规则》(ISM 规则)、《国际船舶和港口设施保安规则》(ISPS 规则)、《2008 年国际完整稳性规则》(IS 规则)等。

### （三）适用范围

SOLAS 1974 仅适用于从事国际航行的船舶，但不适用于总吨位小于 500 总吨的货船、军用舰艇和运兵船、非机动船、制造简陋的木船、非营业性的游艇和渔船。

SOLAS 1974 各章节的适用范围有所不同,详见各章节的具体规定。

## 二、船舶检验与证书

SOLAS 1974 要求缔约国无论采取何种方式,都应充分保证船舶检验和检查的全面性和有效性。对非缔约国船舶,保证不给予更为优惠的待遇。

### (一)检验的种类

1. 客船的检验

客船应接受初次检验、换证检验以及必要时的附加检验。

2. 货船救生设备和其他设备的检验

500 总吨及以上的货船救生设备和其他设备应接受初次检验、换证检验、年度检验、定期检验以及必要时的附加检验。

3. 货船无线电装置的检验

300 总吨及以上的货船无线电装置应接受初次检验、换证检验、定期检验以及必要时的附加检验。

4. 货船结构、机器和设备的检验

500 总吨及以上的货船结构、机器和设备应接受初次检验、换证检验、中间检验、年度检验、船底外部检验以及必要时的附加检验。

### (二)检验后状况的维持

(1)应保持船舶及其设备状况符合本公约的各项规定,以确保船舶在所有方面适合于出海航行而不危及船舶及船上人员。

(2)对船舶进行的任何检验完成后,未经主管机关许可,已经检验的结构布置、机器、设备及其他项目均不得做任何变动。

(3)当船舶发生事故或发现缺陷,对该船的安全或其救生设备或其他设备的有效性或完整性产生影响时,该船船长或船东应尽早向负责签发有关证书的主管机关、指定的验船师或认可的组织的报告。该主管机关、指定的验船师或认可的组织应立即着手调查以确定是否需要进行必要的检验。

### (三)船舶安全证书的签发及其有效期

1. 安全证书的签发

(1)船舶经初次检验或换证检验,符合 SOLAS 公约要求的,主管机关签发下列证书:客船安全证书;货船构造安全证书,货船设备安全证书,货船安全证书(可取代货船构造安全证书、货船设备安全证书、货船无线电安全证书),免除证书。

(2)船舶安全证书可由主管机关或其正式授权的任何个人或组织签发,还可委托另一缔约国政府代为签发,但无论由谁签发,主管机关都应对证书完全负责。

2. 安全证书的有效期

客船安全证书的有效期自签发之日起不应超过 12 个月。货船构造安全证书、货船设备安全证书和货船无线电安全证书的有效期应由主管机关规定,但自签发之日起不得超过 5 年。免除证书的有效期不得超过与该证书相关的证书的有效期。

除客船安全证书外，如果所签发证书的有效期少于 5 年，在进行相应检验的情况下，主管机关可延长证书的有效期至最长期限。

如果证书期满时船舶不在应进行检验的港口，在正当合理的情况下，主管机关可延长该证书的有效期，但此项展期仅能使船舶完成其驶抵上述港口航次。展期期限不得超过 3 个月，船舶抵达后必须换妥新证书方可驶离。

发给短途航行船舶的证书未按规定展期的，主管机关可给予自该证书期满之日起至多 1 个月的宽限期。

## 三、构造

### （一）驾驶台对推进机器的控制

（1）来自驾驶台对推进机器的指令，应能在主机控制室或适当的推进机器控制位置处显示。

（2）对推进机器的遥控在同一时间只能在一处进行。在每个控制地点应有一个指示器以指明哪个控制地点正在控制推进机器。

（3）对于安全操作船舶所必需的所有机器，自动或遥控系统的任何部分发生故障，都应能就地进行控制。自动遥控系统的设计应使其发生故障时能报警。当推进系统即将降速或停机时，自动遥控系统应能向驾驶台值班人员报警。

（4）应在驾驶台安装指示器，以指示固定螺距螺旋桨的转速和转动方向、可变螺距螺旋桨的转速和螺距位置。

### （二）驾驶台与机器处所之间的通信

从驾驶台到机器处所或集控室至少应设置 2 套独立的通信系统，其中一套应为在机器处所和驾驶台均能直接显示指令和回令的车钟。在其他任何可以控制推进器速度和方向的位置处，也应配备适当的通信系统以便接收来自驾驶台和机舱的指令。

### （三）应急电源

（1）船舶应设有独立的应急电源。当船舶横倾达 22.5°，或纵倾达 10°，或在这些范围内的任何组合的倾角时，能向规定的场所以全额定功率供电。应急供电时间：客船应能保证 36 小时、货船应能保证 18 小时，但货船的救生艇筏登乘集合地点、登乘地点及其舷外的应急照明的供电时间只需保证 3 小时。

（2）应急电源可以是一台独立的发电机（当主发电机发生故障时应急发电机应能自动启动），也可以是一组蓄电池。

### （四）破损控制资料

（1）驾驶室应设有永久展示或随时可用的控制图，用于指导船上负责的高级船员，图上应清晰显示每层甲板及货舱的水密舱室限界面，上面的开口及其关闭装置和任何控制位置，以及扶正因浸水而产生横倾的装置。此外，还应给船上高级船员提供包含上述资料的小册子。

（2）应收入资料的一般预防措施应包括主管机关认为在船舶正常营运时为保持水密完整性所需的设备、条件和操作程序清单；特殊预防措施应包括主管机关认为对船舶、乘客和船员的生存至关重要的各种事项（即关闭装置、货物系固和听觉报警等）。

### （五）稳性资料

（1）每艘客船以及每艘船长 24 米及以上的货船应在完工时做倾斜试验,并确定其稳性要素。

（2）应向船长提供:确证符合有关完整稳性要求和最小营运初稳性高度(*GM*)对吃水的关系曲线,或最大许用重心高度(*KG*)对吃水的曲线,或与这些曲线等效的其他资料;扶正因浸水而产生横倾的装置的操作说明;破舱后维持稳性所必需的所有其他数据和辅助措施。

### （六）货船破舱稳性控制

（1）水密舱壁上的开口数量应减至最少。

（2）水密舱壁上的所有滑动门和铰链门都应设有指示器,在驾驶室应给出这些门是开启还是关闭的指示。此外,舷门,以及主管机关认为任其开启或未能适当紧固会导致严重浸水的其他开口,也应设置此类指示器。

（3）为确保内部开口的水密完整性而设置的门必须是滑动水密门,该门能从驾驶室遥控关闭,也能从舱壁的每一边就地操纵。在控制位置处应装设指示器,显示门的开启和关闭状态,并且在门关闭时发出声响报警。每个动力操纵的滑动水密门应有一个独立的手动机械操纵装置,该装置应能从门的两侧用手开启和关闭该门。

（4）为确保内部开口的水密完整性,在航行时应在应关闭的出入门和舱盖处和驾驶室装设显示这些门的开启或关闭状态的设施,而且在该处必须附贴一个公告牌,警示不能让它开着。

（5）为保证外部开口的水密完整性,在海上须保持永久关闭的其他装置关闭,应有一个通告牌贴于其上,警示必须保持关闭。

### （七）水密装置的关闭操作

（1）位于甲板以下的船壳外板上的开口,在海上应保持永久关闭。

（2）为了船舶的操纵需要,并且在不损害船舶安全的情况下,经主管机关同意,可根据需要打开某些特殊的门。

（3）用作大型货物处所内部分隔的水密门或坡道应在开航前关妥,并应在航行中保持关闭。

（4）用以确保内部开口水密完整性的出入门和舱盖的使用应经值班驾驶员批准。

## 四、消防

### （一）消防员装备

消防员装备应符合 FSS 规则。

1. 消防员装备的数量

所有船舶至少应携带 2 套消防员装备。此外,在客船每层旅客处所和服务处所的甲板长度每 80 米应备有 2 套消防员装备和 2 套个人配备;载客超过 36 人的客船,每一主竖区内应另增加 2 套消防员装备,并应为每套呼吸器配备 1 只水雾枪,水雾枪应与该呼吸器邻近存放;液货船应至少有 2 套消防员装备。

2. 消防员装备的存放

消防员装备和个人配备应储存于易于到达之处并随时可用,消防员装备和个人配备多于

1套时,储存位置应尽量远离。在客船上,应在任一储存位置均可获得2套消防员装备和1套个人配备,每一主竖区内至少应存放2套消防员装备。

## （二）防火控制图

（1）所有船上都应有固定展示的防火控制总布置图,其作为对船上高级船员的指导。图上应标明每层甲板的控制站,A级、B级分隔围蔽的各防火区域,探火和失火报警系统,灭火设备,各舱室和甲板出入通道的细节以及通风系统,包括风机控制位置、识别号码、挡火闸位置等细节。控制图和小册子的说明应用船旗国官方文字书写并译成英文或法文,并保持与当时实船情况一致,如有改动,应尽可能立即更正。

（2）所有船上应有1套防火控制图或具有该图的小册子的复制品,永久性地置于甲板室外面有醒目标志的风雨密盒子里,以便于岸上消防人员取用。

## （三）消防演习

（1）在制订消防演习计划时,对在根据船型和货物类型而可能发生的各种紧急情况下的常规做法,应给予充分考虑。

（2）每次消防演习应包括:

①到集合站报到,并准备执行应变部署表所述的任务;

②启动一个消防泵,要求至少射出2股水柱,以表明该系统处于正常的工作状态;

③检查消防员装备和其他个人救助设备;

④检查有关的通信设备;

⑤检查演习区域内的水密门、防火门和防火闸以及通风系统主要进出口的工作情况;

⑥检查供随后弃船用的必要装置。

（3）应立即将演习中使用过的设备恢复到完好的操作状态;演习中发现的任何故障和缺陷,应尽快予以消除。

## （四）消防设备的配备要求

每艘船舶应配备符合要求的消防泵、消防总管、消火栓和消防水带。

1. 消防泵

所有船舶应按下列要求配置独立驱动的消防泵:

（1）4 000总吨及以上的客船至少3台;

（2）4 000总吨以下的客船和1 000总吨及以上的货船至少2台;

（3）1 000总吨以下的货船至少2台,其中1台应为独立驱动。

卫生泵、压载泵、舱底泵或通用泵均可作为消防泵,但它们通常不得用于抽送油类,且如其偶尔用于驳运或泵送燃油,应装设合适的转换装置。

2. 消防水带

（1）客船上每只消火栓上至少配备1根消防水带。

（2）1 000总吨及以上的货船上所需的消防水带数目应为每30米船长1根、备用1根,但总数不得少于5根,这一数字不包括机舱或锅炉舱所要求的消防水带。

（3）1 000总吨以下的货船,按上述方式计算配备,但总数不得少于3根。

（4）载运危险货物的船舶还应另外再配备3根消防水带及配套的水枪。

3. 水枪

(1)每根消防水带应配有 1 支水枪和必要的接头。除非船上每一消火栓配备有 1 根消防水带和 1 支水枪,否则各消防水带接头与各水枪应能完全互换使用。

(2)船上配备的水枪应为设有关闭装置的水雾/水柱两用型。

4. 手提式灭火器

(1)船舶的起居处所、服务处所、控制站内应配备足够数量的手提式灭火器。1 000 总吨及以上的船舶,至少应配备 5 个。在起居处所内不应布置 $CO_2$ 灭火器。在控制站和其他设有船舶安全所必需的电气或电子设备或装置的其他处所,所配备灭火器的灭火剂应既不导电,也不会对设备和装置产生危害。

(2)灭火器应位于易于看到的位置并随时可用。该位置应在失火时能迅速和便于到达,且灭火器所处位置应不会使其可用性受到天气、振动或其他外部因素的影响。手提式灭火器应配有表明其是否已被用过的标志。

(3)灭火剂数量:每个干粉或 $CO_2$ 灭火器的容量至少应为 5 千克,而每一泡沫灭火器的容量至少应为 9 升。所有手提式灭火器的质量应不超过 23 千克,而且必须有至少相当于一个 9 升液体灭火器的灭火能力。

(4)备用灭火剂:能在船上重新充装的灭火器,其备用灭火剂的数量应按前 10 个灭火器的 100%和其余灭火器的 50%进行配备。备用灭火剂的总数不必超过 60 份。船上应备有充装说明。

对于不能在船上重新充装的灭火器,应额外配备上述规定所确定的相同灭火剂量、型式、容量和数量的手提式灭火器,以代替备用灭火剂。

5. 固定 $CO_2$ 气体灭火系统

(1)装货处所配备 $CO_2$ 气瓶的数量应足以放出体积至少等于该船最大货舱总容积的 30%的 $CO_2$ 气体。

(2)机器处所应备有足够的 $CO_2$ 气瓶数量,放出的 $CO_2$ 气体体积至少等于下列两者中的较大者:

①被保护的最大机器处所总容积的 40%;

②被保护的最大机器处所包括机舱棚在内的全部容积的 35%。

(3)机器处所的固定管系应能使 85%的 $CO_2$ 气体在 2 分钟内注入该处所。

(4)应设置 2 套独立的控制装置,以将 $CO_2$ 气体释放至被保护处所,并确保警报装置启动。一套控制装置用于开启将气体输送到被保护处所的管路上的阀门,另一套控制装置用于将气体从贮存的容器中放出。

(5)2 套控制装置应位于一个标明具体控制处所的释放箱内,如果放置控制装置的释放箱上有锁,则应将一把钥匙放在位于控制装置附近明显位置的设有可击碎玻璃罩的盒子里。

6. 国际通岸接头

每艘 500 总吨及以上的船舶至少应配备 1 只符合 FSS 规则的国际通岸接头。

## 五、救生设备与装置

### （一）救生艇筏

1. 救生艇筏的配备

（1）从事非短途国际航行的客船每舷救生艇的总容量应能容纳船上人员总数的50%。此外，每船还应配备能容纳船上人员总数的25%的救生筏。

（2）货船每舷救生艇的总容量应能容纳船上人员总数的100%。此外，还应配备1只或多只气胀式或刚性救生筏，其存放在一个能在单层开敞甲板上方便地做舷对舷转移的地方，并且其总容量能容纳船上人员总数。如果上述救生筏不是存放在能在单层开敞甲板上方便地做舷对舷转移的地方，则每舷可用的总容量应能足以容纳船上人员总数。

（3）货船也可配备下列救生艇筏，以满足上述要求：

①对于1艘或多艘能在船尾自由降落下水的救生艇，其总容量应能容纳船上人员总数。

②对于船舶每舷另有的1只或多只气胀式或刚性救生筏，其总容量应能容纳船上人员总数。至少一舷的救生筏应使用降落设备。

（4）如救生艇筏的存放地点距船首或船尾超过100米，还应配备1只救生筏，尽量靠前或靠后放置；或配备2只救生筏，一只尽量靠前存放，另一只尽量靠后存放。

（5）货船应至少配备1艘救助艇。如救生艇也符合对救助艇的要求，则可以接受将此救生艇作为救助艇。

（6）油船、液体化学品船和气体运输船，应配备耐火救生艇以替代全封闭救生艇。

2. 救生艇筏的配员与监督

（1）船上应有足够数量的船员（可以是驾驶员或持证人员）来操作救生艇筏及其降落装置。

（2）每艘要使用的救生艇筏，均应设置1名驾驶员或持证人员负责指挥。但主管机关经适当考虑航程的性质、船上人数和船舶的特点后，可以准许精通救生筏操纵和操作的人员来代替具有上述资格的人员负责指挥救生筏。如为救生艇，还应指派1名副指挥。

（3）救生艇筏负责人应有1份该救生艇筏船员名单，并应确保在其指挥下的船员是熟悉他们的各项任务的。救生艇的副指挥亦应有1份该救生艇船员名单。

（4）应为每艘机动救生艇筏指派1名能操作发动机和进行小调整的人。

（5）船长应确保上述所指人员被妥善地分配到本船救生艇筏中。

3. 救生艇筏的布置与存放

（1）每艘救生艇应设有1台能降落和回收该救生艇的设备。

（2）每艘救生艇筏的存放应处在连续使用的准备状态，应使2名船员能在5分钟内完成降落和登乘准备工作。

（3）在任一降落站，救生艇筏的准备和操作不应妨碍任何其他降落站的任何其他救生艇筏或救助艇的迅速准备和操作。

（4）吊艇索应有足够的长度，以便船舶在最轻载航行时在纵倾至10°和任何一舷横倾至20°时，可使救生艇筏到达水面。如配备封闭救生艇，应装设吊艇架横张索，在其上设置不少于2根足够长度的救生索，以便船舶在最轻载航行时在纵倾至10°和任何一舷横倾至20°的不利情况下,可使救生艇到达水面。

(5)救生筏的存放应能在用人工将其从系固装置上解脱时,一次释放1只筏。在存放救生筏时应将其首缆牢固地系在船上。每只救生筏或救生筏组的存放应设有1个自由漂浮装置,以使每只救生筏都能自由漂浮。

(6)使用吊艇架降落的救生筏应存放在吊筏钩可到达的范围内,除非设有某种转移设施。

(7)存放抛出舷外降落的救生筏时,应能将其容易地转移到船舶的任一舷降落,除非船舶每舷已按要求的总容量存放了救生筏,且能在任一舷降落。

4.救生艇筏的降放

(1)客船上所有救生艇筏,应能在发出弃船信号后30分钟内载足全部乘员和属具后降落水面,货船上所有救生艇筏应能在发出弃船信号后10分钟内载足全部人员和属具后降落水面。

(2)救生艇应能在船舶于平静水面上以5节航速前进时降落下水。

## (二)个人救生设备

1.救生圈

(1)货船上配置的救生圈应:

①分布在船舶两舷易于拿到之处;

②分放在所有延伸到船舷的露天甲板上;

③至少有1个应放在船尾附近;

④能随时从其存放处迅速取下,而不应以任何方式永久系牢。

(2)对于不同船长($L$)的货船,救生圈配备数量至少应满足$L<100$米时8只,$100$米$\leqslant L<150$米时10只,$150$米$\leqslant L<200$米时12只,$200$米$\leqslant L$时14只的要求。货船每舷至少有1个救生圈应设有可浮救生索,其长度不小于其存放处在最轻载重线以上高度的2倍,或30米,取较大者。

(3)货船上配置的所有救生圈中至少有一半应设有自亮灯(配备在液货船上的救生圈自亮灯应为电池型),其中至少有2个还应设有自发烟雾信号,并应能自驾驶台迅速抛投。设有自亮灯以及同时设有自亮灯和自发烟雾信号的救生圈(不包含装有救生索的救生圈),应均等地分布在船舶两舷。

(4)每个救生圈应以粗体罗马大写字母标明其所属船舶的船名和船籍港。救生圈反光带应按4个等距离,沿径向两两对称环绕粘贴。

2.救生衣

(1)在货船上,应为船上每个人配备1件救生衣。另外,还应配备足够数量的救生衣,以供值班人员使用,并供设置在远处的救生艇筏站使用。供值班人员使用的救生衣应存放在驾驶台、机舱控制室和任何其他有人值班的地方。救生衣应放在容易到达之处,其存放位置应予以明显的标识。

(2)除自由降落救生艇外,用于全封闭救生艇上的救生衣应不影响人员进入救生艇或在艇内就座,包括系好安全带。为自由降落救生艇选用的救生衣及其存放和穿着方式应不影响人员进入救生艇、乘员安全或该艇的操作。

(3)每件救生衣应配备1只救生衣灯和1只用系绳系牢的哨笛。每件救生衣应贴反光带(面积为5厘米×10厘米,至少8块),并以粗体罗马大写字母标明其所属船舶的船名和船籍港。

3. 保温救生服

（1）货船上每艘救生艇应配备至少3件保温救生服。

（2）如主管机关认为必需和可行，应为货船上每人配备1件保温救生服。如未能为货船上每人配备1件保温救生服，则应为货船上未配有保温救生服的人员配备保温用具。

（3）对于全封闭或部分封闭救生艇，其总容量能容纳船上人员总数，并且能从存放地点直接登乘和降落，或船舶一直在主管机关认为无须低温保护的低纬度的温暖气候区域航行，则不必配备这些保温救生服和保温用具。

## （三）其他救生设备

1. 无线电救生设备

（1）双向甚高频（VHF）无线电话设备

每艘客船和每艘500总吨及以上的货船，应至少配备3台双向VHF无线电话设备。每艘300总吨及以上，但小于500总吨的货船，应至少配备2台双向VHF无线电话设备。

（2）搜救定位装置

每艘客船和每艘500总吨及以上的货船，每舷应至少配有1套搜救定位装置——雷达应答器。每艘300总吨及以上，但小于500总吨的货船应至少配有1套搜救定位装置。该装置的存放位置应确保其能被迅速地放置到救生艇筏上，也可以为每个救生艇筏直接配备1套这样的装置（不包括船首的救生艇筏）。设置2套搜救定位装置，并配备自由降落救生艇的船舶，其中一套装置应放在自由降落救生艇内，另一套应放在驾驶台附近。搜救定位装置应能在9 GHz频带或AIS特定频率工作。

2. 遇险火焰信号

应配备不少于12支火箭降落伞火焰信号，并应将其存放在驾驶室或其附近。

3. 船上通信与报警系统

（1）应配备1套固定式或手提式设备构成的或由这两种型式构成的应急设施，供船上应急控制站、集合站和登乘站及要害位置之间的双向通信使用。

（2）应配备通用应急报警系统，以供召集乘客与船员至集合站和采取应变部署表所列行动之用。该系统应以公共广播系统或其他适宜的通信设施作为补充。当通用应急报警系统启动时，娱乐声响系统应自动关闭。

（3）客船通用应急报警系统报警应在所有开敞甲板上都能听到。

（4）配备海上撤离系统的船舶应确保登乘站和平台或救生艇筏之间的通信联络。

## （四）应急部署与应急演习

1. 应急部署

（1）应为船上每位船员配备1份在紧急情况时必须遵循的明确的须知。如为客船，这些须知应使用船旗国的语言或船旗国要求的语言以及英语写成。

（2）应变部署表和应急须知应展示在全船各明显之处，包括驾驶台、机舱和船员起居处所。

（3）应在乘客舱室内张贴配有适当文字的示意图和应急须知，并在集合地点及其他乘客处所明显地展示出来，以告知乘客集合地点、紧急情况时必须采取的行动和救生衣的穿着方法。

有关应变部署表与应急须知较为详细的介绍,见后文相关章节。

2. 应急训练与演习

有关船舶应急训练与演习的规定,见后文相关章节。

## 六、航行安全

### (一)船舶配员要求

适用公约的每艘船舶,应备有一份由主管机关签发的最低安全配员证书或等效文件。船舶实际配员不得低于最低安全配员证书或等效文件的要求。

### (二)船载航行系统和设备的配备要求

(1)不论船舶尺度,所有船舶应具有:

①1台不依赖于任何动力的标准磁罗经;

②1个不依赖于任何动力的方位盘或罗经方位装置;

③用于随时按真实值校正首向和方位的装置;

④纸质海图和航海出版物,或电子海图显示与信息系统(ECDIS);

⑤海图和航海出版物的功能全部或部分由电子装置来实现时,需配置 ECDIS 的后备装置,如合适的对开纸质航海图;

⑥1台全球导航卫星系统或陆地无线电导航系统的接收机;

⑦1套声音接收系统(若船舶驾驶台是完全封闭的或除非主管机关另有规定),使得值班驾驶员能够听到声音信号并确定其方向;

⑧1部电话,用于同应急操舵人员交换航向信息。

(2)所有 300 总吨及以上的国际航行船舶、500 总吨及以上的非国际航行货船以及不论尺度大小的客船,应配备 1 台自动识别系统(AIS),该设备应:

①自动向配有相应设备的岸台、其他船舶和飞机提供信息,包括船舶识别码、船型、船位、航向、航速、航行状况以及其他与安全有关的信息;

②自动从其他装有类似设备的船舶接收相关信息;

③监视和跟踪其他船舶;

④与岸基设施交换数据。

(3)所有 500 总吨及以上的船舶,还应设有:

①1台陀螺罗经;

②1台陀螺罗经首向复示器;

③1台陀螺罗经方位复示器;

④舵、螺旋桨、推力、螺距和工作模式指示器(所有这些指示器都应在指挥驾驶位置清晰可读);

⑤1台自动跟踪仪。

(4)所有 3 000 总吨及以上的船舶,还应设有:

①1台 3 GHz 雷达,或第 2 台 9 GHz 雷达;

②第 2 台自动跟踪仪。

（5）所有 10 000 总吨及以上的船舶,还应设有:

①1 台自动雷达标绘仪,与 1 台指示船舶相对于水的航速和航程的装置相连,用于自动标绘至少 20 个其他目标的距离和方位;

②1 套首向或航迹控制系统。

（6）所有 50 000 总吨及以上的船舶,还应设有:

①1 台回转速率指示仪,用于确定和显示回转速率;

②1 台航速和航程测量装置,用于指示船舶前进方向和横向的相对于地的航速和航程。

（7）从事国际航行的所有客船、客滚船以及 2002 年 7 月 1 日或以后建造的 3 000 总吨及以上的所有其他船舶,应按要求配备航行数据记录仪(VDR)。从事国际航行的未配备 VDR 的现有货船,应配备简易的航行数据记录仪(SVDR)。

（8）对从事国际航行的客船和 300 总吨及以上的货船,应配备船舶远程识别与跟踪设备(LRIT)。船长在特殊的情况下可以关闭 LRIT 设备或不提供 LRIT 信息。

### （三）引航员登离船装置

1. 一般规定

（1）供引航员登离船使用的所有装置均应能达到使引航员安全登离船的目的。它们只能用于人员的登离船。

（2）引航员登离船装置的安放和引航员的登离船,应由负责的驾驶员进行监督。该驾驶员应配有能与驾驶台联系的通信设备,还应安排和护送引航员经由安全通道前往和离开驾驶台。

2. 登离船装置

（1）应提供使引航员在船舶的任意一舷都能安全地登离船的装置。

（2）所有船舶,当从海平面至船舶入口或出口处的距离超过 9 米,并欲将舷梯或引航员机械升降器或其他安全、方便的装置与引航员专用软梯一起供引航员登离船使用时,应在每舷装有这种设备,除非该设备可被移动以供任一舷使用。

（3）引航员专用软梯应:

①爬高不小于 1.5 米,离水面高度不超过 9 米;

②避开任何可能的船舶排放孔;

③在平行船体长度范围内,并尽可能在船中半船长范围内;

④每级踏板稳固地紧靠船舷;

⑤单根长度应能从船舶的入口或出口处抵达水面,应为所有装载状况和船舶纵倾及 15°的不利横倾留出充分的余量;

⑥水面至入口处的距离超过 9 米时,应用一个舷梯或其他同样安全、方便的装置与引航员专用软梯相连。舷梯的设置应导向船尾。

3. 船舶甲板入口

应采取措施确保从引航员专用软梯、舷梯或其他登船和离船设施的上端到船舶甲板有一个安全、方便和无障碍的通道,供任何人员登船和离船。这种通道通过下列设施达到:

（1）在栏杆或舷墙中开门,并应设有适当的扶手。

（2）舷墙梯。应设有 2 根扶手支柱,其根部或接近根部以及另一较高点与船舶结构系固舷墙梯应牢固地固定在船舶上,以防翻转。

4.舷门

供引航员登离船用的舷门不应朝外开。

5.引航员机械升降器

如引航员通过机械升降器登离船舶,在该升降器附近应安装引航员专用软梯,并可立即使用。引航员应可从引航员专用软梯进入船舶的地点到达海面。

6.相关设备

在人员登离船时,应准备好下述设备以便随时可用:2根直径不小于28毫米的安全绳、带有自亮灯的救生圈、撇缆绳、支柱和舷墙梯。

7.照明

应配备适当照明,以照亮舷外的登离船装置、甲板上人员的登船和离船位置,以及引航员机械升降器的控制装置。

### (四)遇险通信义务及程序

(1)处于能提供援助位置的船舶的船长在收到来自任何方面的关于海上人员遇险的信息后,有义务立即全速前往提供援助,如有可能应通知遇险人员或搜救机构,本船正在全速前往援助中。

(2)遇险船舶的船长或有关的搜救机构在尽可能与应答过遇险信号的各船船长协商后,有权召请其中被遇险船舶的船长或搜救机构认为最有能力给予援助的1艘或数艘船舶,被召请的1艘或数艘船舶的船长有义务应召,继续全速前往援助遇险人员。

(3)当船长获知1艘或数艘其他船舶已被召请并正在应召,而其船舶未被召请时,应解除前往援助的义务。

(4)当一艘船舶的船长从遇险人员或搜救机构或已抵达遇险人员处的另一船舶的船长处获知不再需要提供援助时,应解除救助义务,但被召请的船长有义务履行应召,继续全速前往援助遇险人员。

### (五)操舵装置的试验和演习

(1)船舶开航前12小时之内,应由船员对操舵装置进行核查和试验。

(2)核查和试验应包括:

①按照所要求的操舵装置能力进行操满舵试验;

②操舵装置及其联动部件的外观检查;

③驾驶室与舵机舱之间通信手段的工作试验。

(3)在驾驶室及舵机舱内,应有永久显示操舵装置遥控系统和操舵装置动力装置转换程序的简单操作说明,并附有方框图。

(4)所有与操舵装置的操作和/或维修有关的船舶驾驶员,应熟悉装在船上的操作系统的操作以及从一个系统转换到另一个系统的程序。

(5)除上述常规核查和试验外,至少每3个月应进行一次应急操舵演习,以练习应急操舵程序。操舵演习应包括在操舵装置室内的直接控制,与驾驶室的通信程序,以及转换动力供应的操作(如适用时)。

(6)对于从事短期航行的船舶,主管机关可免除上述开航前的核查和试验的要求,但这些船舶每周至少应进行一次这样的核查和试验。

（7）应对进行核查和试验日期,对应急操舵装置演习的日期和详细内容做好记录。

## （六）船长决定权

船东、租船人、船舶经营公司,或任何他人均不得阻止或限制船长根据其专业判断做出或执行为保障海上人命安全和保护海洋环境所必需的任何决定。

# 七、船舶安全营运管理

1. 适用

ISM 规则适用于下列各类船舶(不论其建造日期):

（1）客船(包括高速客船);

（2）500 总吨及以上的油船、液体化学品船、气体运输船、散货船和高速货船;

（3）500 总吨及以上其他货船和海上移动式钻井平台。

2. 安全管理要求

（1）公司和船舶应符合 ISM 规则的要求。

（2）船舶应由持有符合证明的公司营运。

3. 发证

（1）应为每一符合 ISM 规则要求的公司签发符合证明。该证明文件应由主管机关、主管机关认可的组织或应主管机关的请求由另一缔约国政府签发。

（2）船上应存有一份符合证明的副本,以便船长在被要求验证时出示。

（3）主管机关或主管机关认可的组织应为每艘船舶签发 SMC 证书。在签发 SMC 证书前,主管机关或其认可的组织应验证该公司及其船上管理系按经认可的安全管理体系进行营运的。

4. 审核与控制

（1）主管机关、应主管机关请求另一缔约国政府或主管机关认可的组织,应定期审核船舶安全管理体系是否正常运行。

（2）要求持有 SMC 证书的船舶,均应受到港口国的控制。

5. 体系的保持

应按 ISM 规则的规定保持安全管理体系正常运行。

# 八、加强海上安全的特别措施

1. 船舶识别号

（1）应给每艘 100 总吨及以上的客船以及 300 总吨及以上的货船提供一个船舶识别号。

（2）船舶识别号应永久性地标记在以下位置:

①在船尾或船体中部左舷和右舷的最大核定载重线以上,或上层建筑左舷或右舷或上层建筑正面的可见位置,或者,就客船而言,应将该标志标注在从空中可见的水平表面。

②在船舶内部的机器处所、泵舱或滚装处所的舱壁上也要标注国际海事组织编号。

（3）该永久性标记应清晰可见,与船体上的任何其他标记分开,并应涂成有对比性的颜色。

（4）该永久性标记可制成凸出的字符,或刻入或用中心冲头冲制,或使用可确保该标记不易被擦除的任何其他标识船舶识别号的等效方法制成。

2. 连续概要记录

(1)主管机关应向船舶签发一份连续概要记录(CSR)以便在船上提供一份关于船舶历史的记录。

(2)连续概要记录应包含船旗国国名、注册日期、船舶识别号、船名、船籍港、注册船东及注册地址、注册船东识别号、注册的光船租赁人姓名及注册地址(如适用)、公司的名称及注册地址及开展安全管理活动的地址、公司识别号、入级船级社名称、签发符合证明和安全管理证书以及国际船舶保安证书的主管机关和该船终止在该国注册的日期等信息。上述信息的任何改变都应记录在连续概要记录中,以便提供与船舶历史有关的最新信息。

(3)对连续概要记录的任何已有记载均不得修改、删除或以任何方式擦除或涂改。

(4)连续概要记录应保存在船上,并应随时可供检查。

3. 加强检验

对散货船和油船,应按规定进行加强检验。

4. 关于操作要求的港口国控制

负责港口国监督检查的官员可在有明显依据认为船长或船员不熟悉与船舶安全有关的船上主要操作程序时,进行操作性检查。进行港口国控制的缔约国政府应采取措施,确保船舶只有在其状况符合 SOLAS 公约的要求后才能开航。

## 九、加强海上保安的特别措施

1. 适用范围

加强海上保安的特别措施适用于从事国际航行的客船(包括高速客船)、500 总吨及以上的货船(包括高速货船)和服务于此类国际航行船舶的港口设施。

2. 缔约国政府的保安责任

(1)主管机关应为悬挂其船旗的船舶规定保安等级并保证向其提供保安等级方面的信息。

(2)缔约国政府应为其领土内的港口设施和进入其港口前的船舶或在其港口内的船舶规定保安等级,并确保向它们提供保安等级方面的信息。

3. 对船舶的要求

(1)船舶在进入缔约国境内的港口之前,或在缔约国境内的港口期间,如果主管机关为其规定的保安等级低于缔约国规定的保安等级,船舶应符合缔约国规定的保安等级要求。

(2)船舶应对向更高保安等级的改变做出迅速反应。

4. 船舶保安警报系统

(1)船舶保安警报系统启动后,应:

①向主管当局发送船对岸保安警报;

②不向任何其他船舶发送船舶保安警报;

③不在船上发出任何警报;

④在关闭和(或)复位前持续发送船舶保安警报。

(2)船舶保安警报系统:

①能够从驾驶台和至少一个其他位置启动;

②船舶保安警报系统启动点的设计应能防止误发船舶保安警报。

5. 对船舶的威胁

（1）缔约国政府应规定保安等级并确保向在其领海内运营或已向其通知意图进入其领海的船舶提供保安等级信息。

（2）缔约国政府应提供一个联络点，船舶能够通过该联络点请求建议或援助。

（3）如果确定了存在攻击风险，有关缔约国应将当前的保安等级、应采取的任何保安措施等告知有关船舶及其主管机关。

6. 监督与控制

（1）对在港船舶的控制

如果有明显的理由，或者在要求时不能出示有效证书，可以对在港船舶采取下列任何一项或几项监督与控制措施：检查船舶、延误船舶、滞留船舶、限制操作（包括限制在港内活动）、将船舶驱逐出港。

（2）对意图进入另一缔约国港口的船舶的控制

如果有明确的理由相信船舶不符合本公约 XI-2 章或 ISPS 规则 A 部分的要求，可以对该船舶采取下列任何一项或几项监督与控制措施：要求纠正不符合的情况；要求船舶开往缔约国领海或内水中的一个指定位置；对将要进入港口之缔约国政府的领海的船舶进行检查；拒绝其进入港口。

# 任务二　港口国监督程序

## 一、港口国监督概述

港口国监督（Port State Control，PSC），是指港口当局根据有关国际公约规定的标准，对进入其港口的外国籍船舶实施的一种监督与控制，以确保船舶及其设备符合国际公约要求，船员配备和操作符合适用的国际标准。通过 PSC，纠正与消除受检船舶存在的不符合标准的缺陷，以确保船舶航行、人身和财产的安全以及保护海洋环境，促进经济贸易的发展和航运经营水平的提高。

### （一）港口国监督的法律依据

港口国监督组织行使监控权利必须依据适当的国际标准、地区协议和国内法律。在实际操作中主要涉及三个方面的法规和业务指导：

1. 港口国监督组织实施检查所依据的法定授权

（1）各缔约国的国内立法和相关法规；

（2）特定地区的港口国监督谅解备忘录；

（3）SOLAS 1974 附则第 1 章第 19 条、第 9 章第 6.2 条、第 11 章第 4 条；

（4）MARPOL 73/78 第 5 条、第 6 条、附则 I 第 11 条、附则 II 第 16 条、附则 III 第 8 条、附则 V 第 8 条、附则 VI 第 10 条；

（5）STCW 公约马尼拉修正案第 X 条；

（6）LL 1966 公约第 21 条；

（7）ITC 1969 公约第 12 条；

（8）MLC 2006 公约第 5.2 条的 5.2.1 款。

2.港口国监督组织实施检查所依据的国际公约

（1）LL 1966 公约及其相关修正案和 1988 年议定书；

（2）SOLAS 1974 及其相关修正案和 1988 年议定书；

（3）MARPOL 73/78 及其相关修正案；

（4）STCW 公约马尼拉修正案；

（5）COLREG 1972 及其相关修正案；

（6）ITC 1969 公约；

（7）MLC 2006 公约。

3.港口国监督的指导性文件

尽管港口国监督组织所采取的行动是依据国际公约和相关规则，但是港口国监督组织是基于地区间的合作和联合行动，而且不同的港口国监督组织在检查的项目和要求上有所不同。为了统一协调各缔约国和地区港口国的监控行动，IMO 先后制定了一系列的决议和相关指导性文件以规范和指导全球范围内的监督检查工作。因此，在 IMO 的安排下，其下属的海上安全委员会和海上环境保护委员会联合起草了 A.787（19）号决议，即《港口国监督程序》，并在 1995 年 11 月召开的 IMO 第 19 届大会上通过了该决议。1999 年 11 月，IMO 第 21 届大会通过了 A.882（21）号决议，对《港口国监督程序》进行了修正，将有关对 ISM 规则的监督内容纳入了监督程序。《港口国监督程序》详细描述了检查程序、检查内容、检查官员的资格及培训、检查报告要求和滞留指南等重要问题，它是一份港口国监督工作的综合性指导文件。

### （二）港口国监督程序的构成

经 A.882（21）号决议修正的《港口国监督程序》由 6 章正文和 9 个附录构成。

第 1 章总论：内容包括该程序的目的、适用的公约、引言、港口国监督的公约依据、对非公约缔约方的船舶和低于公约尺度的船舶的不优惠政策，以及有关定义。

第 2 章港口国检查：内容包括概述，检查，明显依据，港口国监督检查官（PSCO）的专业标准、资格和培训及其一般程序指南。

第 3 章更详细检查：内容包括更详细检查的总原则、明显依据，关于船舶结构和设备要求的指南，关于 MARPOL 73/78 公约附则Ⅰ和附则Ⅱ的排放要求的指南，关于对操作性要求进行监督的指南以及最低配员标准和发证。

第 4 章违反和滞留：内容包括低于标准船舶的识别、关于缺陷资料的提交、针对低标准船舶的港口国行动、港口国采取补救行动的责任、船舶滞留指南等。

第 5 章报告：内容包括港口国报告、船旗国报告、根据 MARPOL 73/78 的陈述报告等。

第 6 章审核程序：阐述了 IMO 对有关缺陷及缺陷纠正报告的评价及指导。

## 二、检查程序

PSCO 在登船之前，一般要观察船舶外观的总体状况，获得对船舶的最初印象。登船后，首先检查证书，然后巡视各层甲板及有关舱室、设备等，从而获得对船舶的实际总体印象。如果未发现明显依据,检查结束。如果 PSCO 发现明显依据,怀疑船舶可能存在严重缺陷,则进行详细检查。如在详细检查中发现严重缺陷,足以构成滞留,船舶将被滞留。当然,在初步检查过程中也可能发现严重的可滞留缺陷,从而滞留船舶。船舶纠正缺陷后,申请复查,经PSCO 复查合格后,解除船舶滞留。对于一般缺陷,PSCO 给出处理意见,如需复查,经复查合格后,船舶才可以开航。

## 三、检查内容

### (一)初步检查

(1)PSCO 在登船前和登船后对受检船舶进行外观观察,观察其油漆、腐蚀、凹陷、未修理的损伤和装卸情况等,获得对该船保养情况的初步印象。

(2)在前往船长房间的途中,PSCO 通常会进一步观察诸如甲板上的消防和救生器材的情况、防火控制图和应变部署表的保存情况以及水密门的情况等。

(3)如果不是根据举报或应缔约国的请求进行的 PSCO 检查,则初步检查主要集中在船舶保养情况的外观检查和查验船舶的有关证书和文件上。

(4)如经查验该船应配备的船舶证书均有效,且根据 PSCO 的总体印象和目测观察,确认船舶维护保养良好,PSCO 通常仅将此次检查限制在被举报或被观察到的缺陷(如有的话)。

### (二)详细检查

1. 实施详细检查的明确依据

当 PSCO 根据总的印象和在船上的观察有明显依据认为该船、其设备或其船员实质上不符合要求,PSCO 将考虑进行更详细的或扩大的检查。

导致更详细检查的明显依据是指船舶、其设备或其船员实质上不符合有关公约要求的证据,或者,船长或船员不熟悉有关船舶安全和防止污染的基本程序的证据。这些明显依据包括:

(1)船舶存在明显不符合 ISM 规则要求的缺陷;

(2)缺少公约要求的主要设备或布置;

(3)查验表明一个或几个船舶证书明显失效;

(4)发现日志、手册或其他要求的文件不在船上或这些文件未能保持或保持有误;

(5)根据 PSCO 总的印象和观察,发现船舶存在船体或结构上的严重变形或缺陷,危及船舶结构、水密或风雨密的完整性;

(6)根据 PSCO 总的印象和观察,发现船舶的安全、防污染和航行设备存在严重缺陷;

(7)船长或有关船员不熟悉涉及船舶安全或防止污染的基本操作,或未执行这些操作;

(8)主要船员之间不能进行交流,或不能同船上其他人员进行交流;

(9)船员或消防设备发生变动,船上并无更新后的应变部署表、防火控制图;

(10)误发射遇险报警信号后,未执行正确的取消程序;

(11)收到关于某船低于标准的报告或投诉等。

2. 更详细的检查的内容

(1)船舶构造和设备要求的检查

检查内容包括:船体构造检查;机器处所检查;载重线检查;救生设备检查;防火安全及消

防设备检查;海上避碰规则要求的设备的检查;与货船构造安全证书有关的布置、装置、报警系统和应急电源等的检查;无线电安全证书要求的设备及相关记录的检查;等等。

（2）MARPOL 73/78 附则Ⅰ、附则Ⅱ排放要求的检查

检查项目包括:污染物的排放检查;原油洗舱操作检查;对卸货扫舱预洗操作的检查;等等。

（3）操作性要求的检查

PSCO 在有明显依据,且检查不危及船货安全、不干扰装卸、不造成不必要的延误这一前提下,可对船上的操作性程序进行检查,以判断船员在总体上对操作性要求的熟练程度。

PSCO 在进行操作性程序检查时,可从以下几方面进行检查:

①应变部署表检查:检查是否按规定显示应变部署表;应变部署表中是否职责明确;有无考虑在不同的情况下需要采取不同的行动;船员是否知晓应变部署表中为其规定的职责以及履行该职责的地点。

②语言交流方面的检查:判断船舶关键船员之间能否进行语言交流,在检查和演习过程中能否相互明白。

③消防和弃船演习检查:检查确认船员熟悉各自的应急职责并能正确使用船上的装置和设备;可选择模拟火场观察船员报警、现场集合、防护服穿着、灭火设备启动、火场通信联系、担架和医疗准备;可要求指定负责应急发电机、$CO_2$ 气瓶、应急消防泵的船员解释其应急职责,如有可能,演示证明其熟练程度;可要求船员进行弃船演习,检查其是否熟悉规定的警报信号、集合地点、救生衣穿着;检查船员是否熟悉放艇准备程序以及放艇程序;检查救生艇可用状态及船员是否能在规定的时间内将救生艇释放入水。

④破损控制图和油污应急计划检查:检查是否有破损控制图和油污应急计划;高级船员是否知晓其中的内容;检查船员对船体破损和油污事故应急职责的熟悉程度以及是否会使用相应的设备。

⑤消防控制图检查:检查船上是否有消防控制图;消防控制图内容是否保持最新,是否按规定显示;船员是否熟悉消防控制图的内容,是否熟悉一旦发生火灾应采取的行动;高级船员是否知道本船的防火结构及进入不同舱室的办法。

⑥驾驶台操作检查:判断负责值班的高级船员是否熟悉驾驶台设备、操作程序,是否熟悉驾驶台所有可供其使用的航海图书资料;可核查驾驶员对设备定期检查、抵港准备、操舵方式转换、驾驶台通信、航海日志记载等程序的熟悉程度。

⑦货物操作检查:判断货运负责人是否熟悉货物所具有的危险性;运送特殊货物的船舶货运负责人是否熟悉 IMSBC 规则、IBC 规则、IGC 规则、CTDC 规则、CSS 规则、IBGC 规则中的有关规定及运输安全措施。

⑧机械设备操作检查:重点检查船上的有关负责人是否熟悉船舶应急机械设备(如应急发电机、辅助操舵装置、污水泵、消防泵、救生艇发动机等)的使用。

⑨操作手册、说明书方面的检查:检查船上是否配有消防设备的维护和操作示意图、紧急集合地点及救生衣穿着方法示意图、救生艇(筏)释放操作程序及警示牌或示意图、救生设备的维护和说明、船员训练手册、船上油污应急计划、船舶稳性资料与手册;检查船员是否能理解、知晓和应用这些资料,做出相应的反应。

⑩污染物排放与处理操作检查:包括油类和油性混合物的排放操作检查;液货舱装卸和洗

舱程序检查;包装类危险货物和有害物质处理方面的检查;船舶垃圾处理方面的检查;等等。

（4）最低配员标准和证书的检查

最低配员标准和证书的检查主要通过检查船舶的最低安全配员证书与实际配员情况,以及船员是否持有适当、有效的适任证书来完成。

（5）ISM 规则符合性检查

检查内容包括:船舶所持有的 DOC(副本)、SMC 证书是否适当、有效;有关船员是否熟悉 ISM 规则规定的职责;船上是否存在重大不符合规定的情况;等等。在进行详细检查时,除查验有关安全记录文件外,PSCO 可以利用对有关船员的提问,来判断船舶对 ISM 规则的符合性,问题包括但不限于:公司是否制定了安全与环境保护方针,船员是否熟悉此方针? 船舶的运营由谁负责? 谁是公司指定人员以及如何与他取得联系? 船员是否了解自己的职责? 船上是否具有适当的关键性操作方案和须知? 船上是否有针对可能出现的紧急情况做出反应的程序、计划及演习? 不符合规定的情况、事故和险情是否已报告至公司? 公司是否及时采取了纠正措施? 船上是否实施了一种有计划的船舶及其设备的维护制度? 是否对船上所有设备及技术系统进行了日常操作性维护及检查? 等等。

（6）ISPS 规则符合性检查

检查内容包括:查验该船的船舶保安证书、船舶保安计划批准文件、连续概要记录等;查阅船舶保安计划;验证船舶保安计划的执行情况;查阅船舶保安记录;在进行详细检查时,PSCO 可以利用对有关船员的提问,来判断船舶对 ISPS 规则的符合性;等等。

（7）MLC 2006 符合性检查

MLC 2006 生效后,PSCO 可对到港船舶是否满足国际海事劳工标准进行符合性监督检查。

## 四、缺陷处理

### (一) 缺陷处理方式

（1）原则上,所有被发现的船舶缺陷都应在开航前纠正。但是,根据缺陷的性质和严重程度,PSCO 可以给出不同的处理意见或决定,这些处理意见或决定包括:

①开航前纠正:适用于性质严重的缺陷。

②14 天内纠正:适用于小缺陷,船舶带着该缺陷航行,不会对船舶安全、船员健康和海洋环境构成威胁。

③下一港纠正:适用于在检查港不能解决的缺陷,但应限制船舶的航行条件。

④3 个月纠正:主要适用于 ISM 规则不符合项目。

⑤中止检查:在特殊情况下,PSCO 综合考虑船员的情况,从详细检查中发现船舶及其设备的总体情况明显低于标准时,可以中止检查;中止检查可以持续至船方已采取必要措施并保证船舶符合有关公约的要求时为止。不应让中止检查的船舶开航。由于中止检查而造成的船期延误,责任由船方自负。

⑥滞留:适用于缺陷已严重到如果让船舶带着该缺陷航行,将威胁到船上人员的安全、船舶的安全以及海洋环境。

（2）PSCO 在做出缺陷处理意见后,应在港口国检查报告中予以记载。为了记载上的方便,每种处理意见都被赋予一个代码,例如,滞留用代码"30"来表示。

### (二)低标准船

**1. 低标准船的认定**

如果船舶的船壳、机器、设备或操作低于有关公约要求的标准,或船舶不符合安全配员文件的要求,特别是由于缺少公约要求的主要设备或装置、设备或装置不符合公约的有关要求,维护不良使得船舶或设备严重损蚀,船员对主要操作程序不熟练或不熟悉,配员不足或持证船员不足等,如允许其出海将会对船舶安全、船员的生命造成威胁或对海上环境构成威胁,这样的船应被视为低标准船。

**2. 对低标准船的反应行动**

(1)当PSCO经过详细检查,确认一船为低标准船时,应确保该船在开航前采取措施纠正缺陷,以保证船舶、旅客、船员的安全,并消除其对海洋环境的威胁。

(2)在收到有关某船低于标准或具有污染危险的信息后,PSCO应立刻开展调查和采取行动。

(3)如果缺陷不能在检查港纠正,PSCO可以在一定的条件下允许该船开往另一港口,但PSCO应确保已通知下一港口的主管机关和船旗国。

**3. 滞留船舶**

(1)PSC检查的根本目的是消灭低标准船在海上航行,而消灭低标准船在海上航行的最有效的方法就是,一旦发现这样的船舶,则不允许它开航,将其滞留,直到它纠正自己的缺陷为止。

(2)对于低标准船,在决定船舶存在的缺陷是否严重到需要对其实施滞留时,PSCO将首先评估:该船是否具有有效的相关文件;船舶是否配有最低安全配员证书所要求的船员。

(3)对于低标准船,在决定船舶存在的缺陷是否严重到需要对其实施滞留时,PSCO还将进一步评估船舶和(或)船员,在未来的整个航行中是否能够:安全地航行;安全地装卸、运输货物;安全地进行机舱操作;维持正常的推进和操舵;保持足够的稳性和保持完整水密;在遇险时有效应急和进行必要的通信;防止环境污染;等等。

(4)对于存在缺陷的低标准船,如果对其进行评估所得出的结论是否定的(即评估的结论是,在未来的整个航行中该船不能够安全地航行、操作和防止海洋环境污染等),PSCO将综合考虑发现的所有缺陷,决定是否对该船实施滞留。

(5)对于涉及最低配员标准和证书的滞留,PSCO在决定滞留船舶前应考虑:计划航线或服务的长短和性质;存在的缺陷是否对船舶、船上人员或环境构成威胁;船员是否能得到适当的休息;船舶的尺度和船型及配备的设备;货物特点。

(6)某些不太严重的缺陷,组合起来也可能造成对船舶的滞留,即如果PSCO在检查中发现大量的小缺陷,也可能考虑对该船实施滞留。

(7)当船舶和船员实质上不符合适用公约的要求时,PSCO为保证该船在开航后不会对船舶和船上人员构成威胁或对海洋环境构成威胁,应采取必要的行动,而不考虑这种行动是否会影响船舶的正常离港计划。

(8)如果滞留的原因是船舶在驶往某一港口的途中的意外损伤,在船舶进入港口之前,船长或船公司已经向港口国当局报告,并已通知了船旗国,通知了负责签发证书的验船师或机构,则PSCO不应向船舶签发滞留通知。

（9）如果决定滞留某船,PSCO 应在 PSC 检查报告中予以记载,并通过港口国海事主管机关通知船旗国海事主管机关。

## 五、港口国检查备忘录组织

### （一）世界上主要 PSC 检查合作组织与国家

目前,在世界范围内主要有 9 个备忘录组织在运作,分别是:

（1）巴黎备忘录（Paris MOU,1982 年 7 月 1 日签署）;

（2）拉丁美洲协定（Vina del Mar Agreement,1992 年 11 月 5 日签署）;

（3）东京备忘录或亚太地区备忘录（Tokyo MOU,1993 年 12 月 1 日签署）;

（4）加勒比备忘录（Caribbean MOU,1996 年 2 月 9 日签署）;

（5）地中海备忘录（Mediterranean MOU,1997 年 7 月 11 日签署）;

（6）印度洋备忘录（Indian Ocean MOU,1998 年 6 月 5 日签署）;

（7）非洲西部和中部备忘录（阿布贾谅解备忘录）（Abuja MOU,1999 年 10 月 22 日签署）;

（8）黑海备忘录（Black Sea MOU,2000 年 4 月 7 日签署）;

（9）利雅得备忘录（Riyadh MOU,2004 年 6 月 30 日签署）。

美国则由其海岸警卫队（USCG）实施独立的港口国监督检查。

现在 PSC 网络已覆盖了世界上绝大部分港口和地区。这些地区性的港口国监督组织的建立和运行为提高船舶营运的安全性和防止船舶污染海洋环境起到了积极而有效的作用。

### （二）备忘录组织与国家介绍

1. 巴黎备忘录组织

巴黎备忘录（Paris MOU）组织是最早成立的地区性 PSC 检查合作组织,目前有 27 个成员国。

自 1982 年 7 月以来,巴黎备忘录组织根据 IMO 新的要求和欧盟关于海上安全的指令进行了多次修改,现行有效的 Paris MOU（33rd Amendment）于 2011 年 7 月 1 日生效,共有 9 章,12 个附件。

（1）巴黎备忘录组织检查依据

SOLAS 1974,MARPOL 73/78,STCW 2010,COLREG 1972,LL 1966,ITC 1969,MLC 2006,CLC 1969（《1969 年国际油污损害民事责任公约》）,AFS 2001（《2001 年国际控制船舶有害防污底系统公约》）等。

（2）实施 PSC 检查的主管机关

实施 PSC 检查的主管机关是各成员国海事主管部门。

（3）巴黎备忘录组织优先检查的船舶

在巴黎备忘录组织所管辖的港口中,每天都有一定数量的船舶接受港口国检查。一般情况下,选船工作由 SIReNaC 信息系统根据船舶的历史检查记录,计算其目标系数（Target Factor）,目标系数越高,被检查的可能性越大。

下列船舶将被优先检查:

①除意外因素外被另一个成员国报告的船舶;

②进入港口前曾发生碰撞、搁浅或触礁事故的船舶;

③被指控违反了有害物质和污水排放的相关规定的船舶;

④没有采用 IMO 推荐的方式,以不稳定或不安全的方式操纵船舶,或者没有遵守安全航行实践和程序的船舶;

⑤由于安全原因,在上次 PSC 检查中被暂停或取消船级的船舶;

⑥不能被信息系统数据库识别的船舶。

意外因素可能对船舶、船员安全或对环境造成严重威胁,这些因素是主管当局进行临时检查的专业依据。意外因素包括:

①船舶航行被引航员或有关当局报告,包括来自 VTS 的信息;

②未尽报告义务的船舶;

③存在缺陷的船舶(除需要在 14 天内纠正和开航前纠正的船舶外);

④曾被滞留过的船舶(滞留后 3 个月);

⑤被船长、船员,其他与船舶安全、防污染和船上生活工作条件有关的人员和/或组织举报的船舶;

⑥以不安全方式操纵船舶;

⑦船舶装载的货物,特别是装载危险或污染货物时,未按要求进行报告的船舶;

⑧可靠信息获知那些风险参数与记录不同以及风险等级增加的船舶;

⑨持有巴黎备忘录认可组织签发的证书,但在上次巴黎备忘录成员国检查时被取消的船舶。

2. 亚太地区备忘录组织

亚太地区(东京)备忘录(Tokyo MOU)于 1993 年 12 月 1 日在东京由 16 个国家和地区的海事主管当局共同签订,并于 1994 年 4 月 1 日正式生效。目前,亚太地区备忘录组织共有 18 个成员,我国是亚太地区备忘录组织成员国。现行有效的 Tokyo MOU(11th Amendment)于 2009 年 7 月 19 日生效,共有 8 章和 1 个附件。

按照备忘录总则中的要求,亚太地区备忘录组织的目标是在其所覆盖区域内检查的船舶总量达到本区域内营运船舶总量的 80%。一般情况下,船舶接受了 Tokyo MOU 成员检查后的 6 个月内,其他 Tokyo MOU 成员不会再对这艘船舶进行检查。

(1)亚太地区备忘录组织检查依据

SOLAS 1974,MARPOL 73/78,STCW 2010,COLREG 1972,LL 1966,ITC 1969,MLC 2006,AFS 2001 等。

(2)实施 PSC 检查的主管机关

实施 PSC 检查的主管机关是各成员国海事主管部门。

(3)亚太地区备忘录组织优先检查的船舶

不论船舶目标因素分值如何,有下列情况的船舶将被作为优先检查的对象:

①被港口当局通报的船舶;

②被相关方(船长、船员,任何与船舶安全有关的人或组织)就船上生活和工作环境或船舶防止污染进行报告或投诉的船舶,除非当局认为该报告或投诉明显毫无根据;

③要求在规定期限内消除缺陷的船舶;

④引航员或港口当局报告,存在影响安全航行缺陷的船舶;

⑤装载危险或污染货物时,未按要求进行报告的船舶;

⑥船舶被滞留后，未得到港口国允许，擅自开航的船舶；

⑦PSC委员会公布的需要优先检查的船舶类型。

3.美国海岸警卫队

（1）美国不是任何一个PSC检查合作组织的成员，只是作为观察员参加巴黎备忘录组织和亚太地区备忘录组织的活动。

（2）实施PSC检查的主管机关是美国海岸警卫队（USCG）。

（3）实施PSC检查的法律依据是美国（甚至是各州）的有关法律与规定。

（4）检查种类：

①年度检查：在检查手册和海事安全手册里对年度检查程序做了相应规定，年度检查一般包括对船舶证书和文件的检查和对船舶总体状况的检查（包括设备检查、试验以及应急演习等）。如果PSCO发现有明显证据表明船舶状况不满足相关法律或公约的要求，检查可以扩大。

②再次检查：两次年度检验之间，为确保船舶能持续满足相关法律或公约的要求，而进行的检查。再次检查一般包括对船舶证书和文件的检查和总体检查（仅仅是例行检查）。如果PSCO发现有明显依据表明船舶状况不满足相关法律或公约的要求，检查可以扩大。

③扩大检查：在年度和再次检查中，发现有明显依据表明船舶状况不满足相关法律或公约的要求，而进行的更为细致的检查和试验。

④消除缺陷检查：仅限于对缺陷消除情况的检查，如果登船中发现了其他缺陷，那么应进行一次再次检查。

（5）检查船舶的选择：随着停靠美国港口的非美国旗船舶的增多，为了确定此类船舶的风险程度并帮助PSCO选择检查船舶，USCG制定了基于风险评估的ISPS/MTSA保安符合目标矩阵，用以评估船舶的保安符合性，制定了PSC安全和环境保护符合目标矩阵，用以评估船舶安全和环境保护程度。

# 任务三　国际防止船舶造成污染公约

## 一、功用与构架

### （一）功用

国际海事组织在1973年10月8日—11月2日召开的国际海洋污染会议上通过了《1973年国际防止船舶造成污染公约》，随后在1978年2月6日—17日召开的国际油船安全和防污会议上通过议定书对本公约进行了修订，经1978年议定书修订的公约全称为《经1978年议定书修订的1973年国际防止船舶造成污染公约》（MARPOL 73/78，简称73/78防污公约）。本公约于1983年10月2日生效。中国于1983年7月1日加入该公约，成为其缔约国。

MARPOL 73/78是世界上最重要的防止船舶污染海洋环境的国际公约之一。该公约旨在将由海洋倾倒污染物、排放油类以及向大气中排放有害气体等引起的污染降至最低水平，以防止因违反公约排放有害物质或含有此类有害物质的废液而污染海洋环境。

### (二)构架

现行的防污公约包括公约正文、两个议定书和六个技术性附则。历年来已有诸多 IMO 修正案对 MARPOL 73/78 进行了修订。

## 二、公约议定书

### (一)两个议定书

两个议定书如下:

(1)议定书 I ——关于涉及有害物质事故报告的规定;

(2)议定书 II ——仲裁。

### (二)议定书 I 的主要内容

1. 报告的责任

(1)发生涉及本议定书所述事故的任何船舶的船长或负责管理该船的其他人员,应毫不延迟地尽可能按照本议定书的规定,对事故作详细的报告。

(2)如果涉事船舶被放弃,或者该船所作的报告不完整或得不到该船的报告,则该船的船东、租船人、经理人或经营人,或者他们的代理人应尽可能担负起本议定书中所规定的船长的报告责任。

2. 报告的时间

当事故涉及下列情况时,应进行报告:

(1)排放超过允许排放标准或无论何种原因有可能排放油类或有毒液体物质,包括为保障船舶安全或救护海上人命而进行的排放。

(2)排放或可能排放包装形式的有害物质,包括装载货运集装箱、可移动式罐柜、公路和铁路槽罐车以及船载驳船中的有害物质。

(3)船长为 15 m 或以上的船舶发生的损坏、故障或失灵:

①影响船舶安全,包括但不限于碰撞、搁浅、火灾、爆炸、结构失效、浸水以及货物移动。

②导致影响航行安全,包括但不限于操舵装置、推进装置、发电系统和船上主要导航设备的故障或失灵。

(4)船舶营运期间排放油类或有毒液体物质超过本公约允许的排放量或瞬间排放率。

3. 报告的内容

在任何情况下,报告应包括:

(1)涉及船舶的特征;

(2)事故的时间、类型和地理位置;

(3)涉及有害物质的数量和类别;

(4)救助和打捞措施。

4. 补充报告

根据规定,有责任发送报告的任何人,如有可能:

(1)应在必要时对最初的报告提出补充并提供有关事态进一步发展的情况;

(2)应尽可能满足受影响国家索取有关补充资料的要求。

5. 报告的程序

（1）通过可利用的最快的电信通信渠道并尽可能最优先地将报告发送给最近的沿海国。

（2）公约缔约国按照 IMO 制定的指南颁发或敦促颁发有关在报告有害物质事故时应遵循的程序规则或指令。

# 三、公约附则

## （一）附则 I：防止油类污染规则

《防止油类污染规则》是必选规则，于 1983 年 10 月 2 日生效。

1. 定义

（1）"油类"系指包括原油、燃油、油泥、油渣和炼制品（本公约附则 II 所规定的石油化学品除外）在内的任何形式的石油，包括本附则附录中所列的物质。

（2）"油性混合物"系指含有任何油分的混合物。

（3）"燃油"系指船舶所载有并用作其推进和辅助机器的燃料的任何油类。

（4）"所装运散装油类的船舶"包括全部或部分装运散装货油的兼用船、本公约附则 II 中定义的任何"有毒液体物质货船"和修正的 SOLAS 公约定义的任何气体运输船。

（5）"最近陆地"系指距按照国际法划定领土所属领海的基线，但在澳大利亚东北海面另有规定的除外。

（6）"特殊区域"系指这样一个海域，在该海域中，由于其海洋和生态条件以及交通的特殊性质等方面公认的技术原因，需要采取特殊的强制办法以防止油类物质污染海洋。本附则的特殊区域包括：地中海区域、波罗的海区域、黑海区域、红海区域、海湾区域、亚丁湾区域、南极区域（南纬 60°以南的区域）、西北欧水域（包括北海及其入口、爱尔兰海及其入口、克尔特海、英吉利海峡及其入口以及紧靠爱尔兰西部的大西洋东北海域）、阿拉伯海的阿曼区域和南非南部水域。

（7）"油量瞬间排放率"系指任一瞬间每小时排油的升数除以同一瞬间船速节数之值。

（8）"污油水舱"系指专门用于收集舱柜排出物、洗舱水和其他油性混合物的舱柜。

（9）"清洁压载水"系指自上次装油后的舱内的压载水，该舱已进行清洗，其清洁程度即使在晴好天气从一静态船舶中将该舱中的排出物排入清洁而平静的水中时，也不会在水面或邻近的海岸线上产生可见的油迹，或形成油泥或乳化物沉积于水面以下或邻近的海岸线上。如果该压载是通过经主管机关认可的排油监控系统排出的，而根据这一系统的测定查明该排出物的含油量不超过 15ppm，则尽管出现可见的油迹，仍应确定该压载是清洁的。

（10）"专用压载水"系指装入舱内的压载水，该舱与货油和燃油系统完全隔绝并固定用于装载压载水，或用于装载本公约各附则中所指的各种油类或有毒物质以外的货物。

（11）"残油（油泥）"系指船舶正常运行过程中产生的残余废油产物，例如净化主机或辅机的燃油或润滑油所产生的残余废油产物、从滤油设备分离出来的废油、从滴油盘收集的废油，以及废液压油和废润滑油。

（12）"残油（油泥）舱"系指储存残油（油泥）的舱柜，通过标准排放接头和其他任何认可的处理措施可从该舱直接处理油泥。

（13）"含油舱底水"系指由于机器处所泄漏或维修工作所产生的可能被油污染的水。进入舱底水系统(包括舱底水井、舱底水管系、内底或舱底水储存柜)的任何液体都被视为含油舱底水。

(14)"含油舱底水储存柜"系指在其排放、过驳或处理前收集含油舱底水的舱柜。

2.适用范围

除另有明文规定外,本附则的规定应适用于所有船舶。

3.检验与发证

(1)每艘150总吨及以上的油船和400总吨及以上的其他船舶应进行下列规定的检验:初次检验、换证检验、中间检验、年度检验和附加检验。检验应确保其结构、设备、系统、附件、布置和材料完全符合本附则的适用要求。

(2)对驶往本公约其他缔约国所管辖的港口或近海装卸站的150总吨及以上的油船和400总吨及以上的任何其他船舶,在进行初次检验或换证检验后,应签发国际防止油污证书(International Oil Pollution Prevention Certificate,IOPP证书)。

(3)该证书应由主管机关或经其正式授权的任何个人或组织签发或签署。在任何情况下,主管机关对证书负有全部责任。

(4)应主管机关的申请,公约缔约国政府可对船舶进行检验,如确信符合本附则的规定,应对该船签发或授权签发国际防止油污证书。签发的证书具有同等效力和得到同样的承认。对于悬挂非缔约国国旗的船舶,不得签发国际防止油污证书。

(5)国际防止油污证书的有效期限应由主管机关规定,但不得超过5年。

(6)国际防止油污证书在下列任一情况下即应中止有效:

①相关检验未在规定的期限内完成;

②证书中间检验和年度检验未按规定予以签署;

③船舶变更船旗国。

4.对所有船舶机器处所的要求

(1)残油(油泥)舱

①所有400总吨及以上的船舶应设有残油舱,并应设置足够的容量。

②残油舱应设有指定的泵,以便从残油舱中泵吸残油,按照规定的处置方式进行处置。

③残油舱与舱底水系统、舱底水储存舱、内底和油水分离器之间,不应设有排放连接(残油舱中沉淀水可通过泄放管泄放至舱底水储存舱或污水井),残油舱排放管路与舱底水排放管路可通过共享排放管连接到标准排放接头,但不允许将残油舱驳至舱底水系统。

④除标准排放接头以外,不应设有其他直接舷外排放的管路布置。

⑤油舱的设计和建造应便于舱的清洗及将残余物排至接收设施(1979年12月31日前交船的船舶尽实际可能满足该要求)。

⑥对于2017年1月1日前建造的船舶,应不迟于2017年1月1日后首次换证检验满足相关要求。

(2)标准排放接头

为了使接收设备的管路能与船上机舱舱底和残油(油泥)舱残余物的排放管路相连接,在两条管路上均应装有标准排放接头。

(3)滤油设备

①任何400总吨及以上但小于10 000总吨的船舶,应装有确保通过该系统排放入海的含

油混合物的含油量不超过 15ppm 的滤油设备。

②10 000 总吨及以上的船舶,应装有确保通过该系统排放入海的含油混合物的含油量不超过 15ppm 的滤油设备,且系统装有报警装置,在不能保持这一标准时发出报警。该系统还应装有在排出物的含油量超过 15ppm 时能确保自动停止油性混合物排放的装置。

5. 对油船货物区域的要求

（1）专用压载舱

①每艘在 1982 年 6 月 1 日以后交船的载重量为 20 000 t 及以上的原油油船以及每艘载重量为 30 000 t 及以上的成品油油船,均应设置专用压载舱。

②每艘在 1982 年 6 月 1 日或以前交船的载重量为 40 000 t 及以上的成品油油船,均应设置专用压载舱。

（2）完整稳性和稳性仪

①每艘在 2002 年 2 月 1 日或以后交船的 5 000 载重吨及以上的油船,在可能出现的货物和压载水最恶劣装载工况(符合良好操作惯例且包括液货过驳作业的中间阶段)下的任何营运吃水,应符合油船完整稳性衡准。

②所有油船应配备能进行完整和破损稳性要求的符合性验证,并经主管机关参照 IMO 建议的性能标准认可的稳性仪。

（3）污油水舱

①150 总吨及以上的油船,应设有符合要求的污油水舱装置。

②70 000 载重吨及以上的油船,至少应设置两个污油水舱。

（4）泵吸、管路和排放布置

①每艘油船在其开敞甲板上两舷应设置连接接收设备的排放汇集管,以排放污压载水或污油水。

②每艘 150 总吨及以上的油船,允许排放货物区域的压载水或油污水入海的管路,应通至开敞甲板或通至最深压载状态时水线以上的舷侧。

（5）排油监控系统

①150 总吨及以上的油船,应装有一个经主管机关批准的排油监控系统。

②监控系统应设有一个记录器,用以提供每海里排放升数和总排放量或含油量和排放率的连续记录。这种记录应能鉴别时间和日期,并至少应保存 3 年。

③每当有排出物排放入海时,排油监控系统即应开始工作,并应确保在油量瞬间排放率超过规定的 30 L/n mile 时,即自动停止排放任何油性混合物。

④排油监控系统遇到任何故障即应停止排放。排油监控系统如遇任何故障,可使用一种手工操作的替代方法,但应尽快修复该有缺陷的装置。

（6）油/水界面探测器

150 总吨及以上的油船应备有经主管机关认可的有效的油/水界面探测器,以能迅速而准确地测定污油水舱中的油/水界面。其他舱柜如需进行油水分离并拟从其中将排出物直接排放入海者,也应有这种探测器。

（7）对原油洗舱的要求

每艘在 1982 年 6 月 1 日以后交船的 20 000 载重吨及以上的原油油船,应设置使用原油洗舱的货油舱清洗系统。原油洗舱装置及其附属设备与布置,应符合主管机关所制定的要求。

这些要求至少应包括 IMO 通过的相关技术条件的全部规定。

6. 操作性排油的控制

（1）除另有规定外，应禁止将任何油类或油性混合物排放入海：

另有规定情况下的排放包括例外情况下的排放和满足相关规定条件下的"达标排放"。例外情况下的排放包括以下情况：

①将油类或油性混合物排放入海，系为保障船舶安全或救护海上人命所必需者。

②将油类或油性混合物排放入海，系由船舶或其设备损坏而导致的；须在发生损坏或发现排放后，为防止排放或使排放降至最低限度，已采取了一切合理的预防措施；如果船东或船长是故意造成损坏，或轻率行事而又知道可能会导致损坏，则不在此列。

③将经主管机关批准的含油物质排放入海，用以对抗特定污染事故，以使污染损害降至最低限度。但任何这种排放均应经拟进行排放所在地区的管辖国政府批准。

（2）对所有船舶机器处所的排油控制：

①特殊区域以外的排放：

应禁止 400 总吨及以上的船舶将油类或油性混合物排放入海，但全部满足下列条件者除外：

a. 船舶在航行途中；

b. 油性混合物经滤油设备予以处理；

c. 未经稀释的排出物含油量不超过 15ppm；

d. 油性混合物不是来自油船的货泵舱的舱底；

e. 如是油船，油性混合物未混有货油残余物。

②特殊区域以内的排放应禁止 400 总吨及以上的船舶将油类或油性混合物排放入海，但全部满足下列条件者除外：

a. 船舶在航行途中；

b. 油性混合物经装有报警装置并能在排出物的含油量超过 15ppm 时自动停止的滤油设备予以处理；

c. 未经稀释的排出物含油量不超过 15ppm；

d. 油性混合物不是来自油船的货泵舱的舱底；

e. 如是油船，油性混合物未混有货油残余物。

（3）在南极区域，禁止任何船舶将油类或油性混合物排放入海。

（4）对油船货物区域的排油控制：

①特殊区域外的排放：

除另有规定外，应禁止将油船货物区域的油类或油性混合物排放入海，但全部满足下列条件者除外：

a. 油船不在特殊区域之内。

b. 油船距最近陆地 50 n mile 以上。

c. 油船在航行途中。

d. 油量瞬间排放率不超过 30 L/n mile。

e. 排放入海的总油量，对于在 1979 年 12 月 31 日或以前交船的油船而言，不得超过这项残油所属的该种货油总量的 1/15 000；对于在 1979 年 12 月 31 日以后交船的油船而言，不得超过这项残油所属的该种货油总量的 1/30 000。

f.油船所设的污油水舱和排油监控系统正在运转。清洁或专用压载的排放不适用于该规定。

②特殊区域内的排放除另有规定外,油船在特殊区域内时,应禁止将其货物区域的油类或油性混合物排放入海,但此规定不适用于清洁或专用压载的排放。

7. 油类记录簿

（1）油类记录簿的配备

每艘 150 总吨及以上的油船以及 400 总吨及以上的非油船,均应备有油类记录簿第Ⅰ部分(机器处所的作业)。每艘 150 总吨及以上的油船,应备有油类记录簿第Ⅱ部分(货油/压载的作业)。

（2）油类记录簿的记载

该油类记录簿不论是作为船上的正式航海日志的一部分或作为其他文件,其格式均应符合本附则附录的规定。每当船舶进行下列任何一项作业时,均应逐舱填写油类记录簿。油类记录簿第Ⅰ部分,即机器处所的作业包括:

①燃油舱的压载或清洗;

②燃油舱污压载水或洗舱水的排放;

③残油(油泥)的收集和处理;

④机器处所积存的舱底水向舷外的排放或处理;

⑤添加燃油或散装润滑油。

如发生本附则所述的例外情况,或者发生意外排放或其他异常排油情况时,应在油类记录簿第Ⅰ部分中说明这种排放的情况和理由。滤油设备的任何故障均应记入油类记录簿第Ⅰ部分。油类记录簿第Ⅱ部分,即货油和压载的作业包括:

①货油的装载;

②航行中货油的过驳;

③货油的卸载;

④货油舱和清洁压载舱的压载;

⑤货油舱的清洗(包括原油洗舱);

⑥压载的排放,但从专用压载舱排放者除外;

⑦排放污油水舱的水;

⑧污油水舱排放作业后,所使用的阀门或类似装置的关闭;

⑨污油水舱排放作业后,为清洁压载舱与货油和扫舱管路隔离所需阀门的关闭;

⑩残油的处理。

如发生本附则所述的例外情况,或者发生意外排放或其他异常排油情况时,应在油类记录簿第Ⅱ部分中说明这种排放的情况和理由。排油监控系统的任何故障均应记入油类记录簿第Ⅱ部分。

（3）油类记录簿的管理与检查

①应及时将每项作业详细地记入油类记录簿,以使与该项作业相应的所有项目均有记录,每项完成的作业应由高级船员或有关作业的负责人签字,且每填完一页应由船长签字。对持有国际防止油污证书的船舶,油类记录簿的记录应至少使用英文、法文或西班牙文的其中一种语言。如同时使用船旗国的官方语言,则在有争议或分歧时,应以该国官方语言为准。

②油类记录簿的存放位置应易于在任何合理时间随时可供检查,并且除未配备船员的被

拖船舶外,均应存放在船上。油类记录簿应在进行最后一项记录后保存3年。

③公约缔约国政府的主管当局,可对停靠本国港口或近海装卸站的适用本附则的任何船舶检查油类记录簿,并可将油类记录簿中任何记录制成副本,也可要求船长证明该副本是该项记录的真实副本。任何经船长证明为船上油类记录簿第Ⅰ部分中某项记录的真实副本者,在任何法律诉讼中应可作为该项记录中所述事实的证据。

8.船上油污应急计划

有关船上油污应急计划的规定,详见船舶应变部署表与应变须知编制。

### (二)附则Ⅱ:控制散装有毒液体物质污染规则

《控制散装有毒液体物质污染规则》也是必选规则,于1987年4月6日生效。截至2024年1月5日,共有161个国家加入该规则,合计商船总吨位占世界商船总吨位的98.67%。

1.定义

(1)"清洁压载水"系指装入一个舱内的压载水,该舱自上次用于装载含有X、Y或Z类物质的货物以后,已予彻底清洗,所产生的残余物也已按本附则的相应要求全部排空。

(2)"专用压载水"系指装入一个舱内的压载水,该舱与货物和燃油系统完全隔离并固定用于装载压载水,或固定用于装载本公约各附则中所定义的各种油类或有毒液体物质以外的压载水或货物。

(3)"液体物质"系指在温度为37.8 ℃时,绝对蒸气压力不超过0.28 MPa的物质。

(4)"有毒液体物质"系指《国际散装化学品规则》第17或18章的污染类别栏中所指明的或根据本附则规定经临时评定列为X、Y或Z类的任何物质。

(5)"残余物"系指任何需处理的有毒液体物质。

(6)"残余物/水混合物"系指以任何目的加入水的残余物(例如油舱清洗、加压载水、舱底含油污水)。

(7)"化学品液货船"系指经建造为或改建用于散装运输《国际散装化学品规则》第17章所列的任何一种液体货品的船舶。

(8)"有毒液体物质液货船"系指经建造为或改建用于散装运输有毒液体物质货物的船舶,包括本附则定义的核准用于散装运输全部或部分有毒液体物质货物的油船。

2.适用范围

(1)除另有明文规定外,本附则的规定应适用于所有核准散装运输有毒液体物质的船舶。

(2)受本附则Ⅰ规定约束的货物,如装载于有毒液体物质液货船的装货处所,还应适用本附则Ⅰ的相应要求。

3.有毒液体物质的分类

就本附则而言,有毒液体物质应分为下列4类:

(1)X类

这类有毒液体物质如从洗舱或排压载的作业中排放入海,将被认为会对海洋资源或人类健康产生重大危害,因而应严禁向海洋环境排放该类物质。

(2)Y类

这类有毒液体物质如从洗舱或排压载的作业中排放入海,将被认为会对海洋资源或人类健康产生危害,或对海上的休憩环境或其他合法利用造成损害,因而对排放入海的该类物质的质和量应采取限制措施。

（3）Z类

这类有毒液体物质如从洗舱或排压载的作业中排放入海,将被认为会对海洋资源或人类健康产生较小的危害,因而对排放入海的该类物质应采取较严格的限制措施。

（4）其他物质

其他物质是以 OS（其他物质）形式被列入《国际散装化学品规则》第 18 章污染类别栏目中的物质,并经评定认为不能列入本附则所定义的 X、Y 或 Z 类物质之内,因为这些物质如从洗舱或排压载的作业中排放入海,目前认为对海洋资源、人类健康、海上休憩环境或其他合法利用并无危害。排放仅含有被列为其他物质的物质的舱底水或压载水或其他残余物或混合物,不受本附则任何要求的约束。

4. 检验和发证

（1）散装运输有毒液体物质的船舶,应进行初次检验、换证检验、中间检验、年度检验和附加检验,确保其结构、设备、系统、附件、布置和材料完全符合本附则的适用要求。

（2）对驶往本公约其他缔约国管辖的港口或装卸站的拟散装运输有毒液体物质的船舶,进行初次检验或换证检验后,应签发国际防止散装运输有毒液体物质污染证书（简称 NLS 证书）。中间检验和年度检验结束后,应在该证书上签署。

（3）证书应由主管机关或经其正式授权的任何个人或组织签发或签署。在任何情况下,主管机关对证书负有全部责任。本公约缔约国政府应主管机关的申请,可对船舶进行检验,如确信符合本附则的规定,应对该船签发或授权签发国际防止散装运输有毒液体物质污染证书。对于悬挂非缔约国国旗的船舶,不得签发国际防止散装运输有毒液体物质污染证书。

（4）国际防止散装运输有毒液体物质污染证书的有效期限由主管机关规定,但不得超过5 年。

5. 程序和布置手册

（1）核准载运 X、Y、Z 类物质的每艘船舶应备有经主管机关批准的程序和布置手册。该手册应有符合本附则的标准格式。如为国际航行船舶,其所使用的语言既非英语、法语又非西班牙语,则文本内容应包括其中一种语言的译文。

（2）手册的主要目的是为船舶高级船员确定实际布置和为符合本附则要求所必须遵循的货物装卸、洗舱、污水处理及液货舱压载和排压载的所有操作程序。

6. 货物记录簿

适用本附则的船舶,应备有一份规定格式的货物记录簿。

（1）货物记录簿的记载

在完成了下列规定的任何操作后,均应将该操作立即记入货物记录簿:

①装货;

②货物的内部驳运;

③卸货;

④按照船舶的程序和布置手册进行强制预洗;

⑤除强制预洗外的液货舱清洗（其他预洗作业、最后清洗、通风等）;

⑥洗舱水排放入海;

⑦液货舱压载;

⑧液货舱压载水排放；

⑨意外的或其他例外排放；

⑩由授权检查员控制；

⑪附加作业程序及说明。

任何有毒液体物质或含有这种物质的混合物的意外排放，或发生本附则例外情况下的排放时，均应记入货物记录簿，说明这种排放的情况和理由。

（2）货物记录簿的管理

①每项记录应由高级船员或有关作业的负责人签字，且每填完一页应由船长签字。对持有 NLS 证书的船舶，货物记录簿中的记录应至少使用英文、法文或西班牙文中的一种。如同时使用船旗国的官方语言，则在有争议或分歧时，应以该国官方语言为准。

②货物记录簿的存放位置应易于在任何合理时间随时可供检查，并且除未配备船员的被拖船舶外，货物记录簿均应存放在船上。货物记录簿应在进行最后一项记录后保存 3 年。

③缔约国政府的主管当局可上船检查货物记录簿，并可将该记录簿中的任何记录制成副本，也可要求船长证明该副本是该项记录的真实副本。任何经船长证明为船上货物记录簿中某项记录的真实副本者，在任何法律诉讼中应可作为该项记录中所述事实的证据。

7. 船上有毒液体物质海洋污染应急计划

每艘载运散装有毒液体物质的 150 总吨及以上的船舶，应备有主管机关认可的船上有毒液体物质海洋污染应急计划。该计划的编制应符合 IMO 制定的《船上有毒液体物质海洋污染应急计划编制指南》的要求，并使用船长和驾驶员的工作语言编写。该计划可以与船上油污应急计划合并使用。在此情况下，该计划的标题应为"船上海洋污染应急计划"。

根据 MARPOL 公约附则 II 第 17 条的规定，船上有毒液体物质海洋污染应急计划至少应包括以下 4 部分内容：

（1）船长或负责管理该船的其他人员报告有毒液体物质污染事故应遵循的程序；

（2）在发生有毒液体物质海洋污染事故时应与之联系的当局或人员的名单；

（3）在事故发生后，为减少或控制有毒液体物质海洋污染应立即采取的措施的详细说明；

（4）在处理污染时，船舶与沿岸国、地方当局协同行动取得联系的程序和要点。

## （三）附则III：防止海运包装有害物质污染规则

《防止海运包装有害物质污染规则》是任选规则，于 1992 年 7 月 1 日生效。我国于 1994 年 9 月 13 日加入该规则，该规则于 1994 年 12 月 13 日起对我国生效。截至 2024 年 1 月 5 日，共有 151 个国家加入该规则，合计商船总吨位占世界商船总吨位的 98.34%。

1. 定义

（1）"有害物质"系指 IMDG 规则中确定为海洋污染物的物质或符合本附则附录所述标准的物质。

（2）"包装形式"是指 IMDG 规则中规定的有害物质的盛装形式。

2. 适用范围

（1）本附则适用于所有装运包装形式的有害物质的船舶。

（2）除符合本附则各项规定外，应禁止装运有害物质。

（3）作为本附则的补充，每一缔约国政府应颁布或促使颁布关于包装、标志、标签、单证、积载、限量和免除的详细要求，以防止或最大限度减少有害物质对海洋环境的污染。

（4）曾经用于装运有害物质的空的容器,除非已采取适当的预防措施,保证其中已没有危害海洋环境的残余物,否则将其本身视为有害物质。

（5）本附则的要求不适用于船用物料及设备。

3. 包装

根据其所装的特定物质,包装件应能使其对海洋环境的危害降至最低。

4. 标志和标签

（1）盛装有害物质的包装件,应加上永久的标志或标签,以表明根据 IMDG 规则的相关规定该物质为有害物质。

（2）在盛装有害物质包装件上加标志和标签的方法应符合 IMDG 规则的相关规定。

5. 货运单证

（1）有关载运有害物质的运输信息应符合 IMDG 规则的相关规定,并应向港口国当局指定的个人或组织提供。

（2）每艘装运有害物质的船舶,应持有一份特别清单、舱单或积载图,按 IMDG 规则的相关规定列明船上所装的有害物质及其位置。离港前应备有一份上述单证的副本,以供港口国当局指定的个人或组织使用。此处的"单证"并不排除使用电子数据处理（EDP）和电子数据交换（EDI）传输技术作为书面单证的辅助手段。

6. 积载与限量

（1）有害物质应予以正确积载和系固,以使其对海洋环境的危害降至最低,而不致损害船舶和船上人员的安全。

（2）对于对海洋环境危害很大的某些有害物质,根据充分的科学和技术上的理由,可能必须禁止载运,或对任一船舶的装载数量加以限制。在限制数量时应考虑船舶的大小、结构和设备,还应考虑有害物质的包装和内在性质。

7. 关于操作要求的港口国控制

（1）当船舶停靠在另一缔约国港口或近海装卸站时,该船应接受该缔约国正式授权官员根据本附则进行的有关操作要求的检查。

（2）如有明显理由确信该船船长或船员不熟悉船上主要的防止有害物质污染程序,该缔约国应采取包括进行详细的检查在内的措施,并按要求确保该船在按本附则的要求调整至正常状态前,不得开航。

### （四）附则Ⅳ:防止船舶生活污水污染规则

《防止船舶生活污水污染规则》是任选规则,于 2003 年 9 月 27 日生效,2007 年 2 月 2 日对我国生效。截至 2024 年 1 月 5 日,共有 147 个国家加入该规则,合计商船总吨位占世界商船总吨位的 97.22%。

1. 定义

（1）生活污水

①任何型式的厕所和小便池的排出物和其他废弃物;

②医务室（药房、病房等）的面盆、洗澡盆和这些处所排水孔的排出物;

③装有活畜禽货的处所的排出物;

④混有上述排出物的其他废水。

（2）集污舱

集污舱系指用于收集和储存生活污水的舱柜。

（3）特殊区域

特殊区域系指这样的一个海域,该海域由于其海洋学和生态学的情况以及其交通的特殊性质等方面公认的技术原因,需要采取特殊的强制办法以防止生活污水污染海洋。本附则的特殊区域包括波罗的海区域和 IMO 按指定防止船舶生活污水造成污染特殊区域的标准和程序指定的任何其他海域。

2. 适用范围

本附则应适用于 400 总吨及以上或小于 400 总吨且核准载运 15 人以上的国际航行的船舶。

3. 检验和证书

（1）要求符合本附则各项规定的每艘船舶,应进行初次检验、换证检验和附加检验,确保其结构、设备、系统、附件、布置和材料完全符合本附则的适用要求。

（2）检验后签发国际防止生活污水污染证书（International Sewage Pollution Prevention Certification,ISPP 证书）。该证书应由主管机关或经其正式授权的任何个人或组织签发或签署。在任何情况下,主管机关对证书负有全部责任,也可委托另一缔约国签发或签署。

（3）ISPP 证书的有效期限由主管机关规定,但不得超过 5 年。

4. 生活污水系统

（1）要求符合本附则各项规定的每艘船舶,均应配备下列之一的生活污水系统:

①生活污水处理装置:该装置应经主管机关型式认可。

②经主管机关认可的生活污水粉碎和消毒系统。

③集污舱:该集污舱的容量应参照船舶营运情况、船上人数和其他相关因素,能存放全部生活污水,并使主管机关满意。集污舱的构造应使主管机关满意,并应设有能指示其集存数量的目视装置。

（2）客船的特殊要求:

要求符合本附则各项规定且需在特殊区域内排放生活性污染的每艘客船,均应配备下列之一的生活污水系统:

①生活污水处理装置。该装置应经主管机关型式认可,并考虑到 IMO 制定的标准和试验方法。

②集污舱:该集污舱的容量应参照船舶营运情况、船上人数和其他相关因素,能存放全部生活污水,并使主管机关满意。集污舱的构造应使主管机关满意,并应设有能指示其集存数量的目视装置。

5. 标准排放接头

（1）为了使接收设备的管路能与船上的排放管路相连接,两条管路均应装有标准排放接头;

（2）对于专项营运的船舶,即客渡船,船舶排放管路可选择配备一个主管机关接受的排放接头,如快速连接接头。

6. 生活污水排放

（1）除客船外的船舶在所有区域排放生活污水以及客船在特殊区域外排放生活污水。

除本附则规定的例外情况外,应禁止将生活污水排放入海,但下列情况除外:

①船舶在距最近陆地 3 n mile 以外,使用经主管机关认可的生活污水粉碎和消毒系统,排放业经粉碎和消毒的生活污水,或者在距最近陆地 12 n mile 以外排放未经粉碎和消毒的生活污水。但在任何情况下,不得将集污舱中储存的生活污水或源自装有活体动物处所的生活污水顷刻排光,而应在航行途中,船舶以不小于 4 kn 的船速航行时,以中等速率排放。排放率应经主管机关根据 IMO 制定的标准予以批准。

②船舶配备经批准的生活污水处理装置正在运转,该装置已由主管机关验证符合本附则的相关操作要求,且排出物在其周围的水中不应产生可见的漂浮固体,也不应使水变色。

（2）客船在特殊区域内排放生活污水。

除本附则规定的例外情况外,应禁止客船在特殊区域内排放生活污水:

①对新客船,应在 IMO 确定的日期禁止在特殊区域内排放生活污水,但不早于 2019 年 6 月 1 日;

②对现有客船,应在 IMO 确定的日期禁止在特殊区域内排放生活污水,但不早于 2021 年 6 月 1 日。

但满足下述条件者除外:船舶所设经认可的生活污水处理装置正在运转,该装置已由主管机关验证符合本附则所述的操作要求,且排出物在其周围的水中不应产生可见的漂浮固体,也不应使水变色。

（3）如生活污水与 MARPOL 其他附则要求的废弃物或废水混在一起,则除符合本附则的要求外,还应符合其他附则的要求。

7. 关于操作要求的港口国控制

（1）当船舶在另一缔约国的港口或近海装卸站时,如有明显理由确信该船船长或船员不熟悉船上主要的防止生活污水污染程序,该船应接受该缔约国正式授权的官员根据本附则进行的有关操作要求的检查。

（2）在此情况下,该缔约国应采取措施,确保该船在按本附则的要求调整至正常状态前不得开航。

## （五）附则Ⅴ:防止船舶垃圾污染规则

《防止船舶垃圾污染规则》也是任选规则,于 1988 年 12 月 31 日生效。我国于 1988 年 1 月 21 日加入该规则,该规则于 1989 年 2 月 21 日起对我国生效。截至 2024 年 1 月 5 日,共有 156 个国家加入该规则,合计商船总吨位占世界商船总吨位的 98.57%。

1. 定义

（1）"动物尸体"系指任何作为货物被船舶载运并在航行中死亡或被实施安乐死的动物尸体。

（2）"货物残留物"系指本公约其他附则未规定的、货物装卸后在甲板上或舱内留下的任何货物残余,包括装卸过量或溢出物,不管其是在潮湿还是在干燥的状态下,或是夹杂在洗涤水中,但不包括清洗后甲板上残留的货物粉尘或船舶外表面的灰尘。

（3）"食用油"系指任何用于或准备用于食物烹制或烹调的可食用油品或动物油脂,但不包括使用这些油进行烹制的食物本身。

（4）"生活废弃物"系指其他附则未规定的、在船上起居处所产生的所有类型的废弃物。生活废弃物不包括灰水。

（5）"渔具"系指可放置于水上或水中或海底拟用来捕捞或为后续的捕捞而控制或采收海洋或淡水有机物的任何物理装置或其组件或各种工具的组合。

（6）"食品废弃物"系指船上任何变质或未变质的食料，包括水果、蔬菜、奶制品、家禽、肉类产品和食物残渣。

（7）"垃圾"系指产生于船舶正常营运期间并需要连续或定期处理的各种食品废弃物、生活废弃物、作业废弃物、所有塑料、货物残留物、焚烧炉灰、食用油、渔具和动物尸体，但本公约其他附则中所界定的或列出的物质除外。垃圾不包括因航行过程中的捕鱼活动和为把包括贝类在内的鱼类产品安置在水产品养殖设施内以及把捕获的包括贝类在内的鱼类产品从此类设施转到岸上加工的运输过程中产生的鲜鱼及其各部分。

（8）"焚烧炉灰"系指船上用于焚烧垃圾的焚烧炉所产生的灰和渣。

（9）"作业废弃物"系指其他附则未规定的、船舶正常保养或操作期间在船上收集的或是用以储存和装卸货物的所有固体废弃物（包括泥浆）。作业废弃物也包括货舱洗舱和外部清洗水中所含的清洗剂和添加剂。考虑到 IMO 制定的导则，作业废弃物不包括水、舱底水或船舶操作所必需的其他类似排放物。

（10）"所有塑料"系指所有含有或包括任何形式塑料的垃圾，包括合成缆绳、合成纤维渔网、塑料垃圾袋和塑料制品的焚烧炉灰。

（11）"特殊区域"系指某一海域，该海域由于其海洋地理和生态条件以及其运输的特殊性等公认的技术原因，需要采取特殊的强制办法以防止垃圾污染海洋。本附则特殊区域指地中海区域、波罗的海区域、黑海区域、红海区域、海湾区域、北海区域、南极区域（南纬 60°以南的海域）和泛加勒比海域（墨西哥湾和加勒比海本身）。

（12）"电子垃圾"系指船舶正常操作和生活区域的电气和电子设备，包括所有零配件、半成品和耗材，丢弃时属于设备的一部分，可能存在会对人体健康和/或环境造成危害的物质。

2.适用范围

除另有明文规定外，本附则须适用于所有船舶。

3.垃圾处理规定

（1）禁止排放垃圾入海的一般规定

①除允许排放的情况和例外规定外，禁止排放任何垃圾入海。

②除本附则例外规定外，禁止排放任何塑料入海，包括但不限于合成缆绳、合成纤维渔网、塑料垃圾袋和塑料制品的焚烧炉灰。

③除本附则例外规定外，禁止排放食用油入海。

④例外。

以下情况是不适用于排放要求的例外情况，包括：

A.船上排放垃圾，系为保障船舶及船上人员安全或救护海上人命所必需者；

B.垃圾意外落失系因为船舶或其设备遭到损坏，但须在发生损坏前后，为防止意外落失或使落失减至最低限度，已采取了一切合理的预防措施；

C.渔具从船上意外落失，但须为防止这种落失，已采取了一切合理的预防措施；

D.船上排放垃圾，系为保护海洋环境或为保障该船或其船员的安全；

E.船舶在航行途中，如将食品废弃物留存船上会明显对船上人员产生即刻健康风险，航行途中的要求应不适用于这些食品废弃物的排放。

（2）在特殊区域之外排放垃圾

①仅当船舶处于在航状态且尽可能远离最近陆地时，方允许在特殊区域之外向海洋排放以下垃圾，但无论如何须：

A. 在距最近陆地不少于 3 n mile 处排放业经粉碎机或研磨机处理后的食品废弃物。这种经粉碎或研磨后的食品废弃物须能通过筛眼不大于 25 mm 的粗筛。

B. 未经粉碎机或研磨机处理过的食品废弃物，在距最近陆地不少于 12 n mile 处排放。

C. 对于无法以常用卸载方法回收的货物残留物，在距最近陆地不少于 12 n mile 处排放。但是，根据本附则附录规定，这些货物残留物不得含有任何被列为有害海洋环境的物质。

D. 对于动物尸体，考虑到 IMO 制定的导则，其排放必须尽可能远离最近陆地。

②货舱、甲板和外表面清洗水中含有的清洁剂或添加剂可以排放入海，但这些物质不得危害海洋环境。

③固体散装货物（谷物除外）已按本附则附录分类，并由托运人申明其是否对海洋环境有害。

④当垃圾中掺入其他禁止排放或有不同排放要求的物质，或是被此种物质污染时，须适用更为严格的要求。

（3）特殊区域内的垃圾排放

①仅当船舶处于在航状态并遵守以下规定时，方允许在特殊区域内向海洋排放以下垃圾：

A. 排放食品废弃物入海须尽可能远离最近陆地，但距最近陆地或最近冰架须不少于 12 n mile。该食品废弃物须业经粉碎或研磨处理且须能通过筛眼不大于 25 mm 的粗筛。食品废弃物须未受任何其他类型的垃圾污染。不允许在南极区域排放外来的禽类产品，包括家禽和家禽组织，除非其已经过无菌处理。

B. 对于无法以常用卸载方法回收的货物残留物，须在满足下列所有条件后方可排放：

a. 根据本附则附录的规定，舱室洗涤水中包含的货物残余中无任何被分类为对海洋环境有害的物质；

b. 固体散装货物（谷物除外）应按本附则附录分类，并由托运人申明其是否对海洋环境有害；

c. 根据国际海事组织制定的指南，舱室洗涤水中包含的清洁剂或添加剂中无任何被分类为对海洋环境有害的物质；

d. 驶离港和下一个到达港都在特殊区域内且船舶在这两个港口间航行时不会驶离特殊区域；

e. 根据 IMO 制定的指南，这些港口不具备合适的接收设备。

在满足以上要求的前提下，含有货物残余的货舱洗涤水应尽可能远离最近陆地或最近冰架排放，但距最近陆地或最近冰架应不少于 12 n mile。

②可将甲板和外表面洗涤水中包含的清洁剂或添加剂排放入海，但根据 IMO 制定的导则，这些物质必须对海洋环境无害。

③对南极区域，除适用于上述相关规定外，还适用于下列规定：

A. 各缔约国履行义务保证为在其港口内的来往于南极区域的船舶，按其使用需要尽快设置接收所有船舶垃圾的足够的设备，而不对船舶造成不当延误。

B. 各缔约国应确保悬挂本国国旗的所有船舶在进入南极区域前，船上具有足够的能力留存在该区域作业时产生的所有垃圾,并已签订协议,保证船舶离开该区域后将这些垃圾排入接收设备。

④如果垃圾与其他被禁止排放或具有不同排放要求的物质混在一起或被其污染,则应适用其中更为严格的要求。

4.公告牌、垃圾管理计划和垃圾记录簿

(1)公告牌

总长在12 m及以上的船舶,均须张贴公告牌,根据具体情况告知船员和乘客有关垃圾的排放要求。公告使用船员的工作语言书写,对于航行于本公约其他缔约国管辖权限范围内的港口或离岸式码头的船舶,还须使用英语、法语或西班牙语书写。

(2)垃圾管理计划

100总吨及以上的船舶和经核准载运15人或以上的船舶,须配备垃圾管理计划,且船员均须执行。该计划须提供书面的有关垃圾减少、收集、存储、加工和处理,包括船上设施使用的程序。还须指定一名或多名人员负责执行垃圾管理计划。该计划须基于IMO制定的导则并使用船员的工作语言书写。

(3)垃圾记录簿

①垃圾记录簿的配备

驶向本公约其他缔约国管辖权范围内的港口或离岸式码头的400总吨及以上的船舶和经核准载运15人或以上的船舶,均须配备垃圾记录簿。垃圾记录簿无论是否为官方日志的一部分或其他形式,均须使用规定的格式。

②垃圾的种类

就本记录簿第Ⅰ和Ⅱ部分(或船舶的正式航海日志)记录而言,垃圾分类如下:

A.第Ⅰ部分:

a.塑料;

b.食品废弃物;

c.生活废弃物;

d.食用油;

e.焚烧炉灰;

f.操作废弃物;

g.动物尸体;

h.渔具;

i.电子废弃物。

B.第Ⅱ部分:

a.货物残余(non-HME);

b.货物残余(HME)。

船上的垃圾量应以立方米估算,如可能,按照种类分别估算。

③垃圾记录簿的记载

每次排放入海或排至某一接收设施,或者完成焚烧作业,须及时记录在垃圾记录簿中并且由主管高级船员在排放或焚烧作业的当日签署。垃圾记录簿每页记录完成时须由船长签字。垃圾记录簿须至少使用英语、法语或西班牙语的其中一种语言填写。如垃圾记录簿同时还以船舶的船旗国官方语言填写,在出现争执或不一致情况时,须以船旗国官方语言填写的为准。

每次排放入海记录应包括日期和时间、船位(纬度和经度)、垃圾种类和被排放垃圾的估算量(以立方米计)。对于货物残余的排放,还应记录排放开始和结束的位置。每次完成的焚烧记录应包括焚烧作业开始和结束的日期、时间、船位(纬度和经度)、焚烧的垃圾种类和每种被焚烧垃圾的估算量(以立方米计)。

每次排放至港口接收设备或另一艘船舶的记录应包括排放的日期和时间、港口或设备或船名、被排放垃圾的种类和每种被排放垃圾的估算量(以立方米计)。垃圾记录簿连同从接收设备获得的收据应存放于船上在所有合理时间随时可供检查的地方。该记录簿应自最后一次记录日期起保留2年。

如发生任何排放或意外落失,应在垃圾记录簿中记入排放或落失的日期和时间、排放或落失时的港口或船位(纬度、经度)和水深(如已知)、排放或落失的原因、排放或落失的物品明细、排放或落失的垃圾种类、每种垃圾的估算量(以立方米计)以及为防止或尽量减少这种排放或意外落失已采取的合理预防措施和一般说明。

④垃圾记录簿的管理

本公约缔约国的主管当局可对停靠本国港口或离岸式码头的、本条对其适用的任何船舶上的垃圾记录簿或航海日志进行检查,并可将记录簿中任何记录制作副本,也可要求船长证明该副本是有关记录的真实副本。所有经船长证明的船舶垃圾记录簿或船舶航海日志某项记录的真实副本,可在任何的诉讼程序中作为该项记录中所记录事实的证据。

主管当局对垃圾记录簿或船舶官方日志的检查以及制作被证明的副本须尽可能迅速进行,不使船舶发生不当延误。

### (六)附则Ⅵ:防止船舶造成大气污染规则

《防止船舶造成大气污染规则》也是任选规则,于2005年5月19日生效。我国于2006年5月19日加入该规则,该规则于2006年8月19日起对我国生效。截至2024年1月5日,共有161个国家加入该规则,合计商船总吨位占世界商船总吨位的98.67%。

1.适用范围

除另有明文规定外,本附则的规定应适用于所有船舶。

2.定义

(1)"排放控制区"系指要求对船舶排放采取特殊强制措施以防止、减少和控制 $NO_x$ 或 $SO_x$ 和颗粒物质或所有三种排放类型造成大气污染以及随之对人类健康和环境造成不利影响的区域。

氮氧化物( $NO_x$ )的控制区包括:北美区域、美国加勒比海区域以及 IMO 根据本附则附录中设定的衡准和程序而指定的任何其他海域,包括任何港口区域。

硫氧化物( $SO_x$ )和颗粒物质排放控制区应包括:波罗的海区域、北海区域、北美区域、美国加勒比海区域和 IMO 根据本附则附录中设定的衡准和程序而指定的任何其他海域,包括任何港口区域。

(2)获得的能效设计指数(Attained EEDI)系指单艘船舶按本附则计算方法获得的能效设计指数值。

(3)规定的能效设计指数(Required EEDI)系指本附则规定的对特定船型和尺度所允许的

获得的能效设计指数最大值。

**3. 检验和发证**

**（1）国际防止大气污染证书**

对每艘 400 总吨及以上的船舶应进行初次检验、换证检验、中间检验、年度检验、附加检验，确保其设备、系统、附件、布置和材料完全符合本附则的适用要求。

驶往其他缔约国管辖范围内的港口或近海装卸站的所有 400 总吨及以上的船舶在按规定进行了初次检验或换证检验后，应发放国际防止大气污染证书（International Air Pollution Prevention Certificate，IAPP 证书）。该证书应由主管机关或经其正式授权的任何个人或组织签发或签署。在任何情况下，主管机关对证书负有全部责任。

缔约国应主管机关的申请，可对船舶进行检验，如确信符合本附则的规定，应对该船签发或授权签发国际防止大气污染证书，并在适用时，按本附则的规定，为该船签署或授权签署证书。对悬挂非缔约国国旗的船舶，不得签发国际防止大气污染证书。

国际防止大气污染证书的有效期限应由主管机关规定，但不得超过 5 年。

**（2）国际能效证书**

初次检验在新船投入营运前和签发国际船舶能效证书之前进行。检验应验证船舶的"获得的能效设计指数"符合能效管理规则的要求，并且船上有符合附则要求的船舶能效管理计划（SEEMP）。如船舶进行重大改建后，应根据情况进行全面或部分检验，以确保必要时"获得的能效设计指数"经重新计算满足本附则的要求。

对任何驶往其他缔约国管辖范围的港口或近海装卸站的 400 总吨及以上的船舶，在按规定进行了检验后，应在其开航前为其签发国际能效证书。该证书应由主管机关或经其正式授权的任何组织签发或签署。在任何情况下，主管机关对证书负有全部责任。

缔约国应主管机关的申请，可对船舶进行检验，如确信符合本附则的规定，应对该船签发或授权签发国际能效证书，并在适用时，按本附则的规定，为该船签署或授权签署证书。

对悬挂非缔约国国旗的船舶，不得签发国际能效证书。除另有规定外，国际能效证书应在船舶整个寿命期间内有效，在下列任一情况下即应中止有效：

①如果船舶退出营运或船舶经重大改建后对其签发新证书。

②船舶变更船旗国。只有当换发新证书的政府确信该船符合船舶能效规则的要求时，才能签发新的证书。

**（3）符合声明——燃油消耗报告**

收到船舶燃油消耗报告的数据后，主管机关或经其正式授权的任何组织应确定数据是否已按本附则要求报告，如是，应不晚于日历年开始的 5 个月向船舶签发燃油消耗符合声明。在任何情况下，主管机关对符合声明承担全部责任。

收到船舶在转换主管机关或公司时的燃油消耗报告数据后，主管机关或经其正式授权的任何组织应立刻确定数据是否已按本附则要求报告，如是，应向船舶签发燃油消耗符合声明。在任何情况下，主管机关对符合声明承担全部责任。

签发的符合声明应从符合声明签发的日历年至下一个日历年的前 5 个月内有效。转换主管机关或公司时签发的符合声明应从符合声明签发的日历年至下一年的前 5 个月内有效。所有符合声明应至少在其有效期内保存在船上。

（4）关于操作要求的港口国控制

当船舶停靠在另一缔约国所管辖的港口或近海装卸站时，如有明显理由确信该船船长或船员不熟悉船上主要的防止船舶造成大气污染程序，该船应接受该缔约国正式授权的官员根据本附则进行的有关操作要求的检查。

在此情况下，该缔约国应采取措施，确保该船在按本附则的要求调整至正常状态前，不得开航。

4. 排放控制要求

（1）消耗臭氧物质

应禁止消耗臭氧物质的任何故意排放。故意排放包括在系统或设备的维护、检修、修理或处置过程中发生的排放，但故意排放不包括与消耗臭氧物质的回收或再循环相关的微量释放。从事国际航行的 400 总吨及以上的船舶应保存一份含消耗臭氧物质的设备清单。拥有含臭氧物质的可重新充注系统的船舶应保存一份消耗臭氧物质记录簿。经主管机关批准，该记录簿可以是现有航海日志或电子记录系统的一部分。

消耗臭氧物质记录簿中的物质应按其质量单位（kg）记录，且在任何情况下都应及时记入下列内容：

①含消耗臭氧物质的设备的全部或部分重新充注；

②含消耗臭氧物质的设备的修理或维护；

③消耗臭氧物质向大气的排放，包括故意排放和非故意排放；

④消耗臭氧物质向陆基接收设备的排放；

⑤向船舶供应消耗臭氧物质。

（2）氮氧化物（$NO_x$）

氮氧化物的控制应适用于：

①每台安装船上的输出功率超过 130 kW 的船用柴油机；

②每台 2000 年 1 月 1 日或以后经重大改装的、输出功率超过 130 kW 的船用柴油机。

氮氧化物的控制不适用于应急情况使用的，或仅为安装船上的仅在应急情况下使用的任何装置或设备提供动力的船用柴油机，或仅用于安装救生艇上的在应急情况下使用的船用柴油机。

（3）硫氧化物（$SO_x$）和颗粒物质

①船上使用的任何燃油的硫含量不应超过下述极限值：2012 年 1 月 1 日及以后 $3.50\% m/m$ 和 2020 年 1 月 1 日及以后 $0.50\% m/m$。硫含量也叫含硫量，是指测得的硫占测试燃油的质量百分数。单位 $m/m$ 是 mass/mass，即质量百分比。

②当船舶在排放控制区域内航行时，船上使用的燃油的硫含量不应超过 $0.10\% m/m$。

③燃油硫含量应由供应商按本附则的要求提供文件证明。

④使用不符合②中规定的燃油进入或离开①中所述排放控制区域的船舶，应携有一份书面程序表明燃油转换如何完成，在其进入排放控制区域之前规定足够的时间对燃油供给系统进行全面冲洗，以去除硫含量超过②中规定的适用硫含量的所有燃油。在进入排放控制区域以前完成燃油转换作业或离开该区域后开始燃油转换作业时，应将每一燃油舱中的低硫燃油的容积以及日期、时间及船位记录在主管机关规定的航海日志中。

（4）挥发性有机化合物（VOC）

在缔约国管辖的对液货船产生的挥发性有机化合物排放控制的港口或装卸站，液货船应配备由主管机关认可的蒸气排放收集系统，并应在这些货物装载过程中使用该系统。载运原油的液货船应备有并实施经主管机关认可的 VOC 管理计划。

（5）船上焚烧

船上焚烧应只允许在船上焚烧炉中进行。应禁止下列物质在船上焚烧：

①附则Ⅰ、Ⅱ或Ⅲ规定的货物残余物或有关的被污染的包装材料；

②多氯联苯（PCB）；

③附则Ⅴ定义的含有超过微量重金属的垃圾；

④含有卤素化合物的精炼石油产品；

⑤不在船上产生的污泥和油渣；

⑥废气清洗系统的残余物。

应禁止在船上焚烧聚氯乙烯（PVC），但在已颁发 IMO 型式认可证书的船上焚烧炉内焚烧除外。

（6）燃油的质量

本附则适用的每艘船舶，应以燃油交付单的方式对交付并作为船上燃烧用的燃油的细节加以记录，该交付单应至少包括：接收燃油的船舶名称和 IMO 编号，港口，交付开始日期，船用燃油供应商的名称、地址和电话号码，产品名称，数量（吨），15 ℃时的密度和含硫量，一份由燃油供应商代表签署和证明的声明［证明所供燃油符合本附则的质量（含硫量）要求］。交付单在船上的存放位置应易于在任何合理时间随时可供检查，并应在燃油交付船上之后保存 3 年。

燃油交付单应按 IMO 制定的指南规定附有一份所交付燃油的代表样品。该样品应由供应商代表和船长或负责加油作业的高级船员在完成加油作业后密封并签署，并应由船方控制直到燃油被基本消耗掉，但无论如何，其保存期自加油日期算起应不少于 12 个月。

缔约国应保证其指定的合适的当局：

①保持一份当地燃油供应商的登记表；

②要求当地供应商提供要求的燃油交付单和样品，并由燃油供应商书面证明该燃油符合本附则的质量要求；

③要求当地供应商保存一份燃油交付单的副本至少 3 年，以供港口国必要时检查和核实；

④对被发现所供燃油与燃油交付单所述内容不符的燃油供应商采取适当措施；

⑤将任何船舶收到不符合燃油质量的情况通知其主管机关。

（7）船舶能效规则

①适用范围

船舶能效规则适用于所有 400 总吨及以上的船舶，不适用于：

A. 仅航行于其船旗国主权或管辖范围内的水域内的船舶；

B. 非机动船，以及包括 FPSO、FSU 和钻井装置等平台，不论其采用哪种推进方式。

获得的能效设计指数（Attained EEDI）和规定的能效设计指数（Required EEDI）不应适用于具有非常规推进的船舶和具有破冰能力的货船，但适用于 2019 年 9 月 1 日或以后交付的具有非常规推进的豪华邮轮和采用常规推进或非常规推进的 LNG 运输船。

主管机关可对 400 总吨及以上的船舶免除适用 Attained EEDI 和 Required EEDI 的要求。

但对于下述 400 总吨及以上的船舶并不适用：

 a. 在 2017 年 1 月 1 日或以后签订建造合同；

 b. 无建造合同，在 2017 年 7 月 1 日或以后安放龙骨或处于类似建造阶段；

 c. 在 2019 年 7 月 1 日或以后交船；

 d. 新船或现有船舶在 2017 年 1 月 1 日或以后进行重大改建。

②Attained EEDI

对船型为散货船、气体运输船、液货船、集装箱船、杂货船、冷藏货船、兼用船、客船、滚装货船、滚装客船、LNG 运输船和豪华邮轮的以下船舶计算 Attained EEDI：

 A. 每艘新船；

 B. 每艘经过重大改建的新船；

 C. 每艘经过重大改建的且因改建范围过大而被主管机关视为新造船的新船或现有船。

Attained EEDI 应具体到各船，并应显示船舶能效方面的估计性能，且附有 EEDI 技术案卷，案卷中包含计算 Attained EEDI 所必要的信息并说明计算过程。Attained EEDI 应经主管机关或经其正式授权的任一组织基于 EEDI 技术案卷进行验证。

③Required EEDI

对船型为散货船、气体运输船、液货船、集装箱船、杂货船、冷藏货船、兼用船、LNG 运输船和豪华邮轮的以下船舶计算 Required EEDI：

 A. 每艘新船；

 B. 每艘经过重大改建的新船；

 C. 每艘经过重大改建的且因改建范围过大而被主管机关视为新造船的新船或现有船。

适用的船舶的 Attained EEDI 不大于 Required EEDI。

④船舶能效管理计划（SEEMP）

 A. 每艘船舶应在船上保存一份具体的 SEEMP。该计划可为船舶安全管理体系（SMS）的一部分。

 B. 在 2018 年 12 月 31 日或以前，对于 5 000 总吨及以上的船舶，SEEMP 应包括一份对用于收集本附则要求数据的方法的说明和对用于将数据报告给船舶主管机关的程序的说明。

 C. SEEMP 应按 IMO 通过的指南制定。

（8）船舶燃油消耗数据的收集和报告

从 2019 年开始，每艘 5 000 总吨及以上的船舶应按 SEEMP 所述方法在该年及以后每年或相应月份（不足 1 年的）收集规定的数据。

每艘船舶应在每年年末对在该日历年或相应的月份（不足 1 年）收集的数据进行合计。在每年年末以后 3 个月内，船舶应通过电子通信并使用 IMO 制定的标准格式向主管机关或经其正式授权的任何组织报告本附则规定的每一项数据的合计值。如船舶从一个主管机关转至另一个主管机关，船舶应在转完的当天或尽实际可能靠近的时间将本附则规定的该年中转出主管机关所对应的时间段的合计数据向转出的主管机关或经其正式授权的任何组织报告，并在主管机关要求时，报告未合计数据。如船舶从一个公司转至另一个公司，船舶应在转完的当天或尽实际可能靠近的时间将本附则规定的该年中转出该公司所对应的时间段的合计数据报告其主管机关或经其正式授权的任何组织，并在主管机关要求时，报告未合计数据。如同时从一个主管机关转至另一个主管机关和从一个公司转至另一个公司，依照船舶从一个主管机关转至另一个主管机关的规定报送数据。数据应按主管机关制定的程序进行验证,并考虑 IMO 拟制定的指南。应向 IMO 船舶燃油消耗数据库提交的信息有:

A. 船舶身份:IMO 编号。

B. 提交数据所针对的日历年时间段:开始日期(年/月/日)和结束日期(年/月/日)。

C. 船舶技术特性:船型或其他说明、总吨、净吨、载重吨、超过 130 kW 主辅往复式内燃机的功率输出、EEDI(如适用)、冰级(如适用)。

D. 燃油消耗、燃油类型以及用于收集燃油消耗数据的方法。

E. 航行距离。

F. 航行小时数。

# 任务四　国际载重线公约

## 一、公约简介

1. 功用

《国际载重线公约》(The International Convention on Load Lines,LL)是一个关于国际航行船舶载重限额和勘划最小干舷所依据原则和规定的国际公约。现行的 LL 公约为《1966 年国际载重线公约》(LL 1966),该公约于 1968 年 7 月 21 日正式生效。我国于 1973 年 10 月 5 日有保留地接受该公约,该公约于 1974 年 1 月 5 日对我国生效。LL 1966 的 1988 年议定书于 2000 年 2 月 3 日生效。

截至 2024 年 1 月 5 日,LL 1966 已有 165 个缔约国,其船队吨位占世界船队总吨位的 98.68%。

2. 构架

LL 1966 由正文和 3 个附则构成。正文共 34 条,主要有定义、适用范围、检验证书的颁发机关和有效期限,以及对公约实施情况的监督等。附则 I 为"载重线核定规则",按航区、季节和船舶类型规定了勘划载重线的技术规则,并根据船舶强度结构、水密性和稳性等规定了相应的标准。附则 II 为"地带、区域和季节期",规定了各种载重线的适用航区和季节。附则 III 为"证书",规定了国际载重线证书和国际载重线免除证书的格式。

3. 适用范围

(1)LL 1966 适用于下列从事国际航行的船舶:

①在各缔约国政府国家登记的船舶;

②在本公约扩大适用的领土内登记的船舶;

③悬挂缔约国政府国旗但未登记的船舶。

除另有明文规定外,附则 I 的规定适用于新船。

(2)LL 1966 不适用于下列从事国际航行的船舶:

①军舰;

②长度小于 24 米的新船;

③小于 150 总吨的现有船舶；

④非营业性游艇；

⑤渔船。

## 二、基本要求

1. 勘划标志

凡适用本公约的船舶，只有已经按照本公约的规定进行检验和勘划标志，保证具有公约规定的最小干舷，并备有国际载重线证书，或者合乎本公约规定的条件，备有国际载重线免除证书，方被允许从事国际航行。

2. 不予非缔约国的船舶优惠待遇

各缔约国应保证对悬挂非本公约缔约国国旗的船舶不予优惠对待。

3. 载重线浸没

(1)除下述两种情况外，船舶两舷相对于该船所在季节及其所在地带或区域的载重线，不论船舶在出海时、在航行中或在到达时都不应被水浸没。

(2)船舶在相对密度为 1.000 的淡水中时，其相应载重线可以被浸没到国际载重线证书上指出的淡水宽限。若该相对密度不是 1.000,此宽限应以 1.025 和实际相对密度的差数按比例决定。

(3)船舶从江河或内陆水域的港口驶出时，准许超载量至多相当于从出发港至海口间所需消耗的燃料和其他一切物料的重量。

## 三、检验与证书

### (一)检验

凡适用本公约的船舶，应接受下列检验：

1. 初次检验

初次检验是指在船舶投入营运前进行的对船舶和设备的全面检查。

2. 换证检验

换证检验是为了保证船体结构、设备、布置、材料和构件尺寸完全符合本公约要求。换证检验的间隔期由主管机关决定，一般不得超过 5 年。

3. 年度检验

年度检验在证书周年日期前或后 3 个月内进行，以保证：

(1)船体或上层建筑没有发生可以影响计算和确定载重线位置的变化；

(2)开口防护装置和设施、栏杆、排水口及船员舱室出入口的设施等保持在有效状态；

(3)干舷标志正确和永久地标示着；

(4)备有船舶重大的修理、改装或改建以及与之有关的舾装资料。

年度检验应在国际载重线证书或国际载重线免除证书上签署。

对船舶进行的上述任何检验完成以后，凡经检验的船体结构、设备、装置、材料或构件尺寸未经主管机关许可不得变动。

## (二)证书

### 1. 证书的签发

对于按本公约要求进行检验和勘划标志的船舶,应签发国际载重线证书;对于根据本公约有关规定给予免除的任何船舶,应签发国际载重线免除证书。

### 2. 证书的有效期

(1)国际载重线证书及其免除证书的有效期由主管机关规定,但不得超过 5 年。

(2)对通常不从事国际航行,仅在特殊情况下需要进行一次国际航行的船舶,主管机关签发的免除证书,有效期限为为此而发证的单次航行。

(3)如果证书失效时船舶不在预定进行检验的港口,主管机关可延长证书的有效期,以允许船舶完成到达预定检验港口的航次,而且仅在正当和合理的情况下才可办理。展期不得大于 3 个月证书的有效期得以延长的船舶抵达预定检验港口后,必须取得新证书后方可离港。

# 任务五　海员培训、发证和值班标准国际公约

## 一、公约简介

### 1. 功用

《海员培训、发证和值班标准国际公约》(International Convention on Standards of Training, Certification and Watchkeeping for Seafarers, STCW)是用于控制海船船员培训发证和值班标准方面的一个国际公约。现行的 STCW 公约为《经 2010 年修正案修正的〈1978 年海员培训、发证和值班标准国际公约〉》,又称 1978 年 STCW 公约马尼拉修正案,简称 STCW 2010。STCW 2010 于 2010 年 6 月在菲律宾首都马尼拉召开的 STCW 公约缔约国外交大会中获得通过,于 2012 年 1 月 1 日生效。

我国于 1980 年 12 月 31 日加入 STCW 1978。截至 2024 年 1 月 5 日,STCW 2010 已有 167 个缔约国,占世界船队总吨位的 98.69%。

### 2. 构架

STCW 2010 由公约正文条款、附则和 STCW 规则三部分组成,其中 STCW 规则又分为 A、B 两部分。STCW 规则 A 部分为强制性规定,其条文编排与公约附则规定相对应,提及 STCW 公约附则任一章节的规定时,也应提及 STCW 规则 A 部分对应章节的规定;STCW 规则 B 部分为建议性要求和指南,其条文编排与公约附则及规则 A 部分的规定相对应,在应用 STCW 公约附则任一章节的规定时,应最大限度地考虑 STCW 规则 B 部分对应章节的规定。公约附则及规则 A 部分和 B 部分分别有 8 个章节。

### 3. 适用范围

STCW 2010 适用于在有权悬挂缔约国国旗的海船上服务的海员,但在下列船舶上服务的海员除外:军舰、政府公务船、渔船和非营业的游艇、构造简单的木船。

## 二、职能发证

STCW 2010 在海员职级和职能块的划分方面,既继承传统和尊重现行习惯,又提供了适合于高度自动化的船舶和充分利用人力资源的可供选择的"职能发证"(也叫作"功能发证",下同)方式。

STCW 规则将海员职务分为七个职能块和三个责任级别。

1. 七个职能块

海员职务的七个职能块分别是:航行,货物装卸和积载,船舶作业管理和人员管理,轮机工程,电气、电子和控制工程,维护和修理,无线电通信。

2. 三个责任级别

海员职务的三个责任级别分别是管理级、操作级、支持级。

## 三、值班标准

1. 适于值班

(1)为了防止疲劳,各主管机关应:

①要求船舶制定和实施值班人员以及被指定安全、防污染和保安职责的人员的休息时间制度;

②要求值班制度的安排能使所有值班人员的效率不致因疲劳而受到影响,并且班次的组织能使航次开始的第一个班次及其后各班次人员均已充分休息,并在其他方面适于值班。

(2)适于值班的标准

①主管机关应考虑海员,特别是涉及船舶安全和保安工作职责的海员,由于疲劳所引发的危险。

②为所有负责值班的高级船员或参与值班的普通船员以及涉及指定的安全、防污染和保安职责的人员提供的休息时间应不少于:任何 24 小时内 10 小时,以及任何 7 天内 77 小时。

③休息时间可以分为不超过 2 个时间段,其中一个时间段至少要求有 6 小时,连续休息时间段之间的间隔不应超过 14 小时。

④在紧急或在其他超常工作情况下不必要保持关于休息时间的要求。紧急集合演习、消防和救生艇演习,以及国家法律与规则和国际文件规定的演习,应以对休息时间的干扰最小且不导致船员疲劳的形式进行。

⑤主管机关应要求将值班安排表张贴在易见之处。

⑥海员处于待命情况下,如该海员因被召去工作而影响了其正常的休息,则应给予其充分的补休。

⑦主管机关应要求使用船上工作语言和英语按照标准格式保持对船员每天休息时间的记录,以监督和核实是否符合规定。海员应得到 1 份由船长或船长授权的人员和海员签注的有关其休息情况的记录。

⑧上述任何规定并不妨碍船长因船上人员或货物出现紧急安全需要,或出于帮助海上遇险的其他船舶或人员的目的,而要求海员从事长时间工作的权力。为此,船长可暂停执行休息时间制度,要求海员从事必要的长时间工作,直至情况恢复正常。一旦情况恢复正常,只要可

行,船长就应确保在原定休息时间内完成工作的任何海员获得充足的休息时间。

⑨缔约国可以允许对规定的休息时间有例外,但在任何 7 天内的休息时间不得少于 70 小时。

a.每周休息时间的例外,不应超过连续 2 个星期。在船上连续 2 次例外时间的间隔不应少于该例外持续时间的 2 倍。

b.任何 24 小时内最少 10 小时的休息时间可以被分成不超过 3 个时间段,其中 1 个时间段至少为 6 个小时,而另外 2 个时间段均不应少于 1 个小时。连续休息时间段间隔不得超过 14 个小时。另外,在任何 7 天时间内不得超过 2 个 24 小时时间。

⑩为防止酗酒,主管机关应对正在履行安全、保安和海洋环境职责的船长、高级船员和其他海员设定血液酒精浓度(BAC)不高于 0.05% 或呼吸中酒精浓度不高于 0.25 毫克/升,或可致该酒精浓度的酒精量的限制。

2. 值班安排和应遵守的原则

(1)主管机关应使公司、船长、轮机长和全体值班人员注意到 STCW 规则中规定的要求、原则和指导,以确保在所有海船上始终保持安全、连续并适合当时环境和条件的值班。

(2)主管机关应要求每船船长考虑船舶当时环境和条件,确保其值班安排足以保持安全值班,并且在船长全面指导下:

①负责航行值班的高级船员在值班时间内始终在驾驶台或与之直接相连的场所,如海图室或驾驶台控制室,并对船舶航行安全负责。

②无线电操作员在值班时间内,在适当的频率上负责保持连续值守。

③负责轮机值班的高级船员,根据 STCW 规则的规定并在轮机长的指导下应能立即就备并随时待命到达机器处所,并且在需要时应在其负责的时间内身在机器处所。

④当船舶锚泊或系泊时,应始终保持适当和有效的安全值班。如果船上载有危险货物,值班安排应充分考虑到危险货物的性质、数量、包装和积载,以及当时船上、水上或岸上的任何特殊情况。

⑤如适用,为安全起见,保持适当和有效的保安值班。

(3)值班的一般原则:

值班应基于下列驾驶台和机舱的资源管理原则:

①应确保根据情况合理地安排值班人员;

②在安排值班人员时应考虑人员的资格或适任能力的局限性;

③应使值班人员理解其个人角色、责任和团队角色;

④船长、轮机长和负责值班的高级船员应保持适当的值班,并最有效地使用可用资源,如信息、装置/设备和其他人员;

⑤值班人员应理解装置/设备的功能和操作,并熟练使用;

⑥值班人员应理解信息及知道如何回应来自每一工作站、装置/设备的信息;

⑦所有值班人员应适当地共享来自工作站、装置/设备的信息;

⑧值班人员在任何情况下应保持适当的相互交流;

⑨对为安全采取的行动产生任何怀疑时,值班人员应毫不犹豫地通知船长、轮机长、负责值班的高级船员。

### 四、监督程序

（1）经正式授权的缔约国监督官员可依据 STCW 公约的规定对下述各项行使监督权：

①核实所有在船上服务且要求按 STCW 公约的规定发证的海员是否都持有适当的证书或有效的特免证明；或已按规定向主管机关提供了文件，并证明已提交签证申请。

②核实在船上服务的海员的人数和证书是否符合主管机关适用的安全配员要求。

③如果因为发生了下列任一情况而有明显依据认为船上海员未能保持值班标准时，则对船上海员保持公约要求的值班标准的能力按规定进行评估：

a. 船舶发生碰撞、搁浅或触礁；

b. 船舶在航、锚泊或靠泊时，违反国际公约而非法排放物质；

c. 以不稳定或不安全的方式操纵船舶，从而未遵循 IMO 采纳的定线措施或安全航行方法和程序；

④以其他危及人员、财产或环境的方式操纵船舶。

（2）可被认为危及人员财产或环境的缺陷包括下列各项：

①要求持有证书的海员未持有适当的证书或有效的特免证明，或未按规定向主管机关提供文件，并证明已提交签证申请；

②未符合主管机关适用的安全配员要求；

③未按主管机关为船舶规定的要求做出航行或轮机值班安排；

④没有专门负责操作安全航行、安全无线电通信或防止海洋污染必要设备的合格人员值班；

⑤未能为航次开始第一班次和其后的接班提供经过充分休息并适于履行值班职责的人员。

（3）未能纠正上述缺陷，只要实施监督的缔约国确定这些缺陷危及人员、财产或环境，便构成缔约国按本公约规定滞留船舶的唯一理由。

# 任务六　国际卫生条例

## 一、条例简介

《国际公共卫生条例》于 1951 年经第四届世界卫生大会通过，作为防止指定传染病在国际传播的措施以及这些疾病的报告和通知病例要求的第一个单一国际法规。其宗旨是最大限度地防止疾病在国际传播，保障安全，同时又尽可能小地干扰世界交通运输和贸易。该条例于 1969 年被《国际卫生条例》所取代。《国际卫生条例》在 1973 年修订时增加了对霍乱的检疫，在 1981 年修订时取消了对天花的国境卫生检疫。1969 年版《国际卫生条例》主要针对鼠疫、霍乱和黄热病三种传染病实施国境卫生检疫。2005 年版《国际卫生条例》(IHR 2005)共有 66 条和 9 个附件，于 2007 年 6 月 15 日生效。

## 二、定义

（1）"受染"是指受到感染或污染源或携带感染或污染源以至于构成公共卫生危害的人员、行李、货物、集装箱、交通工具、物品、邮包或骸骨。

（2）"受染地区"是指世界卫生组织依据本条例明确建议采取卫生措施的某个地理区域。

（3）"主管当局"是指根据本条例负责执行和采取卫生措施的当局。

（4）"灭鼠"是指在入境口岸采取卫生措施控制或杀灭行李、货物、集装箱、交通工具、设施、物品和邮包中存在的传播人类疾病的啮齿类媒介的程序。

（5）"消毒"是指采用卫生措施利用化学或物理制剂的直接作用控制或杀灭人体或动物身体表面或行李、货物、集装箱、交通工具、物品和邮包中的传染性病原体的程序。

（6）"除虫"是指采用卫生措施控制或杀灭行李、货物、集装箱、交通工具、物品和邮包中传播人类疾病的昆虫媒介的程序。

（7）"卫生措施"是指为预防疾病或污染传播实行的程序，不包括执行法律或安全措施。

（8）"感染"是指感染性病原体进入人体和动物身体并在体内发育或繁殖，并可能构成公共卫生危害。

（9）"检查"是指由主管当局或在其监督下检查行李、集装箱、交通工具、设施、物品或邮包（包括相关资料和文件），以确定是否存在公共卫生危害。

（10）"隔离"是指将病人或受染者或受染的行李、集装箱、交通工具、物品或邮包与其他个人和物体隔离，以防止感染或污染扩散。

（11）"检疫"是指限制有嫌疑但无症状的个人或有嫌疑的行李、集装箱、交通工具或物品的活动和（或）将其与其他的个人和物体隔离，以防止感染或污染的可能传播。

## 三、公共卫生措施

1. 到达和离开时的卫生措施

缔约国出于公共卫生的目的，可要求在（运输工具）到达或离开时，了解有关旅行者旅行路线以确认到达前是否在受染地区或其附近旅行过或可能接触感染或污染，以及检查旅行者的健康文件（如果按 IHR 2005 需要此类文件）。

2. 过境船舶

除另有规定或经适用的国际协议授权之外，缔约国在下列情况下不得采取卫生措施：

（1）不是来自受染地区在前往另一国家领土港口的途中经过该缔约国领土的沿海运河或航道的船舶，在主管当局监督下应当允许任何此类船舶添加燃料、水、食物和其他供应品；

（2）通过该缔约国管辖的航道，但不在港口或沿岸停靠的任何船舶。

## 四、卫生文件

1. 疫苗接种或其他预防措施证书

（1）按 IHR 2005 或建议对旅行者进行的疫苗接种或预防措施以及与此相关的证书应当符合 IHR 2005 附件 6（疫苗接种、预防措施和相关证书）的规定，适用时应当符合 IHR 2005 附件 7（对于特殊疾病的疫苗接种或预防措施）对有关特殊疾病的规定。

2014 年 5 月,第 67 届世界卫生大会通过了 WHA67.13 号决议(2014 年),对条例附件 7 进行更新和修订,于 2016 年 7 月 11 日生效并对条例所有缔约国具有法律约束力。其主要修改内容包括:在国际旅行方面,黄热病疫苗接种国际证书的有效期以及黄热病疫苗接种后防止感染的保护效果从 10 年改为接种者(旅行者)终生。因此,自 2016 年 7 月 11 日起,任何缔约国都不得将其作为入境条件要求国际旅行者重新接种或续种黄热病疫苗,不论其持有的是现有证书还是新证书,也不论证书的初次签发日期是何时。这些证书的终身有效期对 2016 年 7 月 11 日以后签发的证书以及此前已经签发的证书自动适用。

(2)除非主管当局有可证实的迹象和(或)证据表明疫苗接种或其他预防措施无效,否则持有疫苗接种或其他预防措施证书的旅行者不应当由于证明中提及的疾病而被拒绝入境,即使该旅行者来自受染地区。

2.航海健康申报单

(1)船长在到达缔约国领土的第一个停靠港口前应当查清船上人员的健康状况,而且除非缔约国不要求,否则船长应当在船舶到达后,或到达之前(如果船舶有此配备且缔约国要求事先提交),填写航海健康申报单,并提交给该港口的主管当局;如果带有船医,航海健康申报单应当有后者的副签。

(2)船长或船医(如果有)应当提供主管当局所要求的有关国际航行中船上卫生状况的任何信息。

(3)缔约国可决定:①免予所有到港船舶提交航海健康申报单;或②根据对来自受染地区的船舶的建议,要求提交航海健康申报单或要求可能携带感染或污染的船舶提交此文件。

3.船舶卫生控制证书

(1)船舶免于卫生控制证书和船舶卫生控制证书的有效期最长应为 6 个月。如果所要求的检查或控制措施不能在港口完成,则此期限可延长 1 个月。

(2)如果未出示有效的船舶免于卫生控制证书或船舶卫生控制证书,或未在舱内发现公共卫生危害的证据,则缔约国可根据相应条款行事。

(3)只要有可能,控制措施就应当在船舶和船舱腾空时进行。如果船舶有压舱物,则应在装货前进行。

(4)如需要采取控制措施,并圆满完成,主管当局应当签发船舶卫生控制证书,注明发现的证据和采取的控制措施。

(5)主管当局如对船舶无感染或污染(包括媒介和宿主)状况表示满意,可在规定的任何港口签发船舶免于卫生控制措施证书。当船舶和船舱腾空时或只剩下压舱物或其他材料(按其性质和摆放方式可对船舱进行彻底检查)时,一般只有对船舶进行检查后才应签发证书。

(6)如果执行控制措施的港口主管当局认为,由于执行措施的条件有限,不可能取得满意的结果,则主管当局应当在船舶卫生控制证书上如实注明。

# 任务七　海事劳工公约

## 一、2006 年海事劳工公约

国际劳工组织(ILO)自 2001 年以来,经过 5 年的努力,整合并修订了自 20 世纪 20 年代以来的 ILO 的 68 个公约及建议书,形成了一个综合性海事劳工公约,并于 2006 年 2 月 23 日在日内瓦举行的第 94 届大会暨第 10 届海事大会上以绝对多数票通过了该海事劳工公约——《2006 年海事劳工公约》(MLC 2006)。MLC 2006 已历经 2014 年、2018 年两次修订,2018 年修正案于 2020 年 12 月 26 日生效。

2015 年 8 月 29 日,经第 12 届全国人大常委会第 16 次会议审核通过,我国正式批准加入《2006 年海事劳工公约》。2015 年 11 月 12 日,中国向国际劳工组织递交中国批准《2006 年海事劳工公约》的批准书,一年后公约对我国正式生效。

### (一)主要内容与框架

MLC 2006 在构架上共分三个层次,即正文条款、规则和技术守则,其中技术守则分为 A 部分的强制性标准和 B 部分的建议性原则。

规则和技术守则在内容上分为五个标题:标题一为"海员上船工作的最低要求";标题二为"就业条件";标题三为"起居舱室、娱乐设施、食品和膳食服务";标题四为"健康保护、医疗、福利及社会保障";标题五为"遵守与执行"。

### (二)适用范围

MLC 2006 适用于任何吨位的通常从事商业活动的所有海船。200 总吨以下国内航行船舶可免除守则中的有关要求。公约规定,公约生效后,舱室标准对现有船舶将不进行追溯。

### (三)海员的就业和社会权利

(1)每一海员均有权获得符合安全标准的安全且受保护的工作场所。

(2)每一海员均有权获得公平的就业条件。

(3)每一海员均有权获得体面的船上工作和生活条件。

(4)每一海员均有权享受健康保护、医疗、福利措施及其他形式的社会保障。

### (四)海员上船工作的最低要求

1. 最低年龄

(1)应禁止 16 岁以下的人员受雇、受聘或到船上工作。

(2)应禁止 18 岁以下的海员在夜间工作。

(3)应禁止雇用或聘用 18 岁以下的海员从事可能损害其健康或安全的工作。

2. 体检证书

(1)海员在上船工作之前持有有效的体检证书,证明其健康状况适合在海上履行职责。

(2)体检证书应由有正规资格的医师签发。视力证书可由经主管当局认可的具备签发证书资格的人员签发。

（3）每份体检证书应特别载明：

①有关海员的听力和视力以及从事那些对色觉有要求的工作的人员的色觉、视力全部符合要求；

②该海员未患有任何由于在海上工作而可能会加重，或使其变得不适合从事此种工作，或威胁船上其他人员健康的疾病。

（4）体检证书的最长有效期为 2 年，除非海员低于 18 岁，在这种情况下，体检证书的最长有效期应为 1 年。

（5）色觉视力证书的最长有效期应为 6 年。

（6）在紧急情况下，主管当局可以允许没有有效体检证书的海员工作至该海员可以从合格医师那里取得一份体检证书的下一停靠港，条件是所允许的期间不超过 3 个月，并且该海员持有最近过期的体检证书。

（7）如果在某航行途中证书到期，该证书应继续有效至该海员能够从合格医师那里取得体检证书的下一停靠港，条件是这段时间不超过 3 个月。

（8）在通常从事国际航行的船舶上工作的海员的体检证书至少必须用英文写成。

3. 培训和资格

（1）除非海员经过培训或经证明适任或者具备履行其职责的资格，否则不得在船上工作。

（2）除非海员成功地完成了船上个人安全培训，否则不得允许其在船上工作。

## （五）就业条件

1. 海员就业协议

（1）各成员国应通过法律或条例要求悬挂其旗帜的船舶符合下述要求：

①在悬挂其旗帜的船舶上工作的海员应持有一份由海员和船东或船东的代表双方签署的海员就业协议。

②签署海员就业协议的海员在签字前应有机会对协议进行审查和征询意见，还要为海员提供其他必要的便利，以确保其在充分理解了其权利和义务后自由达成协议。

③有关船东和海员应各持有一份经签字的海员就业协议原件。

④应采取措施确保包括船长在内的海员在船上可以容易地获得关于其就业条件的明确信息，并且这些信息（包括一份海员就业协议的副本）应能够供主管当局的官员（包括船舶所挂靠港口的官员）查验。

⑤应发给海员一份载有其船上就业记录的文件。

（2）海员就业协议应包括以下细节：

①海员的全名、出生日期或年龄及出生地；

②船东的名称和地址；

③订立海员就业协议的地点及日期；

④海员将担任的职务；

⑤海员的工资数额；

⑥带薪年假的天数；

⑦协议的终止及其终止条件；

⑧将由船东提供给海员的健康津贴和社会保障保护津贴；

⑨海员获得遣返的权利；

⑩提及集体谈判协议,如适用;

⑪国家法律所要求的其他细节。

(3)海员和船东提前终止海员就业协议需提前7天发出通知。

2. 工资

(1)应给海员一个应得报酬和实付数额的月薪账目,包括工资、额外报酬、货币兑换率。

(2)船东应采取措施,为海员提供一种将其收入的全部或部分转给其家人或受赡养人或法定受益人的方式。

3. 工作或休息时间

(1)海员的正常工时标准应以每天8小时、每周休息1天和公共节假日休息为依据。

(2)工作或休息时间应做以下限制:

①最长工作时间:在任何24小时时段内不得超过14小时;在任何7天时间内不得超过72小时。

②最短休息时间:在任何24小时时段内不得少于10小时;在任何7天时间内不得少于77小时。

(3)休息时间最多可分为2段,其中一段至少要有6小时,且相连的2段休息时间的间隔不得超过14小时。

(4)集合、消防和救生艇训练,以及国家法律、条例和国际文件规定的训练,应以对休息时间的影响最小和不会造成疲劳的方式进行。

(5)在某海员处于随时待命的情况下,例如机舱处于无人看管时,如果海员因被召去工作而打扰了正常的休息,则应给予充分的补休。

(6)在容易进入的地点张贴一份船上工作安排表,该表格应至少包括每一岗位的下列内容:

①在海上和在港口的工作时间表;

②国家法律或条例或适用的集体协议所要求的最长工作时间和最短休息时间。

(7)上述表格应按标准化的格式以船上的一种或多种工作语言和英文制定。

(8)保持对海员的日工作时间或日休息时间进行记录。海员应得到一份由船长或船长授权人员以及海员本人签字认可的有关其本人记录的副本。

(9)本标准的任何规定不得妨碍船长出于船上人员或货物的紧急安全需要,或出于帮助海上遇险的其他船舶或人员的目的,而要求一名海员从事任何时间工作的权力。为此,船长可中止工作时间或休息时间安排,要求一名海员从事任何时间的必要工作,直至情况恢复正常。一旦情况恢复正常,船长应尽快地确保所有在计划安排的休息时间内从事工作的海员获得充足的休息时间。

4. 休假的权利

(1)带薪年休假的权利应以每服务一个月最低2.5天为基础加以计算。合理的缺勤不应被视作年休假。

(2)在年休假期间的报酬水平应为国家法律或条例或适用的海员就业协议中规定的海员正常报酬水平。对于受雇期短于1年的海员,或在雇佣关系终止的情况下,休假的权利应按比例计算。

(3)下述情况不应算作带薪年休假的部分:

①船旗国认可的公共和传统假日，不论其是否发生在带薪年休假假期内；

②因患病或受伤或因生育而不能工作的期间；

③在履行就业协议期间准许海员的短期上岸休息；

④任何类型的补休。

5. 遣返

(1)海员在以下情形有权得到遣返：

①就业协议到期；

②就业协议被船东终止，或被海员出于合理的理由终止；

③如果海员不再具备履行其就业协议中职责的能力或在具体情形下不能指望其履行这些职责。

(2)禁止船东要求海员在开始受雇时预付遣返费用，禁止船东从海员的工资或其他收益中扣回遣返费用，除非根据国家法律或条例或其他措施或适用的集体谈判协议，海员出现严重失职而被遣返。

(3)属于就业协议终止和海员不能履行职责的情况为：

①因患病或受伤或其他健康问题需要被遣返且身体状况适于旅行时；

②在船舶失事时；

③在由于破产、变卖船舶、改变船舶登记或任何其他类似原因船东不能继续履行其作为海员雇佣者的法律或契约义务时；

④在船舶驶往国家法律或条例或海员就业协议所界定的战乱区域而海员不同意前往的情况下；

⑤根据仲裁裁定或集体协议而终止或中断雇用，或出于其他类似原因终止雇用。

(4)船东应承担以下遣返费用：

①到达选定的遣返目的地的旅费；

②从海员离船时起至抵达遣返目的地时止的食宿费；

③如果本国法律、条例或集体协议有规定，从海员离船时起至抵达遣返目的地时止的工资和津贴；

④将海员个人行李 30 千克运至遣返目的地的运输费；

⑤必要时，提供医疗使海员身体状况适合前往遣返目的地的旅行。

(5)船东应负责通过适当和迅速的方式对遣返做出安排。通常的旅行方式应为乘坐飞机。成员国应规定海员可被遣返的目的地。目的地应包括海员与之存在着实质性联系的国家，包括：

①海员同意接受雇佣的地点；

②集体协议约定的地点；

③海员的居住国；

④可能在聘用时双方同意的其他地点。

(6)海员应有权从规定的目的地中选择其将被遣返的地点。

6. 船舶灭失或沉没时对海员的赔偿

(1)在任何船舶灭失或沉没的各种情况下，船东应就这种灭失或沉没所造成的失业向船上每个海员支付赔偿。

(2)上述规定应不妨碍海员根据有关成员国关于船舶灭失或沉没而造成损失或伤害国家法律可能享有的其他权利。

7. 配员水平

各成员国应要求悬挂其旗帜的所有船舶考虑到海员的疲劳以及航行的性质和条件,在船上配有充足数目的海员以确保船舶的安全高效操作,并充分注意到在各种条件下的保安。

### (六)健康保护、医疗、福利和社会保障

1. 船上医疗

(1)主管当局应通过一个标准的海员医疗报告表格,供船长和相关的岸上和船上医疗人员使用。填好后的该表格及其内容应予保密,只应用于方便海员的治疗。

(2)各成员国应通过法律和条例对悬挂其旗帜的船舶规定船上医务室及医疗设施和设备以及培训的要求。国家法律或条例最低限度应做以下规定:

①所有船舶均应携带医药箱、医疗设备和医疗指南,具体内容由主管当局规定并受到主管当局的定期检查;国家要求应考虑到船舶类型、船上人员的数量及航次性质、目的地和航程以及相关的国家和国际的建议医疗标准。

②载员 100 人或以上,通常从事 3 天以上国际航行的船舶应配备 1 名医生负责提供医疗。

③应要求不配备医生的船舶,要么在船上至少有 1 名海员,其部分正式职责是负责医疗和管理药品,要么船上至少有 1 名海员胜任医疗急救工作。

④不是专职医生但负责船上医疗的人员应该满意地完成了符合经修正的 STCW 公约要求的培训;被指定提供医疗急救的海员应满意地完成了符合 STCW 公约要求的医疗急救培训。

(3)主管当局应通过一个预先安排的机制,保证船舶在海上能够每天 24 小时均可得到通过无线电或卫星通信提供的医疗指导,包括专家指导。医疗指导,包括船舶与岸上提供医疗咨询的机构通过无线电或卫星通信进行的医疗信息沟通,均应由所有船舶免费使用,无论其悬挂哪一国旗帜。

2. 船东的责任

(1)船东应根据以下最低标准,对船上工作的所有海员的健康保护和医疗负责:

①对于在其船上工作的海员,船东应有责任对海员从开始履行职责之日起到其被视为妥善遣返之日期间所发生的或源自这期间的就业的疾病和受伤承担费用;

②船东应提供财务担保,保证对海员因工伤疾病或危害而死亡或长期残疾的情况提供国家法律或海员就业协议或集体协议所确定的赔偿;

③船东应有责任支付医疗费用,包括治疗及提供必要的药品和治疗设备,以及在外的膳宿,直到该患病或受伤海员康复,或直到该疾病或机能丧失被宣布为永久性的;

④如果发生海员受雇期间在船上或岸上死亡的情况,船东应有责任支付丧葬费用。

(2)国家法律或条例可以把船东支付医疗和膳宿费用的责任限制在从受伤或患病之日起不少于 16 周的期限内。

(3)如果疾病或受伤造成工作能力丧失,船东应有责任:

①只要患病或受伤海员还留在船上或者在海员根据本公约得到遣返以前,向其支付全额工资;

②从海员被遣返或到达岸上之时起直到身体康复,或直到有权根据有关成员国的法律获得保险金(如果早于康复的话),按照国内法律或条例或集体协议的规定向其支付全额或部分

工资。

（4）国家法律或条例可将船东向 1 名高级海员支付全部或部分工资的责任限制在从患病或受伤之日起不少于 16 周的期限内。

（5）国家法律或条例可在以下情况下排除船东的责任：

①在船舶服务之外发生的其他受伤；

②受伤或患病是由患病、受伤或死亡海员的故意不当行为所致；

③在接受雇佣时故意隐瞒疾病或病症。

3. 保护健康和安全及防止事故

（1）各成员国应确保悬挂其旗帜的船舶上的海员得到职业健康保护，并且在一个安全和卫生的环境下在船上生活、工作和培训。

（2）各成员国应为悬挂其旗帜的船舶制定和颁布关于职业安全和健康管理的国家导则。

（3）各成员国应为悬挂其旗帜的船舶规定职业安全和健康保护及防止事故的标准。

4. 获得使用岸上福利设施

（1）各成员国应确保如果存在岸上福利设施，应易于供海员使用。

（2）成员国还应为挂靠其港口的船舶上的海员提供充分的福利设施与服务。

5. 社会保障

（1）各成员国应确保所有海员，以及按其国家法律的规定，其受赡养人能够获得符合守则的社会保障的保护。

（2）各成员国承诺根据其本国情况采取措施，独自或通过国际合作，逐步为海员提供全面的社会保障的保护。

（3）成员国应确保受到其社会保障法律管辖的海员，以及在其国家法律规定的范围内，其受赡养人有权享受不低于岸上工人所享受的社会保障的保护。

## 二、1976 年商船最低标准公约

国际劳工局理事会召集国际劳工组织全体成员于 1976 年 10 月 13 日在日内瓦举行第 62 届会议。会议上通过了《1976 年商船最低标准公约》（ILO No. 147）。

1. 1976 年商船最低标准公约的主要内容

（1）缔约国须制定国内法律或条例为在其领土上登记的船舶做出以下规定：

①安全标准，其中包括资格、工作时间和配员标准，以确保船上人命安全；

②适当的社会保障措施；

③船上工作条件和船上居住安排符合缔约国和国际协议的要求，并符合本公约附录中公约的标准。

（2）缔约国对在其领土上登记的船舶，就下述方面行使有效管辖权或控制：

①国家法律或条例规定的安全标准，其中包括：任职资格、工作时间和配员标准；

②国家法律或条例规定的社会保障措施；

③国家法律或条例规定的或主管法院以对有关船东和海员有同等约束力的方式规定的船上工作条件和船上居住安排。

（3）确保在其领土上登记的船舶雇用海员受过严格训练，能胜任其工作。对涉及在其领土上登记的船舶的任何严重海上事故，尤其那些涉及人身伤亡的事故进行正式调查，这种调查的最终报告在正常情况下应予以公开发表。

（4）当船员、专业机构、协会、工会或通常关心该船舶安全的任何人员发现船舶在营运或在港期间有不符合本公约要求的情况，或接到相关报告时，可以向登记国当局提出控告，同时采取必要措施，以改变船上对安全或健康有明显危害的任何环境。

2.1976 年商船最低标准公约的附录

《1976 年商船最低标准公约》的技术标准都在其附录的 21 个相关公约中体现，包括：《最低年龄公约》《船东责任公约》《海员疾病保险公约》《医疗和疾病津贴公约》《海员体格检查公约》《防止海员工伤事故公约》《海员起居舱室公约》《船上船员食品和膳食公约》《高级船员适任证书公约》《海员协议条款公约》《海员遣返公约》《结社自由和组织权利保护公约》《组织权利和集体谈判保护公约》《海员工时和船舶配员公约》《海员身份证公约》《海员健康保护和医疗公约》等。

# 任务八　国际船舶压载水和沉积物控制与管理公约

随着人们对海洋环境保护意识的增强，船舶压载水的加装和排放所引发的相关环境问题，特别是有害水生物和病原体转移造成的危害，引起了社会各层面的广泛关注。研究表明，许多种细菌、植物和动物会以不同的形式存活于压载水中，在一个海域加装的压载水中所含有的物种会在船舶到达另一海域港口装货时被排入当地的水体中，一些物种会对当地的经济和环境造成灾难性的后果。

IMO 自 20 世纪 90 年代初就将解决船舶压载水问题纳入其海上环境保护委员会的议程进行全面的研究，相继通过了多个指导性文件或大会决议，以指导船舶压载水的控制和管理。在 2004 年 2 月 9 日至 13 日召开的 IMO 外交大会上通过了《国际船舶压载水和沉积物控制与管理公约》。公约采用明示接受程序，即公约将在合计商船总吨位不少于世界商船总吨位 35% 的至少 30 个国家签署并对批准、接受或核准无保留，或交存了必要的批准、接受、核准或加入文件 12 个月后生效。

2016 年 9 月 8 日，IMO 宣布，缔约国（地区）船舶吨位总数占比已经达到 35.14%，缔约国（地区）总数达到 52 个，已经完全满足了触发公约生效的条件，公约于 2017 年 9 月 8 日正式生效。截至 2024 年 1 月 5 日，共有 96 个国家加入 BWM 2004 公约，合计商船总吨位占世界商船总吨位的 92.53%。

## 一、压载水和沉积物控制与管理公约

### （一）定义

（1）"压载水"系指为控制船舶纵倾、横倾、吃水、稳性或应力而在船上摄入的水及其悬浮物。

（2）"压载水管理"系指旨在消除、无害处置、防止摄入或排放压载水和沉积物中的有害水生物和病原体的机械、物理、化学和生物的单一或综合方法。

（3）"有害水生物和病原体"系指如被引入海洋,包括河口,或引入淡水水道则可能危害环境、人体健康,损害财产或资源,损害生物多样性或妨碍此区域的其他合法利用的水生物或病原体。

（4）"沉积物"系指船内压载水的沉淀物质。

## （二）适用范围

（1）除本公约中另有明文规定者外,本公约应适用于:

①有权悬挂某一当事国国旗的船舶;

②无权悬挂某一当事国国旗,但在一当事国管辖下营运的船舶。

（2）本公约不应适用于:

①设计或建造成不承载压载水的船舶;

②仅在某一当事国管辖水域内营运的该当事国的船舶;

③仅在某一当事国管辖水域内营运,此种免除需经该当事国授权的另一当事国的船舶;

④仅在一个当事国管辖水域内和在公海上营运的船舶;

⑤任何军舰、海军辅助船或由国家拥有或营运、仅暂时用于政府非商业服务的其他船舶;

⑥船上密封舱柜中的不排放的永久性压载水。

（3）对于非本公约当事国的船舶,当事国应在必要时适用本公约的要求,以确保不给予此类船舶更为优惠的待遇。

## （三）船舶检查

（1）本公约适用的船舶,当在另一当事国的任何港口或离岸码头中时,可能要接受该当事国经正式授权的官员的检查,以确定该船是否符合本公约的要求。除船舶未持有有效证书或有明确根据外,任何此种检查均应限于:

①核实船上持有有效证书,如其有效,则应被接受。

②检查压载水记录簿。

③进行船舶压载水取样。但是,分析样品所需的时间不得被用作不适当的迟延船舶的操作、运动或离开的根据。

（2）如果船舶未持有有效证书或根据船舶或其设备的状况与证书细节认为明确不符,或者船长或船员不熟悉压载水管理的重要船上程序或未执行此类程序,则可进行仔细检查。在此情况下,进行检查的当事国应采取步骤确保该船在未能做到排放压载水不会对环境、人体健康、财产或资源构成威胁前不得进行此种排放。

## （四）对违规事件的侦查和对船舶的控制

（1）各当事国应在侦查违规事件和执行本公约规定方面进行合作。

（2）如果侦查到船舶违反了本公约,船舶有权对悬挂其国旗的当事和/或船舶在其港口或离岸码头作业的当事国,除可采取本公约规定的任何处罚或行动外,还可警告、扣押或驱逐该船。但是,该船在其港口或离岸码头作业的当事国可允许此种船舶离开港口或离岸码头,以便排放压载水或驶往最近的适当修理厂或接收设备,条件是这样做不会危害环境、人体健康、财产或资源。

（3）如果取样证实该船对环境、人体健康、财产或资源构成威胁或证实另一港口或离岸码头收到的此种信息,则该船在其水域营运的当事国应禁止此种船舶排放压载水,直至该威胁被消除。

（4）如果某一当事国收到任何当事国的调查要求并有船舶正以或曾以违反本公约规定的方式营运的充分证据,则亦可在该船进入其管辖的港口或离岸码头时对其进行检查。此种调查报告应送交要求调查的当事国和有关船舶的主管机关的主管当局,以便采取适当的行动。

## 二、船舶压载水和沉积物控制与管理规则

### （一）定义

（1）"压载水容量"系指船上用于承载、装填或排放压载水的任何液舱、处所或舱室,包括被设计成允许承载压载水的任何多用途液舱、处所或舱室的总体积容量。

（2）"距最近陆地"系指距按国际法确定所述领土之领海的基线,在澳大利亚东北海岸外的另有规定的除外。

（3）"活性物质"系指对"有害水生物和病原体"有一般或特定作用或有一般或特定抵抗作用的物质或生物,包括病毒或真菌。

### （二）压载水管理计划

每一船舶均应在船上携带并实施压载水管理计划。此种计划应由主管机关核准并计及IMO制定的指南。压载水管理计划是各船特定的,并应至少:

（1）详述该船和涉及本公约要求的压载水管理的船员的安全程序。

（2）详述实施本公约中所载的压载水管理要求和补充性的压载水管理做法所应采取的行动。

（3）详述沉积物的海上处置程序和岸上处置程序。

（4）包括与将在其水域中进行海上排放的国家当局协调涉及海上排放的船上压载水管理的程序。

（5）指定在船上负责确保计划得到正确实施的高级船员。

（6）载有本公约规定的船舶报告。

（7）以船舶的工作语言写成。如果使用的语言不是英文、法文或西班牙文,则应包括其中一者的译文。

### （三）压载水记录簿

（1）每一船舶均应在船上备有至少载有规定信息的压载水记录簿。该记录簿可以是一种电子记录系统,也可以被列入其他记录簿或系统中。

（2）压载水记录簿的记录事项应在完成最后一项记录后在船至少保留 2 年,此后在至少3 年的期限内由公司控制。

（3）在排放压载水时,或在发生压载水的其他意外或异常排放时,应在压载水记录簿中做记录,说明排放的情况和理由。

（4）压载水记录簿应在所有合理时间随时可供检查;对于被拖带的无人船舶,可放在拖船上保存。

（5）每一压载水作业均应及时在压载水记录簿中做出充分记录。每一记录均应由负责有关作业的高级船员签字,每一被填写页均应由船长签字。压载水记录簿中的记录事项应以该船的工作语言填写。如果该语言不是英文、法文或西班牙文,则该记录事项应载有其中一种语

言的译文。当以船舶有权悬挂其国旗的国家的官方语言填写的记录事项也被使用时,在发生争端或有不一致时,应以此种记录事项为准。

(6)经当事国正式授权的官员,当船舶在该当事国的港口或离岸码头时,可在本条适用的任何船上检查压载水记录簿,并可制作任何记录事项的副本和要求船长认证:该副本是真实副本。经此种认证的任何副本应在任何诉讼中被允许作为记录事项中所述事实的证据。压载水记录簿的检查和认证副本的制作应在不造成船舶不适当迟延的情况下从速进行。

### (四)船舶压载水管理

(1)新船在交船时应安装 BWMS(即符合压载水性能标准,只要其设有压载舱就应安装)。

(2)现有船,曾在 2014 年 9 月 8 日及以后且在 2017 年 9 月 8 日前完成 IOPP 换证检验的船舶,在 2017 年 9 月 8 日及之后的首次 IOPP 换证检验时应安装 BWMS。

(3)现有船,未在 2014 年 9 月 8 日及以后且在 2017 年 9 月 8 日前完成 IOPP 换证检验的船舶,在 2017 年 9 月 8 日及之后的首次 IOPP 换证检验时应安装 BWMS。

(4)不适用 IOPP 检验的现有船舶,在主管机关确定的时间,且不迟于在 2024 年 9 月 8 日安装 BWMS。

注:"新船"系指在 2017 年 9 月 8 日及以后建造的船舶。"现有船"即非"新船"的船舶。

### (五)压载水交换

(1)为符合压载水交换标准而进行压载水更换的船舶:

①凡可能时,均应在距最近陆地至少 200 海里、水深至少 200 米的地方进行此种压载水交换并考虑 IMO 制定的指南;

②当船舶不能按上述规定进行压载水交换时,在尽可能远离最近陆地并在所有情况下距最近陆地至少 50 海里、水深至少 200 米的地方进行此种压载水交换。

(2)在距最近陆地的距离或水深不符合上述规定的海区中,应视情与邻近或其他国家协商并考虑 IMO 制定的指南,港口国可指定船舶进行压载水交换的地区。

(3)不应为符合更换压载水的任何特定要求而要求船舶偏离其预定航线或推迟航行。

(4)如船长合理地确定由于恶劣天气、船舶设计或应力、设备失灵或任何异常状况压载水交换会威胁船舶的安全或稳性、其船员或旅客的安全,则视情况可不进行压载水交换。

(5)当船舶被要求进行压载水交换但未更换时,其理由应在压载水记录簿中做出记录。

### (六)船舶沉积物管理

(1)所有船舶均应按本船的压载水管理计划的规定清除和处置被指定承载压载水的处所中的沉积物。

(2)2009 年及以后建造的船舶的设计和建造应考虑 IMO 制定的指南,在不降低安全或营运效率的情况下做到:将沉积物的摄入和有害夹带降至最低限度,便于沉积物的清除和提供用于沉积物清除和取样的安全通道。

### (七)高级和普通船员的职责

高级和普通船员应熟知其在供职船舶实施其特定压载水管理方面的职责并应在与其职责相应的程度上熟知船舶的压载水管理计划。

### （八）压载水管理标准

1. 压载水交换标准

（1）进行压载水交换的船舶的压载水体积更换率应至少为95%。

（2）对于使用泵入-排出法更换压载水的船舶，3倍于每一压载水舱体积的泵透，应视为达到压载水更换标准。少于该体积3倍的泵透，如船舶能证明达到了至少95%的体积交换，则也可被接受。

2. 压载水性能标准

进行压载水管理的船舶的排放应达到每立方米中最小尺寸大于或等于50微米的可生存微生物少于10个，每毫升中最小尺寸小于50微米但大于或等于10微米的可生存微生物少于10个；并且，指标微生物的排放不应超过规定浓度。

### （九）压载水管理系统的认可要求

（1）用于符合本公约的压载水管理系统必须由主管机关认可并考虑IMO制定的指南。

（2）使用活性物质或含有一种或多种活性物质的制剂来符合本公约要求的压载水管理系统，应由IMO制定的程序认可。该程序应陈述对活性物质及其建议的应用方法的认可或该认可的撤销。

（3）用于符合本公约要求的压载水管理系统必须对船舶及其设备和船员均安全。

（4）2020年10月28日及以后安装上船的BWMS都应按照BWMS规则获得型式认可，在此日期之前安装上船的BWMS可根据具体情况满足不同的标准。

### （十）压载水管理的检验和发证

（1）适用本公约400总吨及以上的船舶，应接受初次检验、换证检验、中期检验、年度检验、附加检验，以确保压载水管理计划及任何相关结构、设备、系统、配件、装置和材料或工艺完全符合本公约的要求。

（2）通过上述检验后，向其颁发国际压载水管理证书。证书应由主管机关或由其正式授权的任何人员或组织颁发或签注。无论如何，主管机关均对证书承担完全责任。主管机关也可委托另一当事国进行检验，并颁发和签注证书。

（3）证书的有效期由主管机关规定，但不超过5年。

# 任务九 联合国海洋法公约

海洋约占地球表面积的71%，为人类提供了丰富的物质资源和便利的交通运输条件。由于世界各国的普遍参与，调整国家海洋关系的原则、规则、惯例、制度等趋于稳定。《联合国海洋法公约》建立了各国对所有海洋事务的行为关系的原则和标准。

## 一、背景与地位

联合国成立后，各国经济发展对海洋的依赖度越来越高。人们认识到，为了维护各国在开发和利用海洋的活动中的关系，确立综合性海洋法律制度至关重要。1958年，联合国在日内瓦召开了第一次海洋法会议，制定了《日内瓦公约》。1960年，联合国又召开了第二次海洋法会议,专门研究领海宽度问题,但未能达成协议。1973 年,第三次会议在纽约召开,在充分协商的基础上,历经 9 年,终于于 1982 年 12 月 10 日在蒙特哥湾通过了《联合国海洋法公约》(United Nations Convention on the Law of the Sea,UNCLOS 1982)。

UNCLOS 秘书处由联合国法律事务厅内的海洋事务和海洋法司担任,于 1994 年 11 月 16 日生效。1996 年 5 月 15 日,我国全国人民代表大会常务委员会第十九次会议通过了批准加入《联合国海洋法公约》的决定,1996 年 6 月 7 日向联合国交存批准书,1996 年 7 月 7 日,公约对我国生效。

UNCLOS 1982 被称为“海洋的宪法”,并被认为和“联合国宪章”齐名,对国际社会有着积极、深远的影响。许多国际组织(如 IMO)围绕海上安全和海洋环境保护制定的许多海事公约就是在《联合国海洋法公约》架构的海洋管理的基本框架下制定的。IMO 在其制定的有关公约中也具体说明了其文本的任何规定都不得妨碍任何国家在《联合国海洋法公约》所反映的国际习惯法下的权利和义务。

## 二、UNCLOS 1982 的主要内容

UNCLOS 1982 建立了各国对所有海洋事务的行为关系的原则和标准,涉及的内容包括领海和毗连区、用于国际航行的海峡、群岛国、专属经济区、大陆架、公海、岛屿制度、闭海或半闭海、内陆国出入海洋的权利和过境自由、国际海底、海洋环境的保护和保全、海洋科学研究、海洋技术的发展和转让、争端的解决等各项法律制度,公约包括序言、17 个部分(共 320 条),另有 9 个附件。

UNCLOS 1982 设定了船旗国、港口国和沿海国管辖的性质、程度和不同海域,领海、公海、专属经济区、国际海峡等的法律地位。公约在“海上安全和防止、减少和控制污染”“船舶设计、构造、人员配备或装备”“海上避碰”“指定或制定海道和分道通航”“核能船舶”等方面都建立了一般原则,同时又清楚地规定了各缔约国的义务。

## 三、海洋水域划分规定

根据沿岸国家的权益、法律地位和法律制度的不同,沿海水域可分为内水、领海与毗连区、专属经济区、大陆架、公海、国际海底区域等。

### (一)领海基线

领海基线是陆地及内水与领海的分界线,是划定领海、毗连区、专属经济区和大陆架等区域的基准线。UNCLOS 1982 规定领海基线有两种:正常基线和直线基线。测算领海宽度的正常基线是沿海国官方承认的大比例尺海图所标明的沿岸低潮线。直线基线是在沿海岸向外凸出的地方或沿海岛屿的外缘选定若干基点,然后用直线将相邻基点连接起来所形成的一条折线。在岸线较为复杂的情况下,划定直线基线较为合适。UNCLOS 1982 规定了直线基线应遵循的一些原则,两种基线方法可以交替使用。

### (二)内水及沿海国主权

根据 UNCLOS 1982,除在群岛国部分另有规定外,领海基线向陆一面的水域构成国家内水的一部分。对于处在海洋上的这部分内水,沿岸国享有完全的排他性主权。

1. 内水的构成

内水包括沿岸港口、某些海湾和海峡等。

港口是指沿岸具有天然条件和人工设备,用于船舶停靠和装卸客货的港湾。构成海港体系组成部分的最外部永久海港工程(如防波堤)视为海岸的一部分,因此,港口的范围应从它伸入海面最远处的永久海港工程算起。港口包括水域和陆域两个部分。

沿岸向陆地凹入的地方称为水曲,以水曲曲口宽度为直径画一个半圆,若水曲的面积大于或等于这个半圆的面积,这个水曲就称为海湾。并非所有的海湾都是内水,海湾的法律地位主要取决于湾口的宽度,UNCLOS 1982 规定湾口宽度不超过 24 海里时,该湾即视为内水。

海峡是连接两个海域的一条狭窄的水道。如果海峡两岸同属一个国家,峡宽又不超过该国领海宽度的 2 倍,则此海峡应视为内水。

2. 内水的主权

内水是国家领土的一部分,沿岸国在国际上享有绝对的排他性主权,可制定一系列法律法规和规章全权管辖。内水处于一国主权的完全控制下,非经该国批准,外国船不准驶入。

## (三)领海国家主权及无害通过

领海是指沿海国主权所及的在其陆地领土及其内水以外邻接的一带海域,在群岛国的情形下则及于群岛水域以外邻接的一带海域。UNCLOS 1982 规定,每一国家的领海宽度不应超过 12 海里。

1. 领海的国家主权

领海是国家领土在海中的延续,属于国家领土的一部分。国家对领海行使主权,对领海的一切人和物享有专属管辖权。国家对领海的主权及于领海的上空及其海床和底土。但是,UNCLOS 1982 规定:"对领海的主权行使受本公约和其他国际法规则的限制。"即国家在领海的主权并不像在内水中那样绝对,其他国家的船舶在领海享有航行和穿越的权利。换言之,内水可以关闭,但领海一般不可关闭。

2. 无害通过

所有国家,不论为沿海国或内陆国,其船舶均享有无害通过他国领海的权利。"无害通过"是指不损害沿海国的和平、良好秩序或安全的"通过",且符合 UNCLOS 1982 和其他国际法规则。"通过"是指通过领海的航行,包括穿过领海但不进入内水或停靠内水以外的泊船处或港口设施,驶往或驶出内水或停靠这种泊船处或港口设施。"通过"应持续不断和迅速地进行。"通过"包括停船和下锚在内,但以通常航行所附带发生的或由于不可抗力或遇难所必要的或为救助遇险或遇难的人员、船舶或飞机的目的为限。

沿海国为了保障其领海主权,可以按公认的国际规则制定一系列关于无害通过领海的法律和规章,但应履行国际义务,不妨碍外国船舶的无害通过领海,并应将其所知的领海内对航行有危险的任何情况妥为公布。

尽管 UNCLOS 1982 规定了包括军舰在内的一切船舶在他国领海均享有无害通过权,但制定该公约的联合国第三届海洋法大会允许沿海国对外国籍军舰通过领海采取安全措施。在实践中,包括我国在内的大多数国家认为只有外国非军用船舶享有无害通过权,外国军用船舶不适用无害通过。

## (四)毗连区

毗连区是指领海以外且毗连领海的一个区域,从领海基线量起,不得超过 24 海里。毗连区由沿海国依需要而设立。

　　毗连区是保护沿海国权利和利益的重要海域之一，沿海国的主权不及于毗连区，只是为了特定的目的才在该海域行使某些必要的管制。毗连区通常是沿海国为了防止和惩处在其领土或领海内违反其海关、财政、移民或卫生的法律和规章的行为而设立的。

### （五）专属经济区

　　专属经济区是领海以外并邻接领海的一个区域，从领海基线量起，不应超过200海里。专属经济区已超过国家领土的范围，沿海国对该区域不享有完全的主权，沿海国主要是对其自然资源享有主权，对专属经济区内水域和海底自然资源享有勘探、开发、养护和管理的管辖权。

### （六）大陆架

　　大陆架本是地质地理学上的概念，是指从海岸起在海水下由陆地向外自然延伸的地势平缓的海底区域的海床及底土。在 UNCLOS 1982 中规定，沿海国的大陆架包括其领海以外依其陆地领土的全部自然延伸，扩展到大陆边外缘的海底区域的海床和底土，如果从测算领海宽度的基线量起到大陆边的外缘的距离不到200海里，则扩展到200海里的距离。沿海国为勘探大陆架和开发其自然资源的目的，对大陆架行使主权。

### （七）公海

　　公海是不包括国家的专属经济区、领海或内水或群岛国的群岛水域在内的全部海域。

　　1. 公海自由

　　公海对任何国家开放，不受任何国家的管辖，任何国家具有相同的自由，包括：航行自由、飞越自由、铺设海底电缆和管道的自由、建造国际法所允许的人工岛屿和其他设施的自由、捕鱼自由、科学研究的自由。任何国家行使公海自由应适当考虑到其他国家行使公海自由的权利，公海应只用于和平目的。

　　任何国家的船舶，都有权在公海上悬挂其所属国家的国旗航行，公海上的船舶受船旗国法律管辖和保护。军舰在公海上享有不受船旗国以外任何其他国家管辖的完全豁免权，政府公务船亦然。

　　2. 登临权

　　军舰在公海上遇到军舰和政府非商业服务船舶以外的外国船舶，有合理根据认为有下列嫌疑，可登临该船：该船从事海盗行为；该船从事奴隶贩卖；该船从事未经许可的广播而且军舰的船旗国有管辖权；该船没有国籍；该船虽悬挂外国旗帜或拒不展示其旗帜，事实上却与该军舰属同一国籍。在前述规定的情形下，军舰可查核该船悬挂其旗帜的权利，为此目的，军舰可派一艘由一名军官指挥的小艇到该嫌疑船舶。如果检验船舶文件后仍有嫌疑，军舰可进一步在该船上进行检查，但检查须尽量审慎进行。如果嫌疑经证明为无根据，而且被登临的船舶并无嫌疑的任何行为，对该船舶可能遭受的任何损失或损害应予赔偿。

　　3. 紧追权

　　沿海国主管当局有充分理由认为外国船舶违反该国法律和规章时，可对该外国船舶进行紧追。此项追逐须在外国船舶或其小艇之一在追逐国的内水、群岛水域、领域或毗连区内时开始，而且只有追逐未曾中断，才可在领海或毗连区外继续进行。当外国船舶在领海或毗连区内接获停驶命令时，发出命令的船舶并无必要也在领海或毗连区内。如果外国船舶在所规定的毗连区内，追逐只有在设立该区所保护的权利遭到侵犯的情形下才可进行。对于在专属经济区内或在大陆架上,包括大陆架上设施周围的安全地带内,违反沿海国按照公约适用于专属经济区或大陆架包括这种安全地带的法律和规章的行为,应比照适用紧追权。紧追权在被追逐的船舶进入其本国领海或第三国领海时立即终止。除非追逐的船舶以可用的实际方法认定被追逐的船舶或其小艇之一或作为一队进行活动而以被追逐的船舶为母船的其他船艇是在领海范围内,或者,根据情况,在毗连区或专属经济区内或在大陆架上,紧追不得认为已经开始。追逐只有在外国船舶视听所及的距离内发出视觉或听觉的停驶信号后,才可开始。紧追权只可由军舰、军用飞机或其他有清楚标志可以识别的为政府服务并经授权紧追的船舶或飞机行使。

### (八) 国际航行海峡

国际航行海峡是指两端连接公海或专属经济区并可供海船通过的海峡,包括:用于国际航行的非领海海峡,其中央夹有专属经济区或公海海域,应适用自由航行制度,各国船舶有完全的航行自由;依据 UNCLOS 1982,用于国际航行的领海海峡适用于"过境通行权";专门规定的用于国际航行的海峡,如达达尼尔海峡和博斯普鲁斯海峡的航行制度由 1936 年的《蒙特勒公约》规定,直布罗陀海峡的航行制度由 1907 年英国、法国、西班牙三国签订的海峡协定规定。

在国际航行海峡中,所有船舶均享有过境通行的权利,过境通行不应受阻碍。船舶在行使过境通行权时应:不迟延地通过;不对海峡沿岸国的主权、领土完整或政治独立进行任何武力威胁或使用武力;除因不可抗力或遇难而有必要外,不从事其持续不停和迅速过境的通常方式所附带发生的活动以外的任何活动;遵守关于海上安全的国际规章、程序和惯例;遵守关于防止、减少和控制来自船舶的污染的国际规章、程序和惯例。

过境通行船舶应遵守海峡沿岸国的规定,包括:指定航路和规定分道通航制;航行安全和海上交通管理;防止船舶造成污染;不违反海峡沿岸国海关、财政、移民或卫生的法律和规章,上下任何商品、货币和人员。

海峡沿岸国不应妨碍过境通行,并应将其所知的海峡内的有危险的任何情况妥为公布。过境通行不应予以停止。

## 四、公约对各有关方在海上安全和环境保护方面的要求

在海上安全和环境保护方面,《联合国海洋法公约》重点对船旗国、沿海国、港口国做出了基本义务规定。

*1. 船旗国义务*

UNCLOS 1982 对船旗国在安全方面的义务的规定覆盖了船舶营运的整个周期和各个方面。第 91 条规定每个国家应确定对船舶给予国籍。第 94 条要求船旗国对船舶采取措施以保障海上安全。第 98 条公约规定国家应责成船长在不严重危及其船舶、船员或乘客的情况下救助海上遇险的人。第 217 条规定船旗国有效执行国际规则和标准的条款,要求有关船旗国应采取适当措施,以确保悬挂其旗帜或在其国内登记的船只能遵守国际规则和标准的规定并持有各种证书和受到定期检查等。

船旗国在海洋环境保护和防止海洋污染上的权利和义务主要体现在公约的第 12 部分"海洋环境的保护和保全"。根据公约第 211 条第 2 款,各国应制定法律和规章,以防止、减少和控制悬挂其旗帜或在其国内登记的船只对海洋环境的污染。第 217 条第 4 款要求船旗国设法立即对该国船只的违法行为进行调查,且不论违法行为在何处发生,也不论这种违法行为所

造成的污染在何处发生或被发现。船旗国如认为有充分证据可对被指控的违法行为提起司法程序，应毫不迟延地按照其法律提起这种程序。在处罚问题上，第217条第8款要求船旗国的法律和规章对悬挂其旗帜的船只所规定的处罚应足够严厉。

2. 沿海国义务

UNCLOS 1982规定沿海国对船舶的安全航行负有重要责任。第21条规定，沿海国可依据公约和其他国际规则，制定关于无害通过领海的法律和规章，特别是在航行安全与海上交通管理、保护助航设备和设施以及其他设施或设备、保全沿海国的环境，并防止、减少和控制环境受污染等方面。沿海国可要求外国籍船舶在无害通过领海时遵守这些规则，即使船舶的船旗国并不是相关公约的缔约方。公约第98条规定，在公海和专属经济区，每个沿海国应建立、经营和维持有效的海、空搜寻和救助服务，并应在情况需要时通过相互的区域性安排与邻国合作。第100至107条强调所有国家应尽最大可能进行合作，以制止在公海上或在任何国家管辖范围以外的任何其他地方的海盗行为。

UNCLOS 1982对沿海国的防污染要求主要体现在第221条中，公约第221条赋予沿海国在其领海范围以外，采取和执行与实际的或可能发生的损害相称的措施的权利，第211条第6款则规定沿海国可在专属经济区某一明确划定的特定区域采取防止来自船只的污染的特别强制性措施，但须有证据表明现有国际规则和标准不足以适应特殊情况。公约对污染赔偿责任也做出了规定。

3. 港口国义务

UNCLOS 1982对港口国防污染的管辖一直延伸至岸外设施。第219条要求港口国应在实际可行范围内采取措施，以阻止已查明在其港口或岸外设施违反"适用国际规则和标准从而损害海洋环境的威胁"的船只航行。第218条规定了港口国对自愿位于一国港口和岸外设施的外籍船任何排放的调查和司法程序。第219条建立了港口国滞留外国船舶的基本原则，港口国必须确保船舶的出海对海上环境不致产生不当的危害威胁，才准其开航，否则仅可准许该船驶往最近的适当修船厂。第220条则规定了沿海国对自愿位于其港口或岸外设施、领海或专属经济区的外籍船违反关于防止、减少和控制船舶造成污染的法规行为提起司法的程序。沿海国可以要求该船提供其识别标志、登记港口、上次停泊和下次停泊的港口，以及其他必要的有关情报，以确定是否已有违法行为发生。只有当所指的违法行为导致大量排放，对海洋环境造成重大污染或有造成重大污染的威胁，沿海国在该船拒不提供情报，或所提供的情报与明显的实际情况显然不符，并且依案件情况确有进行检查的理由时，才可就有关违法行为的事项对该船进行实际检查。

# 项目五
# 国内海事法规

## 学习目标

1. 了解海上交通安全法与船员条例。
2. 了解船舶登记与船舶配员管理。
3. 掌握《中华人民共和国海船船员值班规则》。
4. 了解船舶安全监督和海事行政处罚管理的相关知识。
5. 了解货物安全运输管理的基础知识。
6. 了解船舶交通和进出港的相关知识。
7. 熟悉海上事故调查处理条例和防治污染管理的基础知识。
8. 了解船员劳动合同法的相关知识。
9. 熟悉船员船上工作和生活条件管理办法的基础知识。
10. 了解船员管理有关法规知识。

## 任务一　海上交通安全法与船员条例

### 一、中华人民共和国海上交通安全法

为了加强海上交通管理,维护海上交通秩序,保障生命财产安全,维护国家权益,制定本法。(本法 1983 年 9 月 2 日第六届全国人民代表大会常务委员会第二次会议通过,根据 2016 年 11 月 7 日第十二届全国人民代表大会常务委员会第二十四次会议《关于修改〈中华人民共和国对外贸易法〉等十二部法律的决定》修正,2021 年 4 月 29 日第十三届全国人民代表大会常务委员会第二十八次会议修订。最新修订版自 2021 年 9 月 1 日起施行。)

### （一）总则

**1. 适用范围**

在中华人民共和国管辖海域内从事航行、停泊、作业以及其他与海上交通安全相关的活动，适用本法。

**2. 使用目的**

国家依法保障交通用海。海上交通安全工作坚持安全第一、预防为主、便利通行、依法管理的原则，保障海上交通安全、有序、畅通。

**3. 主管机关**

（1）国务院交通运输主管部门主管全国海上交通安全工作。

（2）国家海事管理机构统一负责海上交通安全监督管理工作，其他各级海事管理机构按照职责具体负责辖区内的海上交通安全监督管理工作。

（3）各级人民政府及有关部门应当支持海上交通安全工作，加强海上交通安全的宣传教育，提高全社会的海上交通安全意识。

（4）国家依法保障船员的劳动安全和职业健康，维护船员的合法权益。

### （二）船舶、海上设施和船员

（1）中国籍船舶、在中华人民共和国管辖海域设置的海上设施、船运集装箱，以及国家海事管理机构确定的关系海上交通安全的重要船用设备、部件和材料，应当符合有关法律、行政法规、规章以及强制性标准和技术规范的要求，经船舶检验机构检验合格，取得相应证书、文书。证书、文书的清单由国家海事管理机构制定并公布。

设立船舶检验机构应当经国家海事管理机构许可。船舶检验机构设立条件、程序及其管理等依照有关船舶检验的法律、行政法规的规定执行。持有相关证书、文书的单位应当按照规定的用途使用船舶、海上设施、船运集装箱，以及重要船用设备、部件和材料，并应当依法定期进行安全技术检验。

（2）船舶依照有关船舶登记的法律、行政法规的规定向海事管理机构申请船舶国籍登记、取得国籍证书后，方可悬挂中华人民共和国国旗航行、停泊、作业。

（3）中国籍船舶灭失或者报废的，船舶所有人应当在国务院交通运输主管部门规定的期限内申请办理注销国籍登记；船舶所有人逾期不申请注销国籍登记的，海事管理机构可以发布关于拟强制注销船舶国籍登记的公告。船舶所有人自公告发布之日起六十日内未提出异议的，海事管理机构可以注销该船舶的国籍登记。

（4）中国籍船舶所有人、经营人或者管理人应当建立并运行安全营运和防治船舶污染管理体系。海事管理机构经对前款规定的管理体系审核合格的，发给符合证明和相应的船舶安全管理证书。

（5）中国籍国际航行船舶的所有人、经营人或者管理人应当依照国务院交通运输主管部门的规定建立船舶保安制度，制订船舶保安计划，并按照船舶保安计划配备船舶保安设备，定期开展演练。中国籍船员和海上设施上的工作人员应当接受海上交通安全以及相应岗位的专业教育、培训。

（6）中国籍船员应当依照有关船员管理的法律、行政法规的规定向海事管理机构申请取得船员适任证书，并取得健康证明。外国籍船员在中国籍船舶上工作的，按照有关船员管理的法律、行政法规的规定执行。船员在船舶上工作,应当符合船员适任证书载明的船舶、航区、职务的范围。

(7)中国籍船舶的所有人、经营人或者管理人应当为其国际航行船舶向海事管理机构申请取得海事劳工证书。船舶取得海事劳工证书应当符合下列条件:

①所有人、经营人或者管理人依法招用船员,与其签订劳动合同或者就业协议,并为船舶配备符合要求的船员;

②所有人、经营人或者管理人已保障船员在船舶上的工作环境、职业健康保障和安全防护、工作和休息时间、工资报酬、生活条件、医疗条件、社会保险等符合国家有关规定;

③所有人、经营人或者管理人已建立符合要求的船员投诉和处理机制;

④所有人、经营人或者管理人已就船员遣返费用以及在船就业期间发生伤害、疾病或者死亡依法应当支付的费用提供相应的财务担保或者投保相应的保险。

(8)海事管理机构商人力资源社会保障行政部门,按照各自职责对申请人及其船舶是否符合前款规定条件进行审核。经审核符合规定条件的,海事管理机构应当自受理申请之日起十个工作日内颁发海事劳工证书;不符合规定条件的,海事管理机构应当告知申请人并说明理由。

(9)海事劳工证书颁发及监督检查的具体办法由国务院交通运输主管部门会同国务院人力资源社会保障行政部门制定并公布。海事管理机构依照有关船员管理的法律、行政法规的规定,对单位从事海船船员培训业务进行管理。

(10)国务院交通运输主管部门和其他有关部门、有关县级以上地方人民政府应当建立健全船员境外突发事件预警和应急处置机制,制定船员境外突发事件应急预案。船员境外突发事件应急处置由船员派出单位所在地的省、自治区、直辖市人民政府负责,船员户籍所在地的省、自治区、直辖市人民政府予以配合。中华人民共和国驻外国使馆、领馆和相关海事管理机构应当协助处置船员境外突发事件。

(11)适用的船舶范围由有关法律、行政法规具体规定,或者由国务院交通运输主管部门拟定并报国务院批准后公布。

### (三)海上交通条件和航行保障

(1)国务院交通运输主管部门统筹规划和管理海上交通资源,促进海上交通资源的合理开发和有效利用。海上交通资源规划应当符合国土空间规划。

(2)海事管理机构根据海域的自然状况、海上交通状况以及海上交通安全管理的需要,划定、调整并及时公布船舶定线区、船舶报告区、交通管制区、禁航区、安全作业区和港外锚地等海上交通功能区域。

(3)海事管理机构划定或者调整船舶定线区、港外锚地以及对其他海洋功能区域或者用海活动造成影响的安全作业区,应当征求渔业渔政、生态环境、自然资源等有关部门的意见。为了军事需要划定、调整禁航区的,由负责划定、调整禁航区的军事机关做出决定,海事管理机构予以公布。

(4)建设海洋工程、海岸工程影响海上交通安全的,应当根据情况配备防止船舶碰撞的设施、设备并设置专用航标。

(5)国家建立完善船舶定位、导航、授时、通信和远程监测等海上交通支持服务系统,为船舶、海上设施提供信息服务。

（6）任何单位、个人不得损坏海上交通支持服务系统或者妨碍其工作效能。建设建筑物、构筑物,使用设施设备可能影响海上交通支持服务系统正常使用的,建设单位、所有人或者使用人应当与相关海上交通支持服务系统的管理单位协商,做出妥善安排。

（7）国务院交通运输主管部门应当采取必要的措施,保障海上交通安全无线电通信设施的合理布局和有效覆盖,规划本系统（行业）海上无线电台（站）的建设布局和台址,核发船舶制式无线电台执照及电台识别码。

（8）国务院交通运输主管部门组织本系统（行业）的海上无线电监测系统建设并对其无线电信号实施监测,会同国家无线电管理机构维护海上无线电波秩序。

（9）船舶在中华人民共和国管辖海域内通信需要使用岸基无线电台（站）转接的,应当通过依法设置的境内海岸无线电台（站）或者卫星关口站进行转接。承担无线电通信任务的船员和岸基无线电台（站）的工作人员应当遵守海上无线电通信规则,保持海上交通安全通信频道的值守和畅通,不得使用海上交通安全通信频率交流与海上交通安全无关的内容。任何单位、个人不得违反国家有关规定使用无线电台识别码,影响海上搜救的身份识别。

（10）天文、气象、海洋等有关单位应当及时预报、播发和提供航海天文、世界时、海洋气象、海浪、海流、潮汐、冰情等信息。

（11）国务院交通运输主管部门统一布局、建设和管理公用航标。海洋工程、海岸工程的建设单位、所有人或者经营人需要设置、撤除专用航标,移动专用航标位置或者改变航标灯光、功率等的,应当报经海事管理机构同意。需要设置临时航标的,应当符合海事管理机构确定的航标设置点。

自然资源主管部门依法保障航标设施和装置的用地、用海、用岛,并依法为其办理有关手续。

航标的建设、维护、保养应当符合有关强制性标准和技术规范的要求。航标维护单位和专用航标的所有人应当对航标进行巡查和维护保养,保证航标处于良好适用状态。航标发生位移、损坏、灭失的,航标维护单位或者专用航标的所有人应当及时予以恢复。

（12）任何单位、个人发现下列情形之一的,应当立即向海事管理机构报告;涉及航道管理机构职责或者专用航标的,海事管理机构应当及时通报航道管理机构或者专用航标的所有人:

①助航标志或者导航设施位移、损坏、灭失;

②有妨碍海上交通安全的沉没物、漂浮物、搁浅物或者其他碍航物;

③其他妨碍海上交通安全的异常情况。

（13）海事管理机构应当及时向船舶、海上设施播发海上交通安全信息。

船舶、海上设施在定线区、交通管制区或者通航船舶密集的区域航行、停泊、作业时,海事管理机构应当根据其请求提供相应的安全信息服务。

（14）下列船舶在国务院交通运输主管部门划定的引航区内航行、停泊或者移泊的,应当向引航机构申请引航:

①外国籍船舶,但国务院交通运输主管部门经报国务院批准后规定可以免除的除外;

②核动力船舶、载运放射性物质的船舶、超大型油船;

③可能危及港口安全的散装液化气船、散装危险化学品船;

④长、宽、高接近相应航道通航条件限值的船舶。

（15）引航机构应当及时派遣具有相应能力、经验的引航员为船舶提供引航服务。

引航员应当根据引航机构的指派,在规定的水域登离被引领船舶,安全谨慎地执行船舶引航任务。被引领船舶应当配备符合规定的登离装置,并保障引航员在登离船舶及在船上引航期间的安全。引航员引领船舶时,不解除船长指挥和管理船舶的责任。

(16)国务院交通运输主管部门根据船舶、海上设施和港口面临的保安威胁情形,确定并及时发布保安等级。船舶、海上设施和港口应当根据保安等级采取相应的保安措施。

### (四)航行、停泊、作业

(1)船舶航行、停泊、作业,应当持有有效的船舶国籍证书及其他法定证书、文书,配备依照有关规定出版的航海图书资料,悬挂相关国家、地区或者组织的旗帜,标明船名、船舶识别号、船籍港、载重线标志。

船舶应当满足最低安全配员要求,配备持有合格有效证书的船员。

海上设施停泊、作业,应当持有法定证书、文书,并按规定配备掌握避碰、信号、通信、消防、救生等专业技能的人员。

(2)船长应当在船舶开航前检查并在开航时确认船员适任、船舶适航、货物适载,并了解气象和海况信息以及海事管理机构发布的航行通告、航行警告及其他警示信息,落实相应的应急措施,不得冒险开航。

船舶所有人、经营人或者管理人不得指使、强令船员违章冒险操作、作业。

(3)船舶应当在其船舶检验证书载明的航区内航行、停泊、作业。船舶航行、停泊、作业时,应当遵守相关航行规则,按照有关规定显示信号、悬挂标志,保持足够的富余水深。

船舶在航行中应当按照有关规定开启船舶的自动识别、航行数据记录、远程识别和跟踪、通信等与航行安全、保安、防治污染相关的装置,并持续进行显示和记录。

(4)任何单位、个人不得拆封、拆解、初始化、再设置航行数据记录装置或者读取其记录的信息,但法律、行政法规另有规定的除外。

(5)船舶应当配备航海日志、轮机日志、无线电记录簿等航行记录,按照有关规定全面、真实、及时记录涉及海上交通安全的船舶操作,以及船舶航行、停泊、作业中的重要事件,并妥善保管相关记录簿。

(6)船长负责管理和指挥船舶。在保障海上生命安全、船舶保安和防治船舶污染方面,船长有权独立做出决定。

船长应当采取必要的措施,保护船舶、在船人员、船舶航行文件、货物以及其他财产的安全。船长在其职权范围内发布的命令,船员、乘客及其他在船人员应当执行。

为了保障船舶和在船人员的安全,船长有权在职责范围内对涉嫌在船上进行违法犯罪活动的人员采取禁闭或者其他必要的限制措施,并防止其隐匿、毁灭、伪造证据。

船长采取前款措施,应当制作案情报告书,由其和两名以上在船人员签字。中国籍船舶抵达我国港口后,应当及时将相关人员移送有关主管部门。

发现在船人员患有或者疑似患有严重威胁他人健康的传染病的,船长应当立即启动相应的应急预案,在职责范围内对相关人员采取必要的隔离措施,并及时报告有关主管部门。

船长在航行中死亡或者因故不能履行职责的,应当由驾驶员中职务最高的人代理船长职务;船舶在下一个港口开航前,其所有人、经营人或者管理人应当指派新船长接任。

(7)船员应当按照有关航行、值班的规章制度和操作规程以及船长的指令操纵、管理船舶,保持安全值班,不得擅离职守。船员履行在船值班职责前和值班期间,不得摄入可能影响安全值班的食品、药品或者其他物品。

（8）船舶进出港口、锚地，或者通过桥区水域、海峡、狭水道、重要渔业水域、通航船舶密集的区域、船舶定线区、交通管制区，应当加强瞭望、保持安全航速，并遵守前述区域的特殊航行规则。重要渔业水域由国务院渔业渔政主管部门征求国务院交通运输主管部门意见后划定并公布。

（9）船舶穿越航道不得妨碍航道内船舶的正常航行，不得抢越他船船首。超过桥梁通航尺度的船舶禁止进入桥区水域。船舶不得违反规定进入或者穿越禁航区。船舶进出船舶报告区，应当向海事管理机构报告船位和动态信息。在安全作业区、港外锚地范围内，禁止从事养殖、种植、捕捞以及其他影响海上交通安全的作业或者活动。

（10）船舶载运或者拖带超长、超高、超宽、半潜的船舶、海上设施或者其他物体航行，应当采取拖拽部位加强、护航等特殊的安全保障措施，在开航前向海事管理机构报告航行计划，并按有关规定显示信号、悬挂标志；拖带移动式平台、浮船坞等大型海上设施的，还应当依法交验船舶检验机构出具的拖航检验证书。

（11）国际航行船舶进出口岸，应当依法向海事管理机构申请许可并接受海事管理机构及其他口岸查验机构的监督检查。海事管理机构应当自受理申请之日起五个工作日内做出许可或者不予许可的决定。外国籍船舶临时进入非对外开放水域，应当依照国务院关于船舶进出口岸的规定取得许可。国内航行船舶进出港口、港外装卸站，应当向海事管理机构报告船舶的航次计划、适航状态、船员配备和客货载运等情况。

（12）船舶应当在符合安全条件的码头、泊位、装卸站、锚地、安全作业区停泊。船舶停泊不得危及其他船舶、海上设施的安全。

船舶进出港口、港外装卸站，应当符合靠泊条件和关于潮汐、气象、海况等航行条件的要求。

超长、超高、超宽的船舶或者操纵能力受到限制的船舶进出港口、港外装卸站可能影响海上交通安全的，海事管理机构应当对船舶进出港安全条件进行核查，并可以要求船舶采取加配拖船、乘潮进港等相应的安全措施。

（13）在中华人民共和国管辖海域内进行施工作业，应当经海事管理机构许可，并核定相应安全作业区。取得海上施工作业许可，应当符合下列条件：

①施工作业的单位、人员、船舶、设施符合安全航行、停泊、作业的要求；

②有施工作业方案；

③有符合海上交通安全和防治船舶污染海洋环境要求的保障措施、应急预案和责任制度。

（14）从事施工作业的船舶应当在核定的安全作业区内作业，并落实海上交通安全管理措施。其他无关船舶、海上设施不得进入安全作业区。在港口水域内进行采掘、爆破等可能危及港口安全的作业，适用港口管理的法律规定。从事体育、娱乐、演练、试航、科学观测等水上水下活动，应当遵守海上交通安全管理规定；可能影响海上交通安全的，应当提前十个工作日将活动涉及的海域范围报告海事管理机构。

（15）海上施工作业或者水上水下活动结束后，有关单位、个人应当及时消除可能妨碍海上交通安全的隐患。

（16）碍航物的所有人、经营人或者管理人应当按照有关强制性标准和技术规范的要求及时设置警示标志，向海事管理机构报告碍航物的名称、形状、尺寸、位置和深度，并在海事管理机构限定的期限内打捞清除。碍航物的所有人放弃所有权的,不免除其打捞清除义务。

不能确定碍航物的所有人、经营人或者管理人的,海事管理机构应当组织设置标志、打捞或者采取相应措施,发生的费用纳入部门预算。

(17)有下列情形之一,对海上交通安全有较大影响的,海事管理机构应当根据具体情况采取停航、限速或者划定交通管制区等相应交通管制措施并向社会公告:

①天气、海况恶劣;

②发生影响航行的海上险情或者海上交通事故;

③进行军事训练、演习或者其他相关活动;

④开展大型水上水下活动;

⑤特定海域通航密度接近饱和;

⑥其他对海上交通安全有较大影响的情形。

(18)国务院交通运输主管部门为维护海上交通安全、保护海洋环境,可以会同有关主管部门采取必要措施,防止和制止外国籍船舶在领海的非无害通过。

(19)下列外国籍船舶进出中华人民共和国领海,应当向海事管理机构报告:

①潜水器;

②核动力船舶;

③载运放射性物质或者其他有毒有害物质的船舶;

④法律、行政法规或者国务院规定的可能危及中华人民共和国海上交通安全的其他船舶。

(20)船舶通过中华人民共和国领海,应当持有有关证书,采取符合中华人民共和国法律、行政法规和规章规定的特别预防措施,并接受海事管理机构的指令和监督。

(21)除依照本法规定获得进入口岸许可外,外国籍船舶不得进入中华人民共和国内水;但是,因人员病急、机件故障、遇难、避风等紧急情况未及时获得许可的可以进入。

外国籍船舶因前款规定的紧急情况进入中华人民共和国内水的,应当在进入的同时向海事管理机构紧急报告,接受海事管理机构的指令和监督。海事管理机构应当及时通报管辖海域的海警机构、就近的出入境边防检查机关和当地公安机关、海关等其他主管部门。

中华人民共和国军用船舶执行军事任务、公务船舶执行公务,遇有紧急情况,在保证海上交通安全的前提下,可以不受航行、停泊、作业有关规则的限制。

### (五)海上客货运输安全

(1)除进行抢险或者生命救助外,客船应当按照船舶检验证书核定的载客定额载运乘客,货船载运货物应当符合船舶检验证书核定的载重线和载货种类,不得载运乘客。

客船载运乘客不得同时载运危险货物。乘客不得随身携带或者在行李中夹带法律、行政法规或者国务院交通运输主管部门规定的危险物品。客船应当在显著位置向乘客明示安全须知,设置安全标志和警示,并向乘客介绍救生用具的使用方法以及在紧急情况下应当采取的应急措施。乘客应当遵守安全乘船要求。

海上渡口所在地的县级以上地方人民政府应当建立健全渡口安全管理责任制,制定海上渡口的安全管理办法,监督、指导海上渡口经营者落实安全主体责任,维护渡运秩序,保障渡运安全。

海上渡口的渡运线路由渡口所在地的县级以上地方人民政府交通运输主管部门会同海事管理机构划定。渡船应当按照划定的线路安全渡运。

遇有恶劣天气、海况，县级以上地方人民政府或者其指定的部门应当发布停止渡运的公告。

（2）船舶载运货物，应当按照有关法律、行政法规、规章以及强制性标准和技术规范的要求安全装卸、积载、隔离、系固和管理。

船舶载运危险货物，应当持有有效的危险货物适装证书，并根据危险货物的特性和应急措施的要求，编制危险货物应急处置预案，配备相应的消防、应急设备和器材。托运人托运危险货物，应当将其正式名称、危险性质以及应当采取的防护措施通知承运人，并按照有关法律、行政法规、规章以及强制性标准和技术规范的要求妥善包装，设置明显的危险品标志和标签。托运人不得在托运的普通货物中夹带危险货物或者将危险货物谎报为普通货物托运。

托运人托运的货物为国际海上危险货物运输规则和国家危险货物品名表上未列明但具有危险特性的货物的，托运人还应当提交有关专业机构出具的表明该货物危险特性以及应当采取的防护措施等情况的文件。货物危险特性的判断标准由国家海事管理机构制定并公布。

（3）船舶载运危险货物进出港口，应当符合下列条件，经海事管理机构许可，并向海事管理机构报告进出港口和停留的时间等事项：

①所载运的危险货物符合海上安全运输要求；

②船舶的装载符合所持有的证书、文书的要求；

③拟靠泊或者进行危险货物装卸作业的港口、码头、泊位具备有关法律、行政法规规定的危险货物作业经营资质。

海事管理机构应当自收到申请之时起二十四小时内做出许可或者不予许可的决定。

定船舶、定航线并且定货种的船舶可以申请办理一定期限内多次进出港口许可，期限不超过三十日。海事管理机构应当自收到申请之日起五个工作日内做出许可或者不予许可的决定。海事管理机构予以许可的，应当通报港口行政管理部门。

（4）船舶、海上设施从事危险货物运输或者装卸、过驳作业，应当编制作业方案，遵守有关强制性标准和安全作业操作规程，采取必要的预防措施，防止发生安全事故。

在港口水域外从事散装液体危险货物过驳作业的，还应当符合下列条件，经海事管理机构许可并核定安全作业区：

①拟进行过驳作业的船舶或者海上设施符合海上交通安全与防治船舶污染海洋环境的要求；

②拟过驳的货物符合安全过驳要求；

③参加过驳作业的人员具备法律、行政法规规定的过驳作业能力；

④拟作业水域及其底质、周边环境适宜开展过驳作业；

⑤过驳作业对海洋资源以及附近的军事目标、重要民用目标不构成威胁；

⑥有符合安全要求的过驳作业方案、安全保障措施和应急预案。

对单航次作业的船舶，海事管理机构应当自收到申请之时起二十四小时内做出许可或者不予许可的决定；对在特定水域多航次作业的船舶，海事管理机构应当自收到申请之日起五个工作日内做出许可或者不予许可的决定。

## （六）海上搜寻救助

（1）海上遇险人员依法享有获得生命救助的权利。生命救助优先于环境和财产救助。海上搜救工作应当坚持政府领导、统一指挥、属地为主、专群结合、就近快速的原则。

（2）国家建立海上搜救协调机制，统筹全国海上搜救应急反应工作，研究解决海上搜救工作中的重大问题，组织协调重大海上搜救应急行动。协调机制由国务院有关部门、单位和有关军事机关组成。

（3）中国海上搜救中心和有关地方人民政府设立的海上搜救中心或者指定的机构（以下统称海上搜救中心）负责海上搜救的组织、协调、指挥工作。

（4）沿海县级以上地方人民政府应当安排必要的海上搜救资金，保障搜救工作的正常开展。

（5）海上搜救中心各成员单位应当在海上搜救中心的统一组织、协调、指挥下，根据各自职责，承担海上搜救应急、抢险救灾、支持保障、善后处理等工作。

（6）国家设立专业海上搜救队伍，加强海上搜救力量建设。专业海上搜救队伍应当配备专业搜救装备，建立定期演练和日常培训制度，提升搜救水平。国家鼓励社会力量建立海上搜救队伍，参与海上搜救行动。

（7）船舶、海上设施、航空器及人员在海上遇险的，应当立即报告海上搜救中心，不得瞒报、谎报海上险情。船舶、海上设施、航空器及人员误发遇险报警信号的，除立即向海上搜救中心报告外，还应当采取必要措施消除影响。其他任何单位、个人发现或者获悉海上险情的，应当立即报告海上搜救中心。

（8）发生碰撞事故的船舶、海上设施，应当互通名称、国籍和登记港，在不严重危及自身安全的情况下尽力救助对方人员，不得擅自离开事故现场水域或者逃逸。

（9）遇险的船舶、海上设施及其所有人、经营人或者管理人应当采取有效措施防止、减少生命财产损失和海洋环境污染。船舶遇险时，乘客应当服从船长指挥，配合采取相关应急措施。乘客有权获知必要的险情信息。

（10）船长决定弃船时，应当组织乘客、船员依次离船，并尽力抢救法定航行资料。船长应当最后离船。

（11）船舶、海上设施、航空器收到求救信号或者发现有人遭遇生命危险的，在不严重危及自身安全的情况下，应当尽力救助遇险人员。

（12）海上搜救中心接到险情报告后，应当立即进行核实，及时组织、协调、指挥政府有关部门、专业搜救队伍、社会有关单位等各方力量参加搜救，并指定现场指挥。参加搜救的船舶、海上设施、航空器及人员应当服从现场指挥，及时报告搜救动态和搜救结果。

搜救行动的中止、恢复、终止决定由海上搜救中心做出。未经海上搜救中心同意，参加搜救的船舶、海上设施、航空器及人员不得擅自退出搜救行动。军队参加海上搜救，依照有关法律、行政法规的规定执行。

（13）遇险船舶、海上设施、航空器或者遇险人员应当服从海上搜救中心和现场指挥的指令，及时接受救助。遇险船舶、海上设施、航空器不配合救助的，现场指挥根据险情危急情况，可以采取相应的救助措施。

（14）海上事故或者险情发生后，有关地方人民政府应当及时组织医疗机构为遇险人员提供紧急医疗救助，为获救人员提供必要的生活保障，并组织有关方面采取善后措施。

（15）在中华人民共和国缔结或者参加的国际条约规定由我国承担搜救义务的海域内开展搜救，依照本章规定执行。

（16）中国籍船舶在中华人民共和国管辖海域以及海上搜救责任区域以外的其他海域发

生险情的,中国海上搜救中心收到信息后,应当依据中华人民共和国缔结或者参加的国际条约的规定开展国际协作。

### （七）海上交通事故调查处理

（1）船舶、海上设施发生海上交通事故,应当及时向海事管理机构报告,并接受调查。

（2）海上交通事故根据造成的损害后果分为特别重大事故、重大事故、较大事故和一般事故。事故等级划分的人身伤亡标准依照有关安全生产的法律、行政法规的规定确定;事故等级划分的直接经济损失标准,由国务院交通运输主管部门会同国务院有关部门根据海上交通事故中的特殊情况确定,报国务院批准后公布施行。

（3）特别重大海上交通事故由国务院或者国务院授权的部门组织事故调查组进行调查,海事管理机构应当参与或者配合开展调查工作。

其他海上交通事故由海事管理机构组织事故调查组进行调查,有关部门予以配合。国务院认为有必要的,可以直接组织或者授权有关部门组织事故调查组进行调查。

海事管理机构进行事故调查,事故涉及执行军事运输任务的,应当会同有关军事机关进行调查;涉及渔业船舶的,渔业渔政主管部门、海警机构应当参与调查。

（4）调查海上交通事故,应当全面、客观、公正、及时,依法查明事故事实和原因,认定事故责任。

（5）海事管理机构可以根据事故调查处理需要拆封、拆解当事船舶的航行数据记录装置或者读取其记录的信息,要求船舶驶向指定地点或者禁止其离港,扣留船舶或者海上设施的证书、文书、物品、资料等并妥善保管。有关人员应当配合事故调查。

（6）海上交通事故调查组应当自事故发生之日起九十日内提交海上交通事故调查报告;特殊情况下,经负责组织事故调查组的部门负责人批准,提交事故调查报告的期限可以适当延长,但延长期限最长不得超过九十日。事故技术鉴定所需时间不计入事故调查期限。

海事管理机构应当自收到海上交通事故调查报告之日起十五个工作日内做出事故责任认定书,作为处理海上交通事故的证据。

事故损失较小、事实清楚、责任明确的,可以依照国务院交通运输主管部门的规定适用简易调查程序。

海上交通事故调查报告、事故责任认定书应当依照有关法律、行政法规的规定向社会公开。

（7）中国籍船舶在中华人民共和国管辖海域外发生海上交通事故的,应当及时向海事管理机构报告事故情况并接受调查。

外国籍船舶在中华人民共和国管辖海域外发生事故,造成中国公民重伤或者死亡的,海事管理机构根据中华人民共和国缔结或者参加的国际条约的规定参与调查。

（8）船舶、海上设施在海上遭遇恶劣天气、海况以及意外事故,造成或者可能造成损害,需要说明并记录时间、海域以及所采取的应对措施等具体情况的,可以向海事管理机构申请办理海事声明签注。海事管理机构应当依照规定提供签注服务。

### （八）监督管理

（1）海事管理机构对在中华人民共和国管辖海域内从事航行、停泊、作业以及其他与海上交通安全相关的活动,依法实施监督检查。海事管理机构依照中华人民共和国法律、行政法规以及中华人民共和国缔结或者参加的国际条约对外国籍船舶实施港口国、沿岸国监督检查。

海事管理机构工作人员执行公务时,应当按照规定着装,佩戴职衔标志,出示执法证件,并自觉接受监督。海事管理机构依法履行监督检查职责,有关单位、个人应当予以配合,不得拒绝、阻碍依法实施的监督检查。

(2)海事管理机构实施监督检查可以采取登船检查、查验证书、现场检查、询问有关人员、电子监控等方式。

载运危险货物的船舶涉嫌存在瞒报、谎报危险货物等情况的,海事管理机构可以采取开箱查验等方式进行检查。海事管理机构应当将开箱查验情况通报有关部门。港口经营人和有关单位、个人应当予以协助。

(3)海事管理机构对船舶、海上设施实施监督检查时,应当避免、减少对其正常作业的影响。除法律、行政法规另有规定或者不立即实施监督检查可能造成严重后果外,不得拦截正在航行中的船舶进行检查。

(4)船舶、海上设施对港口安全具有威胁的,海事管理机构应当责令立即或者限期改正、限制操作,责令驶往指定地点、禁止进港或者将其驱逐出港。

船舶、海上设施处于不适航或者不适拖状态,船员、海上设施上的相关人员未持有有效的法定证书、文书,或者存在其他严重危害海上交通安全、污染海洋环境的隐患的,海事管理机构应当根据情况禁止有关船舶、海上设施进出港,暂扣有关证书、文书或者责令其停航、改航、驶往指定地点或者停止作业。船舶超载的,海事管理机构可以依法对船舶进行强制减载。因强制减载发生的费用由违法船舶所有人、经营人或者管理人承担。船舶、海上设施发生海上交通事故、污染事故,未结清国家规定的税费、滞纳金且未提供担保或者未履行其他法定义务的,海事管理机构应当责令改正,并可以禁止其离港。

(5)外国籍船舶可能威胁中华人民共和国内水、领海安全的,海事管理机构有权责令其离开。外国籍船舶违反中华人民共和国海上交通安全或者防治船舶污染的法律、行政法规的,海事管理机构可以依法行使紧追权。

(6)任何单位、个人有权向海事管理机构举报妨碍海上交通安全的行为。海事管理机构接到举报后,应当及时进行核实、处理。

(7)海事管理机构在监督检查中,发现船舶、海上设施有违反其他法律、行政法规行为的,应当依法及时通报或者移送有关主管部门处理。

### (九)法律责任

(1)船舶、海上设施未持有有效的证书、文书的,由海事管理机构责令改正,对违法船舶或者海上设施的所有人、经营人或者管理人处三万元以上三十万元以下的罚款,对船长和有关责任人员处三千元以上三万元以下的罚款;情节严重的,暂扣船长、责任船员的船员适任证书十八个月至三十个月,直至吊销船员适任证书;对船舶持有的伪造、变造证书、文书,予以没收;对存在严重安全隐患的船舶,可以依法予以没收。

(2)船舶或者海上设施有下列情形之一的,由海事管理机构责令改正,对违法船舶或者海上设施的所有人、经营人或者管理人处二万元以上二十万元以下的罚款,对船长和有关责任人员处二千元以上二万元以下的罚款;情节严重的,吊销违法船舶所有人、经营人或者管理人的有关证书、文书,暂扣船长、责任船员的船员适任证书十二个月至二十四个月,直至吊销船员适任证书:

①船舶、海上设施的实际状况与持有的证书、文书不符；

②船舶未依法悬挂国旗，或者违法悬挂其他国家、地区或者组织的旗帜；

③船舶未按规定标明船名、船舶识别号、船籍港、载重线标志；

④船舶、海上设施的配员不符合最低安全配员要求。

（3）在船舶上工作未持有船员适任证书、船员健康证明或者所持船员适任证书、健康证明不符合要求的，由海事管理机构对船舶的所有人、经营人或者管理人处一万元以上十万元以下的罚款，对责任船员处三千元以上三万元以下的罚款；情节严重的，对船舶的所有人、经营人或者管理人处三万元以上三十万元以下的罚款，暂扣责任船员的船员适任证书六个月至十二个月，直至吊销船员适任证书。

（4）以欺骗、贿赂等不正当手段为中国籍船舶取得相关证书、文书的，由海事管理机构撤销有关许可，没收相关证书、文书，对船舶所有人、经营人或者管理人处四万元以上四十万元以下的罚款。

以欺骗、贿赂等不正当手段取得船员适任证书的，由海事管理机构撤销有关许可，没收船员适任证书，对责任人员处五千元以上五万元以下的罚款。

（5）船员未保持安全值班，违反规定摄入可能影响安全值班的食品、药品或者其他物品，或者有其他违反海上船员值班规则的行为的，由海事管理机构对船长、责任船员处一千元以上一万元以下的罚款，或者暂扣船员适任证书三个月至十二个月；情节严重的，吊销船长、责任船员的船员适任证书。

（6）有下列情形之一的，由海事管理机构责令改正；情节严重的，处三万元以上十万元以下的罚款：

①建设海洋工程、海岸工程未按规定配备相应的防止船舶碰撞的设施、设备并设置专用航标；

②损坏海上交通支持服务系统或者妨碍其工作效能；

③未经海事管理机构同意设置、撤除专用航标，移动专用航标位置或者改变航标灯光、功率等其他状况，或者设置临时航标不符合海事管理机构确定的航标设置点；

④在安全作业区、港外锚地范围内从事养殖、种植、捕捞以及其他影响海上交通安全的作业或者活动。

（7）有下列情形之一的，由海事管理机构责令改正，对有关责任人员处三万元以下的罚款；情节严重的，处三万元以上十万元以下的罚款，并暂扣责任船员的船员适任证书一个月至三个月：

①承担无线电通信任务的船员和岸基无线电台（站）的工作人员未保持海上交通安全通信频道的值守和畅通，或者使用海上交通安全通信频率交流与海上交通安全无关的内容；

②违反国家有关规定使用无线电台识别码，影响海上搜救的身份识别；

③其他违反海上无线电通信规则的行为。

（8）船舶未依照本法规定申请引航的，由海事管理机构对违法船舶的所有人、经营人或者管理人处五万元以上五十万元以下的罚款，对船长处一千元以上一万元以下的罚款；情节严重的，暂扣有关船舶证书三个月至十二个月，暂扣船长的船员适任证书一个月至三个月。

引航机构派遣引航员存在过失，造成船舶损失的，由海事管理机构对引航机构处三万元以上三十万元以下的罚款。

未经引航机构指派擅自提供引航服务的,由海事管理机构对引领船舶的人员处三千元以上三万元以下的罚款。

(9)船舶在海上航行、停泊、作业,有下列情形之一的,由海事管理机构责令改正,对违法船舶的所有人、经营人或者管理人处二万元以上二十万元以下的罚款,对船长、责任船员处二千元以上二万元以下的罚款,暂扣船员适任证书三个月至十二个月;情节严重的,吊销船长、责任船员的船员适任证书:

①船舶进出港口、锚地,或者通过桥区水域、海峡、狭水道、重要渔业水域、通航船舶密集的区域、船舶定线区、交通管制区时,未加强瞭望、保持安全航速并遵守前述区域的特殊航行规则;

②未按照有关规定显示信号、悬挂标志或者保持足够的富余水深;

③不符合安全开航条件冒险开航、违章冒险操作、作业,或者未按照船舶检验证书载明的航区航行、停泊、作业;

④未按照有关规定开启船舶的自动识别、航行数据记录、远程识别和跟踪、通信等与航行安全、保安、防治污染相关的装置,并持续进行显示和记录;

⑤擅自拆封、拆解、初始化、再设置航行数据记录装置或者读取其记录的信息;

⑥船舶穿越航道妨碍航道内船舶的正常航行,抢越他船船首或者超过桥梁通航尺度进入桥区水域;

⑦船舶违反规定进入或者穿越禁航区;

⑧船舶载运或者拖带超长、超高、超宽、半潜的船舶、海上设施或者其他物体航行,未采取特殊的安全保障措施,未在开航前向海事管理机构报告航行计划,未按规定显示信号、悬挂标志,或者拖带移动式平台、浮船坞等大型海上设施未依法交验船舶检验机构出具的拖航检验证书;

⑨船舶在不符合安全条件的码头、泊位、装卸站、锚地、安全作业区停泊,或者停泊危及其他船舶、海上设施的安全;

⑩船舶违反规定超过检验证书核定的载客定额、载重线、载货种类、载运乘客、货物,或者客船载运乘客同时载运危险货物;

⑪客船未向乘客明示安全须知、设置安全标志和警示;

⑫未按照有关法律、行政法规、规章以及强制性标准和技术规范的要求安全装卸、积载、隔离、系固和管理货物;

⑬其他违反海上航行、停泊、作业规则的行为。

(10)国际航行船舶未经许可进出口岸的,由海事管理机构对违法船舶的所有人、经营人或者管理人处三千元以上三万元以下的罚款,对船长、责任船员或者其他责任人员,处二千元以上二万元以下的罚款;情节严重的,吊销船长、责任船员的船员适任证书。

国内航行船舶进出港口、港外装卸站未依法向海事管理机构报告的,由海事管理机构对违法船舶的所有人、经营人或者管理人处三千元以上三万元以下的罚款,对船长、责任船员或者其他责任人员处五百元以上五千元以下的罚款。

(11)船舶、海上设施未经许可从事海上施工作业,或者未按照许可要求、超出核定的安全作业区进行作业的,由海事管理机构责令改正,对违法船舶、海上设施的所有人、经营人或者管理人处三万元以上三十万元以下的罚款,对船长、责任船员处三千元以上三万元以下的罚款,或者暂扣船员适任证书六个月至十二个月；情节严重的，吊销船长、责任船员的船员适任证书。

从事可能影响海上交通安全的水上水下活动，未按规定提前报告海事管理机构的，由海事管理机构对违法船舶、海上设施的所有人、经营人或者管理人处一万元以上三万元以下的罚款，对船长、责任船员处二千元以上二万元以下的罚款。

（12）碍航物的所有人、经营人或者管理人有下列情形之一的，由海事管理机构责令改正，处二万元以上二十万元以下的罚款；逾期未改正的，海事管理机构有权依法实施代履行，代履行的费用由碍航物的所有人、经营人或者管理人承担：

①未按照有关强制性标准和技术规范的要求及时设置警示标志；

②未向海事管理机构报告碍航物的名称、形状、尺寸、位置和深度；

③未在海事管理机构限定的期限内打捞清除碍航物。

（13）外国籍船舶进出中华人民共和国内水、领海违反本法规定的，由海事管理机构对违法船舶的所有人、经营人或者管理人处五万元以上五十万元以下的罚款，对船长处一万元以上三万元以下的罚款。

（14）载运危险货物的船舶有下列情形之一的，海事管理机构应当责令改正，对违法船舶的所有人、经营人或者管理人处五万元以上五十万元以下的罚款，对船长、责任船员或者其他责任人员，处五千元以上五万元以下的罚款；情节严重的，责令停止作业或者航行，暂扣船长、责任船员的船员适任证书六个月至十二个月，直至吊销船员适任证书：

①未经许可进出港口或者从事散装液体危险货物过驳作业；

②未按规定编制相应的应急处置预案，配备相应的消防、应急设备和器材；

③违反有关强制性标准和安全作业操作规程的要求从事危险货物装卸、过驳作业。

（15）托运人托运危险货物，有下列情形之一的，由海事管理机构责令改正，处五万元以上三十万元以下的罚款：

①未将托运的危险货物的正式名称、危险性质以及应当采取的防护措施通知承运人；

②未按照有关法律、行政法规、规章以及强制性标准和技术规范的要求对危险货物妥善包装，设置明显的危险品标志和标签；

③在托运的普通货物中夹带危险货物或者将危险货物谎报为普通货物托运；

④未依法提交有关专业机构出具的表明该货物危险特性以及应当采取的防护措施等情况的文件。

（16）船舶、海上设施遇险或者发生海上交通事故后未履行报告义务，或者存在瞒报、谎报情形的，由海事管理机构对违法船舶、海上设施的所有人、经营人或者管理人处三千元以上三万元以下的罚款，对船长、责任船员处二千元以上二万元以下的罚款，暂扣船员适任证书六个月至二十四个月；情节严重的，对违法船舶、海上设施的所有人、经营人或者管理人处一万元以上十万元以下的罚款，吊销船长、责任船员的船员适任证书。

（17）船舶发生海上交通事故后逃逸的，由海事管理机构对违法船舶的所有人、经营人或者管理人处十万元以上五十万元以下的罚款，对船长、责任船员处五千元以上五万元以下的罚款并吊销船员适任证书，受处罚者终身不得重新申请。

（18）船舶、海上设施不依法履行海上救助义务，不服从海上搜救中心指挥的，由海事管理机构对船舶、海上设施的所有人、经营人或者管理人处三万元以上三十万元以下的罚款，暂扣船长、责任船员的船员适任证书六个月至十二个月，直至吊销船员适任证书。

（19）有关单位、个人拒绝、阻碍海事管理机构监督检查，或者在接受监督检查时弄虚作假的，由海事管理机构处二千元以上二万元以下的罚款，暂扣船长、责任船员的船员适任证书六个月至二十四个月，直至吊销船员适任证书。

（20）交通运输主管部门、海事管理机构及其他有关部门的工作人员违反本法规定，滥用职权、玩忽职守、徇私舞弊的，依法给予处分。

（21）因海上交通事故引发民事纠纷的，当事人可以依法申请仲裁或者向人民法院提起诉讼。

（22）违反本法规定，构成违反治安管理行为的，依法给予治安管理处罚；造成人身、财产损害的，依法承担民事责任；构成犯罪的，依法追究刑事责任。

## 二、中华人民共和国船员条例

为了加强船员管理，提高船员素质，维护船员的合法权益，保障水上交通安全，保护水域环境，制定《中华人民共和国船员条例》。（本条例于 2007 年 4 月 14 日由国务院令第 494 号公布，经过 2013 年 7 月 18 日第一次修订，2013 年 12 月 7 日第二次修订，2014 年 7 月 29 日第三次修订，2017 年 3 月 1 日第四次修订，2019 年 3 月 2 日第五次修订，2020 年 3 月 27 日第六次修订，2023 年 7 月 20 日《国务院关于修改和废止部分行政法规的决定》第七次修订。最新修订版自 2023 年 7 月 20 日起施行。）

### （一）总则

**1. 适用范围**

中华人民共和国境内的船员注册、任职、培训、职业保障以及提供船员服务等活动，适用本条例。

**2. 主管机关**

国务院交通主管部门主管全国船员管理工作。

国家海事管理机构依照本条例负责统一实施船员管理工作。负责管理中央管辖水域的海事管理机构和负责管理其他水域的地方海事管理机构（以下统称海事管理机构），依照各自职责具体负责船员管理工作。

### （二）船员注册和任职资格

（1）本条例所称船员，是指依照本条例的规定取得船员适任证书的人员，包括船长、高级船员、普通船员。

本条例所称船长，是指依照本条例的规定取得船长任职资格，负责管理和指挥船舶的人员。

本条例所称高级船员，是指依照本条例的规定取得相应任职资格的大副、二副、三副、轮机长、大管轮、二管轮、三管轮、通信人员以及其他在船舶上任职的高级技术或者管理人员。

本条例所称普通船员，是指除船长、高级船员外的其他船员。

（2）船员应当依照本条例的规定取得相应的船员适任证书。申请船员适任证书，应当具备下列条件：

①年满 18 周岁（在船实习、见习人员年满 16 周岁）且初次申请不超过 60 周岁；

②符合船员任职岗位健康要求；

③经过船员基本安全培训；

④参加航行和轮机值班的船员还应当经过相应的船员适任培训、特殊培训,具备相应的船员任职资历,并且任职表现和安全记录良好。

⑤国际航行船舶的船员申请适任证书的,还应当通过船员专业外语考试。

(3)申请船员适任证书,可以向任何有相应船员适任证书签发权限的海事管理机构提出书面申请,并附送申请人符合本条例第五条规定条件的证明材料。对符合规定条件并通过国家海事管理机构组织的船员任职考试的,海事管理机构应当发给相应的船员适任证书及船员服务簿。

(4)船员适任证书应当注明船员适任的航区(线)、船舶类别和等级、职务以及有效期限等事项。参加航行和轮机值班的船员适任证书的有效期不超过5年。

船员服务簿应当载明船员的姓名、住所、联系人、联系方式、履职情况以及其他有关事项。

船员服务簿记载的事项发生变更的,船员应当向海事管理机构办理变更手续。

(5)中国籍船舶的船长应当由中国籍船员担任。

## (三)海员证的申领

以海员身份出入国境和在国外船舶上从事工作的中国籍船员,应当向国家海事管理机构指定的海事管理机构申请中华人民共和国海员证。

(1)申请中华人民共和国海员证,应当具备下列条件：

①是中华人民共和国公民；

②持有国际航行船舶船员适任证书或者有确定的船员出境任务；

③无法律、行政法规规定禁止出境的情形。

(2)申请船员适任证书,应当向海事管理机构提出书面申请,并附送申请人符合规定条件的证明材料。对符合规定条件并通过国家海事管理机构组织的船员任职考试的,海事管理机构应当发给相应的船员适任证书。

(3)海事管理机构应当自受理申请之日起7日内做出批准或者不予批准的决定。予以批准的,发给中华人民共和国海员证；不予批准的,应当书面通知申请人并说明理由。

(4)中华人民共和国海员证是中国籍船员在境外执行任务时表明其中华人民共和国公民身份的证件。中华人民共和国海员证遗失、被盗或者损毁的,应当向海事管理机构申请补发。船员在境外的,应当向中华人民共和国驻外使馆、领馆申请补发。中华人民共和国海员证的有效期不超过5年。

(5)持有中华人民共和国海员证的船员,在其他国家、地区享有按照当地法律、有关国际条约以及中华人民共和国与有关国家签订的海运或者航运协定规定的权利和通行便利。

(6)在中国籍船舶上工作的外国籍船员,应当依照法律、行政法规和国家其他有关规定取得就业许可,并持有国务院交通主管部门规定的相应证书和其所属国政府签发的相关身份证件。在中华人民共和国管辖水域航行、停泊、作业的外国籍船舶上任职的外国籍船员,应当持有中华人民共和国缔结或者加入的国际条约规定的相应证书和其所属国政府签发的相关身份证件。

(7)中国籍船舶在境外遇有不可抗力或者其他特殊情况,无法满足船舶最低安全配员要求,需要由本船下一级船员临时担任上一级职务时,应当向海事管理机构提出申请。海事管理机构根据拟担任上一级船员职务船员的任职资历、任职表现和安全记录,出具相应的证明文件。

(8)曾经在军用船舶、渔业船舶上工作的人员,或者持有其他国家、地区船员适任证书的船员,依照本条例的规定申请船员适任证书的,海事管理机构可以免除船员培训和考试的相应内容。具体办法由国务院交通主管部门另行规定。

### (四)船员职责

(1)船员在船工作期间,应当符合下列要求:

①携带本条例规定的有效证件;

②掌握船舶的适航状况和航线的通航保障情况,以及有关航区气象、海况等必要的信息;

③遵守船舶的管理制度和值班规定,按照水上交通安全和防治船舶污染的操作规则操纵、控制和管理船舶,如实填写有关船舶法定文书,不得隐匿、篡改或者销毁有关船舶法定证书、文书;

④参加船舶应急训练、演习,按照船舶应急部署的要求,落实各项应急预防措施;

⑤遵守船舶报告制度,发现或者发生险情、事故、保安事件或者影响航行安全的情况,应当及时报告;

⑥在不严重危及自身安全的情况下,尽力救助遇险人员;

⑦不得利用船舶私载旅客、货物,不得携带违禁物品。

(2)船长在其职权范围内发布的命令,船舶上所有人员必须执行。高级船员应当组织下属船员执行船长命令,督促下属船员履行职责。

(3)船长、高级船员在航次中,不得擅自辞职、离职或者中止职务。

(4)船长在保障水上人身与财产安全、船舶保安、防治船舶污染水域方面,具有独立决定权,并负有最终责任。船长管理和指挥船舶时,应当符合下列要求:

①保证船舶和船员携带符合法定要求的证书、文书以及有关航行资料;

②制订船舶应急计划并保证其有效实施;

③保证船舶和船员在开航时处于适航、适任状态,按照规定保障船舶的最低安全配员,保证船舶的正常值班;

④执行海事管理机构有关水上交通安全和防治船舶污染的指令,船舶发生水上交通事故或者污染事故的,向海事管理机构提交事故报告;

⑤对本船船员进行日常训练和考核,在本船船员的船员服务簿内如实记载船员的履职情况;

⑥船舶进港、出港、靠泊、离泊,通过交通密集区、危险航区等区域,或者遇有恶劣天气和海况,或者发生水上交通事故、船舶污染事故、船舶保安事件以及其他紧急情况时,应当在驾驶台值班,必要时应当直接指挥船舶;

⑦保障船舶上人员和临时上船人员的安全;

⑧船舶发生事故,危及船舶上人员和财产安全时,应当组织船员和船舶上其他人员尽力施救;

⑨弃船时,应当采取一切措施,首先组织旅客安全离船,然后安排船员离船,船长应当最后离船,在离船前,船长应当指挥船员尽力抢救航海日志、机舱日志、油类记录簿、无线电台日志、本航次使用过的航行图和文件,以及贵重物品、邮件和现金。

(5)船长在保障水上人身与财产安全、船舶保安、防治船舶污染水域方面,具有独立决定

权,并负有最终责任。船长为履行职责,可以行使下列权力:

①决定船舶的航次计划,对不具备船舶安全航行条件的,可以拒绝开航或者续航;

②对船员用人单位或者船舶所有人下达的违法指令,或者可能危及有关人员、财产和船舶安全或者可能造成水域环境污染的指令,可以拒绝执行;

③发现引航员的操纵指令可能对船舶航行安全构成威胁或者可能造成水域环境污染时,应当及时纠正、制止,必要时可以要求更换引航员;

④当船舶遇险并严重危及船舶上人员的生命安全时,船长可以决定撤离船舶;

⑤在船舶的沉没、毁灭不可避免的情况下,船长可以决定弃船,但是,除紧急情况外,应当报经船舶所有人同意;

⑥对不称职的船员,可以责令其离岗。

(6)船舶在海上航行时,船长为保障船舶上人员和船舶的安全,可以依照法律的规定对在船舶上进行违法、犯罪活动的人采取禁闭或者其他必要措施。

### (五)船员职业保障

(1)船员用人单位和船员应当按照国家有关规定参加工伤保险、医疗保险、养老保险、失业保险以及其他社会保险,并依法按时足额缴纳各项保险费用。

(2)船员用人单位应当为在驶往或者驶经战区、疫区或者运输有毒、有害物质的船舶上工作的船员,办理专门的人身、健康保险,并提供相应的防护措施。

(3)船舶上船员生活和工作的场所,应当符合国家船舶检验规范中有关船员生活环境、作业安全和防护的要求。

(4)船员用人单位应当为船员提供必要的生活用品、防护用品、医疗用品,建立船员健康档案,并为船员定期进行健康检查,防治职业疾病。船员在船工作期间患病或者受伤的,船员用人单位应当及时给予救治;船员失踪或者死亡的,船员用人单位应当及时做好相应的善后工作。

(5)船员用人单位应当依照有关劳动合同的法律、法规和中华人民共和国缔结或者加入的有关船员劳动与社会保障国际条约的规定,与船员订立劳动合同。

(6)船员工会组织应当加强对船员合法权益的保护,指导、帮助船员与船员用人单位订立劳动合同。

(7)船员用人单位应当根据船员职业的风险性、艰苦性、流动性等因素,向船员支付合理的工资,并按时足额发放给船员。任何单位和个人不得克扣船员的工资。

船员用人单位应当向在劳动合同有效期内的待派船员,支付不低于船员用人单位所在地人民政府公布的最低工资。

(8)船员在船工作时间应当符合国务院交通主管部门规定的标准,不得疲劳值班。

(9)船员除享有国家法定节假日的假期外,还享有在船舶上每工作2个月不少于5日的年休假。船员用人单位应当在船员年休假期间,向其支付不低于该船员在船工作期间平均工资的报酬。

(10)船员在船工作期间,有下列情形之一的,可以要求遣返:

①船员的劳动合同终止或者依法解除的;

②船员不具备履行船上岗位职责能力的;

③船舶灭失的;

④未经船员同意,船舶驶往战区、疫区的;

⑤由于破产、变卖船舶、改变船舶登记或者其他原因,船员用人单位、船舶所有人不能继续履行对船员的法定或者约定义务的。

(11)船员可以从下列地点中选择遣返地点:

①船员接受招用的地点或者上船任职的地点;

②船员的居住地、户籍所在地或者船籍登记国;

③船员与船员用人单位或者船舶所有人约定的地点。

(12)船员的遣返费用由船员用人单位支付。遣返费用包括船员乘坐交通工具的费用、旅途中合理的食宿及医疗费用和30千克行李的运输费用。

(13)船员的遣返权利受到侵害的,船员当时所在地民政部门或者中华人民共和国驻境外领事机构,应当向船员提供援助;必要时,可以直接安排船员遣返。民政部门或者中华人民共和国驻境外领事机构为船员遣返所垫付的费用,船员用人单位应当及时返还。

### (六)船员培训和船员服务

(1)申请在船舶上工作的船员,应当按照国务院交通主管部门的规定,完成相应的船员基本安全培训、船员适任培训。在危险品船、客船等特殊船舶上工作的船员,还应当完成相应的特殊培训。

(2)船员服务机构为船员提供服务,应当诚实守信,不得提供虚假信息,不得损害船员的合法权益。

(3)船员服务机构为船员用人单位提供船舶配员服务,应当督促船员用人单位与船员依法订立劳动合同。船员用人单位未与船员依法订立劳动合同的,船员服务机构应当终止向船员用人单位提供船员服务。

(4)船员服务机构为船员用人单位提供的船员失踪或者死亡的,船员服务机构应当配合船员用人单位做好善后工作。

## 任务二　船舶登记与船舶配员管理

### 一、船舶登记条例

为了加强国家对船舶的监督管理,保障船舶登记有关各方的合法权益,1994年6月2日,中华人民共和国国务院颁布了《中华人民共和国船舶登记条例》,该条例于1995年1月1日起开始实施。2014年7月29日,《国务院关于修改部分行政法规的决定》对本条例进行了修订。修订版自2014年7月29日起实施。

### (一)总则

1. 应登记船舶

下列船舶应当依照本条例规定进行登记:

(1)在中华人民共和国境内有住所或者主要营业所的中国公民的船舶。

(2)依据中华人民共和国法律设立的主要营业所在中华人民共和国境内的企业法人的船

舶。但是,在该法人的注册资本中有外商出资的,中方投资人的出资额不得低于50%。

(3)中华人民共和国政府公务船舶和事业法人的船舶。

(4)中华人民共和国海事管理机构认为应当登记的其他船舶。

(5)军事船舶、渔业船舶和体育运动船艇的登记依照有关法规的规定办理。

2.主管机关

中华人民共和国海事局是船舶登记主管机关。各港的海事管理机构是具体实施船舶登记的机关。

### (二)船舶登记种类

1.船舶所有权登记

(1)因购买、新造、继承、赠与、依法拍卖以及法院判决取得的船舶,应进行船舶所有权登记。

(2)对符合本条例规定的,应当自收到申请之日起7日内向船舶所有人颁发船舶所有权登记证书,授予船舶登记号码,并在船舶登记簿中载明相关事项。

(3)船舶所有权登记证书长期有效,除非船舶所有权转移或船舶灭失。

2.船舶国籍登记

船舶国籍登记程序如下:船舶所有人首先申办船舶所有权登记,取得船舶所有权登记证书后,再向船舶检验部门申办船舶法定检验,取得法定检验证书,最后申办船舶国籍登记,取得船舶国籍证书。

3.其他船舶登记

除船舶所有权登记和船舶国籍登记外,在特定情况下,还需为船舶办理抵押权登记、光船租赁登记、变更登记、注销登记。

### (三)船员配备

中国籍船舶上的船员应当由中国公民担任;确需雇用外国籍船员的,应当报国务院交通主管部门批准。中国籍船舶上应持适任证书的船员,必须持有相应的中华人民共和国船员适任证书。

### (四)船名与船籍港

(1)船名由船籍港船舶登记机关核定。船名不得与登记在先的船舶重名或者同音。

(2)船舶登记港为船籍港,由船舶所有人依据其住所或者主要营业所所在地就近选择,但是不得选择2个或者2个以上的船舶登记港。

### (五)船舶国籍与国籍证书

(1)船舶经依法登记,取得中华人民共和国国籍,方可悬挂中华人民共和国国旗航行;未经登记的,不得悬挂中华人民共和国国旗航行。船舶不得具有双重国籍。凡在外国登记的船舶,未中止或者注销原登记国国籍的,不得取得中华人民共和国国籍。

(2)船舶国籍证书的有效期为5年。临时船舶国籍证书的有效期一般不超过1年。以光船租赁条件从境外租进的船舶,临时船舶国籍证书的期限可以根据租期确定,但是最长不得超过2年。光船租赁合同期限超过2年的,承租人应当在证书有效期内,到船籍港船舶登记机关申请换发临时船舶国籍证书。临时船舶国籍证书和船舶国籍证书具有同等法律效力。

### (六)船舶标志和公司旗

(1)船舶标志包括船首两舷和船尾标明船名;船尾船名下方标明船籍港;船名、船籍港下方标明汉语拼音;船首和船尾两舷标明吃水标尺;船舶中部两舷标明载重线。

(2)同一公司的船舶只准使用一个船舶烟囱标志、公司旗,由船籍港船舶登记机关审核。船舶烟囱标志、公司旗不得与登记在先的船舶烟囱标志、公司旗相同或者相似。

业经登记的船舶烟囱标志、公司旗属登记申请人专用,其他船舶或者公司不得使用。

## 二、中华人民共和国船舶最低安全配员规则

为确保船舶的船员配备,足以保证船舶安全航行、停泊和作业,防治船舶污染环境,依据《中华人民共和国海上交通安全法》、《中华人民共和国内河交通安全管理条例》和中华人民共和国缔结或者参加的有关国际条约,制定本规则。(本规则于2004年6月30日发布,2014年9月做出第一次修正,2018年11月28日做出第二次修正,最新修订自2018年11月28日起施行。)

### (一)总则

(1)适用范围:中华人民共和国国籍的机动船舶的船员配备和管理,适用本规则。

本规则对外国籍船舶做出规定的,从其规定。

军用船舶、渔船、体育运动船艇以及非营业的游艇,不适用本规则。

(2)主管机关:中华人民共和国海事局是船舶安全配员管理的主管机关。各级海事管理机构依照职责负责本辖区内的船舶安全配员的监督管理工作。

(3)本规则所要求的船舶安全配员标准是船舶配备船员的最低要求。

(4)船舶所有人(或者其船舶经营人、船舶管理人,下同)应当按照本规则的要求,为所属船舶配备合格的船员,但是并不免除船舶所有人为保证船舶安全航行和作业增加必要船员的责任。

### (二)最低安全配员原则

(1)确定船舶最低安全配员标准应综合考虑船舶的种类、吨位、技术状况、主推进动力装置功率、航区、航程、航行时间、通航环境和船员值班、休息制度等因素。

(2)船舶在航行期间,应配备不低于按本规则要求所确定的船员构成及数量。高速客船的船员最低安全配备应符合交通部颁布的《高速客船安全管理规则》(交通部令1996年第13号)的要求。

(3)规则附录列明的减免规定是根据各类船舶在一般情况下制定的,海事管理机构在核定具体船舶的最低安全配员数额时,如认为配员减免后无法保证船舶安全时,可不予减免或者不予足额减免。

(4)船舶所有人可以根据需要增配船员,但船上总人数不得超过经中华人民共和国海事局认可的船舶检验机构核定的救生设备定员标准。

### (三)最低安全配员管理

(1)中国籍船舶配备外国籍船员应当符合以下规定:

①在中国籍船舶上工作的外国籍船员,应当依照法律、行政法规和国家其他有关规定取得

就业许可；

②外国籍船员持有合格的船员证书，且所持船员证书的签发国与我国签订了船员证书认可协议；

③雇用外国籍船员的航运公司已承诺承担船员权益维护的责任。

（2）中国籍船舶应当按照本规则的规定，持有海事管理机构颁发的"船舶最低安全配员证书"。

在中华人民共和国内水、领海及管辖海域的外国籍船舶，应当按照中华人民共和国缔结或者参加的有关国际条约的规定，持有其船旗国政府主管机关签发的"船舶最低安全配员证书"或者等效文件。

（3）船舶所有人应当在申请船舶国籍登记时，按照本规则的规定，对其船舶的最低安全配员如何适用本规则附录相应标准予以陈述，并可以包括对减免配员的特殊说明。

海事管理机构应当在依法对船舶国籍登记进行审核时，核定船舶的最低安全配员，并在核发船舶国籍证书时，向当事船舶配发"船舶最低安全配员证书"。

（4）在境外建造或者购买并交接的船舶，船舶所有人应当向所辖的海事管理机构提交船舶买卖合同或者建造合同及交接文件、船舶技术和其他相关资料办理"船舶最低安全配员证书"。

（5）海事管理机构核定船舶最低安全配员时，除查验有关船舶证书、文书外，可以就本规则第六条所述的要素对船舶的实际状况进行现场核查。

（6）船舶在航行、停泊、作业时，必须将"船舶最低安全配员证书"妥善存放在船备查。

船舶不得使用涂改、伪造以及采用非法途径或者舞弊手段取得的"船舶最低安全配员证书"。

（7）船舶所有人应当按照本规则的规定和"船舶最低安全配员证书"载明的船员配备要求，为船舶配备合格的船员。

（8）船舶所有人应当在"船舶最低安全配员证书"有效期截止前1年以内，或者在船舶国籍证书重新核发或者相关内容发生变化时，凭原证书向船籍港的海事管理机构办理换发证书手续。

（9）证书污损不能辨认的，视为无效，船舶所有人应当向所辖的海事管理机构申请换发。证书遗失的，船舶所有人应当书面说明理由，附具有关证明文件，向船籍港的海事管理机构办理补发证书手续。

换发或者补发的"船舶最低安全配员证书"的有效期，不超过原发的"船舶最低安全配员证书"的有效期。

（10）船舶状况发生变化需改变证书所载内容时，船舶所有人应当向船籍港的海事管理机构重新办理"船舶最低安全配员证书"。

（11）在特殊情况下，船舶需要在船籍港以外换发或者补发"船舶最低安全配员证书"，经船籍港海事管理机构同意，船舶当时所在港口的海事管理机构可以按照本规定予以办理并通报船籍港海事管理机构。

### （四）监督检查

中国籍、外国籍船舶在办理进、出港口或者口岸手续时，应当交验"船舶最低安全配员证书"，均应配备足够的掌握相应安全知识并具有熟练操作能力能够保持对船舶及设备进行安全操纵的船员。

无论何时,500 总吨及以上(或者 750 千瓦及以上)海船、600 总吨及以上(或者 441 千瓦及以上)内河船舶的船长和大副,轮机长和大管轮不得同时离船。

船舶未持有"船舶最低安全配员证书"或者实际配员低于"船舶最低安全配员证书"要求的,对中国籍船舶,海事管理机构应当禁止其离港直至船舶满足本规则要求;对外国籍船舶,海事管理机构应当禁止其离港,直至船舶按照"船舶最低安全配员证书"的要求配齐人员,或者向海事管理机构提交由其船旗国主管当局对其实际配员做出的书面认可。

对违反本规则的船舶和人员,依法应当给予行政处罚的,由海事管理机构依据有关法律、行政法规和规章的规定给予相应的处罚。

"船舶最低安全配员证书"由中华人民共和国海事局统一印制,其编号应与船舶国籍证书的编号一致,有效期的截止日期与船舶国籍证书有效期的截止日期相同。

# 任务三　中华人民共和国海船船员值班规则

为了规范海船船员值班,保障海上人命与财产安全,保护海洋环境,加强船舶保安管理,根据《中华人民共和国海上交通安全法》、《中华人民共和国海洋环境保护法》和《中华人民共和国船员条例》,以及我国缔结或加入的有关国际公约要求,制定本规则。(本规则于 2012 年 12 月 17 日由交通运输部发布,根据 2020 年 7 月 6 日交通运输部《关于修改〈中华人民共和国海船船员值班规则〉的决定》修订。修订版自 2020 年 7 月 6 日起施行。)

## 一、总则

(1)适用范围:

100 总吨及以上中国籍海船的船员值班适用本规则,军用船舶、渔业船舶、游艇、构造简单的木质船除外。

(2)主管机关:

交通运输部海事局是实施本规则的主管机关。各级海事管理机构按照职责具体负责海船船员值班的监督管理工作。

(3)熟悉与遵守:

航运公司应当根据本规则以及有关国际公约的要求编制《驾驶台规则》《机舱值班规则》等船舶值班规则,张贴在船舶各部门的易见之处,要求全体船员遵守执行,以保证船舶航行安全。

(4)航运公司应当确保指派到船上任职的值班船员熟悉船上相关设备、船舶特性、本人职责和值班要求,能有效履行安全、防污染和保安等职责。

(5)船长及全体船员在值班时,应当遵守法律、行政法规、相关国际公约以及当地有关防治船舶造成海洋污染的要求,采取一切可能采取的预防措施,防止因操作不当或者发生事故等原因造成船舶对海洋环境的污染。

## 二、航次计划及值班一般要求

### 1. 航次计划

船长应当根据航次任务,组织驾驶员研究有关资料,制订航次计划,及时通知各部门做好开航准备工作,保证船舶和船员处于适航、适任状态。

(1)制订航次计划应当满足以下要求:

①与大副、轮机长协商后,预先确定并落实本航次所需各种燃润料、物料、淡水以及备品的数量;

②保证各种船舶证书和船员证件齐全、有效;

③保证本航次涉及的航海图书资料和其他航海出版物准确、完整、及时更新;

④保证运输单证及港口文件齐全。

(2)航次计划包括以下内容:

①航线的总里程和预计航行的总时间;

②计划航线上的气象情况和海况;

③各转向点的经纬度;

④各段航线的航程和预计到达各转向点的时间;

⑤复杂航段的航法以及航线附近的危险物的避险手段;

⑥特殊航区的注意事项。

(3)开航前,船长应当恰当地使用航海图书资料和其他航海出版物,计划好从出发港到下一停靠港的预定航线,清楚标绘在海图上,并对预定航线进行核实。驾驶员在航行期间应当认真核实预定航线上每一个拟采取的航向。

(4)船舶航行中,计划航线的下一停靠港发生改变或者船舶需要大幅度偏离计划航线的,船长应当及早计划好修正航线,并在海图上重新标绘。

### 2. 值班一般要求

(1)航运公司和船长应当为船舶配备足够的适任船员,以保持安全值班。

(2)船长应当安排合格的船员值班,明确值班船员职责。值班的安排应当符合保证船舶、货物安全及保护海洋环境的要求,并保证值班船员得到充分休息,防止疲劳值班。

(3)在船长统一指挥下,值班的驾驶员对船舶安全负责。

(4)轮机长应当经船长同意,合理安排轮机值班,保证机舱运行安全。

(5)船长应当根据保安等级的要求,安排并保持适当和有效的保安值班。

(6)值班应当遵守下列驾驶台和机舱资源管理要求:

①根据情况合理地安排值班船员;

②考虑值班船员资格和适任的局限性;

③值班船员应当熟悉其岗位职责和部门职责;

④值班船员对值班时所接收到的与航行有关的信息应当能够正确领会、正确处置,并与其他部门适当共享;

⑤值班船员应当保持各部门之间的适当沟通;

⑥对为保证安全所采取的行动,值班船员如果产生任何怀疑,应当立即告知船长、轮机长、负责值班的高级船员。

（7）值班的高级船员认为接班的高级船员明显不能有效履行值班职责时,不得交班,并立即向船长或者轮机长报告。

（8）值班的高级船员在交班前正在进行重要操作的,应当在确认操作完成后再交班,船长或者轮机长另有指令的除外。

（9）接班的高级船员应当在确认本班人员完全能有效地履行各自职责后,方可接班。

（10）不得安排船员在值班期间承担影响值班的工作。

（11）值班船员应当将值班期间发生的重要事件按照要求做好记录。

## 三、驾驶值班

1. 值班安排

确定驾驶台值班人员组成时,应当考虑下列因素,保证安全航行需要:

（1）保证驾驶台24小时值守;

（2）天气及能见度情况、白天及夜间的驾驶要求差异;

（3）临近航行危险时需要值班驾驶员额外执行的航行职责;

（4）电子海图显示与信息系统（ECDIS）、雷达或者电子定位仪等助航仪器及任何其他影响船舶安全航行的设备的使用和工作状态;

（5）船上是否装有自动操舵装置;

（6）是否需要履行无线电职责;

（7）驾驶台上的无人机舱控制装置、警报和指示器及其使用程序和局限性;

（8）特殊的操作环境对航行值班的特别要求。

2. 瞭望

（1）船长应当合理安排航行值班船员,以保持连续正规的瞭望,综合考虑当时情况。

（2）值班驾驶员应当始终保持正规瞭望,并应当符合下列要求:

①利用视觉、听觉等一切可用的方法和手段对当时环境和情况保持连续观察、观测;

②充分估计到碰撞、搁浅和其他可能危害航行安全的局面和危险;

③及时发现遇难的船舶和飞机、船舶遇难人员,及时发现沉船残骸等危害航行安全的物体。

（3）在驾驶台和海图室分设的船上,值班驾驶员为了履行其必要的职责,在确保航行安全的情况下,可以短时间进入海图室。

（4）瞭望人员和舵工的职责应当分开,舵工在操舵时不应当同时担当瞭望人员职责。

在操舵位置四周的视野未被遮挡且没有夜视障碍,不妨碍保持正规瞭望的情况下,舵工可同时担当瞭望人员职责。

（5）在满足下列所有要求的情况下,值班驾驶员可以是唯一的瞭望人员:

①白天;

②能在需要时立即召唤其他合适人员到驾驶台协助;

③下列因素条件能够确保安全:天气及能见度情况;通航密度;邻近的航行危险物;

在分道通航制或者其附近水域内航行时所必须注意的情况;其他影响航行安全的因素。

（6）夜间航行时应当至少有一名值班水手协助驾驶员瞭望。

3. 值班交接

（1）接班驾驶员在接班前，应当对本船的推算船位或者实际船位进行核实，确认计划航线、航向和航速以及无人机舱控制装置的工作状况，并应当考虑值班期间可能遇到的任何航行危险。

（2）接班驾驶员在视力未完全调节到适应环境条件以前，不应当接班。

（3）交、接班驾驶员应当清楚地交接下列情况：船长对船舶航行有关的常规命令和其他特别指示；船位、航向、航速和吃水；当时的和预报的潮汐、海流、气象、能见度等因素及其对航向和航速的影响；在驾驶台控制主机时的主机操作程序和方法；航行环境。

4. 值班职责

（1）负责航行的值班驾驶员负责船舶的安全航行，并按照经过修正的《1972 年国际海上避碰规则》和其他安全航行规定进行操纵和避让。

（2）值班驾驶员应当做到：在驾驶台保持值班，不得离开驾驶台；船长在驾驶台时，值班驾驶员仍然应当对船舶安全航行负责，除非被明确告知船长已承担责任；给予全体值班人员一切适当的指示和信息，以保持安全值班。值班驾驶员应当使用安全航速。

（3）值班驾驶员必须充分掌握在任何吃水情况下本船的冲程等操纵特性，并应当考虑船舶可能具有的其他不同操纵特性。

（4）值班驾驶员应当充分了解本船所有安全和航行设备的放置地点和操作方法，熟练掌握电子助航仪器的使用方法，了解这些设备性能及操作上的局限性。

（5）值班驾驶员在值班期间，应当有效使用船上的助航仪器，以恰当的时间间隔对所驶的航向、船位和航速进行核对，确保本船沿着计划航线行驶，并注意在适当的时候使用测深仪。

（6）值班驾驶员应当经常和精确地测定驶近船舶的罗经方位和距离，及早判断有无碰撞危险。必要时使用甚高频无线电话，与他船协调避让措施。

（7）在下列情况下，值班驾驶员应当对航行设备进行操作性测试：到港前和出港前；可预见的影响航行安全的危险情况发生之前。海上航行期间值班驾驶员应当尽可能地对航行设备进行操作性测试并做好记录。

（8）值班驾驶员应当定期检查下列内容：

①确保手动操舵或者自动舵使船舶保持在正确的航向上。

②每班应当至少测定一次标准罗经的误差，如可能，在大幅度改变航向后也应当测定；应当经常进行标准罗经和陀螺罗经核对；复示仪与主罗经应当同步；如发现误差变化较大，应当及时报告船长。

③每班至少测试一次自动舵的手动操作。

④确保航行灯和信号灯及其他航行设备正常工作。

⑤确保无线电设备正常工作并且按照要求值守。

⑥确保在驾驶台的无人机舱控制装置、警报和指示器工作正常。

（9）在使用自动舵时，值班驾驶员应当考虑：

①为了应对随时可能出现的潜在危险局面，及时使舵工就位并改为手动操舵的可能性；

②在无人协助的情况下因采取紧急措施而中断瞭望的危险性。

手动操舵和自动操舵的转换应当由值班驾驶员决定。

（10）值班驾驶员应当能熟练地使用雷达。

(11)发生下列情况时,值班驾驶员应当立即报告船长,船长接到报告后应当尽快上驾驶台,必要时由船长直接指挥:遇到或者预料到能见度不良;对通航条件或者他船的动态产生疑虑;对保持航向感到困难;在预计的时间未能看到陆地、航行标志或测量不到水深;意外地看到陆地、航行标志或者水深突然发生变化;主机、推进装置遥控系统、舵机等主要的航行设备、警报或者指示仪发生故障;无线电设备发生故障;恶劣天气怀疑可能有气象危害;发现遇险人员或船舶以及他船求救;遇到其他紧急情况或者感到疑虑的情况。

当情况紧急时,为了船舶的安全,值班驾驶员除立即报告船长外,还应当果断采取行动。

(12)特殊环境下的驾驶值班:

①遇到或者预料能见度不良时,值班驾驶员应当做到:鸣放雾号;以安全航速行驶;使主机处于立即可操纵的准备状态;通知船长;安排正规的瞭望;显示航行灯;操作和使用雷达。

②在夜航期间航行值班时,船长和值班驾驶员安排瞭望应当特别考虑驾驶台设备和助航仪器及其局限性、当时航区的环境和情况以及所实施的程序和安全措施。船长应当将航行指示和注意事项或者其他重要安排明确记入"船长夜航命令簿",值班驾驶员应当遵照执行。

③在沿岸和通航密集水域航行时,应当使用船上适合于该水域并依照最新资料改正过的最大比例尺的海图。在确认没有碰撞危险的情况下,应当勤测船位,环境许可时还应当使用多种方法定位。

④使用电子海图显示与信息系统(ECDIS)的,应选择适当显示比例的电子海图,并以适当的时间间隔通过其他的定位方法对船位进行核查。值班驾驶员应当确切地辨认沿岸陆标及所有有关的航行标志。

⑤船舶由引航员引航时并不解除船长管理和驾驶船舶的责任。船长和引航员应当交换有关航行方法、当地情况和船舶性能等的信息。船长、值班驾驶员应当与引航员紧密合作,保持对船位和船舶动态进行核对。船长对引航员的错误操作应当及时指出,必要时进行纠正。

⑥船长在非危险航段暂离驾驶台时应当告知引航员,并指定驾驶员负责。值班驾驶员对引航员的行动或意图有所怀疑时,应当要求引航员予以澄清,如仍有怀疑,应当立即报告船长,并可在船长到达之前采取必要的行动。

⑦船舶在锚泊时,值班驾驶员应当:锚抛下时应当立即测定船位,并在海图上标出锚位和回旋范围,应当经常利用固定航标或者岸上容易辨认的物标,校核船舶是否保持在锚位上;保持正规的瞭望,以适当的时间间隔巡视全船,注意吃水、龙骨下富余水深以及船舶的状态;注意观测气象、潮汐和海况变化,注意防止本船或者他船走锚,在急流区锚泊或者遇大风浪天气,还应当勤测锚位,定时巡视甲板,督促值班水手按时升降旗及锚球,开关锚灯、甲板照明,按照规定显示或者悬挂相应的号灯号型,鸣放相应的声号;能见度不良时,加强瞭望,鸣放雾号,打开锚灯和各层甲板的照明灯,并通知船长;锚泊中进行装卸作业,应当注意旁靠船、驳的系缆、碰垫和绳梯以及其他各种安全措施;甚高频无线电话在规定的频道上保持守听;严格遵守防污染规定,防止船舶对水域环境造成污染。船长认为必要时,船舶在锚泊情况下可保持连续的航行值班。

## 四、港内值班

1. 港内值班应当遵守的一般要求

(1)船舶在港内停泊时,船长应当安排适当而有效的值班。对于具有特种形式的推进系统或者辅助设备,以及装载有危害、危险、有毒、易燃物品或者其他特殊货物的船舶,还应当按照有关规定的特殊要求值班。

(2)船长应当根据停泊情况、船舶类型和值班特点,配备足够具有熟练操作能力的值班船员,并安排好必要的设备。

(3)船舶在港内停泊期间的值班安排应当满足下列要求:确保人命、船舶、货物、港口和环境的安全;确保与货物作业相关机械的安全操作;遵守有关国际公约、国家法规和当地规定;保持船舶工作正常。

(4)停泊时,甲板值班人员应当至少包括一名值班驾驶员和一名值班水手。

(5)轮机长应当与船长协商确定轮机值班安排,确保轮机部安全值班。

2. 驾驶值班

在港内值班时,值班驾驶员应当做到下列内容:掌握全船人员动态,经常巡查船的四周;督促值班水手按时升降国旗、开关灯,显示或者悬挂有关号灯号型;经常检查舷梯、锚链、跳板及安全网,及时调整系泊缆绳;注意吃水、龙骨下的富余水深和船舶的总体状态;按照积载计划的要求,监督装卸操作安全和质量,掌握装卸进度,解决装卸中发生的问题,制止违章作业,注意天气变化及海况,及时开关舱;装卸一级危险品、重大件、贵重货时到现场监督指导;注意及时收听天气预报,采取必要的措施以保护人员、船舶和货物的安全;按照船长、大副的指示,通知机舱注入、排出或者调整压舱水;注意检查污水井、压载舱及淡水舱的测量记录;监收加装淡水和物料;发生危及船舶安全的紧急情况时,鸣放警报;必要时,请求附近船舶或者岸上给予援助;掌握船舶稳性情况,能够在失火时向消防部门提供有关数据;在船上进行明火作业及修理工作时,采取必要的预防措施;不得在系泊区域内排放污油水、垃圾及杂物,并采取措施,防止本船对周围环境造成其他形式的污染;注意过往船舶和系靠本船或者前后泊位船舶;发生事故时,应当立即记下该船船名、国籍、船籍港及事故经过,并向船长报告;对遇险船舶和人员提供援助;主机试车应当在确认推进器附近无障碍物,不致碍及他船,不损坏舷梯、跳板、缆绳、装卸属具及港口设施等情况后方可进行,并采取必要的预防措施。

3. 港内驾驶值班的交接班

(1)交接班的驾驶员应当在交接前巡视检查全船和周围,认真做好交接工作。

(2)交班驾驶员应当告知接班驾驶员下列事项:航海日志和停泊值班记录簿所记载的有关内容、航运公司指示和船长命令,有关人员来船联系及对外联系事项;气象、潮汐、泊位水深、船舶吃水、系缆情况、锚位和所出锚链的情况、转流时船舶回转,主机状态和其应急使用的可能性,以及与船舶安全停泊有关的其他情况;船上拟进行的所有工作,包括积载计划、大副的要求、装卸进度、开工舱口及工班数、货物的分隔衬垫、装卸质量、装卸属具情况、危险品和重大件及应采取的预防及应急措施、贵重货、水手值班情况及与港方联系事项等;舱底水、压舱水、淡水的水位情况及加装燃油、淡水情况;消防设备的情况;港口及本船悬挂的信号、显示的号灯号型和鸣放的声号,港口特殊规定,发生紧急情况或需要援助时船方与港方的联系方式;要求在船船员的人数和全船人员的动态情况;检修工作的项目、质量、进度和采取的安全措施;旁靠船、驳情况,周围锚泊船的动态;港口的特殊要求;有关船员、船舶、货物的安全和防治水域污染的其他重要情况,以及由于船舶行为造成环境污染时向相关机关报告的程序。

(3)接班驾驶员在负责甲板值班之前应当核实下列内容:

①系泊缆绳或者锚链是否恰当;

②正在装卸的有害或者危险货物的性质,以及发生溢漏或者失火后应当采取的相应措施;

③本船悬挂的信号、显示的号灯号型以及鸣放的声号是否正确;

④各项安全措施和防火规定是否有效遵守;

⑤是否存在危及本船的情况,以及本船是否危及其他船舶。

(4)交接班人员对交接事项产生疑问时,应当及时向大副或者船长报告。

4.货物作业值班

(1)航运公司应当制定保证货物作业安全的规定。

(2)负责计划和实施货物作业的高级船员应当通过对特定风险的控制,确保作业的安全实施。

(3)船舶载运危险货物、污染危害性货物时,船长应当做出保持货物安全的值班安排。

①载运散装危险货物的船舶,安全值班应当由甲板部和轮机部各至少1名高级船员和普通船员组成。

②载运非散装危险货物的船舶,船长在做出值班安排时应当考虑危险品的性质、数量、包装和积载,以及船上、水上和岸上的所有特殊情况。

## 五、驾驶、轮机联系制度

1.开航前

(1)船长应当提前24小时将预计开航时间通知轮机长,如停港不足24小时,应当在抵港后立即将预计离港时间通知轮机长;轮机长应当向船长报告主要机电设备情况、燃油、润滑油和炉水存量;如开航时间变更,应当及时更正。

(2)开航前1小时,值班驾驶员应当会同值班轮机员核对船钟、车钟、试舵等,并分别将情况记入航海日志、轮机日志及车钟记录簿内。

(3)主机试车前,值班轮机员应当征得值班驾驶员同意。待主机备妥后,机舱应当通知驾驶台。

2.航行中

(1)每班交班前,值班轮机员应当将主机平均转数和海水温度等参数告知值班驾驶员,值班驾驶员应当回告本班平均航速和风向风力,双方分别记入航海日志和轮机日志;每天中午,驾驶台和机舱校对时钟并互换正午报告。

(2)船舶进出港口,通过狭水道、浅滩、危险水域或抛锚等情况下需备车航行时,驾驶台应当提前通知机舱准备。如遇雾或暴雨等突发情况,值班轮机员接到通知后应当尽快备妥主机。判断将有恶劣天气来临时,船长应当及时通知轮机长做好各种准备。

(3)因等引航员、候潮、等泊等需短时间抛锚时,值班驾驶员应当将情况及时通知值班轮机员。

(4)因机械故障不能执行航行命令时,轮机长应当组织抢修,通知驾驶台报告船长,并将故障发生和排除时间及情况记入航海日志和轮机日志。

停车应当先征得船长同意。但情况危急,不立即停车会威胁人身安全或者主机安全时,轮机长可以立即停车并及时通知驾驶台。

(5)因调换发电机、并车等需要暂时停电时,值班轮机员应当事先通知驾驶台。

(6)在应变情况下,值班轮机员应当立即执行驾驶台发出的信号,及时提供所要求的水、气、汽、电等。

（7）值班驾驶员和值班轮机员应当执行船长和轮机长共同商定的主机各种车速,另有指示的除外。

（8）船舶在到港前,应当对主机进行停、倒车试验,当无人值守的机舱因情况需要改为有人值守时,驾驶台应当及时通知轮机员。

（9）抵港前,轮机长应当将本船存油情况告知船长。

3. 停泊中

（1）抵港后,船长应当告知轮机长本船的预计动态,以便安排工作,动态如有变化应当及时更正;机舱若需检修影响动车的设备,轮机长应当事先将工作内容和所需时间报告船长,取得同意后方可进行。

（2）值班驾驶员应当将装卸货情况随时通知值班轮机员,以保证安全供电。在装卸重大件、特种危险品或者使用重吊之前,大副应当通知轮机长派人检查起货机,必要时应当派人值守。

（3）因装卸作业造成船舶过度倾斜,影响机舱正常工作的,轮机长应当通知大副或者值班驾驶员采取有效措施予以纠正。

（4）驾驶和轮机部门应当对船舶压载的调整,以及可能涉及海洋污染的各种操作,建立起有效的联系制度,包括书面通知和相应的记录。

（5）添装燃油前,轮机长应当将本船的存油情况和计划添装的油舱以及各舱添装数量告知大副,以便计算稳性、水尺和调整吃水差。

## 六、值班保障

（1）航运公司及船长应当采取有效措施防止船员疲劳操作。除紧急或者超常工作情况外,负责值班的船员以及被指定承担安全、防污染和保安职责的船员的休息时间应当满足以下要求:

①任何 24 小时内不少于 10 小时。

②任何 7 天内不少于 77 小时。

③任何 24 小时内的休息时间可以分为不超过 2 个时间段,其中一个时间段至少要有 6 小时,连续休息时间段之间的间隔不应当超过 14 小时。

④船长按照第②、③项中的规定安排休息时间时可以有例外,但是任何 7 天内的休息时间不得少于 70 小时。

⑤对第②项规定的每周休息时间的例外,不应当超过连续 2 周。在船上连续 2 次例外时间的间隔不应当少于该例外持续时间的 2 倍。

⑥对第③项规定的例外,可以分成不超过 3 个时间段,其中一个时间段至少要有 6 小时,另外两个时间段不应当少于 1 小时。连续休息时间间隔不得超过 14 小时。例外在任何 7 天时间内不得超过 2 个 24 小时时间段。

（2）紧急集合演习、消防和救生演习,以及国内法律、法规和国际公约规定的其他演习,应当以对休息时间的干扰最小且不导致船员疲劳的形式进行。船员处于待命情况下,因被派去工作而中断了正常休息时间的,应当给予补休。

（3）因船舶、船上人员或者货物出现紧急安全需要,或者为了帮助海上遇险的其他船舶或者人员,船长可以暂停执行休息时间制度,直至情况恢复正常。情况恢复正常后,船长应当根据实际情况尽快安排船员获得充足的补休时间。

（4）船舶应当将船上工作安排表张贴在易见之处。

①船舶应当对船员每天休息时间进行记录,并制作由船长或者船长授权的人员和船员本人签注的休息时间记录表发放给船员本人。

②船上工作安排表和休息时间记录表应当参照《国际劳工组织（ILO）和国际海事组织（IMO）编制船员船上工作安排表和船员工作时间或休息时间记录格式指南》,并使用船上工作语言和英语制定。

③船长在安排船员值班时,应当充分考虑女性船员的生理特点和国家的有关规定。

（5）船员不得酗酒。值班人员在值班前 4 小时内禁止饮酒,且值班期间血液酒精浓度（BAC）不高于 0.05% 或呼吸中酒精浓度不高于 0.25 毫克/升。

（6）船员不得服用可能导致不能安全值班的药物。

（7）航运公司应当制定相应的措施防止船员酗酒和滥用药物。船员履行值班职责或者有关安全、防污染和保安值班职责的能力受到药物或酒精的影响时,不得安排其值班。

# 任务四　船舶安全监督管理

## 一、中华人民共和国船舶安全监督规则

为了保障水上人命、财产安全,防止船舶造成水域污染,规范船舶安全监督工作,根据《中华人民共和国海上交通安全法》《中华人民共和国海洋环境保护法》《中华人民共和国港口法》《中华人民共和国内河交通安全管理条例》《中华人民共和国船员条例》等法律法规和我国缔结或者加入的有关国际公约的规定,制定本规则。（本规则于 2017 年 5 月 17 日经第 8 次部务会议通过,根据 2020 年 3 月 16 日《交通运输部关于修改〈中华人民共和国船舶安全监督规则〉的决定》第一次修正,根据 2022 年 9 月 26 日《交通运输部关于修改〈中华人民共和国船舶安全监督规则〉的决定》第二次修正。最新修正版自 2022 年 9 月 26 日起施行。）

### （一）总则

（1）适用范围:

本规则适用于对中国籍船舶和水上设施以及航行、停泊、作业于我国管辖水域的外国籍船舶实施的安全监督工作。本规则不适用于军事船舶、渔业船舶和体育运动船艇。

（2）主管机关:

交通运输部主管全国船舶安全监督工作。国家海事管理机构统一负责全国船舶安全监督工作。各级海事管理机构按照职责和授权开展船舶安全监督工作。

（3）船舶安全监督:

本规则所称船舶安全监督,是指海事管理机构依法对船舶及其从事的相关活动是否符合法律、法规、规章以及有关国际公约和港口国监督区域性合作组织的规定而实施的安全监督管理活动。船舶安全监督分为船舶现场监督和船舶安全检查。

①船舶现场监督,是指海事管理机构对船舶实施的日常安全监督抽查活动。

②船舶安全检查,是指海事管理机构按照一定的时间间隔对船舶的安全和防污染技术状况、船员配备及适任状况、海事劳工条件实施的安全监督检查活动,包括船旗国监督检查(FSC)和港口国监督检查(PSC)。

(4)从事船舶安全检查的海事行政执法人员应当取得相应等级的资格证书,并不断更新知识。

(5)海事管理机构应当建立对船舶安全状况的社会监督机制,公布举报、投诉渠道,完善举报和投诉处理机制。海事管理机构应当为举报人、投诉人保守秘密。

(6)船舶安全监督管理遵循依法、公正、诚信、便民的原则。

### (二)船舶进出港报告

(1)中国籍船舶在我国管辖水域内航行应当按照规定实施船舶进出港报告。

(2)船舶应当在预计离港或者抵港4小时前向将要离泊或者抵达港口的海事管理机构报告进出港信息。航程不足4小时的,在驶离上一港口时报告。

(3)船舶在固定航线航行且单次航程不超过2小时的,可以每天至少报告一次进出港信息。船舶应当对报告的完整性和真实性负责。

(4)船舶报告的进出港信息应当包括航次动态、在船人员信息、客货载运信息、拟抵离时间和地点等。

(5)船舶可以通过互联网、传真、短信等方式报告船舶进出港信息,并在船舶航海或者航行日志内做相应的记载。

(6)海事管理机构与水路运输管理部门应当建立信息平台,共享船舶进出港信息。

### (三)船舶综合质量管理

(1)海事管理机构应当建立统一的船舶综合质量管理信息平台,收集、处理船舶相关信息,建立船舶综合质量档案。

(2)船舶综合质量管理信息平台应当包括下列信息:

①船舶基本信息;

②船舶安全与防污染管理相关规定落实情况;

③水上交通事故情况和污染事故情况;

④水上交通安全违法行为被海事管理机构行政处罚情况;

⑤船舶接受安全监督的情况;

⑥航运公司和船舶的安全诚信情况;

⑦船舶进出港报告或者办理进出港手续情况;

⑧按照相关规定缴纳相关税费情况;

⑨船舶检验技术状况。

(3)海事管理机构应当按照以上(2)中所述信息开展船舶综合质量评定,综合质量评定结果应当向社会公开。

### (四)船舶安全监督

1.安全监督目标船舶的选择

(1)海事管理机构对船舶实施安全监督,应当减少对船舶正常生产作业造成的不必要影响。

（2）国家海事管理机构应当制定安全监督目标船舶选择标准。

海事管理机构应当结合辖区实际情况，按照全面覆盖、重点突出、公开便利的原则，依据我国加入的港口国监督区域性合作组织和国家海事管理机构规定的目标船舶选择标准，综合考虑船舶类型、船龄、以往接受船舶安全监督的缺陷、航运公司安全管理情况等，按照规定的时间间隔，选择船舶实施船舶安全监督。

（3）国家重要节假日、重大活动期间，或者针对特定水域、特定安全事项、特定船舶需要进行检查的，海事管理机构可以综合运用船舶安全检查和船舶现场监督等形式，开展专项检查。

（4）按照目标船舶选择标准未列入选船目标的船舶，海事管理机构原则上不登船实施船舶安全监督，但按照上述（3）规定开展专项检查的除外。

2. 船舶安全监督

（1）船舶现场监督的内容包括：

①中国籍船舶自查情况；

②法定证书文书配备及记录情况；

③船员配备情况；

④客货载运及货物系固绑扎情况；

⑤船舶防污染措施落实情况；

⑥船舶航行、停泊、作业情况；

⑦船舶进出港报告或者办理进出港手续情况；

⑧按照相关规定缴纳相关税费情况。

（2）船舶安全检查的内容包括：

①船舶配员情况；

②船舶、船员配备和持有有关法定证书文书及相关资料情况；

③船舶结构、设施和设备情况；

④客货载运及货物系固绑扎情况；

⑤船舶保安相关情况；

⑥船员履行其岗位职责的情况，包括对其岗位职责相关的设施、设备的维护保养和实际操作能力等；

⑦海事劳工条件；

⑧船舶安全管理体系运行情况；

⑨法律、法规、规章以及我国缔结、加入的有关国际公约要求的其他检查内容。

（3）海事管理机构应当按照船舶安全监督的内容，制定相应的工作程序，规范船舶安全监督活动。

（4）海事管理机构完成船舶安全监督后应当签发相应的"船舶现场监督报告""船旗国监督检查报告""港口国监督检查报告"，由船长或者履行船长职责的船员签名。

"船舶现场监督报告""船旗国监督检查报告""港口国监督检查报告"一式两份，一份由海事管理机构存档，一份留船备查。

（5）船舶现场监督中发现船舶存在危及航行安全、船员健康、水域环境的缺陷或者水上交通安全违法行为的，应当按照规定进行处置。

（6）发现存在需要进一步进行安全检查的船舶安全缺陷的,应当启动船舶安全检查程序。

3. 船舶安全缺陷处理

（1）海事行政执法人员在船舶安全监督过程中发现船舶存在缺陷的,应当按照相关法律、法规、规章和公约的规定,提出下列处理意见:

①警示教育;

②开航前纠正缺陷;

③在开航后限定的期限内纠正缺陷;

④滞留;

⑤禁止船舶进港;

⑥限制船舶操作;

⑦责令船舶驶向指定区域;

⑧责令船舶离港。

（2）安全检查发现的船舶缺陷不能在检查港纠正时,海事管理机构可以允许该船驶往最近的可以修理的港口,并及时通知修理港口的海事管理机构。

（3）修理港口超出本港海事管理机构管辖范围的,本港海事管理机构应当通知修理港口海事管理机构进行跟踪检查。

（4）修理港口海事管理机构在收到跟踪检查通知后,应当对船舶缺陷的纠正情况进行验证,并及时将验证结果反馈至发出通知的海事管理机构。

（5）海事管理机构采取滞留、禁止船舶进港、责令船舶离港措施的,应当将采取措施的情况及时通知中国籍船舶的船籍港海事管理机构,或者外国籍船舶的船旗国政府。

（6）由于存在缺陷,被采取滞留、禁止船舶进港、限制船舶操作、责令船舶离港措施的船舶,应当在相应的缺陷纠正后向海事管理机构申请复查。被采取其他措施的船舶,可以在相应缺陷纠正后向海事管理机构申请复查,不申请复查的,在下次船舶安全检查时由海事管理机构进行复查。

（7）海事管理机构收到复查申请后,决定不予本港复查的,应当及时通知申请人在下次船舶安全检查时接受复查。

（8）复查合格的,海事管理机构应当及时解除相应的处理措施。

（9）船舶有权对海事行政执法人员提出的缺陷和处理意见进行陈述和申辩。船舶对于缺陷和处理意见有异议的,海事行政执法人员应当告知船舶申诉的途径和程序。

（10）海事管理机构在实施船舶安全监督中,发现航运公司安全管理存在问题的,应当要求航运公司改正,并将相关情况通报航运公司注册地海事管理机构。

（11）海事管理机构应当将影响安全的重大船舶缺陷以及导致船舶被滞留的缺陷,通知航运公司、相关船舶检验机构或者组织。

（12）船舶及相关人员应当按照海事管理机构签发的"船舶现场监督报告""船旗国监督检查报告""港口国监督检查报告"等的要求,对存在的缺陷进行纠正。

（13）航运公司应当督促船舶按时纠正缺陷,并将纠正情况及时反馈实施检查的海事管理机构。

（14）船舶检验机构应当核实有关缺陷纠正情况,需要进行临时检验的,应当将检验报告及时反馈实施检查的海事管理机构。

(15)中国籍船舶的船长应当对缺陷纠正情况进行检查,并在航行或者航海日志中进行记录。

(16)"船舶现场监督报告""船旗国监督检查报告""港口国监督检查报告"的格式由国家海事管理机构统一制定;任何单位和个人,不得擅自涂改、故意损毁、伪造、变造、租借、骗取和冒用;除海事管理机构外,任何单位和个人不得扣留、收缴,或者在上述报告中进行签注;船舶应当妥善保管,在船上保存至少2年。

(17)中国籍船舶在境外发生水上交通事故,或者被滞留、禁止进港、禁止入境、驱逐出港(境)的,航运公司应当及时将相关情况向船籍港海事管理机构报告,海事管理机构应当做好相应的沟通协调和给予必要的协助。

### (五)船舶安全责任

(1)航运公司应当履行安全管理与防止污染的主体责任,建立、健全船舶安全与防污染制度,对船舶及其设备进行有效维护和保养,确保船舶处于良好状态,保障船舶安全,防止船舶污染环境,为船舶配备满足最低安全配员要求的适任船员。

(2)中国籍船舶应当建立开航前自查制度。船舶在离泊前应当对船舶安全技术状况和货物装载情况进行自查,按照国家海事管理机构规定的格式填写"船舶开航前安全自查清单",并在开航前由船长签字确认,清单应当在船上保存至少2年。

船舶在固定航线航行且单次航程不超过2小时的,无须每次开航前均进行自查,但一天内应当至少自查一次。

(3)船长应当妥善安排船舶值班,遵守船舶航行、停泊、作业的安全规定。

(4)船舶应当遵守港口所在地有关管理机构关于恶劣天气限制开航的规定。航行于内河水域的船舶应当遵守海事管理机构发布的关于枯水季节通航限制的通告。

(5)船舶检验机构应当确保检验的全面性、客观性、准确性和有效性,保证检验合格的船舶具备安全航行、安全作业的技术条件,并对出具的检验证书负责。

(6)配备自动识别系统等通信、导助航设备的船舶应当始终保持相关设备处于正常工作状态,准确完整地显示本船信息,并及时更新抵、离港名称和时间等相关信息。相关设备发生故障的,应当及时向抵达港海事管理机构报告。

(7)拟交付船舶国际运输的载货集装箱,其托运人应当在交付船舶运输前,采取整体称重法或者累加计算法对集装箱的重量进行验证,确保集装箱的验证重量不超过其标称的最大营运总质量,与实际重量的误差不超过5%且最大误差不超过1吨,并在运输单据上注明验证重量、验证方法和验证声明等验证信息,提供给承运人、港口经营人。

采取累加计算法的托运人,应当制定符合交通运输部规定的重量验证程序,并按照程序进行载货集装箱重量验证。未取得验证信息或者验证重量超过最大营运总质量的集装箱,承运人不得装船。

(8)海事管理机构应当加强对船舶国际运输集装箱托运人、承运人的监督检查,发现存在违反本规则情形的,应当责令改正。

(9)任何单位和个人不得阻挠、妨碍海事行政执法人员对船舶进行船舶安全监督。

(10)海事行政执法人员在开展船舶安全监督时,船长应当指派人员配合。指派的配合人员应当如实回答询问,并按照要求测试和操纵船舶设施、设备。

(11)海事管理机构通过抽查实施船舶安全监督,不能代替或者免除航运公司、船舶、船员、船舶检验机构及其他相关单位和个人在船舶安全、防污染、海事劳工条件和保安等方面应当履行的法律责任和义务。

## 二、船舶港内安全作业监督管理办法

为进一步加强船舶港内安全作业的监督管理,强化海事监管效能,提高海事执法服务水平,促进港航经济的发展,保障国家人命、财产的安全,交通运输部制定了《船舶港内安全作业监督管理办法》。(该办法自 2004 年 7 月 20 日起实施。)

### (一)定义

本法所称"船舶港内安全作业"系指船舶在港内的如下作业:

(1)船舶拆修锅炉、主机、锚机、舵机、电台;

(2)船舶试航、试车;

(3)船舶放艇(筏)进行救生演习;

(4)船舶烧焊或明火作业;

(5)船舶悬挂彩灯;

(6)船舶校正磁罗经;

(7)船舶在港内进行可能影响船舶和港口安全的其他作业。

### (二)船舶安全作业的报备

(1)船舶港内安全作业应提前 24 小时向海事管理机构书面报备。拆修作业或明火作业等在特殊情况下不能满足提前 24 小时报备要求的,船舶应不晚于作业前 2 小时向海事管理机构书面报备。作业完成后应及时向海事管理机构报告。

(2)船舶在港内进行安全作业,须在作业活动开始前由船长或通过其代理人向所在港区的海事管理机构提交船舶港内安全作业书面报备材料。

(3)报备内容应包括:

①船名、船舶经营人、停泊位置、船舶载货状况、作业种类、作业时间、安全防范措施、船长安全声明、作业单位名称及联系方式(联系人、联系电话)、报备人联系方式。

②船舶从事拆修锅炉、主机、锚机、舵机、电台,还应提供作业项目及部位,应急备车时间。

③船舶从事试航、试车,还应提供适航证书及船舶航行的区域说明。

④船舶从事烧焊或明火作业,还应提供动火部位及项目,消防车(船)监护情况(适用时),可燃气体清除证书,安全员及作业人员姓名。

⑤船舶从事悬挂彩灯作业,还应提供彩灯悬挂示意图。

⑥船舶从事校正磁罗经作业,还应提供罗经校正人员的资质证明及船舶航行的区域说明。

(4)海事管理机构对船舶港内安全作业提交的报备材料有异议,应立即在作业前向船舶提出整改要求。船舶整改完毕后,方可进行作业。

(5)船舶在所报备的作业开始前未收到海事管理机构不同意见或提出整改要求的,即可按原报备计划实施作业。其间所报备的作业内容如有变动应重新向海事管理机构报备。

(6)船舶所报备的港内安全作业结束后,应及时清除有关安全隐患,并通过 VHF 或其他通信设备报告海事管理机构。

### (三)港内安全作业要求

(1)在大风、大浪等恶劣天气或其他可能影响港内安全作业的情况下,船舶不得进行或及时停止有关港内安全作业,并于重新作业前向海事管理机构报告。

(2)船舶在进行港内安全作业期间,应按有关规定显示号灯或号型,并保持 VHF 守听。

(3)船舶试航、试车应满足以下条件:

①船舶试航应尽可能选择在白天能见度、海况良好的情况下进行。

②船舶试航应避开航道、狭水道、通航密集区等重要通航水域及水产养殖、重点捕捞区。

③船舶试车时,应注意船尾部的周围环境,冬季应注意海冰的影响,应不危及其他船舶和港口设施的安全。

④船舶在试航、试车时应配备足够的合格船员。

(4)船舶放艇(筏)进行救生演习应注意以下事项:

①不得随意施放救生或求生信号。

②船舶不得将救生艇用于交通及其他目的。

(5)船舶进行烧焊或明火作业应满足以下条件:

①承接作业的单位必须具备船舶修理从业资格。

②从事作业的人员,必须经过相应的专业技术培训,取得相应的资格证明。

③船舶进行烧焊或明火作业的条件应符合国家标准 GB/T 1336—92 第三条的有关要求。

④明火作业场所需要进行测爆检查的,必须清除舱内油、气,取得船舶可燃气体清除证明,并在报备时向海事管理机构出示。液化气船、散装液态化学品船和油船明火作业,还应遵守其他有关的特别规定。

⑤测爆合格的舱室或处所,明火作业必须在 4 小时内开工,否则应重新测爆认可。作业前和作业中,必要时,应有专人对施工区域及受影响处所随时复测可燃气体浓度。

(6)船舶悬挂彩灯时应注意以下事项:

①做好有效遮蔽,不得影响船舶自身应悬挂号灯的发光效能。

②船舶悬挂彩灯不得与附近的助导航设施的发光效能相同或相近,以免影响其他船舶的航行安全。

(7)船舶校正磁罗经时应注意:

①不得在锚地、通航密集区、水产养殖区、重点捕捞区进行。

②对中国籍船舶的磁罗经校正,应由符合海事管理机构要求的人员进行。


# 任务五　海事行政处罚管理


## 一、中华人民共和国海上海事行政处罚规定

为规范海上海事行政处罚行为,保护当事人的合法权益,保障和监督海上海事行政管理,维护海上交通秩序,防治船舶污染水域,根据《中华人民共和国海上交通安全法》、《中华人民共和国海洋环境保护法》、《中华人民共和国行政处罚法》及其他有关法律、行政法规,交通运

输部制定了《中华人民共和国海上海事行政处罚规定》。(本规则自 2021 年 9 月 1 日起施行。)

## （一）总则

### 1. 实施原则

实施海事行政处罚,应当遵循合法、公开、公正,处罚与教育相结合的原则。

### 2. 主管机关

海事行政处罚,由海事管理机构依法实施。

## （二）海事行政处罚的适用

(1)海事管理机构实施海事行政处罚时,应当责令当事人改正或者限期改正海事行政违法行为。

(2)对有 2 个或者 2 个以上海事行政违法行为的同一当事人,应当分别处以海事行政处罚,合并执行。

对有共同海事行政违法行为的当事人,应当分别处以海事行政处罚。

(3)实施海事行政处罚,应当与海事行政违法行为的事实、性质、情节以及社会危害程度相适应。

(4)海事行政违法行为的当事人有下列情形之一的,应当依法从轻或者减轻给予海事行政处罚:

①主动消除或者减轻海事行政违法行为危害后果的;

②受他人胁迫或者诱骗实施海事行政违法行为的;

③主动供述海事管理机构尚未掌握的违法行为的;

④配合海事管理机构查处海事行政违法行为有立功表现的;

⑤法律、法规、规章规定应当依法从轻或者减轻行政处罚的其他情形。

海事行政违法行为轻微并及时改正,没有造成危害后果的,不予海事行政处罚。初次违法且危害后果轻微并及时改正的,可以不予海事行政处罚。

依法从轻给予海事行政处罚,是指在法定的海事行政处罚种类、幅度范围内给予较轻的海事行政处罚。

依法减轻给予海事行政处罚,是指在法定的海事行政处罚种类、幅度最低限以下给予海事行政处罚。

有海事行政违法行为的中国籍船舶和船员在境外已经受到处罚的,不得重复给予海事行政处罚。

(5)对当事人的同一个海事行政违法行为,不得给予 2 次以上罚款的行政处罚。同一个违法行为违反多个法律规范应当给予罚款处罚的,按照罚款数额高的规定处罚。

## （三）海事行政违法行为和行政处罚

### 1. 海事违法行为

海事违法行为包括:

(1)违反船舶、海上设施管理秩序;

(2)违反船员管理秩序;

(3)违反航行、停泊和作业管理秩序;

(4)违反危险货物载运安全监督管理秩序；

(5)违反海上搜寻救助管理秩序；

(6)违反海上船舶污染海域环境管理秩序；

(7)违反海上交通事故调查处理秩序。

2.海事行政处罚类型

海事行政处罚类型包括：

(1)警告；

(2)罚款；

(3)暂扣船员适任证书；

(4)吊销船员适任证书,被吊销适任证书者终身不得重新申请；

(5)吊销违法船舶所有人、经营人或者管理人的有关证书、文书；

(6)责令限期改正；

(7)没收违法所得；

(8)责令停航、停业整顿。

## (四)处罚程序

海上海事行政处罚程序适用《交通运输行政执法程序规定》。海事行政处罚可以由违法行为发生地或者发现地的海事管理机构管辖。

# 二、中华人民共和国船员违法记分办法

为增强船员遵守法律意识,减少人为因素对水上交通安全的影响,防治船舶污染水域,根据《中华人民共和国船员条例》等有关法律法规,制定本办法。本办法自2016年1月1日起施行。本办法规定的法规培训及考试,不收取费用。

## (一)总则

1.适用范围

本办法适用于对船员违反水上交通安全和防治船舶污染水域法律、行政法规行为实施累计记分(以下简称"船员违法记分")。

2.主管机关

中华人民共和国海事局负责统一实施全国船员违法记分管理工作。各级海事管理机构,依照各自职责负责具体实施船员违法记分工作。

## (二)周期和分值

(1)船员累计记分周期(即记分周期)为1个公历年,满分15分,自每年1月1日始至12月31日止。

(2)根据船员违法行为的严重程度,一次船员违法记分的分值为15分、8分、4分、2分、1分五种。

## (三)实施

(1)船员违法记分由船员违法行为发生地的海事管理机构管辖。船员违法行为发生地,包括船员违法行为的结果发现地、初始发生地和过程经过地。

海事管理机构对船员违法记分管辖发生争议的，报请共同的上一级海事管理机构指定管辖。海事管理机构对不属其管辖的船员违法记分案件，应当移送有管辖权的海事管理机构；受移送的海事管理机构如果认为移送不当，应当报请共同的上一级海事管理机构指定管辖。

（2）海事管理机构发现船员存在依法应当实施船员违法记分行为的，应当进行调查，并听取当事人的陈述申辩。船员违法行为事实清楚、证据确凿的，具有管辖权的海事管理机构应按照本办法对其实施船员违法记分，并予以相应记载。

（3）船员一次存在2种以上违法行为的，应当分别计算，累计记分分值。对存在共同违法行为的船员，应当分别实施船员违法记分。对船员的同一违法行为，不得给予2次及以上船员违法记分。

（4）船员在一个记分周期内累计记分达到15分的，最后实施船员违法记分的海事管理机构应当扣留其船员适任证书，责令其参加为期5日的水上交通安全、防治船舶污染等有关法律、行政法规的培训（简称"法规培训"）并进行相应的考试。

（5）船员在一个记分周期内累计记分未达到15分的，记分分值重新起算。

（6）船员在一个记分周期内2次及以上达到15分，或在连续2个记分周期内分别达到15分，或连续2个记分周期内累计记分达到40分的，最后实施船员违法记分的海事管理机构应当扣留其船员适任证书，责令其参加法规培训和考试，考试内容除理论部分外，还包括船员适任能力考核。

（7）海船船员水上交通安全类违法记分分值标准。

其中扣15分情形细则如表5-5-1所示。

表5-5-1　海船船员水上交通安全类违法记分分值标准节选

| 代码 | 行为名称 | 对象 | 分值 | 法律依据 |
|---|---|---|---|---|
| 11001 | 船舶、设施上的人员在船上值班期间，体内酒精含量超过规定标准的；在船上履行船员职责，服食影响安全值班的违禁药物的 | 当事船员 | 15 | 《中华人民共和国海上交通安全法》第九条 |
| 11002 | 船长在弃船或者撤离船舶时未最后离船的 | 船长 | 15 | 《中华人民共和国船员条例》第二十二条第（九）项 |
| 11003 | 由他人代替参加考试或者代替他人参加考试的 | 当事船员 | 15 | 《中华人民共和国海上交通安全法》第九条 |
| 11004 | 发生海上交通事故的船舶、设施在不严重危及自身安全的情况下，擅自离开事故现场或逃逸的 | 船长 | 15 | 《中华人民共和国海上交通安全法》第三十七条 |
| 11005 | 转让、买卖或租借船员职务证书的 | 当事船员 | 15 | 《中华人民共和国海上交通安全法》第七条 |

### （四）培训和考试

（1）船员需参加法规培训的，可向最后被实施船员违法记分地、船员注册地或船员适任证书签发地的海事管理机构报名。海事管理机构收到船员的报名后,对符合上款规定的应在15个工作日内组织培训。

（2）法规培训应包括水上交通安全和防治船舶污染等管理法规、安全知识的教育和海事案例等内容。

（3）被扣留船员适任证书的船员经相应考试合格后,海事管理机构应发还其船员适任证书,记分分值重新起算。

（4）被扣留船员适任证书的船员未经考试合格的,不得在船舶上继续服务。

# 任务六　货物安全运输管理

## 一、船舶载运危险货物安全监督管理规定

为了加强船舶载运危险货物监督管理,保障水上人命、财产安全,防治船舶污染环境,依据《中华人民共和国海上交通安全法》《中华人民共和国港口法》《中华人民共和国内河交通安全管理条例》《中华人民共和国危险化学品安全管理条例》等法律、行政法规,制定《船舶载运危险货物安全监督管理规定》。（本规定于 2018 年 7 月 20 日经交通运输部第 12 次部务会议通过,自 2018 年 9 月 15 日起施行。）

### （一）总则

1. 适用范围

本规则适用于船舶在中华人民共和国管辖水域载运危险货物的活动。

2. 主管机关

交通运输部主管全国船舶安全监督工作。国家海事管理机构统一负责全国船舶安全监督工作。各级海事管理机构按照职责权限具体负责船舶载运危险货物的安全监督管理工作。

### （二）船舶和人员管理

（1）从事危险货物运输的船舶所有人、经营人或者管理人,应当按照交通运输部有关船舶安全营运和防污染管理体系的要求建立和实施相应的体系或者制度。从事危险货物运输的船舶经营人或者管理人,应当配备专职安全管理人员。

（2）载运危险货物的船舶应当编制安全和防污染应急预案,配备相应的应急救护、消防和人员防护等设备及器材。

（3）载运危险货物的船舶应当经国家海事管理机构认可的船舶检验机构检验合格,取得相应的检验证书和文书,并保持良好状态。载运危险货物的船舶,其船体、构造、设备、性能和布置等方面应当符合国家船舶检验的法规、技术规范的规定;载运危险货物的国际航行船舶还应当符合有关国际公约的规定,具备相应的适航、适装条件。

（4）载运危险货物的船舶应当按照规定安装和使用船舶自动识别系统等船载设备。船舶经营人、管理人应当加强对船舶的动态管理。

（5）禁止通过内河封闭水域运输剧毒化学品以及国家规定禁止通过内河运输的其他危险化学品。其他内河水域禁止运输国家规定禁止通过内河运输的剧毒化学品以及其他危险化学

品。禁止托运人在普通货物中夹带危险货物,或者将危险货物谎报、匿报为普通货物托运。取得相应资质的客货船或者滚装客船载运危险货物时,不得载运旅客,但按照相关规定随车押运人员和滚装车辆的司机除外。其他客船禁止载运危险货物。

（6）船舶载运危险货物应当符合有关危险货物积载、隔离和运输的安全技术规范,并符合相应的适装证书或者证明文件的要求。船舶不得受载、承运不符合包装、积载和隔离安全技术规范的危险货物。船舶载运包装危险货物,还应当符合《国际海运危险货物规则》的要求;船舶载运 B 组固体散装货物,还应当符合《国际海运固体散装货物规则》的要求。

（7）从事危险货物运输船舶的船员,应当按照规定持有特殊培训合格证,熟悉所在船舶载运危险货物安全知识和操作规程,了解所运危险货物的性质和安全预防及应急处置措施。

（8）按照本规定办理危险货物申报或者报告手续的人员和集装箱装箱现场检查的人员,应当熟悉相关法规、技术规范和申报程序。海事管理机构对危险货物申报或者报告人员以及集装箱装箱现场检查员日常从业情况实施监督抽查,并实行诚信管理制度。

### （三）包装和集装箱管理

（1）拟交付船舶载运的危险货物包装,其性能应当符合相关法规、技术规范以及国际公约规定,并依法取得相应的检验合格证明。

（2）拟交付船舶载运的危险货物使用新型或者改进的包装类型,应当符合《国际海运危险货物规则》有关等效包装的规定,并向海事管理机构提交该包装的性能检验报告、检验证书或者文书等资料。

（3）载运危险货物的船用集装箱、船用可移动罐柜等货物运输组件和船用刚性中型散装容器,应当经国家海事管理机构认可的船舶检验机构检验合格,方可用于船舶运输。

（4）拟交付船舶载运的危险货物包件、中型散装容器、大宗包装、货物运输组件,应当按照规定显示所装危险货物特性的标志、标记和标牌。

（5）拟载运危险货物的船用集装箱应当无损坏,箱内应当清洁、干燥、无污损,满足所装载货物要求。处于熏蒸状态下的船用集装箱等货物运输组件,应当符合相关积载要求,并显示熏蒸警告标牌。

（6）装入船用集装箱的危险货物及其包装应当保持完好,无破损、撒漏或者渗漏,并按照规定进行衬垫和加固,其积载、隔离应当符合相关安全要求。性质不相容的危险货物不得同箱装运。

（7）集装箱装箱现场检查员应当对船舶载运危险货物集装箱的装箱活动进行现场检查,在装箱完毕后,对符合《海运危险货物集装箱装箱安全技术要求》( JT 672—2006)的签署"集装箱装箱证明书"。

（8）曾载运过危险货物的空包装或者空容器,未经清洁或者采取其他措施消除危险性的,应当视作盛装危险货物的包装或者容器。

### （四）申报和报告管理

（1）船舶载运危险货物进出港口,应当在进出港口 24 小时前(航程不足 24 小时的,在驶离上一港口前),向海事管理机构办理船舶载运危险货物申报手续,提交申请书和交通运输部有关规章要求的证明材料,经海事管理机构批准后,方可进出港口。

船舶在运输途中发生危险货物泄漏、燃烧或者爆炸等情况的,应当在办理船舶载运危险货物申报手续时说明原因、已采取的控制措施和目前状况等有关情况,并于抵港后送交详细报告。

定船舶、定航线、定货种的船舶可以办理定期申报手续。定期申报期限不超过 30 天。

(2)海事管理机构应当在受理船舶载运危险货物进出港口申报后 24 小时内做出批准或者不批准的决定;属于定期申报的,应当在 7 日内做出批准或者不批准的决定。不予批准的,应当告知申请人不予批准的原因。海事管理机构应当将有关申报信息通报所在地港口行政管理部门。

(3)拟交付船舶载运的危险货物托运人应当在交付载运前向承运人说明所托运的危险货物种类、数量、危险特性以及发生危险情况的应急处置措施,提交以下货物信息,并报告海事管理机构:

①危险货物安全适运声明书。

②危险货物安全技术说明书。

③按照规定需要进出口国家有关部门同意后方可载运的,应当提交有效的批准文件。

④危险货物中添加抑制剂或者稳定剂的,应当提交抑制剂或者稳定剂添加证明书。

⑤载运危险性质不明的货物,应当提交具有相应资质的评估机构出具的危险货物运输条件鉴定材料。

⑥交付载运包装危险货物的,还应当提交下列材料:

a. 包装、货物运输组件、船用刚性中型散装容器的检验合格证明;

b. 使用船用集装箱载运危险货物的,应当提交“集装箱装箱证明书”;

c. 载运放射性危险货物的,应当提交放射性剂量证明;

d. 载运限量或者可免除量危险货物的,应当提交限量或者可免除量危险货物证明。

⑦交付载运具有易流态化特性的 B 组固体散装货物通过海上运输的,还应当提交具有相应资质的检验机构出具的货物适运水分极限和货物水分含量证明。

承运人应当对上述货物信息进行审核,对不符合船舶适装要求的,不得受载、承运。

(4)船舶载运包装危险货物或者 B 组固体散装货物离港前,应当将列有所载危险货物的装载位置清单、舱单或者详细配载图向海事管理机构报告。

(5)船用集装箱拟拼装运输有隔离要求的两种或者两种以上危险货物,应当符合《国际海运危险货物规则》的规定。危险货物托运人应当事先向海事管理机构报告。

### (五)作业安全管理

(1)载运危险货物的船舶在装货前,应当检查货物的运输资料和适运状况。发现有违反本规定情形的不得装运。

(2)从事散装危险货物装卸作业的船舶和码头,应当遵守安全和防污染操作规程,建立并落实船岸安全检查表制度,并严格按照船岸安全检查表的内容要求进行检查和填写。载运散装液体危险货物的船舶装卸作业期间,禁止其他无关船舶停靠。使用的货物软管应当符合相关法规、技术规范的要求,并定期进行检验。

(3)从事散装液化气体装卸作业的船舶和码头、装卸站应当建立作业前会商制度,并就货物操作、压载操作、应急等事项达成书面协议。

从事散装液化天然气装卸作业的船舶和码头、装卸站还应当采取装货作业期间在船上设置岸方应急切断装置控制点和卸货作业期间在岸上设置船方应急切断装置控制点等措施,确保在发生紧急情况时及时停止货物输送作业。

协助散装液化气船舶靠泊的船舶应当设置烟火熄灭装置及实施烟火管制。

禁止其他无关船舶在作业期间靠泊液化气码头、装卸站。

（4）船舶进行危险货物水上过驳作业或者载运危险货物的船舶进行洗（清）舱、驱气、置换，应当符合国家水上交通安全和防治船舶污染环境的管理规定及技术规范，尽量远离船舶定线制区、饮用水地表水源取水口、渡口、客船码头、通航建筑物、大型桥梁、水下通道以及内河等级航道和沿海设标航道，制订安全和防污染的措施和应急计划并保证有效实施。

（5）载运危险货物的船舶进行洗（清）舱、驱气或者置换活动期间，不得检修和使用雷达、无线电发报机、卫星船站；不得进行明火、拷铲及其他易产生火花的作业；不得使用供应船、车进行加油、加水作业。

（6）载运危险货物的船舶在港口水域内从事危险货物过驳作业，应当由负责过驳作业的港口经营人依法向港口行政管理部门提出申请。港口行政管理部门在审批时，应当就船舶过驳作业的水域征得海事管理机构的同意，并将审批情况通报海事管理机构。

船舶在港口水域外从事内河危险货物过驳作业或者海上散装液体污染危害性货物过驳作业，应当依法向海事管理机构申请批准。

船舶进行水上危险货物和散装液体污染危害性货物过驳作业的水域，由海事管理机构发布航行警告或者航行通告。

（7）船舶在港口水域外申请从事内河危险货物过驳作业或者海上散装液体污染危害性货物过驳作业的，申请人应当在作业前向海事管理机构提出申请，告知作业地点，并提交作业方案、作业程序、防治污染措施等材料。

海事管理机构自受理申请之日起，对单航次作业的船舶，应当在24小时内做出批准或者不批准的决定；对在特定水域多航次作业的船舶，应当在7日内做出批准或者不批准的决定。

（8）船舶从事加注液化天然气及其他具有低闪点特性的气态燃料作业活动，应当遵守有关法规、标准和相关操作规程，落实安全措施，并在作业前将作业的种类、时间、地点、单位和船舶名称等信息向海事管理机构报告；作业信息变更的，应当及时补报。

通过船舶为液化天然气及其他具有低闪点特性的气态燃料水上加注船、趸船补给货物燃料的，应当执行本规定水上过驳的要求。

（9）载运危险货物的船舶应当遵守海事管理机构关于航路、航道等区域性的特殊规定。

载运爆炸品、放射性物品、有机过氧化物、闪点28℃以下易燃液体和散装液化气的船舶，不得与其他驳船混合编队拖带。

（10）散装液化天然气船舶应当在抵港72小时前（航程不足72小时的，在驶离上一港口时）向抵达港海事管理机构报告预计抵港时间。预计抵港时间有变化的，还应当在抵港24小时前（航程不足24小时的，在驶离上一港口时）报告抵港时间。

（11）散装液化气船舶进出港口和在港停泊、作业，应当按照相关标准和规范的要求落实安全保障措施。在通航水域进行试气试验的，试气作业单位应当制定试验方案并组织开展安全风险论证，落实安全管理措施。

载运散装液化天然气船舶及载运其他具有低闪点特性的气态燃料的船舶，进出沿海港口和在港停泊、作业，应当通过开展专题论证，确定护航、安全距离、应急锚地、安全警示标志等安全保障措施。

载运散装液化天然气船舶及载运其他具有低闪点特性的气态燃料的船舶,在内河航行、停泊、作业时,应当落实海事管理机构公布的安全保障措施。海事管理机构根据当地实际情况评估论证,确定护航、合理安全距离、声光警示标志等安全保障措施,征求相关港航管理部门意见后向社会公布。在船舶吨位、载运货物种类、航行区域、航线相同,且周边通航安全条件没有发生重大变化的情况下,不再重新进行评估论证。

(12)载运危险货物的船舶发生水上险情、交通事故、非法排放、危险货物落水等事件,应当按照规定向海事管理机构报告,并及时启动应急预案,防止损害、危害的扩大。

海事管理机构接到报告后,应当立即核实有关情况,按照相关应急预案要求向上级海事管理机构和县级以上地方人民政府报告,并采取相应的应急措施。

(13)载运散装液体危险货物的内河船舶卸货完毕后,应当在具备洗舱条件的码头、专用锚地、洗舱站点等对货物处所进行清洗,洗舱水应当交付港口接收设施、船舶污染物接收单位或者专业接收单位接收处理。

载运散装液体危险货物的内河船舶,有以下情形之一的,可以免于前文规定的清洗:
①船舶拟装载的货物与卸载的货物一致;
②船舶拟装载的货物与卸载的货物相容,经拟装载货物的所有人同意;
③已经实施海事管理机构确认的可替代清洗的通风程序。

卸货港口没有接收能力,船舶取得下一港口的接收洗舱水书面同意,可以在下一港口清洗,并及时报告海事管理机构。

(14)载运危险货物的船舶航行、装卸或者停泊,应当悬挂专用的警示标志,按照规定显示专用信号。

载运散装液化天然气的船舶在内河航行,应当事先确定航行计划和航线。

载运散装液化天然气的船舶由沿海进入内河水域的,应当向途经的第一个内河港口的海事管理机构报告航行计划和航线;始发地为内河港口的,船舶应当将航行计划和航线向始发地海事管理机构报告。

## 二、海运固体散装货物安全监督管理规定

为了加强海运固体散装货物监督管理,保障海上人命、财产安全,依据《中华人民共和国海上交通安全法》《中华人民共和国港口法》等法律,制定《海运固体散装货物安全监督管理规定》。(本规定于2019年1月28日由交通运输部公布,根据2022年9月26日《交通运输部关于修改〈海运固体散装货物安全监督管理规定〉的决定》修正。修正版自2022年9月26日起施行。)

### (一)总则
1.适用范围
船舶在中华人民共和国管辖海域内从事载运固体散装货物,适用本规定。

2.主管机关
交通运输部主管全国海运固体散装货物的安全管理工作。国家海事管理机构按照职责负责全国海运固体散装货物的安全监督管理工作。其他各级海事管理机构按照各自职责权限具体负责海运固体散装货物的安全监督管理工作。船舶载运B组固体散装货物的,还应当遵守

《船舶载运危险货物安全监督管理规定》。

3. 一般规定

从事固体散装货物运输的船舶所有人、经营人或者管理人，按照交通运输部有关规定建立和实施的船舶安全营运和防污染管理体系或者制度，应当包括载运固体散装货物的程序、须知或者管理制度。

载运固体散装货物的船舶，其船舶装载手册或者稳性计算书中应当列出所载货物安全适运的典型工况。

船舶载运固体散装货物，应当符合有关积载、隔离和运输的安全技术规范，并符合相应适装证书或者证明文书的要求。

船舶所有人、经营人或者管理人应当对船员进行固体散装货物专业知识培训和考核，保证船员熟悉固体散装货物的特性、操作规程及应急预案。

按照本规定办理报告手续的人员，应当熟悉相关法规、标准规范和报告程序。

拟交付船舶运输的固体散装货物如果未在《国际海运固体散装货物规则》中列出，其托运人应当提交具有相应资质的检测机构（以下简称检测机构）出具的鉴定材料，明确货物的分组、分类、危险性、污染危害性和船舶载运技术条件后，方可交付船舶运输。

对环境有害的固体散装货物，船舶卸货完毕后，货物残余物及其洗舱水应当由港口接收设施或者船舶污染物接收单位接收，禁止排放入水，并按照规定在垃圾记录簿中如实记载。

## （二）报告管理

（1）载运 B 组以外固体散装货物船舶进出港口，应当在进出港口 24 小时前向海事管理机构报告。航程不足 24 小时的，应当在驶离上一港口前报告。报告应当包括以下信息内容：

①船名、航次、国籍、始发港、卸货港、作业地点、预计进出港口和作业时间等船舶信息；

②货物名称、组别、类别、联合国编号、总重量和装载位置等货物信息。

（2）拟交付船舶运输固体散装货物的托运人，应当在交付运输前向承运人提交以下货物信息，并报告海事管理机构：

①固体散装货物安全适运声明书；

②属于易流态化固体散装货物的，应当提交检测机构出具的货物适运水分极限和货物水分含量证明；

③载运未在《国际海运固体散装货物规则》中列出的货物，应当提交检测机构出具的货物运输条件鉴定材料；

④国际航行船舶按照规定需要进出口国家的有关部门批准后方可载运的，应当提交有效的批准文件；

⑤海事管理机构根据《国际海运固体散装货物规则》的规定，要求提供的其他证书或者文书。

港口作业委托人应当在固体散装货物装载前，将前文第①项至第③项的货物信息提供给港口经营人。

（3）需要通过检测获得货物信息的，应当由托运人与检测机构共同对货物进行采样。

（4）承运人应当对货物信息进行审核，对不符合船舶适装要求的，不得承运。承运期间相关材料、证书或者文书应当保存在船上。

### （三）作业管理

（1）载运固体散装货物船舶在装货前，应当按照船舶装载手册或者船舶稳性资料，检查货物的运输资料和适运状况，发现不符合本规定情形的不得装运。

（2）从事固体散装货物装卸作业的船舶和港口经营人，应当遵守安全和防污染操作规程，建立并落实船岸安全检查表制度，严格按照船岸安全检查表的要求进行检查和填写。

（3）从事固体散装货物装卸作业的港口经营人，应当指定具有相应专业和履职能力的人员负责对船舶装卸作业进行巡查监督。

（4）港口经营人应当加强作业人员相应专业知识和业务操作能力培训。作业人员在装卸作业期间应当遵守相关安全制度和作业规程。

（5）载运固体散装货物船舶和港口经营人应当在固体散装货物装卸作业前以书面形式确定装卸计划，并按照装卸计划进行作业。

（6）发现货物装卸作业与装卸计划不符或者可能存在安全隐患的，载运固体散装货物船舶和港口经营人应当共同进行核实，并采取必要的安全措施。

（7）港口经营人应当根据载运固体散装货物船舶提供的配载、积载要求装载货物，进行平舱。装载完毕后，港口经营人应当进行检查并由船长书面确认。

（8）船舶应当根据固体散装货物性质合理装载和积载。不相容货物之间应当进行隔离。

（9）船舶载运高密度固体散装货物时，应当在各舱及同一舱内合理分布，避免对船舶结构和强度造成不利影响。

### （四）易流态化固体散装货物的特别规定

（1）易流态化固体散装货物的托运人，应当按照《国际海运固体散装货物规则》的规定，制定并实施货物取样、试验和控制水分含量的程序。

（2）拟交付船舶载运的易流态化固体散装货物，水分含量不得超过其适运水分极限。但是，已经建造或者设置防止货物移动的特殊结构、设备，并持有相应检验证书的中国籍船舶，或者持有相应检验、批准证书的外国籍船舶除外。

（3）拟交付船舶载运的易流态化固体散装货物，其托运人应当提交检测机构出具的含有货物适运水分极限、水分含量等技术指标的检测报告。

（4）适运水分极限的采样和检测应当在货物计划装船前6个月内完成；水分含量的采样和检测应当在货物计划装船前7天内完成。

（5）货物装船前或者装船期间有下列情形之一的，托运人应当重新对货物水分含量进行采样和检测：

①因降水等情形可能引起货物水分含量升高或者其他特性变化；

②船长有充分理由认为拟装载货物与其水分含量证明不相符。

（6）利用船舶或者码头装卸设施直接转运易流态化固体散装货物，转运作业委托人应当提供货物原有的安全适运声明书、适运水分极限和水分含量证明等资料。

（7）转运作业前，转运作业委托人、承运转运货物船舶应当共同对拟转运货物进行检查，确认货物形态无变化的，方可进行转运作业。

（8）转运作业委托人应当在转运货物船舶离港前，向船舶和海事管理机构提交检测机构对转运货物水分含量的检测报告。

（9）露天储存易流态化固体散装货物,所用堆场应当具备良好的排水功能,并根据天气情况和货物性质采取适当措施,防止货物水分含量增加。

（10）港口经营人装载易流态化固体散装货物的,应当对适运水分极限、水分含量检测报告等货物信息进行核对,经核对无误后方可作业。

（11）港口经营人在作业过程中应当做好作业情况记录,将装卸作业有关信息和单证存档,并自觉接受和配合港口行政管理部门依据职责实施监督管理。

（12）港口经营人在装船前或者装船过程中发现货物不符合规定要求的,应当告知船舶并配合船舶。在易流态化固体散装货物装船前,船舶应当检查货物处所舱盖风雨密状况,测试货物处所的污水系统是否工作正常,采取措施防止货物进入舱底污水井,并做好记录。

（13）易流态化固体散装货物装船期间,遇降水等可能引起货物水分含量升高或者其他特性变化的情形,船舶和港口经营人应当立即采取停止作业、关闭舱盖等安全措施。

（14）载运易流态化固体散装货物船舶,应当根据所载货物的特性和航行区域特点制订货物处所定期巡查计划。

（15）船舶在航行过程中应当按照巡查计划进行定期巡查,并记录巡查情况。发现货物具有流态化趋势或者已经流态化的,应当立即采取应急措施,并向就近的海事管理机构报告。

### （五）人员防护与事故预防

（1）船舶载运可能释放有毒气体、易燃气体或者造成货物处所缺氧的固体散装货物时,应当配备相应的气体测量仪器及其使用说明书,按照规定定期测量货物处所气体浓度,并记录测量结果。

（2）船舶载运可能释放有毒气体的固体散装货物时,应当对货物处所提供机械通风或者自然通风。船舶载运可能释放易燃气体的固体散装货物时,应当对货物处所提供机械通风。

（3）船舶应当制定针对人员进出封闭处所和货物熏蒸处所的安全程序及应急救援措施,在处所入口处设立警示标志。

（4）装载具有毒害性、腐蚀性或者造成货物处所缺氧的固体散装货物时,相关作业人员应当事先经过训练,配备防护设备。紧急情况下需进入货物处所的,应当按照安全程序在船长或者其指定的具有管理职责的船员监督下进行。

### （六）监督管理

（1）海事管理机构发现载运固体散装货物的船舶存在安全隐患的,应当责令立即或者限期消除隐患,不立即消除或者逾期不消除的,采取禁止其进港、离港或者责令其停航、改航、停止作业等措施。

（2）港口行政管理部门应当依据职责对辖区内固体散装货物港口储存、装卸作业实施监督管理。发现港口经营人储存、装卸固体散装货物存在安全隐患的,应当责令立即或者限期消除隐患,不立即消除或者逾期不消除的,采取责令其停止作业等措施。

### （七）法律责任

（1）违反本规定,有下列情形之一的,由海事管理机构责令改正,处1万元以上3万元以下的罚款:

①船舶未按照规定采取停止作业、关闭舱盖等安全措施的;

②船舶未配备气体测量仪器或者未对货物处所气体浓度进行测量的;

③船舶未建立并落实船岸安全检查表制度,或者未按照船岸安全检查表的要求进行检查和填写的。

(2)违反本规定,有下列情形之一的,由海事管理机构责令改正,处3 000元以上3万元以下的罚款:

①船舶在进出港口前未向海事管理机构报告的;

②固体散装货物的托运人、转运作业委托人未向承运人、海事管理机构提交货物相关信息的。

(3)违反本规定,有下列情形之一的,由港口行政管理部门责令港口经营人立即纠正或者限期改正:

①未根据天气情况和货物性质对易流态化固体散装货物采取适当措施防止货物水分含量增加的;

②未根据船舶提供的配载、积载要求装载货物或者进行平舱的。

(4)违反本规定,有下列情形之一的,由港口行政管理部门责令改正,处1万元以上3万元以下的罚款:

①港口经营人在装船前或者装船过程中发现货物不符合规定要求,未告知船舶或者停止装载的;

②港口经营人在装船过程中遇降水等情形无法保证作业和运输安全时,未停止作业的。

(5)违反本规定,有下列情形之一的,由港口行政管理部门责令改正,处1万元以上3万元以下的罚款:

①港口经营人未建立并落实船岸安全检查表制度,或者未按照船岸安全检查表的要求进行检查和填写的;

②港口经营人未指定人员在装卸作业期间进行巡查监督的;

③港口经营人未对货物信息进行核对的。

(6)船舶载运的固体散装货物属于危险化学品并违反本规定的,按照《危险化学品安全管理条例》进行处罚。

(7)海事管理机构、港口行政管理部门的工作人员有滥用职权、徇私舞弊、玩忽职守等严重失职行为的,由其所在单位或者上级机关依法处理;情节严重构成犯罪的,由司法机关依法追究刑事责任。

# 任务七　船舶交通和进出港管理

## 一、关于外国籍船舶进入中华人民共和国领海报告要求的公告

为了加强外国籍船舶进入中华人民共和国领海的管理,根据《中华人民共和国海上交通安全法》的规定,外国籍船舶进入中华人民共和国领海应当向海事管理机构报告。中华人民共和国海事局2021年8月27日发布2021年第7号公告,本公告自2021年9月1日起施行。公告有关要求如下:

## （一）适用范围

适用于下列进入中华人民共和国领海的外国籍船舶：

（1）潜水器；

（2）核动力船舶；

（3）载运放射性物质的船舶；

（4）载运散装的油类、化学品、液化气体等有毒、有害物质的船舶；

（5）法律、行政法规或国务院规定的可能危及中华人民共和国海上交通安全的其他船舶。

## （二）报告方式

船舶或其代理可以通过下列任一方式报告：

（1）网站：https：//www.sh.msa.gov.cn/chnshiprep；

（2）电子邮箱：chnshiprep@shmsa.gov.cn；

（3）传真：+86-21-66072764；

（4）电话：+86-21-65089469。

## （三）报告要求

（1）船舶进入中华人民共和国领海时，应当报告以下内容：

①船名、呼号、国际海事组织编号和水上移动通信业务标识码，格式范例：SPRING/DF-PH2/9365788/218846000//；

②报告日期、时间和当前船位，格式范例：202108/211450UTC/2933N/12312E//；

③上一港名称、离港日期和时间，格式范例：SINGAPORE/202108/112150UTC//；

④下一港名称、预抵日期和时间，格式范例：SHANGHAI/202108/251830UTC//；

⑤船载卫星电话号码，格式范例：00870773156389//；

⑥所载危险货物的正式名称、联合国编号（如无联合国编号，标注NA）、污染类别（如不适用，标注NA）、装载量（吨），格式范例：BENZENE/1114/Y/50000//。

（2）船舶进入中华人民共和国领海后，船舶自动识别系统设备处于良好使用状态时，无须后续报告。如船舶自动识别系统设备无法正常使用，除上述报告外，其后每2小时应报告以下内容，直到本航次最终驶离中华人民共和国领海：

①船名、呼号、国际海事组织编号和水上移动通信业务标识码，格式范例：SPRING/DF-PH2/9365788/218846000//；

②报告日期、时间和当前船位，格式范例：202108/221108UTC/3016N/12303E//；

③预计航向和平均航速，格式范例：COG296/SOG125//。

（3）船舶未按要求报告的，海事管理机构将按有关法律、法规、规章和规定予以处理。

## 二、国际航行船舶进出中华人民共和国口岸检查办法

为了加强对国际航行船舶进出中华人民共和国口岸的管理，便利船舶进出岸，提高口岸效能，国务院颁布了《国际航行船舶进出中华人民共和国口岸检查办法》。（本办法于1995年3月21日由国务院令第175号公布，根据2019年3月2日国务院令第709号修订。修订版自2019年3月2日起施行。）

## （一）总则

**1. 适用范围**

本办法适用于进出中华人民共和国口岸的国际航行船舶及其所载船员、旅客、货物和其他物品。

**2. 主管机关**

中华人民共和国港务监督机构（以下简称港务监督机构）、中华人民共和国海关（以下简称海关）、中华人民共和国出入境边防检查机关是负责对船舶进出中华人民共和国口岸实施检查的机关（以下统称检查机关）。

**3. 检查原则**

检查机关及其工作人员必须秉公执法，恪尽职守，及时实施检查和办理船舶进出口岸的申请。港务监督机构负责召集有其他检查机关参加的船舶进出口岸检查联席会议，研究、解决船舶进出口岸检查的有关问题。

## （二）定义

**1. 国际航行船舶**

国际航行船舶是指进出中华人民共和国口岸的外国籍船舶和航行国际航线的中华人民共和国国籍船舶。

**2. 口岸**

口岸是指国家批准可以进出国际航行船舶的港口。

**3. 船方**

船方是指船舶所有人或者经营人。

## （三）申报与检查办法

（1）船舶进出中华人民共和国口岸，由船方或其代理人依照本办法有关规定办理进出口岸手续。除下列情形外，检查机关不登船检查：

①对来自疫区的船舶，载有检疫传染病染疫人、疑似检疫传染病染疫人、非意外伤害而死亡且死因不明尸体的船舶，未持有卫生证书或者证书过期或者卫生状况不符合要求的船舶，海关应当在锚地实施检疫；

②海关对来自动植物疫区的船舶和船舶装载的动植物、动植物产品及其他检疫物，可以在锚地实施检疫。

（2）船方或其代理人应当在船舶预计抵达口岸7日前（航程不足7日的，在驶离上一口岸时），填写"国际航行船舶进口岸申请书"，报请抵达口岸的港务监督机构审批。

拟进入长江水域的船舶，船方或其代理人应当在船舶预计经上海港区7日前（航程不足7日的，在驶离上一口岸时），填写"国际航行船舶进口岸申请书"，报请抵达口岸的港务监督机构审批。

（3）船方或其代理人应当在船舶预计抵达口岸24小时前（航程不足24小时的在驶离上一口岸时），将抵达停泊地点、靠泊移泊计划及船员、旅客的有关情况报告检查机关。

（4）船方或其代理人在船舶抵达口岸前未办妥进口岸手续的，须在船舶抵达口岸24小时内到检查机关办理进口岸手续。

船舶在口岸停泊时间不足24小时的，经检查机关同意，船方或其代理人在办理进口岸手续时,可以同时办理出口岸手续。

（5）船方或其代理人在船舶抵达口岸前已经办妥进口岸手续的,船舶抵达后即可上下人员、装卸货物和其他物品。

船方或其代理人在船舶抵达口岸前未办妥进口岸手续的,船舶抵达后,除检查机关办理进口岸检查手续的工作人员和引航员外,其他人员不得上下船舶、不得装卸货物和其他物品;船舶进出的上一口岸是中华人民共和国口岸的,船舶抵达后即可上下人员、装卸货物和其他物品,但是应当立即办理进口岸手续。

（6）海关对船舶实施电讯检疫。持有卫生证书的船舶,其船方或其代理人可以向海关申请电讯检疫。

（7）船方或其代理人应当在船舶驶离口岸前4小时内（船舶在口岸停泊时间不足4小时的,在抵达口岸时）,到检查机关办理必要的出口岸手续。有关检查机关应当在“船舶出口岸手续联系单”上签注;船方或其代理人持“船舶出口岸手续联系单”和港务监督机构要求的其他证件、资料,到港务监督机构申请领取出口岸许可证。

（8）船舶领取出口岸许可证后,情况发生变化或者24小时内未能驶离口岸的,船方或其代理人应当报告港务监督机构,由港务监督机构商其他检查机关决定是否重新办理出口岸手续。

（9）定航线、定船员并在24小时内往返一个或者一个以上航次的船舶,船方或其代理人可以向港务监督机构书面申请办理定期进出口岸手续。受理申请的港务监督机构商其他检查机关审查批准后,签发有效期不超过7天的定期出口岸许可证,在许可证有效期内对该船舶免办进口岸手续。

## 三、国际航行船舶出入境检验检疫管理办法

为加强国际航行船舶出入境检验检疫管理,便利国际航行船舶进出我国口岸,根据《中华人民共和国国境卫生检疫法》及其实施细则、《中华人民共和国进出境动植物检疫法》及其实施条例、《中华人民共和国进出口商品检验法》及其实施条例,以及《国际航行船舶进出中华人民共和国口岸检查办法》的规定,国家质量监督检验检疫总局（以下简称国家质检总局）颁布了《国际航行船舶出入境检验检疫管理办法》。（本办法于2002年12月31日由国家质量监督检验检疫总局令第38号公布,根据2018年3月6日国家质量监督检验检疫总局令第196号《国家质量监督检验检疫总局关于废止和修改部分规章的决定》第一次修正,根据2018年4月28日海关总署令第238号《海关总署关于修改部分规章的决定》第二次修正,根据2018年5月29日海关总署令第240号《海关总署关于修改部分规章的决定》第三次修正,根据2023年3月9日海关总署令第262号《海关总署关于修改部分规章的决定》第四次修正。最新修正版自2023年4月15日起施行。）

### （一）总则

1. 适用范围

国际航行船舶进出口岸应当按照本办法规定实施检验检疫。

2. 主管机关

国家质检总局主管船舶进出中华人民共和国国境口岸的检验检疫工作。各地的出入境检

验检疫机构负责所辖地区的船舶进出口岸的检验检疫和监督管理工作。

**(二)入境检验检疫**

(1)入境的船舶必须在最先抵达口岸的指定地点接受检疫,办理入境检验检疫手续。

(2)船方或者其代理人应当在船舶预计抵达口岸24小时前(航程不足24小时的,在驶离上一口岸时)向检验检疫机构申报,填报入境检疫申报书。

(3)需接受入境检疫的船舶,在航行中发现检疫传染病、疑似检疫传染病,或者有人非因意外伤害而死亡并死因不明的,船方必须立即向入境口岸检验检疫机构报告。

(4)检验检疫机构对申报内容进行审核,确定以下检疫方式:锚地检疫;电讯检疫;靠泊检疫;随船检疫。

(5)检验检疫机构对存在下列情况之一的船舶应当实施锚地检疫:

①来自检疫传染病疫区的;

②来自动植物疫区,国家有明确要求的;

③有检疫传染病病人、疑似检疫传染病病人,或者有人非因意外伤害而死亡并死因不明的;

④装载的货物为活动物的;

⑤发现有啮齿动物异常死亡的;

⑥废旧船舶;

⑦未持有有效的除鼠/免予除鼠证书的;

⑧船方申请锚地检疫的;

⑨检验检疫机构工作需要的。

(6)持有我国检验检疫机构签发的有效交通工具(船舶)卫生证书,并且没有第九条所列情况的船舶,经船方或者其代理人申请,检验检疫机构应当实施电讯检疫。船舶在收到检验检疫机构同意电讯检疫的批复后,即视为已实施电讯检疫。船方或者其代理人必须在船舶抵达口岸24小时内办理入境检验检疫手续。

(7)对未持有有效交通工具(船舶)卫生证书,且没有应实施锚地检疫的船舶,或者因天气、潮水等原因无法实施锚地检疫的船舶,经船方或者其代理人申请,检验检疫机构可以实施靠泊检疫。

(8)检验检疫机构对旅游船、军事船、要人访问所乘船舶等特殊船舶以及遇有特殊情况的船舶,如船上有病人需要救治、特殊物资急需装卸、船舶急需抢修等,经船方或者其代理人申请,可以实施随船检疫。

(9)接受入境检疫的船舶,必须按照规定悬挂检疫信号,在检验检疫机构签发入境检疫证书或者通知检疫完毕以前,不得解除检疫信号。除引航员和经检验检疫机构许可的人员外,其他人员不准上船;不准装卸货物、行李、邮包等物品;其他船舶不准靠近;船上人员,除因船舶遇险外,未经检验检疫机构许可,不得离船;检疫完毕之前,未经检验检疫机构许可,引航员不得擅自将船舶引离检疫锚地。

(10)办理入境检验检疫手续时,船方或者其代理人应当向检验检疫机构提交航海健康申报书、总申报单、货物申报单、船员名单、旅客名单、船用物品申报单、压舱水报告单及载货清单,并提交船舶卫生控制免除证书、船舶卫生控制证书、交通工具(船舶)卫生证书、预防接种证书、健康证书以及航海日志等有关资料。

（11）检验检疫机构实施登船检疫时，应当在船方人员的陪同下，根据检验检疫工作规程实施检疫查验。

（12）检验检疫机构对经检疫判定没有染疫的入境船舶，签发船舶入境卫生检疫证；对经检疫判定染疫、染疫嫌疑或者来自传染病疫区应当实施卫生除害处理的或者有其他限制事项的入境船舶，在实施相应的卫生除害处理或者注明应当接受的卫生除害处理事项后，签发船舶入境卫生检疫证；对来自动植物疫区经检疫判定合格的船舶，应船舶负责人或者其代理人要求签发"运输工具检疫证书"；对须实施卫生除害处理的，应当向船方出具检验检疫处理通知书，并在处理合格后，应船方要求签发"运输工具检疫处理证书"。

### （三）出境检验检疫

（1）出境的船舶在离境口岸接受检验检疫，办理出境检验检疫手续。

（2）出境的船舶，船方或者其代理人应当在船舶离境前4小时内向检验检疫机构申报，办理出境检验检疫手续。已办理手续但出现人员、货物的变化或者因其他特殊情况24小时内不能离境的，须重新办理手续。

船舶在口岸停留时间不足24小时的，经检验检疫机构同意，船方或者其代理人在办理入境手续时，可以同时办理出境手续。

（3）对装运出口易腐烂变质食品、冷冻品的船舱，必须在装货前申请适载检验，取得检验证书。未经检验合格的，不准装运。

装载植物、动植物产品和其他检疫物出境的船舶，应当符合国家有关动植物防疫和检疫的规定，取得"运输工具检疫证书"。对需实施除害处理的，做除害处理并取得"运输工具检疫处理证书"后，方可装运。

（4）办理出境检验检疫手续时，船方或者其代理人应当向检验检疫机构提交航海健康申报书、总申报单、货物申报单、船员名单、旅客名单及载货清单等有关资料，如果入境时已提交且无变动的可免于提供。

（5）经审核船方提交的出境检验检疫资料或者经登船检验检疫，符合有关规定的，检验检疫机构签发交通工具出境卫生检疫证书，并在船舶出口岸手续联系单上签注。

### （四）监督管理

（1）检验检疫机构对航行或者停留于口岸的船舶实施监督管理，对卫生状况不良和可能导致传染病传播或者病虫害传播扩散的因素提出改进意见，并监督指导采取必要的检疫处理措施。

（2）检验检疫机构接受船方或者其代理人的申请，办理船舶除鼠证书或免于除鼠证书（或者延期证书）、船舶卫生证书等有关证书。

（3）船舶在口岸停留期间，未经检验检疫机构许可，不得擅自排放压舱水、移下垃圾和污物等，任何单位和个人不得擅自将船上自用的动植物、动植物产品及其他检疫物带离船舶。

（4）检验检疫机构对船舶上的动植物性铺垫材料进行监督管理，未经检验检疫机构许可不得装卸。

（5）船舶应当具备并按照规定使用消毒、除虫、除鼠药械及装置。

（6）来自国内疫区的船舶，或者在国内航行中发现检疫传染病、疑似检疫传染病，或者有人非因意外伤害而死亡并死因不明的，船舶负责人应当向到达口岸检验检疫机构报告，接受临时检疫。

(7)海关对从事船舶食品、饮用水供应的单位以及从事船舶进出境动植物检疫除害处理的单位实行许可管理;对从事船舶代理、船舶物料服务的单位实行备案管理。

# 任务八　海上事故调查处理

## 一、中华人民共和国海上交通事故调查处理条例

为了加强海上交通安全管理,及时调查处理海上交通事故,交通运输部制定了《中华人民共和国海上交通事故调查处理条例》。(经国务院批准,本条例自 1990 年 3 月 3 日起施行。)

### (一)总则

1.适用范围

(1)本条例适用于船舶、设施在中华人民共和国沿海水域内发生的海上交通事故。

(2)对违反海上交通安全管理法规进行违章操作,虽未造成直接的交通事故,但构成重大潜在事故隐患的,海事管理机构可以依据本条例进行调查和处罚。

2.主管机关

中华人民共和国海事局是海上交通事故调查处理的主管机关,各级海事管理机构具体负责本条例的实施。

3.海上交通事故定义

海上交通事故是指船舶、设施发生的下列事故:

(1)碰撞、触碰或浪损;

(2)触礁或搁浅;

(3)火灾或爆炸;

(4)沉没;

(5)在航行中发生影响适航性能的机件或重要属具的损坏或灭失;

(6)其他引起财产损失和人身伤亡的海上交通事故。

### (二)事故报告

(1)船舶、设施发生海上交通事故,必须立即用其高频电话、无线电报或其他有效手段向就近港口的海事管理机构报告。报告的内容应当包括:船舶或设施的名称、呼号、国籍、起讫港,船舶或设施的所有人或经营人名称,事故发生的时间、地点、海况,以及船舶、设施的损害程度、救助要求等。

(2)船舶、设施发生海上交通事故,除应按第五条规定立即提出扼要报告外,还必须按下列规定向海事管理机构提交"海上交通事故报告书"和必要的文书资料:

①船舶、设施在港区水域内发生海上交通事故,必须在事故发生后 24 小时内向当地海事管理机构提交。

②船舶、设施在港区水域以外的沿海水域发生海上交通事故,船舶必须在到达中华人民共和国的第一个港口后 48 小时内向海事管理机构提交;设施必须在事故发生后 48 小时内用电

报向就近港口的海事管理机构报告"海上交通事故报告书"要求的内容。

③引航员在引领船舶的过程中发生海上交通事故,应当在返港后24小时内向当地海事管理机构提交"海上交通事故报告书"。

④中国籍船舶在中华人民共和国沿海水域以外发生的海上交通事故,其所有人或经营人应当向船籍港的海事管理机构报告,并于事故发生之日起60日内提交"海上交通事故报告书"。如果事故在国外诉讼、仲裁或调解,船舶所有人或经营人应在诉讼、仲裁或调解结束后60日内将判决书、裁决书或调解书的副本或影印件报船籍港的海事管理机构备案。

⑤派往外国籍船舶任职的持有中华人民共和国船员职务证书的中国籍船员对海上交通事故的发生负有责任的,其派出单位应当在事故发生之日起60日内向签发该职务证书的海事管理机构提交"海上交通事故报告书"。

⑥前款①、②项因特殊情况不能按规定时间提交"海上交通事故报告书"的,在征得海事管理机构同意后可予以适当延迟。

（3）"海上交通事故报告书"应当如实写明下列情况:

①船舶、设施概况和主要性能数据。

②船舶、设施所有人或经营人的名称、地址。

③事故发生的时间和地点。

④事故发生时的气象和海况。

⑤事故发生的详细经过(碰撞事故应附相对运动示意图)。

⑥损害情况(附船舶、设施受损部位简图。难以在规定时间内查清的,应于检验后补报)。

⑦船舶、设施沉没的,其沉没概位。

⑧与事故有关的其他情况。

（4）海上交通事故报告必须真实,不得隐瞒或捏造。

（5）因海上交通事故致使船舶、设施发生损害,船长、设施负责人应申请中国当地或船舶第一到达港地的检验部门进行检验或鉴定,并应将检验报告副本送交海事管理机构备案。

前文检验、鉴定事项,海事管理机构可委托有关单位或部门进行,其费用由船舶、设施所有人或经营人承担。

船舶、设施发生火灾、爆炸等事故,船长、设施负责人必须申请公安消防监督机关鉴定,并将鉴定书副本送交海事管理机构备案。

### （三）事故调查

（1）在港区水域内发生的海上交通事故,由港区地的海事管理机构进行调查。

在港区水域外发生的海上交通事故,由就近港口的海事管理机构或船舶到达的中华人民共和国的第一个港口的海事管理机构进行调查。必要时,由中华人民共和国海事管理机构指定的海事管理机构进行调查。海事管理机构认为必要时,可以通知有关机关和社会组织参加事故调查。

（2）海事管理机构在接到事故报告后,应及时进行调查。调查应客观、全面,不受事故当事人提供材料的限制。

（3）被调查人必须接受调查,如实陈述事故的有关情节,并提供真实的文书资料。

（4）海事管理机构人员在执行调查任务时,应当向被调查人员出示证件。

（5）海事管理机构因调查海上交通事故的需要,可以令当事船舶驶抵指定地点接受调查。

当事船舶在不危及自身安全的情况下,未经海事管理机构同意,不得离开指定地点。

### (四)事故处理

(1)海事管理机构应当根据对海上交通事故的调查,作出海上交通事故调查报告书,查明事故发生的原因,判明当事人的责任;构成重大事故的,通报当地检察机关。

(2)对海上交通事故的发生负有责任的人员,海事管理机构可以根据其责任的性质和程度依法给予下列处罚:

①对中国籍船员、引航员或设施上的工作人员,可以给予警告、罚款或扣留、吊销职务证书;

②对外国籍船员或设施上的工作人员,可以给予警告、罚款或将其过失通报其所属国家的主管机关。

(3)对海上交通事故的发生负有责任的人员及船舶、设施的所有人或经营人,需要追究其行政责任的,由海事管理机构提交其主管机关或行政监察机关处理;构成犯罪的,由司法机关依法追究刑事责任。

(4)根据海上交通事故发生的原因,海事管理机构可责令有关船舶、设施的所有人、经营人限期加强对所属船舶、设施的安全管理。对拒不加强安全管理或在期限内达不到安全要求的,海事管理机构有权责令其停航、改航、停止作业,并可采取其他必要的强制性处置措施。

### (五)事故调解

(1)对船舶、设施发生海上交通事故引起的民事侵权赔偿纠纷,当事人可以申请海事管理机构调解。

(2)调解必须遵循自愿、公平的原则,不得强迫。

(3)前条民事纠纷,凡已向海事法院起诉或申请海事仲裁机构仲裁的,当事人不得再申请海事管理机构调解。

(4)调解由当事人各方在事故发生之日起 30 日内向负责该事故调查的海事管理机构提交书面申请。海事管理机构要求提供担保的,当事人应附经济赔偿担保证明文件。

(5)经调解达成协议的,海事管理机构应制作调解书。调解书由当事人各方共同签字,并经海事管理机构盖印确认。调解书应交当事方各持一份,海事管理机构留存一份。

(6)调解达成协议的,当事人各方应当自动履行。达成协议后当事人反悔的或逾期不履行协议的,视为调解不成。

(7)不愿意调解或调解不成的,当事人可以向海事法院起诉或申请海事仲裁机构仲裁。

## 二、中华人民共和国海上船舶污染事故调查处理规定

为了规范船舶污染事故调查处理工作,依据《中华人民共和国海洋环境保护法》《中华人民共和国防治船舶污染海洋环境管理条例》等规定,交通运输部制定了《中华人民共和国海上船舶污染事故调查处理规定》。(本规定于 2012 年 2 月 1 日起实施,历经 2013 年和 2021 年两次修正。最新修正版自 2021 年 9 月 3 日起施行。)

### (一)总则

1.适用范围

本规定适用于造成中华人民共和国管辖海域污染的船舶污染事故的调查处理。

**2. 主管机关**

交通运输部主管船舶污染事故调查处理工作。国家海事管理机构负责指导、管理和实施船舶污染事故调查处理工作。各级海事管理机构依照各自职责负责具体开展船舶污染事故调查处理工作。

**3. 调查处理原则**

船舶污染事故调查处理应当遵循及时、客观、公平、公正的原则，查明事故原因，认定事故责任。

## （二）事故报告

（1）发现船舶及其有关水上交通事故、作业活动造成或者可能造成海洋环境污染的单位和个人，应当立即将有关情况向就近的海事管理机构报告。海事管理机构接到报告后，应当按照应急预案的要求进行报告和通报。

（2）发生污染事故的船舶、有关作业单位，应当在采取应急措施的同时及时、妥善地保存相关事故信息，立即向就近的海事管理机构报告以下事项：

①船舶的名称、国籍、呼号、识别号或者编号；

②船舶所有人、经营人或者管理人、污染损害赔偿责任保险人的名称、地址和联系方式；

③相关水文和气象情况；

④污染物的种类、基本特性、数量、装载位置等情况；

⑤事故原因或者事故原因的初步判断；

⑥事故污染情况；

⑦已经采取或者准备采取的污染控制、清除措施以及救助要求；

⑧签订了船舶污染清除协议的，还应当报告船舶污染清除单位的名称和联系方式；

⑨船舶、有关作业单位认为需要报告的其他事项。

船舶、有关作业单位向海事管理机构报告后，经核实发现报告内容与事实情况不符的，应当立即对报告内容予以更正。

（3）发生污染事故的船舶、有关作业单位，应当在事故发生后 24 小时内向就近的海事管理机构提交"船舶污染事故报告书"。因特殊情况不能在规定时间内提交"船舶污染事故报告书"的，经海事管理机构同意后可予适当延迟，但最长不得超过 48 小时。

（4）"船舶污染事故报告书"至少应当包括以下内容：

①船舶及船舶所有人、经营人或者管理人的有关情况；

②污染事故概况；

③应急处置情况；

④污染损害赔偿责任保险情况；

⑤其他与事故有关的事项。

（5）中国籍船舶在中华人民共和国管辖海域外发生的船舶污染事故，其所有人或经营人应当立即向船籍港所在地直属海事管理机构报告，并在 48 小时内提交"船舶污染事故报告书"；船舶应当在到达国内第一港口之前提前 24 小时向船籍港直属海事管理机构报告，并接受调查处理。

（6）船舶污染事故报告后出现的新情况及污染事故的处置进展情况，船舶、有关单位应当及时补充报告。

### (三)事故调查

(1)船舶污染事故调查处理依照下列规定组织实施：

①特别重大船舶污染事故由国务院或者国务院授权国务院交通运输主管部门等部门组织事故调查处理。

②重大船舶污染事故由国家海事管理机构组织事故调查处理。

③较大船舶污染事故由事故发生地直属海事管理机构负责调查处理。

④一般船舶污染事故由事故发生地海事管理机构负责事故调查处理。

⑤船舶污染事故发生地不明的,由事故发现地海事管理机构负责调查处理。事故发生地或者事故发现地跨管辖区域或者相关海事管理机构对管辖权有争议的,由共同的上级海事管理机构确定调查处理机构。

⑥在中华人民共和国管辖海域外发生的船舶污染事故,造成中华人民共和国管辖海域污染的,调查处理机构由国家海事管理机构指定。

⑦中国籍船舶在中华人民共和国管辖海域外发生重大及以上船舶污染事故造成或者可能造成严重影响的,国家海事管理机构可派员开展事故调查。

(2)船舶因发生海上交通事故造成海洋环境污染的,海事管理机构对船舶污染事故的调查应当与船舶交通事故的调查同时进行。

(3)船舶污染事故调查应当由至少2名船舶污染事故调查人员实施。

(4)发生下列情况时,船舶污染事故调查处理机构可以组织开展国际、国内船舶污染事故协查：

①污染事故肇事船舶逃逸的;

②污染事故嫌疑船舶已经开航离港的;

③辖区发生污染事故但暂时无法确认污染来源,经分析可能为过往船舶所为的;

④其他需要组织协查的情况。

国际的船舶污染事故协查,由国家海事管理机构统一组织协调。

(5)船舶污染事故调查处理机构调查船舶污染事故,应当勘验事故现场,检查相关船舶,询问相关人员,收集证据,查明事故原因。

(6)下列材料可以作为船舶污染事故调查的证据：

①书证、物证、视听资料;

②证人证言;

③当事人陈述;

④鉴定结论;

⑤勘验笔录、调查笔录、现场笔录;

⑥其他可以证明事实的证据。

(7)船舶污染事故的当事人和其他有关人员应当配合调查,如实反映情况和提供资料,不得伪造、隐匿、毁灭证据或者以其他方式妨碍调查取证。

(8)船舶污染事故的当事人和其他有关人员提供的书证、物证、视听资料应当是原件原物,提供抄录件、复印件、照片等非原件原物的,应当签字确认;拒绝确认的,事故调查人员应当注明有关情况。

(9)船舶污染事故调查处理机构根据调查处理工作的需要可以行使以下职权：

①责令船舶污染事故当事人提供相关技术鉴定或者检验、检测报告；

②暂扣相应的证书、文书、资料；

③禁止船舶驶离港口或者责令停航、改航、驶往指定地点、停止作业、暂扣船舶。

### （四）事故处理

（1）船舶污染事故调查处理机构应当根据船舶污染事故现场勘验、检查、调查情况和有关的技术鉴定、检验、检测报告，完成船舶污染事故调查。

（2）船舶污染事故调查处理机构应当自事故调查结束之日起20个工作日内制作"船舶污染事故认定书"，并送达当事人。"船舶污染事故认定书"应当载明事故基本情况、事故原因和事故责任。海事管理机构在接到船舶污染事故报告或者发现船舶污染事故之日起6个月内无法查明污染源或者无法找到造成污染船舶的，经船舶污染事故调查处理机构负责人批准可以终止事故调查，并在"船舶污染事故认定书"中注明终止调查的原因。

（3）船舶污染事故当事人对事故认定不服的，可以在收到"船舶污染事故认定书"之日起15日内，向船舶污染事故调查处理机构或者其上级机构申请一次重新认定。

（4）造成海洋环境污染的船舶应当在开航前缴清海事管理机构为减轻污染损害而采取的清除、打捞、拖航、引航过驳等应急处置措施的相关费用或者提供相应的财务担保。财务担保应当是现金担保、由境内银行或者境内保险机构提供的信用担保。

（5）重大以上船舶污染事故的调查处理报告应当向国务院交通运输主管部门备案。其中重大以上船舶海上溢油事故的调查处理情况，国务院交通运输主管部门应当向国家海上溢油应急处置部际联席会议通报。

（6）海上船舶污染事故调查处理的信息发布应当及时、准确。海上船舶污染事故调查处理信息，由负责组织调查处理工作的机构审核后按照新闻发布的相关规定发布。参与事故调查处理的单位或者个人不得擅自发布相关信息。

（7）船舶污染事故引起的污染损害赔偿争议，当事人可以向海事管理机构申请调解，海事管理机构也可以主动调解。当事人一方拒绝调解的，海事管理机构不得调解。征得所有当事人同意后，调解可以邀请其他利害关系人参加。

（8）调解人员应当按照有关法律、法规的规定，对船舶污染损害赔偿争议进行调解。调解成功的，由各方当事人共同签署"船舶污染事故民事纠纷调解协议书"。"船舶污染事故民事纠纷调解协议书"由当事人各执一份，调查处理机构留存一份。

（9）在调解过程中，当事人向人民法院提起诉讼或者申请仲裁的，应当及时通知海事管理机构，调解自动终止。当事人中途退出调解的，应当向海事管理机构提交退出调解的书面申请，海事管理机构应当终止调解，并及时通知其他当事人。海事管理机构调解不成，或者在3个月内未达成调解协议的，应当终止调解。

# 任务九　防治船舶污染管理

## 一、中华人民共和国海洋环境保护法

为了保护和改善海洋环境，保护海洋资源，防治污染损害，保障生态安全和公众健康，维护国家海洋权益,建设海洋强国,推进生态文明建设,促进经济社会可持续发展,实现人与自然和谐共生,根据宪法,制定本法。(本法由 1982 年 8 月 23 日第五届全国人民代表大会常务委员会第二十四次会议通过,根据 1999 年 12 月 25 日第九届全国人民代表大会常务委员会第十三次会议第一次修订,根据 2013 年 12 月 28 日第十二届全国人民代表大会常务委员会第六次会议《关于修改〈中华人民共和国海洋环境保护法〉等七部法律的决定》第一次修正,根据 2016 年 11 月 7 日第十二届全国人民代表大会常务委员会第二十四次会议《关于修改〈中华人民共和国海洋环境保护法〉的决定》第二次修正,根据 2017 年 11 月 4 日第十二届全国人民代表大会常务委员会第三十次会议《关于修改〈中华人民共和国会计法〉等十一部法律的决定》第三次修正,根据 2023 年 10 月 24 日第十四届全国人民代表大会常务委员会第六次会议第二次修订。最新版本自 2024 年 1 月 1 日起施行。)

**(一) 总则**

1. 适用范围

本法适用于中华人民共和国管辖海域。

在中华人民共和国管辖海域内从事航行、勘探、开发、生产、旅游、科学研究及其他活动,或者在沿海陆域内从事影响海洋环境活动的任何单位和个人,应当遵守本法。

在中华人民共和国管辖海域以外,造成中华人民共和国管辖海域环境污染、生态破坏的,适用本法相关规定。

海洋环境保护应当坚持保护优先、预防为主、源头防控、陆海统筹、综合治理、公众参与、损害担责的原则。

2. 主管机关

国务院生态环境主管部门负责全国海洋环境的监督管理,负责全国防治陆源污染物、海岸工程和海洋工程建设项目(以下称工程建设项目)、海洋倾倒废弃物对海洋环境污染损害的环境保护工作,指导、协调和监督全国海洋生态保护修复工作。

国务院自然资源主管部门负责海洋保护和开发利用的监督管理,负责全国海洋生态、海域海岸线和海岛的修复工作。

国务院交通运输主管部门负责所辖港区水域内非军事船舶和港区水域外非渔业、非军事船舶污染海洋环境的监督管理,组织、协调、指挥重大海上溢油应急处置。海事管理机构具体负责上述水域内相关船舶污染海洋环境的监督管理,并负责污染事故的调查处理;对在中华人民共和国管辖海域航行、停泊和作业的外国籍船舶造成的污染事故登船检查处理。船舶污染事故给渔业造成损害的,应当吸收渔业主管部门参与调查处理。

国务院渔业主管部门负责渔港水域内非军事船舶和渔港水域外渔业船舶污染海洋环境的监督管理,负责保护渔业水域生态环境工作,并调查处理前款规定的污染事故以外的渔业污染事故。

国务院发展改革、水行政、住房和城乡建设、林业和草原等部门在各自职责范围内负责有关行业、领域涉及的海洋环境保护工作。

海警机构在职责范围内对海洋工程建设项目、海洋倾倒废弃物对海洋环境污染损害、自然保护地海岸线向海一侧保护利用等活动进行监督检查,查处违法行为,按照规定权限参与海洋环境污染事故的应急处置和调查处理。

军队生态环境保护部门负责军事船舶污染海洋环境的监督管理及污染事故的调查处理。

沿海县级以上地方人民政府对其管理海域的海洋环境质量负责。国家实行海洋环境保护目标责任制和考核评价制度，将海洋环境保护目标完成情况纳入考核评价的内容。

沿海县级以上地方人民政府可以建立海洋环境保护区域协作机制，组织协调其管理海域的环境保护工作。跨区域的海洋环境保护工作，由有关沿海地方人民政府协商解决，或者由上级人民政府协调解决。跨部门的重大海洋环境保护工作，由国务院生态环境主管部门协调；协调未能解决的，由国务院做出决定。

国务院和沿海县级以上地方人民政府应当将海洋环境保护工作纳入国民经济和社会发展规划，按照事权和支出责任划分原则，将海洋环境保护工作所需经费纳入本级政府预算。

各级人民政府及其有关部门应当加强海洋环境保护的宣传教育和知识普及工作，增强公众海洋环境保护意识，引导公众依法参与海洋环境保护工作；鼓励基层群众性自治组织、社会组织、志愿者等开展海洋环境保护法律法规和知识的宣传活动；按照职责分工依法公开海洋环境相关信息。新闻媒体应当采取多种形式开展海洋环境保护的宣传报道，并对违法行为进行舆论监督。

任何单位和个人都有保护海洋环境的义务，并有权对污染海洋环境、破坏海洋生态的单位和个人，以及海洋环境监督管理人员的违法行为进行监督和检举。从事影响海洋环境活动的任何单位和个人，都应当采取有效措施，防止、减轻海洋环境污染、生态破坏。排污者应当依法公开排污信息。

国家鼓励、支持海洋环境保护科学技术研究、开发和应用，促进海洋环境保护信息化建设，加强海洋环境保护专业技术人才培养，提高海洋环境保护科学技术水平。国家鼓励、支持海洋环境保护国际交流与合作。对在海洋环境保护工作中做出显著成绩的单位和个人，按照国家有关规定给予表彰和奖励。

### （二）海洋环境监督管理

（1）国家实施陆海统筹、区域联动的海洋环境监督管理制度，加强规划、标准、监测等监督管理制度的衔接协调。各级人民政府及其有关部门应当加强海洋环境监督管理能力建设，提高海洋环境监督管理科技化、信息化水平。

（2）国家优先将生态功能极重要、生态极敏感脆弱的海域划入生态保护红线，实行严格保护。开发利用海洋资源或者从事影响海洋环境的建设活动，应当根据国土空间规划科学合理布局，严格遵守国土空间用途管制要求，严守生态保护红线，不得造成海洋生态环境的损害。沿海地方各级人民政府应当根据国土空间规划，保护和科学合理地使用海域。沿海省、自治区、直辖市人民政府应当加强对生态保护红线内人为活动的监督管理，定期评估保护成效。国务院有关部门、沿海设区的市级以上地方人民政府及其有关部门，对其组织编制的国土空间规划和相关规划，应当依法进行包括海洋环境保护内容在内的环境影响评价。

（3）国务院生态环境主管部门会同有关部门、机构和沿海省、自治区、直辖市人民政府制定全国海洋生态环境保护规划，报国务院批准后实施。全国海洋生态环境保护规划应当与全国国土空间规划相衔接。沿海地方各级人民政府应当根据全国海洋生态环境保护规划，组织实施其管理海域的海洋环境保护工作。

（4）沿海省、自治区、直辖市人民政府应当根据其管理海域的生态环境和资源利用状况，将其管理海域纳入生态环境分区管控方案和生态环境准入清单，报国务院生态环境主管部门备案后实施。生态环境分区管控方案和生态环境准入清单应当与国土空间规划相衔接。

（5）国务院生态环境主管部门根据海洋环境质量状况和国家经济、技术条件，制定国家海洋环境质量标准。沿海省、自治区、直辖市人民政府对国家海洋环境质量标准中未做规定的项目，可以制定地方海洋环境质量标准；对国家海洋环境质量标准中已做规定的项目，可以制定严于国家海洋环境质量标准的地方海洋环境质量标准。地方海洋环境质量标准应当报国务院生态环境主管部门备案。国家鼓励开展海洋环境基准研究。

（6）制定海洋环境质量标准，应当征求有关部门、行业协会、企业事业单位、专家和公众等的意见，提高海洋环境质量标准的科学性。海洋环境质量标准应当定期评估，并根据评估结果适时修订。

（7）国家和有关地方水污染物排放标准的制定，应当将海洋环境质量标准作为重要依据之一。对未完成海洋环境保护目标的海域，省级以上人民政府生态环境主管部门暂停审批新增相应种类污染物排放总量的建设项目环境影响报告书（表），会同有关部门约谈该地区人民政府及其有关部门的主要负责人，要求其采取有效措施及时整改，约谈和整改情况应当向社会公开。

（8）国家加强海洋环境质量管控，推进海域综合治理，严格海域排污许可管理，提升重点海域海洋环境质量。需要直接向海洋排放工业废水、医疗污水的海岸工程和海洋工程单位，城镇污水集中处理设施的运营单位及其他企业事业单位和生产经营者，应当依法取得排污许可证。排污许可的管理按照国务院有关规定执行。实行排污许可管理的企业事业单位和其他生产经营者应当执行排污许可证关于排放污染物的种类、浓度、排放量、排放方式、排放去向和自行监测等要求。

禁止通过私设暗管或者篡改、伪造监测数据，以及不正常运行污染防治设施等逃避监管的方式向海洋排放污染物。

（9）国务院生态环境主管部门根据海洋环境状况和质量要求，会同国务院发展改革、自然资源、住房和城乡建设、交通运输、水行政、渔业等部门和海警机构，划定国家环境治理重点海域及其控制区域，制定综合治理行动方案，报国务院批准后实施。沿海设区的市级以上地方人民政府应当根据综合治理行动方案，制定其管理海域的实施方案，因地制宜采取特别管控措施，开展综合治理，协同推进重点海域治理与美丽海湾建设。

（10）直接向海洋排放应税污染物的企业事业单位和其他生产经营者，应当依照法律规定缴纳环境保护税。向海洋倾倒废弃物，应当按照国家有关规定缴纳倾倒费。具体办法由国务院发展改革部门、国务院财政主管部门会同国务院生态环境主管部门制定。

（11）国家加强防治海洋环境污染损害的科学技术的研究和开发，对严重污染海洋环境的落后生产工艺和落后设备，实行淘汰制度。企业事业单位和其他生产经营者应当优先使用清洁低碳能源，采用资源利用率高、污染物排放量少的清洁生产工艺，防止对海洋环境的污染。

（12）国务院生态环境主管部门负责海洋生态环境监测工作，制定海洋生态环境监测规范和标准并监督实施，组织实施海洋生态环境质量监测，统一发布国家海洋生态环境状况公报，定期组织对海洋生态环境质量状况进行调查评价。国务院自然资源主管部门组织开展海洋资源调查和海洋生态预警监测，发布海洋生态预警监测警报和公报。其他依照本法规定行使海洋环境监督管理权的部门和机构应当按照职责分工开展监测、监视。

（13）国务院有关部门和海警机构应当向国务院生态环境主管部门提供编制国家海洋生态环境状况公报所必需的入海河口和海洋环境监测、调查、监视等方面的资料。生态环境主管部门应当向有关部门和海警机构提供与海洋环境监督管理有关的资料。

（14）国务院生态环境主管部门会同有关部门和机构通过智能化的综合信息系统，为海洋环境保护监督管理、信息共享提供服务。国务院有关部门、海警机构和沿海县级以上地方人民政府及其有关部门应当按照规定，推进综合监测、协同监测和常态化监测，加强监测数据、执法信息等海洋环境管理信息共享，提高海洋环境保护综合管理水平。

（15）国家加强海洋辐射环境监测，国务院生态环境主管部门负责制定海洋辐射环境应急监测方案并组织实施。

（16）因发生事故或者其他突发性事件，造成或者可能造成海洋环境污染、生态破坏事件的单位和个人，应当立即采取有效措施解除或者减轻危害，及时向可能受到危害者通报，并向依照本法规定行使海洋环境监督管理权的部门和机构报告，接受调查处理。沿海县级以上地方人民政府在本行政区域近岸海域的生态环境受到严重损害时，应当采取有效措施，解除或者减轻危害。

（17）国家根据防止海洋环境污染的需要，制定国家重大海上污染事件应急预案，建立健全海上溢油污染等应急机制，保障应对工作的必要经费。国家建立重大海上溢油应急处置部际联席会议制度。国务院交通运输主管部门牵头组织编制国家重大海上溢油应急处置预案并组织实施。国务院生态环境主管部门负责制定全国海洋石油勘探开发海上溢油污染事件应急预案并组织实施。国家海事管理机构负责制定全国船舶重大海上溢油污染事件应急预案，报国务院生态环境主管部门、国务院应急管理部门备案。沿海县级以上地方人民政府及其有关部门应当制定有关应急预案，在发生海洋突发环境事件时，及时启动应急预案，采取有效措施，解除或者减轻危害。可能发生海洋突发环境事件的单位，应当按照有关规定，制定本单位的应急预案，配备应急设备和器材，定期组织开展应急演练；应急预案应当向依照本法规定行使海洋环境监督管理权的部门和机构备案。

（18）依照本法规定行使海洋环境监督管理权的部门和机构，有权对从事影响海洋环境活动的单位和个人进行现场检查；在巡航监视中发现违反本法规定的行为时，应当予以制止并调查取证，必要时有权采取有效措施，防止事态扩大，并报告有关部门或者机构处理。被检查者应当如实反映情况，提供必要的资料。检查者应当依法为被检查者保守商业秘密、个人隐私和个人信息。依照本法规定行使海洋环境监督管理权的部门和机构可以在海上实行联合执法。

（19）造成或者可能造成严重海洋环境污染、生态破坏的，或者有关证据可能灭失或者被隐匿的，依照本法规定行使海洋环境监督管理权的部门和机构可以查封、扣押有关船舶、设施、设备、物品。

（20）在中华人民共和国管辖海域以外，造成或者可能造成中华人民共和国管辖海域环境污染、生态破坏的，有关部门和机构有权采取必要的措施。

（21）国务院生态环境主管部门会同有关部门和机构建立向海洋排放污染物、从事废弃物海洋倾倒、从事海洋生态环境治理和服务的企业事业单位和其他生产经营者信用记录与评价应用制度，将相关信用记录纳入全国公共信用信息共享平台。

## （三）海洋生态保护

（1）国家加强海洋生态保护，提升海洋生态系统的质量和多样性、稳定性、持续性。国务院和沿海地方各级人民政府应当采取有效措施，重点保护红树林、珊瑚礁、海藻场、海草床、滨海湿地、海岛、海湾、入海河口、重要渔业水域等具有典型性、代表性的海洋生态系统，珍稀濒危海洋生物的天然集中分布区,具有重要经济价值的海洋生物生存区域及有重大科学文化价值的海洋自然遗迹和自然景观。

(2)国务院和沿海省、自治区、直辖市人民政府及其有关部门根据保护海洋的需要,依法将重要的海洋生态系统、珍稀濒危海洋生物的天然集中分布区、海洋自然遗迹和自然景观集中分布区等区域纳入国家公园、自然保护区或者自然公园等自然保护地。

(3)国家建立健全海洋生态保护补偿制度。国务院和沿海省、自治区、直辖市人民政府应当通过转移支付、产业扶持等方式支持开展海洋生态保护补偿。沿海地方各级人民政府应当落实海洋生态保护补偿资金,确保其用于海洋生态保护补偿。

(4)国家加强海洋生物多样性保护,健全海洋生物多样性调查、监测、评估和保护体系,维护和修复重要海洋生态廊道,防止对海洋生物多样性的破坏。开发利用海洋和海岸带资源,应当对重要海洋生态系统、生物物种、生物遗传资源实施有效保护,维护海洋生物多样性。引进海洋动植物物种,应当进行科学论证,避免对海洋生态系统造成危害。

(5)国家鼓励科学开展水生生物增殖放流,支持科学规划,因地制宜采取投放人工鱼礁和种植海藻场、海草床、珊瑚等措施,恢复海洋生物多样性,修复改善海洋生态。

(6)开发海岛及周围海域的资源,应当采取严格的生态保护措施,不得造成海岛地形、岸滩、植被和海岛周围海域生态环境的损害。

(7)国家严格保护自然岸线,建立健全自然岸线控制制度。沿海省、自治区、直辖市人民政府负责划定严格保护岸线的范围并发布。沿海地方各级人民政府应当加强海岸线分类保护与利用,保护修复自然岸线,促进人工岸线生态化,维护岸线岸滩稳定平衡,因地制宜、科学合理划定海岸建筑退缩线。禁止违法占用、损害自然岸线。

(8)国务院水行政主管部门确定重要入海河流的生态流量管控指标,应当征求并研究国务院生态环境、自然资源等部门的意见。确定生态流量管控指标,应当进行科学论证,综合考虑水资源条件、气候状况、生态环境保护要求、生活生产用水状况等因素。入海河口所在地县级以上地方人民政府及其有关部门按照河海联动的要求,制定实施河口生态修复和其他保护措施方案,加强对水、沙、盐、潮滩、生物种群、河口形态的综合监测,采取有效措施防止海水入侵和倒灌,维护河口良好生态功能。

(9)沿海地方各级人民政府应当结合当地自然环境的特点,建设海岸防护设施、沿海防护林、沿海城镇园林和绿地,对海岸侵蚀和海水入侵地区进行综合治理。禁止毁坏海岸防护设施、沿海防护林、沿海城镇园林和绿地。

(10)对遭到破坏的具有重要生态、经济、社会价值的海洋生态系统,应当进行修复。海洋生态修复应当以改善生境、恢复生物多样性和生态系统基本功能为重点,以自然恢复为主、人工修复为辅,并优先修复具有典型性、代表性的海洋生态系统。

国务院自然资源主管部门负责统筹海洋生态修复,牵头组织编制海洋生态修复规划并实施有关海洋生态修复重大工程。编制海洋生态修复规划,应当进行科学论证评估。国务院自然资源、生态环境等部门应当按照职责分工开展修复成效监督评估。

(11)国务院自然资源主管部门负责开展全国海洋生态灾害预防、风险评估和隐患排查治理。沿海县级以上地方人民政府负责其管理海域的海洋生态灾害应对工作,采取必要的灾害预防、处置和灾后恢复措施,防止和减轻灾害影响。企业事业单位和其他生产经营者应当采取必要应对措施,防止海洋生态灾害扩大。

（12）国家鼓励发展生态渔业,推广多种生态渔业生产方式,改善海洋生态状况,保护海洋环境。沿海县级以上地方人民政府应当因地制宜编制并组织实施养殖水域滩涂规划,确定可以用于养殖业的水域和滩涂,科学划定海水养殖禁养区、限养区和养殖区,建立禁养区内海水养殖的清理和退出机制。

（13）从事海水养殖活动应当保护海域环境,科学确定养殖规模和养殖密度,合理投饵、投肥,正确使用药物,及时规范收集处理固体废物,防止造成海洋生态环境的损害。禁止在氮磷浓度严重超标的近岸海域新增或者扩大投饵、投肥海水养殖规模。向海洋排放养殖尾水污染物等应当符合污染物排放标准。沿海省、自治区、直辖市人民政府应当制定海水养殖污染物排放相关地方标准,加强养殖尾水污染防治的监督管理。工厂化养殖和设置统一排污口的集中连片养殖的排污单位,应当按照有关规定对养殖尾水自行监测。

### （四）防治陆源污染物对海洋环境的污染损害

（1）向海域排放陆源污染物,应当严格执行国家或者地方规定的标准和有关规定。

（2）入海排污口位置的选择,应当符合国土空间用途管制要求,根据海水动力条件和有关规定,经科学论证后,报设区的市级以上人民政府生态环境主管部门备案。排污口的责任主体应当加强排污口监测,按照规定开展监控和自动监测。

生态环境主管部门应当在完成备案后十五个工作日内将入海排污口设置情况通报自然资源、渔业等部门和海事管理机构、海警机构、军队生态环境保护部门。

沿海县级以上地方人民政府应当根据排污口类别、责任主体,组织有关部门对本行政区域内各类入海排污口进行排查整治和日常监督管理,建立健全近岸水体、入海排污口、排污管线、污染源全链条治理体系。

国务院生态环境主管部门负责制定入海排污口设置和管理的具体办法,制定入海排污口技术规范,组织建设统一的入海排污口信息平台,加强动态更新、信息共享和公开。

（3）禁止在自然保护地、重要渔业水域、海水浴场、生态保护红线区域及其他需要特别保护的区域,新设工业排污口和城镇污水处理厂排污口;法律、行政法规另有规定的除外。

在有条件的地区,应当将排污口深水设置,实行离岸排放。

（4）经开放式沟（渠）向海洋排放污染物的,对开放式沟（渠）按照国家和地方的有关规定、标准实施水环境质量管理。

（5）国务院有关部门和县级以上地方人民政府及其有关部门应当依照水污染防治有关法律、行政法规的规定,加强入海河流管理,协同推进入海河流污染防治,使入海河口的水质符合入海河口环境质量相关要求。

入海河流域省、自治区、直辖市人民政府应当按照国家有关规定,加强入海总氮、总磷排放的管控,制定控制方案并组织实施。

（6）禁止向海域排放油类、酸液、碱液、剧毒废液。

禁止向海域排放污染海洋环境、破坏海洋生态的放射性废水。

严格控制向海域排放含有不易降解的有机物和重金属的废水。

（7）含病原体的医疗污水、生活污水和工业废水应当经过处理,符合国家和地方有关排放标准后,方可排入海域。

（8）含有机物和营养物质的工业废水、生活污水,应当严格控制向海湾、半封闭海及其他自净能力较差的海域排放。

（9）向海域排放含热废水,应当采取有效措施,保证邻近自然保护地、渔业水域的水温符合国家和地方海洋环境质量标准,避免热污染对珍稀濒危海洋生物、海洋水产资源造成危害。

（10）沿海地方各级人民政府应当加强农业面源污染防治。沿海农田、林场施用化学农药,应当执行国家农药安全使用的规定和标准。沿海农田、林场应当合理使用化肥和植物生长调节剂。

（11）在沿海陆域弃置、堆放和处理尾矿、矿渣、煤灰渣、垃圾和其他固体废物的,依照《中华人民共和国固体废物污染环境防治法》的有关规定执行,并采取有效措施防止固体废物进入海洋。

禁止在岸滩弃置、堆放和处理固体废物;法律、行政法规另有规定的除外。

（12）沿海县级以上地方人民政府负责其管理海域的海洋垃圾污染防治,建立海洋垃圾监测、清理制度,统筹规划建设陆域接收、转运、处理海洋垃圾的设施,明确有关部门、乡镇、街道、企业事业单位等的海洋垃圾管控区域,建立海洋垃圾监测、拦截、收集、打捞、运输、处理体系并组织实施,采取有效措施鼓励、支持公众参与上述活动。国务院生态环境、住房和城乡建设、发展改革等部门应当按照职责分工加强海洋垃圾污染防治的监督指导和保障。

（13）禁止经中华人民共和国内水、领海过境转移危险废物。

经中华人民共和国管辖的其他海域转移危险废物的,应当事先取得国务院生态环境主管部门的书面同意。

（14）沿海县级以上地方人民政府应当建设和完善排水管网,根据改善海洋环境质量的需要建设城镇污水处理厂和其他污水处理设施,加强城乡污水处理。

建设污水海洋处置工程,应当符合国家有关规定。

（15）国家采取必要措施,防止、减少和控制来自大气层或者通过大气层造成的海洋环境污染损害。

### （五）工程建设项目污染防治

（1）新建、改建、扩建工程建设项目,应当遵守国家有关建设项目环境保护管理的规定,并把污染防治和生态保护所需资金纳入建设项目投资计划。禁止在依法划定的自然保护地、重要渔业水域及其他需要特别保护的区域,违法建设污染环境、破坏生态的工程建设项目或者从事其他活动。

（2）工程建设项目应当按照国家有关建设项目环境影响评价的规定进行环境影响评价。未依法进行并通过环境影响评价的建设项目,不得开工建设。环境保护设施应当与主体工程同时设计、同时施工、同时投产使用。环境保护设施应当符合经批准的环境影响评价报告书(表)的要求。建设单位应当依照有关法律法规的规定,对环境保护设施进行验收,编制验收报告,并向社会公开。环境保护设施未经验收或者经验收不合格的,建设项目不得投入生产或者使用。

（3）禁止在沿海陆域新建不符合国家产业政策的化学制浆造纸、化工、印染、制革、电镀、酿造、炼油、岸边冲滩拆船及其他严重污染海洋环境的生产项目。

（4）新建、改建、扩建工程建设项目,应当采取有效措施,保护国家和地方重点保护的野生动植物及其生存环境,保护海洋水产资源,避免或者减轻对海洋生物的影响。

禁止在严格保护岸线范围内开采海砂。依法在其他区域开发利用海砂资源,应当采取严格措施,保护海洋环境。载运海砂资源应当持有合法来源证明;海砂开采者应当为载运海砂的船舶提供合法来源证明。从岸上打井开采海底矿产资源，应当采取有效措施，防止污染海洋环境。

（5）工程建设项目不得使用含超标准放射性物质或者易溶出有毒有害物质的材料；不得造成领海基点及其周围环境的侵蚀、淤积和损害，不得危及领海基点的稳定。

（6）工程建设项目需要爆破作业时，应当采取有效措施，保护海洋环境。

海洋石油勘探开发及输油过程中，应当采取有效措施，避免溢油事故的发生。

（7）工程建设项目不得违法向海洋排放污染物、废弃物及其他有害物质。海洋油气钻井平台（船）、生产生活平台、生产储卸装置等海洋油气装备的含油污水和油性混合物，应当经过处理达标后排放；残油、废油应当予以回收，不得排放入海。钻井所使用的油基泥浆和其他有毒复合泥浆不得排放入海。水基泥浆和无毒复合泥浆及钻屑的排放，应当符合国家有关规定。

（8）海洋油气钻井平台（船）、生产生活平台、生产储卸装置等海洋油气装备及其有关海上设施，不得向海域处置含油的工业固体废物。处置其他固体废物，不得造成海洋环境污染。

（9）海上试油时，应当确保油气充分燃烧，油和油性混合物不得排放入海。

（10）勘探开发海洋油气资源，应当按照有关规定编制油气污染应急预案，报国务院生态环境主管部门海域派出机构备案。

### （六）废弃物倾倒污染防治

（1）任何个人和未经批准的单位，不得向中华人民共和国管辖海域倾倒任何废弃物。需要倾倒废弃物的，产生废弃物的单位应当向国务院生态环境主管部门海域派出机构提出书面申请，并出具废弃物特性和成分检验报告，取得倾倒许可证后，方可倾倒。

国家鼓励疏浚物等废弃物的综合利用，避免或者减少海洋倾倒。禁止中华人民共和国境外的废弃物在中华人民共和国管辖海域倾倒。

（2）国务院生态环境主管部门根据废弃物的毒性、有毒物质含量和对海洋环境影响程度，制定海洋倾倒废弃物评价程序和标准。可以向海洋倾倒的废弃物名录，由国务院生态环境主管部门制定。

（3）国务院生态环境主管部门会同国务院自然资源主管部门编制全国海洋倾倒区规划，并征求国务院交通运输、渔业等部门和海警机构的意见，报国务院批准。国务院生态环境主管部门根据全国海洋倾倒区规划，按照科学、合理、经济、安全的原则及时选划海洋倾倒区，征求国务院交通运输、渔业等部门和海警机构的意见，并向社会公告。

（4）国务院生态环境主管部门组织开展海洋倾倒区使用状况评估，根据评估结果予以调整、暂停使用或者封闭海洋倾倒区。海洋倾倒区的调整、暂停使用和封闭情况，应当通报国务院有关部门、海警机构并向社会公布。

（5）获准和实施倾倒废弃物的单位，应当按照许可证注明的期限及条件，到指定的区域进行倾倒。倾倒作业船舶等载运工具应当安装使用符合要求的海洋倾倒在线监控设备，并与国务院生态环境主管部门监管系统联网。

（6）获准和实施倾倒废弃物的单位，应当按照规定向颁发许可证的国务院生态环境主管部门海域派出机构报告倾倒情况。倾倒废弃物的船舶应当向驶出港的海事管理机构、海警机构作出报告。

（7）禁止在海上焚烧废弃物。禁止在海上处置污染海洋环境、破坏海洋生态的放射性废物或者其他放射性物质。

（8）获准倾倒废弃物的单位委托实施废弃物海洋倾倒作业的,应当对受托单位的主体资格、技术能力和信用状况进行核实,依法签订书面合同,在合同中约定污染防治与生态保护要求,并监督实施。受托单位实施废弃物海洋倾倒作业,应当依照有关法律法规的规定和合同约定,履行污染防治和生态保护要求。获准倾倒废弃物的单位违反（1）规定的,除依照有关法律法规的规定予以处罚外,还应当与造成环境污染、生态破坏的受托单位承担连带责任。

### （七）船舶及有关作业活动污染防治

（1）在中华人民共和国管辖海域,任何船舶及相关作业不得违法向海洋排放船舶垃圾、生活污水、含油污水、含有毒有害物质污水、废气等污染物,废弃物,压载水和沉积物及其他有害物质。

船舶应当按照国家有关规定采取有效措施,对压载水和沉积物进行处理处置,严格防控引入外来有害生物。

从事船舶污染物、废弃物接收和船舶清舱、洗舱作业活动的,应当具备相应的接收处理能力。

（2）船舶应当配备相应的防污设备和器材。

船舶的结构、配备的防污设备和器材应当符合国家防治船舶污染海洋环境的有关规定,并经检验合格。

船舶应当取得并持有防治海洋环境污染的证书与文书,在进行涉及船舶污染物、压载水和沉积物排放及操作时,应当按照有关规定监测、监控,如实记录并保存。

（3）船舶应当遵守海上交通安全法律、法规的规定,防止因碰撞、触礁、搁浅、火灾或者爆炸等引起的海上事故,造成海洋环境的污染。

（4）国家完善并实施船舶油污损害民事赔偿责任制度;按照船舶油污损害赔偿责任由船东和货主共同承担风险的原则,完善并实施船舶油污保险、油污损害赔偿基金制度,具体办法由国务院规定。

（5）载运具有污染危害性货物进出港口的船舶,其承运人、货物所有人或者代理人,应当事先向海事管理机构申报。经批准后,方可进出港口或者装卸作业。

（6）交付船舶载运污染危害性货物的,托运人应当将货物的正式名称、污染危害性以及应当采取的防护措施如实告知承运人。污染危害性货物的单证、包装、标志、数量限制等,应当符合对所交付货物的有关规定。

需要船舶载运污染危害性不明的货物,应当按照有关规定事先进行评估。

装卸油类及有毒有害货物的作业,船岸双方应当遵守安全防污操作规程。

（7）港口、码头、装卸站和船舶修造拆解单位所在地县级以上地方人民政府应当统筹规划建设船舶污染物等的接收、转运、处理处置设施,建立相应的接收、转运、处理处置多部门联合监管制度。

沿海县级以上地方人民政府负责对其管理海域的渔港和渔业船舶停泊点及周边区域污染防治的监督管理,规范生产生活污水和渔业垃圾回收处置,推进污染防治设备建设和环境清理整治。

港口、码头、装卸站和船舶修造拆解单位应当按照有关规定配备足够的用于处理船舶污染物、废弃物的接收设施,使该设施处于良好状态并有效运行。

装卸油类等污染危害性货物的港口、码头、装卸站和船舶应当编制污染应急预案,并配备相应的污染应急设备和器材。

（8）国家海事管理机构组织制定中国籍船舶禁止或者限制安装和使用的有害材料名录。

船舶修造单位或者船舶所有人、经营人或者管理人应当在船上备有有害材料清单，在船舶建造、营运和维修过程中持续更新，并在船舶拆解前提供给从事船舶拆解的单位。

（9）从事船舶拆解的单位，应当采取有效的污染防治措施，在船舶拆解前将船舶污染物减至最小量，对拆解产生的船舶污染物、废弃物和其他有害物质进行安全与环境无害化处置。拆解的船舶部件不得进入水体。

禁止采取冲滩方式进行船舶拆解作业。

（10）国家倡导绿色低碳智能航运，鼓励船舶使用新能源或者清洁能源，淘汰高耗能高排放老旧船舶，减少温室气体和大气污染物的排放。沿海县级以上地方人民政府应当制订港口岸电、船舶受电等设施建设和改造计划，并组织实施。港口岸电设施的供电能力应当与靠港船舶的用电需求相适应。

船舶应当按照国家有关规定采取有效措施提高能效水平。具备岸电使用条件的船舶靠港应当按照国家有关规定使用岸电，但是使用清洁能源的除外。具备岸电供应能力的港口经营人、岸电供电企业应当按照国家有关规定为具备岸电使用条件的船舶提供岸电。

国务院和沿海县级以上地方人民政府对港口岸电设施、船舶受电设施的改造和使用，清洁能源或者新能源动力船舶建造等按照规定给予支持。

（11）船舶及有关作业活动应当遵守有关法律法规和标准，采取有效措施，防止造成海洋环境污染。海事管理机构等应当加强对船舶及有关作业活动的监督管理。

船舶进行散装液体污染危害性货物的过驳作业，应当编制作业方案，采取有效的安全和污染防治措施，并事先按照有关规定报经批准。

（12）船舶发生海上事故，造成或者可能造成海洋环境重大污染损害的，国家海事管理机构有权强制采取避免或者减少污染损害的措施。

对在公海上因发生海上事故，造成中华人民共和国管辖海域重大污染损害后果或者具有污染威胁的船舶、海上设施，国家海事管理机构有权采取与实际的或者可能发生的损害相称的必要措施。

（13）所有船舶均有监视海上污染的义务，在发现海上污染事件或者违反本法规定的行为时，应当立即向就近的依照本法规定行使海洋环境监督管理权的部门或者机构报告。

民用航空器发现海上排污或者污染事件，应当及时向就近的民用航空空中交通管制单位报告。接到报告的单位，应当立即向依照本法规定行使海洋环境监督管理权的部门或者机构通报。

（14）国务院交通运输主管部门可以划定船舶污染物排放控制区。进入控制区的船舶应当符合船舶污染物排放相关控制要求。

## （八）法律责任

（1）违反本法规定，有下列行为之一，由依照本法规定行使海洋环境监督管理权的部门或者机构责令改正或者责令采取限制生产、停产整治等措施，并处以罚款；情节严重的，报经有批准权的人民政府批准，责令停业、关闭：

①向海域排放本法禁止排放的污染物或者其他物质的；

②未依法取得排污许可证排放污染物的；

③超过标准、总量控制指标排放污染物的；

④通过私设暗管或者篡改、伪造监测数据，或者不正常运行污染防治设施等逃避监管的方式违法向海洋排放污染物的；

⑤违反本法有关船舶压载水和沉积物排放和管理规定的；

⑥其他未依照本法规定向海洋排放污染物、废弃物的。

有上述①、②行为之一的，处二十万元以上一百万元以下的罚款；有上述③行为的，处十万元以上一百万元以下的罚款；有上述④行为的，处十万元以上一百万元以下的罚款，情节严重的，吊销排污许可证；有上述⑤、⑥行为之一的，处一万元以上二十万元以下的罚款。个人擅自在岸滩弃置、堆放和处理生活垃圾的，按次处一百元以上一千元以下的罚款。

（2）违反本法规定，有下列行为之一，由依照本法规定行使海洋环境监督管理权的部门或者机构责令改正，处以罚款：

①未依法公开排污信息或者弄虚作假的；

②因发生事故或者其他突发性事件，造成或者可能造成海洋环境污染、生态破坏事件，未按照规定通报或者报告的；

③未按照有关规定制定应急预案并备案，或者未按照有关规定配备应急设备、器材的；

④因发生事故或者其他突发性事件，造成或者可能造成海洋环境污染、生态破坏事件，未立即采取有效措施或者逃逸的；

⑤未采取必要应对措施，造成海洋生态灾害危害扩大的。

有上述①行为的，处二万元以上二十万元以下的罚款，拒不改正的，责令限制生产、停产整治；有上述②行为的，处五万元以上五十万元以下的罚款，对直接负责的主管人员和其他直接责任人员处一万元以上十万元以下的罚款，并可以暂扣或者吊销相关任职资格许可；有上述③行为的，处二万元以上二十万元以下的罚款；有上述④、⑤行为之一的，处二十万元以上二百万元以下的罚款。

（3）违反本法规定，拒绝、阻挠调查和现场检查，或者在被检查时弄虚作假的，由依照本法规定行使海洋环境监督管理权的部门或者机构责令改正，处五万元以上二十万元以下的罚款；对直接负责的主管人员和其他直接责任人员处二万元以上十万元以下的罚款。

（4）违反本法规定，造成珊瑚礁等海洋生态系统或者自然保护地破坏的，由依照本法规定行使海洋环境监督管理权的部门或者机构责令改正、采取补救措施，处每平方米一千元以上一万元以下的罚款。

（5）违反本法规定，有下列行为之一，由依照本法规定行使海洋环境监督管理权的部门或者机构责令改正，处以罚款：

①占用、损害自然岸线的；

②在严格保护岸线范围内开采海砂的；

③违反本法其他关于海砂、矿产资源规定的。

有上述①行为的，处每米五百元以上一万元以下的罚款；有上述②行为的，处货值金额两倍以上二十倍以下的罚款，货值金额不足十万元的，处二十万元以上二百万元以下的罚款；有上述③行为的，处五万元以上五十万元以下的罚款。

（6）违反本法规定，从事海水养殖活动有下列行为之一，由依照本法规定行使海洋环境监督管理权的部门或者机构责令改正，处二万元以上二十万元以下的罚款；情节严重的，报经有

批准权的人民政府批准,责令停业、关闭:

①违反禁养区、限养区规定的;

②违反养殖规模、养殖密度规定的;

③违反投饵、投肥、药物使用规定的;

④未按照有关规定对养殖尾水自行监测的。

(7)违反本法规定设置入海排污口的,由生态环境主管部门责令关闭或者拆除,处二万元以上十万元以下的罚款;拒不关闭或者拆除的,强制关闭、拆除,所需费用由违法者承担,处十万元以上五十万元以下的罚款;情节严重的,可以责令停产整治。

违反本法规定,设置入海排污口未备案的,由生态环境主管部门责令改正,处二万元以上十万元以下的罚款。

违反本法规定,入海排污口的责任主体未按照规定开展监控、自动监测的,由生态环境主管部门责令改正,处二万元以上十万元以下的罚款;拒不改正的,可以责令停产整治。

自然资源、渔业等部门和海事管理机构、海警机构、军队生态环境保护部门发现上述违法行为之一的,应当通报生态环境主管部门。

(8)违反本法规定,经中华人民共和国管辖海域,转移危险废物的,由国家海事管理机构责令非法运输该危险废物的船舶退出中华人民共和国管辖海域,处五十万元以上五百万元以下的罚款。

(9)违反本法规定,建设单位未落实建设项目投资计划有关要求的,由生态环境主管部门责令改正,处五万元以上二十万元以下的罚款;拒不改正的,处二十万元以上一百万元以下的罚款。

违反本法规定,建设单位未依法报批或者报请重新审核环境影响报告书(表),擅自开工建设的,由生态环境主管部门或者海警机构责令其停止建设,根据违法情节和危害后果,处建设项目总投资额1%以上5%以下的罚款,并可以责令恢复原状;对建设单位直接负责的主管人员和其他直接责任人员,依法给予处分。建设单位未依法备案环境影响登记表的,由生态环境主管部门责令备案,处五万元以下的罚款。

(10)违反本法规定,在依法划定的自然保护地、重要渔业水域及其他需要特别保护的区域建设污染环境、破坏生态的工程建设项目或者从事其他活动,或者在沿海陆域新建不符合国家产业政策的生产项目的,由县级以上人民政府按照管理权限责令关闭。

违反生态环境准入清单进行生产建设活动的,由依照本法规定行使海洋环境监督管理权的部门或者机构责令停止违法行为,限期拆除并恢复原状,所需费用由违法者承担,处五十万元以上五百万元以下的罚款,对直接负责的主管人员和其他直接责任人员处五万元以上十万元以下的罚款;情节严重的,报经有批准权的人民政府批准,责令关闭。

(11)违反本法规定,环境保护设施未与主体工程同时设计、同时施工、同时投产使用的,或者环境保护设施未建成、未达到规定要求、未经验收或者经验收不合格即投入生产、使用的,由生态环境主管部门或者海警机构责令改正,处二十万元以上一百万元以下的罚款;拒不改正的,处一百万元以上二百万元以下的罚款;对直接负责的主管人员和其他责任人员处五万元以上二十万元以下的罚款;造成重大环境污染、生态破坏的,责令其停止生产、使用,或者报经有批准权的人民政府批准,责令关闭。

(12)违反本法规定,工程建设项目有下列行为之一,由依照本法规定行使海洋环境监督管理权的部门或者机构责令其停止违法行为、消除危害,处二十万元以上一百万元以下的罚款;情节严重的,报经有批准权的人民政府批准,责令停业、关闭:

①使用含超标准放射性物质或者易溶出有毒有害物质的材料的;

②造成领海基点及其周围环境的侵蚀、淤积、损害,或者危及领海基点稳定的。

(13)违反本法规定进行海洋油气勘探开发活动,造成海洋环境污染的,由海警机构责令改正,给予警告,并处二十万元以上一百万元以下的罚款。

(14)违反本法规定,有下列行为之一,由国务院生态环境主管部门及其海域派出机构、海事管理机构或者海警机构责令改正,处以罚款,必要时可以扣押船舶;情节严重的,报经有批准权的人民政府批准,责令停业、关闭:

①倾倒废弃物的船舶驶出港口未报告的;

②未取得倾倒许可证,向海洋倾倒废弃物的;

③在海上焚烧废弃物或者处置放射性废物及其他放射性物质的。

有上述①行为的,对违法船舶的所有人、经营人或者管理人处三千元以上三万元以下的罚款,对船长、责任船员或者其他责任人员处五百元以上五千元以下的罚款;有上述②行为的,处二十万元以上二百万元以下的罚款;有前款第三项行为的,处五十万元以上五百万元以下的罚款。有上述②、③行为之一,两年内受到行政处罚三次以上的,三年内不得从事废弃物海洋倾倒活动。

(15)违反本法规定,有下列行为之一,由国务院生态环境主管部门及其海域派出机构、海事管理机构或者海警机构责令改正,处以罚款,暂扣或者吊销倾倒许可证,必要时可以扣押船舶;情节严重的,报经有批准权的人民政府批准,责令停业、关闭:

①未按照国家规定报告倾倒情况的;

②未按照国家规定安装使用海洋倾废在线监控设备的;

③获准倾倒废弃物的单位未依照本法规定委托实施废弃物海洋倾倒作业或者未依照本法规定监督实施的;

④未按照倾倒许可证的规定倾倒废弃物的。

有上述①行为的,按次处五千元以上二万元以下的罚款;有上述②行为的,处二万元以上二十万元以下的罚款;有上述③行为的,处三万元以上三十万元以下的罚款;有上述④行为的,处二十万元以上一百万元以下的罚款,被吊销倾倒许可证的,三年内不得从事废弃物海洋倾倒活动。

以提供虚假申请材料、欺骗、贿赂等不正当手段申请取得倾倒许可证的,由国务院生态环境主管部门及其海域派出机构依法撤销倾倒许可证,并处二十万元以上五十万元以下的罚款;三年内不得再次申请倾倒许可证。

(16)违反本法规定,将中华人民共和国境外废弃物运进中华人民共和国管辖海域倾倒的,由海警机构责令改正,根据造成或者可能造成的危害后果,处五十万元以上五百万元以下的罚款。

(17)违反本法规定,有下列行为之一,由依照本法规定行使海洋环境监督管理权的部门或者机构责令改正,处以罚款:

①港口、码头、装卸站、船舶修造拆解单位未按照规定配备或者有效运行船舶污染物、废弃物接收设施,或者船舶的结构、配备的防污设备和器材不符合国家防污规定或者未经检验合格

的；

②从事船舶污染物、废弃物接收和船舶清舱、洗舱作业活动，不具备相应接收处理能力的；

③从事船舶拆解、旧船改装、打捞和其他水上、水下施工作业，造成海洋环境污染损害的；

④采取冲滩方式进行船舶拆解作业的。

有上述①、②行为之一的，处二万元以上三十万元以下的罚款；有上述③行为的，处五万元以上二十万元以下的罚款；有上述④行为的，处十万元以上一百万元以下的罚款。

（18）违反本法规定，有下列行为之一，由依照本法规定行使海洋环境监督管理权的部门或者机构责令改正，处以罚款：

①未在船上备有有害材料清单，未在船舶建造、营运和维修过程中持续更新有害材料清单，或者未在船舶拆解前将有害材料清单提供给从事船舶拆解单位的；

②船舶未持有防污证书、防污文书，或者不按照规定监测、监控，如实记载和保存船舶污染物、压载水和沉积物的排放及操作记录的；

③船舶采取措施提高能效水平未达到有关规定的；

④进入控制区的船舶不符合船舶污染物排放相关控制要求的；

⑤具备岸电供应能力的港口经营人、岸电供电企业未按照国家规定为具备岸电使用条件的船舶提供岸电的；

⑥具备岸电使用条件的船舶靠港，不按照国家规定使用岸电的。

有上述①行为的，处二万元以下的罚款；有上述②行为的，处十万元以下的罚款；有上述③行为的，处一万元以上十万元以下的罚款；有上述④行为的，处三万元以上三十万元以下的罚款；有上述⑤、⑥行为之一的，处一万元以上十万元以下的罚款，情节严重的，处十万元以上五十万元以下的罚款。

（19）违反本法规定，有下列行为之一，由依照本法规定行使海洋环境监督管理权的部门或者机构责令改正，处以罚款：

①拒报或者谎报船舶载运污染危害性货物申报事项的；

②托运人未将托运的污染危害性货物的正式名称、污染危害性以及应当采取的防护措施如实告知承运人的；

③托运人交付承运人的污染危害性货物的单证、包装、标志、数量限制不符合对所交付货物的有关规定的；

④托运人在托运的普通货物中夹带污染危害性货物或者将污染危害性货物谎报为普通货物的；

⑤需要船舶载运污染危害性不明的货物，未按照有关规定事先进行评估的。

有上述①行为的，处五万元以下的罚款；有上述②行为的，处五万元以上十万元以下的罚款；有上述③、⑤行为之一的，处二万元以上十万元以下的罚款；有上述④行为的，处十万元以上二十万元以下的罚款。

（20）违反本法规定，有下列行为之一，由依照本法规定行使海洋环境监督管理权的部门或者机构责令改正，处一万元以上五万元以下的罚款：

①载运具有污染危害性货物的船舶未经许可进出港口或者装卸作业的；

②装卸油类及有毒有害货物的作业，船岸双方未遵守安全防污操作规程的；

③船舶进行散装液体污染危害性货物的过驳作业，未编制作业方案或者未按照有关规定

报经批准的。

（21）企业事业单位和其他生产经营者违反本法规定向海域排放、倾倒、处置污染物、废弃物或者其他物质，受到罚款处罚，被责令改正的，依法做出处罚决定的部门或者机构应当组织复查，发现其继续实施该违法行为或者拒绝、阻挠复查的，依照《中华人民共和国环境保护法》的规定按日连续处罚。

（22）对污染海洋环境、破坏海洋生态，造成他人损害的，依照《中华人民共和国民法典》等法律的规定承担民事责任。

对污染海洋环境、破坏海洋生态，给国家造成重大损失的，由依照本法规定行使海洋环境监督管理权的部门代表国家对责任者提出损害赔偿要求。

上文规定的部门不提起诉讼的，人民检察院可以向人民法院提起诉讼。上文规定的部门提起诉讼的，人民检察院可以支持起诉。

（23）对违反本法规定，造成海洋环境污染、生态破坏事故的单位，除依法承担赔偿责任外，由依照本法规定行使海洋环境监督管理权的部门或者机构处以罚款；对直接负责的主管人员和其他直接责任人员可以处上一年度从本单位取得收入 50% 以下的罚款；直接负责的主管人员和其他直接责任人员属于公职人员的，依法给予处分。

对造成一般或者较大海洋环境污染、生态破坏事故的，按照直接损失的 20% 计算罚款；对造成重大或者特大海洋环境污染、生态破坏事故的，按照直接损失的 30% 计算罚款。

（24）完全属于下列情形之一，经过及时采取合理措施，仍然不能避免对海洋环境造成污染损害的，造成污染损害的有关责任者免予承担责任：

①战争；

②不可抗拒的自然灾害；

③负责灯塔或者其他助航设备的主管部门，在执行职责时的疏忽，或者其他过失行为。

（25）未依照本法规定缴纳倾倒费的，由国务院生态环境主管部门及其海域派出机构责令限期缴纳；逾期拒不缴纳的，处应缴纳倾倒费数额一倍以上三倍以下的罚款，并可以报经有批准权的人民政府批准，责令停业、关闭。

（26）海洋环境监督管理人员滥用职权、玩忽职守、徇私舞弊，造成海洋环境污染损害、生态破坏的，依法给予处分。

（27）违反本法规定，构成违反治安管理行为的，依法给予治安管理处罚；构成犯罪的，依法追究刑事责任。

### （九）附则

（1）本法中下列用语的含义是：

①海洋环境污染损害，是指直接或者间接地把物质或者能量引入海洋环境，产生损害海洋生物资源、危害人体健康、妨害渔业和海上其他合法活动、损害海水使用素质和减损环境质量等有害影响。

②内水，是指我国领海基线向内陆一侧的所有海域。

③沿海陆域，是指与海岸相连，或者通过管道、沟渠、设施，直接或者间接向海洋排放污染物及其相关活动的一带区域。

④滨海湿地，是指低潮时水深不超过六米的水域及其沿岸浸湿地带，包括水深不超过六米的永久性水域、潮间带（或者洪泛地带）和沿海低地等，但是用于养殖的人工的水域和滩涂

除外。

⑤陆地污染源（简称陆源），是指从陆地向海域排放污染物，造成或者可能造成海洋环境污染的场所、设施等。

⑥陆源污染物，是指由陆地污染源排放的污染物。

⑦倾倒，是指通过船舶、航空器、平台或者其他载运工具，向海洋处置废弃物和其他有害物质的行为，包括弃置船舶、航空器、平台及其辅助设施和其他浮动工具的行为。

⑧海岸线，是指多年大潮平均高潮位时海陆分界痕迹线，以国家组织开展的海岸线修测结果为准。

⑨入海河口，是指河流终端与受水体（海）相结合的地段。

⑩海洋生态灾害，是指受自然环境变化或者人为因素影响，导致一种或者多种海洋生物爆发性增殖或者高度聚集，对海洋生态系统结构和功能造成损害。

⑪渔业水域，是指鱼虾蟹贝类的产卵场、索饵场、越冬场、洄游通道和鱼虾蟹贝藻类及其他水生动植物的养殖场。

⑫排放，是指把污染物排入海洋的行为，包括泵出、溢出、泄出、喷出和倒出。

⑬油类，是指任何类型的油及其炼制品。

⑭入海排污口，是指直接或者通过管道、沟、渠等排污通道向海洋环境水体排放污水的口门，包括工业排污口、城镇污水处理厂排污口、农业排口及其他排口等类型。

⑮油性混合物，是指任何含有油分的混合物。

⑯海上焚烧，是指以热摧毁为目的，在海上焚烧设施上，故意焚烧废弃物或者其他物质的行为，但是船舶、平台或者其他人工构造物正常操作中所附带发生的行为除外。

（2）涉及海洋环境监督管理的有关部门的具体职权划分，本法未做规定的，由国务院规定。中华人民共和国缔结或者参加的与海洋环境保护有关的国际条约与本法有不同规定的，适用国际条约的规定；但是，中华人民共和国声明保留的条款除外。

## 二、防治船舶污染海洋环境管理条例

为了防治船舶及其有关作业活动污染海洋环境，根据《中华人民共和国海洋环境保护法》，制定本条例。（本条例于2009年9月9日由中华人民共和国国务院令第561号公布，根据2013年7月31日国务院令第638号公布第一次修订，根据2013年12月4日国务院令第645号公布第二次修订，根据国务院令第653号第三次修订，根据2016年2月6日《国务院关于修改部分行政法规的决定》第四次修订，根据2017年3月1日国务院令第676号《国务院关于修改和废止部分行政法规的决定》第五次修订，根据2018年3月19日国务院令第698号《国务院关于修改和废止部分行政法规的决定》第六次修订。最新修订自公布之日起施行。）

**（一）总则**

1. 适用范围

防治船舶及其有关作业活动污染中华人民共和国管辖海域适用本条例。防治船舶及其有关作业活动污染海洋环境，实行预防为主、防治结合的原则。

2. 主管机关

国务院交通运输主管部门主管所辖港区水域内非军事船舶和港区水域外非渔业、非军事船舶污染海洋环境的防治工作。

海事管理机构依照本条例规定具体负责防治船舶及其有关作业活动污染海洋环境的监督管理。

国务院交通运输主管部门应当根据防治船舶及其有关作业活动污染海洋环境的需要,组织编制防治船舶及其有关作业活动污染海洋环境应急能力建设规划,报国务院批准后公布实施。

沿海设区的市级以上地方人民政府应当按照国务院批准的防治船舶及其有关作业活动污染海洋环境应急能力建设规划,并根据本地区的实际情况,组织编制相应的防治船舶及其有关作业活动污染海洋环境应急能力建设规划。

国务院交通运输主管部门、沿海设区的市级以上地方人民政府应当建立健全防治船舶及其有关作业活动污染海洋环境应急反应机制,并制定防治船舶及其有关作业活动污染海洋环境应急预案。

海事管理机构应当根据防治船舶及其有关作业活动污染海洋环境的需要,会同海洋主管部门建立健全船舶及其有关作业活动污染海洋环境的监测、监视机制,加强对船舶及其有关作业活动污染海洋环境的监测、监视。

国务院交通运输主管部门、沿海设区的市级以上地方人民政府应当按照防治船舶及其有关作业活动污染海洋环境应急能力建设规划,建立专业应急队伍和应急设备库,配备专用的设施、设备和器材。

任何单位和个人发现船舶及其有关作业活动造成或者可能造成海洋环境污染的,应当立即就近向海事管理机构报告。

### (二)防治船舶及其有关作业活动污染海洋环境的一般规定

(1)船舶的结构、设备、器材应当符合国家有关防治船舶污染海洋环境的技术规范以及中华人民共和国缔结或者参加的国际条约的要求。

船舶应当依照法律、行政法规、国务院交通运输主管部门的规定以及中华人民共和国缔结或者参加的国际条约的要求,取得并随船携带相应的防治船舶污染海洋环境的证书、文书。

(2)中国籍船舶的所有人、经营人或者管理人应当按照国务院交通运输主管部门的规定,建立健全安全营运和防治船舶污染管理体系。

海事管理机构应当对安全营运和防治船舶污染管理体系进行审核,审核合格的,发给符合证明和相应的船舶安全管理证书。

(3)港口、码头、装卸站以及从事船舶修造的单位应当配备与其装卸货物种类和吞吐能力或者修造船舶能力相适应的污染监视设施和污染物接收设施,并使其处于良好状态。

(4)港口、码头、装卸站以及从事船舶修造、打捞、拆解等作业活动的单位应当制定有关安全营运和防治污染的管理制度,按照国家有关防治船舶及其有关作业活动污染海洋环境的规范和标准,配备相应的防治污染设备和器材。

港口、码头、装卸站以及从事船舶修造、打捞、拆解等作业活动的单位,应当定期检查、维护配备的防治污染设备和器材,确保防治污染设备和器材符合防治船舶及其有关作业活动污染海洋环境的要求。

(5)船舶所有人、经营人或者管理人应当制定防治船舶及其有关作业活动污染海洋环境的应急预案,并报海事管理机构备案。

港口、码头、装卸站的经营人以及有关作业单位应当制定防治船舶及其有关作业活动污染海洋环境的应急预案，并报海事管理机构和环境保护主管部门备案。

船舶、港口、码头、装卸站以及其他有关作业单位应当按照应急预案，定期组织演练，并做好相应记录。

### （三）船舶污染物的排放和接收

（1）船舶在中华人民共和国管辖海域向海洋排放的船舶垃圾、生活污水、含油污水、含有毒有害物质污水、废气等污染物以及压载水，应当符合法律、行政法规、中华人民共和国缔结或者参加的国际条约以及相关标准的要求。

船舶应当将不符合上文规定的排放要求的污染物排入港口接收设施或者由船舶污染物接收单位接收。

船舶不得向依法划定的海洋自然保护区、海滨风景名胜区、重要渔业水域以及其他需要特别保护的海域排放船舶污染物。

（2）船舶处置污染物，应当在相应的记录簿内如实记录。

船舶应当将使用完毕的船舶垃圾记录簿在船舶上保留 2 年；将使用完毕的含油污水、含有毒有害物质污水记录簿在船舶上保留 3 年。

（3）船舶污染物接收单位从事船舶垃圾、残油、含油污水、含有毒有害物质污水接收作业，应当编制作业方案，遵守相关操作规程，并采取必要的防污染措施。船舶污染物接收单位应当将船舶污染物接收情况按照规定向海事管理机构报告。

（4）船舶污染物接收单位接收船舶污染物，应当向船舶出具污染物接收单证，经双方签字确认并留存至少 2 年。污染物接收单证应当注明作业双方名称，作业开始和结束的时间、地点，以及污染物种类、数量等内容。船舶应当将污染物接收单证保存在相应的记录簿中。

（5）船舶污染物接收单位应当按照国家有关污染物处理的规定处理接收的船舶污染物，并每月将船舶污染物的接收和处理情况报海事管理机构备案。

### （四）船舶有关作业活动的污染防治

（1）从事船舶清舱、洗舱、油料供受、装卸、过驳、修造、打捞、拆解，污染危害性货物装箱、充罐，污染清除作业以及利用船舶进行水上水下施工等作业活动的，应当遵守相关操作规程，并采取必要的安全和防治污染的措施。

从事上文规定的作业活动的人员，应当具备相关安全和防治污染的专业知识和技能。

（2）船舶不符合污染危害性货物适载要求的，不得载运污染危害性货物，码头、装卸站不得为其进行装载作业。污染危害性货物的名录由国家海事管理机构公布。

（3）载运污染危害性货物进出港口的船舶，其承运人、货物所有人或者代理人，应当向海事管理机构提出申请，经批准方可进出港口或者过境停留。

（4）载运污染危害性货物的船舶，应当在海事管理机构公布的具有相应安全装卸和污染物处理能力的码头、装卸站进行装卸作业。

（5）货物所有人或者代理人交付船舶载运污染危害性货物，应当确保货物的包装与标志等符合有关安全和防治污染的规定，并在运输单证上准确注明货物的技术名称、编号、类别（性质）、数量、注意事项和应急措施等内容。

货物所有人或者代理人交付船舶载运污染危害性不明的货物，应当委托有关技术机构进行危害性评估,明确货物的危害性质以及有关安全和防治污染要求,方可交付船舶载运。

(6)海事管理机构认为交付船舶载运的污染危害性货物应当申报而未申报,或者申报的内容不符合实际情况的,可以按照国务院交通运输主管部门的规定采取开箱等方式查验。

海事管理机构查验污染危害性货物,货物所有人或者代理人应当到场,并负责搬移货物,开拆和重封货物的包装。海事管理机构认为必要的,可以进行查验、复验或者提取货样,有关单位和个人应当配合。

(7)进行散装液体污染危害性货物过驳作业的船舶,其承运人、货物所有人或者代理人应当向海事管理机构提出申请,告知作业地点,并附送过驳作业方案、作业程序、防治污染措施等材料。

海事管理机构应当自受理申请之日起2个工作日内做出许可或者不予许可的决定。2个工作日内无法做出决定的,经海事管理机构负责人批准,可以延长5个工作日。

(8)依法获得船舶油料供受作业资质的单位,应当向海事管理机构备案。海事管理机构应当对船舶油料供受作业进行监督检查,发现不符合安全和防治污染要求的,应当予以制止。

(9)船舶燃油供给单位应当如实填写燃油供受单证,并向船舶提供船舶燃油供受单证和燃油样品。船舶和船舶燃油供给单位应当将燃油供受单证保存3年,并将燃油样品妥善保存1年。

(10)船舶修造、水上拆解的地点应当符合环境功能区划和海洋功能区划。

(11)从事船舶拆解的单位在船舶拆解作业前,应当对船舶上的残余物和废弃物进行处置,将油舱(柜)中的存油驳出,进行船舶清舱、洗舱、测爆等工作。从事船舶拆解的单位应当及时清理船舶拆解现场,并按照国家有关规定处理船舶拆解产生的污染物。禁止采取冲滩方式进行船舶拆解作业。

(12)禁止船舶经过中华人民共和国内水、领海转移危险废物。经过中华人民共和国管辖的其他海域转移危险废物的,应当事先取得国务院环境保护主管部门的书面同意,并按照海事管理机构指定的航线航行,定时报告船舶所处的位置。

(13)船舶向海洋倾倒废弃物,应当如实记录倾倒情况。返港后,应当向驶出港所在地的海事管理机构提交书面报告。

(14)载运散装液体污染危害性货物的船舶和1万总吨以上的其他船舶,其经营人应当在作业前或者进出港口前与符合国家有关技术规范的污染清除作业单位签订污染清除作业协议,明确双方在发生船舶污染事故后污染清除的权利和义务。

与船舶经营人签订污染清除作业协议的污染清除作业单位应当在发生船舶污染事故后,按照污染清除作业协议及时进行污染清除作业。

### (五)船舶污染事故应急处置

(1)本条例所称船舶污染事故,是指船舶及其有关作业活动发生油类、油性混合物和其他有毒有害物质泄漏造成的海洋环境污染事故。

(2)船舶污染事故分为以下等级:

①特别重大船舶污染事故,是指船舶溢油1 000吨以上,或者造成直接经济损失2亿元以上的船舶污染事故;

②重大船舶污染事故,是指船舶溢油500吨以上不足1 000吨,或者造成直接经济损失1亿元以上不足2亿元的船舶污染事故;

③较大船舶污染事故,是指船舶溢油 100 吨以上不足 500 吨,或者造成直接经济损失 5 000 万元以上不足 1 亿元的船舶污染事故;

④一般船舶污染事故,是指船舶溢油不足 100 吨,或者造成直接经济损失不足 5 000 万元的船舶污染事故。

(3)船舶在中华人民共和国管辖海域发生污染事故,或者在中华人民共和国管辖海域外发生污染事故造成或者可能造成中华人民共和国管辖海域污染的,应当立即启动相应的应急预案,采取措施控制和消除污染,并就近向有关海事管理机构报告。

发现船舶及其有关作业活动可能对海洋环境造成污染的,船舶、码头、装卸站应当立即采取相应的应急处置措施,并就近向有关海事管理机构报告。

接到报告的海事管理机构应当立即核实有关情况,并向上级海事管理机构或者国务院交通运输主管部门报告,同时报告有关沿海设区的市级以上地方人民政府。

(4)船舶污染事故报告应当包括下列内容:

①船舶的名称、国籍、呼号或者编号;

②船舶所有人、经营人或者管理人的名称、地址;

③发生事故的时间、地点以及相关气象和水文情况;

④事故原因或者事故原因的初步判断;

⑤船舶上污染物的种类、数量、装载位置等概况;

⑥污染程度;

⑦已经采取或者准备采取的污染控制、清除措施和污染控制情况以及救助要求;

⑧国务院交通运输主管部门规定应当报告的其他事项。

作出船舶污染事故报告后出现新情况的,船舶、有关单位应当及时补报。

(5)发生特别重大船舶污染事故,国务院或者国务院授权国务院交通运输主管部门成立事故应急指挥机构。

发生重大船舶污染事故,有关省、自治区、直辖市人民政府应当会同海事管理机构成立事故应急指挥机构。

发生较大船舶污染事故和一般船舶污染事故,有关设区的市级人民政府应当会同海事管理机构成立事故应急指挥机构。

有关部门、单位应当在事故应急指挥机构的统一组织和指挥下,按照应急预案的分工,开展相应的应急处置工作。

(6)船舶发生事故有沉没危险,船员离船前,应当尽可能关闭所有货舱(柜)、油舱(柜)管系的阀门,堵塞货舱(柜)、油舱(柜)通气孔。

船舶沉没的,船舶所有人、经营人或者管理人应当及时向海事管理机构报告船舶燃油、污染危害性货物以及其他污染物的性质、数量、种类、装载位置等情况,并及时采取措施予以清除。

(7)发生船舶污染事故或者船舶沉没,可能造成中华人民共和国管辖海域污染的,有关沿海设区的市级以上地方人民政府、海事管理机构根据应急处置的需要,可以征用有关单位或者个人的船舶和防治污染设施、设备、器材以及其他物资,有关单位和个人应当予以配合。

被征用的船舶和防治污染设施、设备、器材以及其他物资使用完毕或者应急处置工作结束,应当及时返还。船舶和防治污染设施、设备、器材以及其他物资被征用或者征用后毁损、灭失的,应当给予补偿。

(8)发生船舶污染事故,海事管理机构可以采取清除、打捞、拖航、引航、过驳等必要措施,减轻污染损害。相关费用由造成海洋环境污染的船舶、有关作业单位承担。

需要承担上文规定费用的船舶,应当在开航前缴清相关费用或者提供相应的财务担保。

(9)处置船舶污染事故使用的消油剂,应当符合国家有关标准。

### (六)船舶污染事故调查处理

(1)船舶污染事故的调查处理依照下列规定进行:

①特别重大船舶污染事故由国务院或者国务院授权国务院交通运输主管部门等部门组织事故调查处理;

②重大船舶污染事故由国家海事管理机构组织事故调查处理;

③较大船舶污染事故和一般船舶污染事故由事故发生地的海事管理机构组织事故调查处理。

船舶污染事故给渔业造成损害的,应当吸收渔业主管部门参与调查处理;给军事港口水域造成损害的,应当吸收军队有关主管部门参与调查处理。

(2)发生船舶污染事故,组织事故调查处理的机关或者海事管理机构应当及时、客观、公正地开展事故调查,勘验事故现场,检查相关船舶,询问相关人员,搜集证据,查明事故原因。

(3)组织事故调查处理的机关或者海事管理机构根据事故调查处理的需要,可以暂扣相应的证书、文书、资料;必要时,可以禁止船舶驶离港口或者责令停航、改航、停止作业直至暂扣船舶。

(4)组织事故调查处理的机关或者海事管理机构开展事故调查时,船舶污染事故的当事人和其他有关人员应当如实反映情况和提供资料,不得伪造、隐匿、毁灭证据或者以其他方式妨碍调查取证。

(5)组织事故调查处理的机关或者海事管理机构应当自事故调查结束之日起 20 个工作日内制作事故认定书,并送达当事人。事故认定书应当载明事故基本情况、事故原因和事故责任。

### (七)船舶污染事故损害赔偿

(1)造成海洋环境污染损害的责任者,应当排除危害,并赔偿损失;完全由于第三者的故意或者过失,造成海洋环境污染损害的,由第三者排除危害,并承担赔偿责任。

(2)完全属于下列情形之一,经过及时采取合理措施,仍然不能避免对海洋环境造成污染损害的,免予承担责任:

①战争;

②不可抗拒的自然灾害;

③负责灯塔或者其他助航设备的主管部门,在执行职责时的疏忽,或者其他过失行为。

(3)船舶污染事故的赔偿限额依照《中华人民共和国海商法》关于海事赔偿责任限制的规定执行。但是,船舶载运的散装持久性油类物质造成中华人民共和国管辖海域污染的,赔偿限额依照中华人民共和国缔结或者参加的有关国际条约的规定执行。上文所称持久性油类物质,是指任何持久性烃类矿物油。

(4)在中华人民共和国管辖海域内航行的船舶,其所有人应当按照国务院交通运输主管部门的规定,投保船舶油污损害民事责任保险或者取得相应的财务担保。但是,1 000 总吨以下载运非油类物质的船舶除外。

船舶所有人投保船舶油污损害民事责任保险或者取得的财务担保的额度应当不低于《中华人民共和国海商法》、中华人民共和国缔结或者参加的有关国际条约规定的油污赔偿限额。

(5)已依照本条例相关规定投保船舶油污损害民事责任保险或者取得财务担保的中国籍船舶,其所有人应当持船舶国籍证书、船舶油污损害民事责任保险合同或者财务担保证明,向船籍港的海事管理机构申请办理船舶油污损害民事责任保险证书或者财务保证证书。

(6)发生船舶油污事故,国家组织有关单位进行应急处置、清除污染所发生的必要费用,应当在船舶油污损害赔偿中优先受偿。

(7)在中华人民共和国管辖水域接收海上运输的持久性油类物质货物的货物所有人或者代理人应当缴纳船舶油污损害赔偿基金。船舶油污损害赔偿基金征收、使用和管理的具体办法由国务院财政部门会同国务院交通运输主管部门制定。国家设立船舶油污损害赔偿基金管理委员会,负责处理船舶油污损害赔偿基金的赔偿等事务。船舶油污损害赔偿基金管理委员会由有关行政机关和缴纳船舶油污损害赔偿基金的主要货主组成。

(8)对船舶污染事故损害赔偿的争议,当事人可以请求海事管理机构调解,也可以向仲裁机构申请仲裁或者向人民法院提起民事诉讼。

### (八)法律责任

(1)船舶、有关作业单位违反本条例规定的,海事管理机构应当责令改正;拒不改正的,海事管理机构可以责令停止作业、强制卸载,禁止船舶进出港口、靠泊、过境停留,或者责令停航、改航、离境、驶向指定地点。

(2)违反本条例的规定,船舶的结构不符合国家有关防治船舶污染海洋环境的技术规范或者有关国际条约要求的,由海事管理机构处 10 万元以上 30 万元以下的罚款。

(3)违反本条例的规定,有下列情形之一的,由海事管理机构依照《中华人民共和国海洋环境保护法》有关规定予以处罚:

①船舶未取得并随船携带防治船舶污染海洋环境的证书、文书的;

②船舶、港口、码头、装卸站未配备防治污染设备、器材的;

③船舶向海域排放本条例禁止排放的污染物的;

④船舶未如实记录污染物处置情况的;

⑤船舶超过标准向海域排放污染物的;

⑥从事船舶水上拆解作业,造成海洋环境污染损害的。

(4)违反本条例的规定,船舶未按照规定在船舶上留存船舶污染物处置记录,或者船舶污染物处置记录与船舶运行过程中产生的污染物数量不符合的,由海事管理机构处 2 万元以上 10 万元以下的罚款。

(5)违反本条例的规定,船舶污染物接收单位未经海事管理机构批准,擅自从事船舶垃圾、残油、含油污水、含有毒有害物质污水接收作业的,由海事管理机构处 1 万元以上 5 万元以下的罚款;造成海洋环境污染的,处 5 万元以上 25 万元以下的罚款。

(6)违反本条例的规定,船舶污染物接收单位未按照规定向海事管理机构报告船舶污染物接收情况,或者未按照规定向船舶出具污染物接收单证,或者未按照规定将船舶污染物的接收和处理情况报海事管理机构备案的,由海事管理机构处 2 万元以下的罚款。

（7）违反本条例的规定，有下列情形之一的，由海事管理机构处 2 000 元以上 1 万元以下的罚款：

①船舶未按照规定保存污染物接收单证的；

②船舶燃油供给单位未如实填写燃油供受单证的；

③船舶燃油供给单位未按照规定向船舶提供燃油供受单证和燃油样品的；

④船舶和船舶燃油供给单位未按照规定保存燃油供受单证和燃油样品的。

（8）违反本条例的规定，有下列情形之一的，由海事管理机构处 2 万元以上 10 万元以下的罚款：

①载运污染危害性货物的船舶不符合污染危害性货物适载要求的；

②载运污染危害性货物的船舶未在具有相应安全装卸和污染物处理能力的码头、装卸站进行装卸作业的；

③货物所有人或者代理人未按照规定对污染危害性不明的货物进行危害性评估的。

（9）违反本条例的规定，未经海事管理机构批准，船舶载运污染危害性货物进出港口、过境停留，或者过驳作业的，由海事管理机构处 1 万元以上 5 万元以下的罚款。

（10）违反本条例的规定，有下列情形之一的，由海事管理机构处 2 万元以上 10 万元以下的罚款：

①船舶发生事故沉没，船舶所有人或者经营人未及时向海事管理机构报告船舶燃油、污染危害性货物以及其他污染物的性质、数量、种类、装载位置等情况的；

②船舶发生事故沉没，船舶所有人或者经营人未及时采取措施清除船舶燃油、污染危害性货物以及其他污染物的。

（11）违反本条例的规定，有下列情形之一的，由海事管理机构处 1 万元以上 5 万元以下的罚款：

①载运散装液体污染危害性货物的船舶和 1 万总吨以上的其他船舶，其经营人未按照规定签订污染清除作业协议的；

②污染清除作业单位不符合国家有关技术规范从事污染清除作业的。

（12）违反本条例的规定，发生船舶污染事故，船舶、有关作业单位未立即启动应急预案的，对船舶、有关作业单位，由海事管理机构处 2 万元以上 10 万元以下的罚款；对直接负责的主管人员和其他直接责任人员，由海事管理机构处 1 万元以上 2 万元以下的罚款。直接负责的主管人员和其他直接责任人员属于船员的，并处给予暂扣适任证书或者其他有关证件 1 个月至 3 个月的处罚。

（13）违反本条例的规定，发生船舶污染事故，船舶、有关作业单位迟报、漏报事故的，对船舶、有关作业单位，由海事管理机构处 5 万元以上 25 万元以下的罚款；对直接负责的主管人员和其他直接责任人员，由海事管理机构处 1 万元以上 5 万元以下的罚款。直接负责的主管人员和其他直接责任人员属于船员的，并处给予暂扣适任证书或者其他有关证件 3 个月至 6 个月的处罚。瞒报、谎报事故的，对船舶、有关作业单位，由海事管理机构处 25 万元以上 50 万元以下的罚款；对直接负责的主管人员和其他直接责任人员，由海事管理机构处 5 万元以上 10 万元以下的罚款。直接负责的主管人员和其他直接责任人员属于船员的，并处给予吊销适任证书或者其他有关证件的处罚。

（14）违反本条例的规定，未按照国家规定的标准使用消油剂的，由海事管理机构对船舶或者使用单位处 1 万元以上 5 万元以下的罚款。

（15）违反本条例的规定，船舶污染事故的当事人和其他有关人员，未如实向组织事故调查处理的机关或者海事管理机构反映情况和提供资料，伪造、隐匿、毁灭证据或者以其他方式妨碍调查取证的，由海事管理机构处 1 万元以上 5 万元以下的罚款。

（16）违反本条例的规定，船舶所有人有下列情形之一的，由海事管理机构责令改正，可以处 5 万元以下的罚款；拒不改正的，处 5 万元以上 25 万元以下的罚款：

①在中华人民共和国管辖海域内航行的船舶，其所有人未按照规定投保船舶油污损害民事责任保险或者取得相应的财务担保的；

②船舶所有人投保船舶油污损害民事责任保险或者取得的财务担保的额度低于《中华人民共和国海商法》、中华人民共和国缔结或者参加的有关国际条约规定的油污赔偿限额的。

（17）违反本条例的规定，在中华人民共和国管辖水域接收海上运输的持久性油类物质货物的货物所有人或者代理人，未按照规定缴纳船舶油污损害赔偿基金的，由海事管理机构责令改正；拒不改正的，可以停止其接收的持久性油类物质货物在中华人民共和国管辖水域进行装卸、过驳作业。

货物所有人或者代理人逾期未缴纳船舶油污损害赔偿基金的，应当自应缴之日起按日加缴未缴额的万分之五的滞纳金。

### （九）附则

（1）中华人民共和国缔结或者参加的国际条约对防治船舶及其有关作业活动污染海洋环境有规定的，适用国际条约的规定。但是，中华人民共和国声明保留的条款除外。

（2）县级以上人民政府渔业主管部门负责渔港水域内非军事船舶和渔港水域外渔业船舶污染海洋环境的监督管理，负责保护渔业水域生态环境工作，负责调查处理《中华人民共和国海洋环境保护法》相关条例规定的渔业污染事故。

（3）军队环境保护部门负责军事船舶污染海洋环境的监督管理及污染事故的调查处理。

（4）本修订条例自 2018 年 3 月 19 日起施行。

## 三、船舶水污染物排放控制标准（GB 3552—2018）

为贯彻《中华人民共和国环境保护法》《中华人民共和国水污染防治法》《中华人民共和国海洋环境保护法》《中华人民共和国防治船舶污染海洋环境管理条例》等法律法规，保护环境，防治污染，促进船舶水污染物排放控制技术的进步，推进船舶污染物接收与处理设施建设，推动船舶及相关装置制造业绿色发展，制定本标准。

本标准规定了船舶向环境水体排放含油污水、生活污水、含有毒液体物质的污水和船舶垃圾的排放控制要求，以及标准的实施与监督等要求。

本标准首次发布于 1983 年，环境保护部 2017 年 12 月 25 日修订批准。新修订稿自 2018 年 7 月 1 日起实施，《船舶污染物排放标准》（GB 3552—83）废止。

### （一）适用范围

本标准规定了船舶含油污水、生活污水的污染物排放控制要求和监测要求，含有毒液体物质的污水和船舶垃圾的排放控制要求，以及标准的实施与监督等内容。

本标准适用于中华人民共和国领域和管辖的其他海域内，船舶向环境水体排放含油污水、生活污水、含有毒液体物质的污水和船舶垃圾等行为的监督管理。本标准不适用于为保障船舶安全或救护水上人员生命安全所必需的临时性停放行为。

本标准适用于法律允许的污染物排放行为,在内河和其他特殊保护区域内船舶污染物排放的管理,按照《中华人民共和国环境保护法》《中华人民共和国水污染防治法》《中华人民共和国海洋环境保护法》《中华人民共和国防治船舶污染海洋环境管理条例》等法律法规中关于禁止倾倒垃圾、禁止排放有毒液体物质、禁止在饮用水源保护区排污、防止船载货物溢流和渗漏等具体规定执行。

### (二)术语和定义

下列术语和定义适用于本标准:

(1)船舶,各类排水或者非排水船、艇、水上飞机、潜水器和移动式平台,不包括军事船舶。

(2)总吨,按照船舶适用的法定规则丈量和计算的、用于表征船舶容积的指标,无量纲。

(3)内河,中华人民共和国领域内的河流、湖泊、水库等地表水体。

(4)沿海,中华人民共和国管辖的海域。

(5)环境水体,内河和沿海。

(6)含油污水,船舶运营中产生的含有原油、燃油、润滑油和其他各种石油产品及其残余物的污水,包括机器处所油污水和含货油残余物的油污水。

(7)生活污水,船舶上主要由人员生活产生的污水,包括:

a.任何形式便器的排出物和其他废物;

b.医务室(药房、病房等)的洗手池、洗澡盆,以及这些处所排水孔的排出物;

c.装有活的动物处所的排出物;

d.混有上述排出物或废物的其他污水。

(8)有毒液体物质,对水环境或者人体健康有危害或者会对水资源利用造成损害的物质,包括在《国际散装运输危险化学品船舶构造和设备规则》(IBC 规则)的第 17 或 18 章的污染物种类列表中标明的,或者根据《国际防止船舶造成污染公约》(MARPOL)附则 II 第 6.3 条暂时被评定为 X 类、Y 类或 Z 类物质的任何物质。其中:

a.X 类物质是指对海洋资源或人体健康产生重大危害、禁止排入环境水体的物质;

b.Y 类物质是指对海洋资源或人体健康产生危害、对海上休憩环境或其他合法利用造成损害、需严格限制排入环境水体的物质;

c.Z 类物质是指对海洋资源或人体健康产生的危害较小、限制排入环境水体的物质。

(9)含有毒液体物质的污水,船舶由于洗舱等活动产生的含有毒液体物质的污水。

(10)船舶垃圾,产生于船舶正常营运期间,需要连续或定期处理的废弃物,包括各种塑料废弃物、食品废弃物、生活废弃物、废弃食用油、操作废弃物、货物残留物、动物尸体、废弃渔具和电子垃圾以及废弃物焚烧炉灰渣,不包括以下活动过程中的鱼类(含贝类)及其各部分:

a.航行过程中捕获鱼类(含贝类)的活动;

b.将鱼类(含贝类)安置在船上水产品养殖设施内的活动;

c.将捕获的鱼类(含贝类)从船上水产品养殖设施转移到岸上加工运输的活动。

(11)危害海洋环境物质,《国际防止船舶造成污染公约》(MARPOL)附则 V 的实施导则[MEPC.219(63)决议]中规定的对海洋环境有害的物质。

(12)最近陆地,与所在位置最近的领海基线。

### （三）含油污水排放控制要求

（1）船舶含油污水的排放控制要求按表5-9-1的规定执行。

表5-9-1　船舶含油污水排放控制要求

| 污水类别 | 水域类别 | 船舶类别 | | 排放控制要求 |
|---|---|---|---|---|
| 机器处所油污水 | 内河 | 2021年1月1日之前建造的船舶 | | 自2018年7月1日起,按本标准4.2(见标准原文,下同)执行或收集并排入接收设施 |
| | | 2021年1月1日及以后建造的船舶 | | 收集并排入接收设施 |
| | 沿海 | 400总吨及以上船舶 | | 自2018年7月1日起,按本标准4.2执行或收集并排入接收设施 |
| | | 400总吨以下船舶 | 非渔业船舶 | 自2018年7月1日起,按本标准4.2执行或收集并排入接收设施 |
| | | | 渔业船舶 | (1)自2018年7月1日起至2020年12月31日止,按本标准4.2执行;<br>(2)自2021年1月1日起,按本标准4.2执行或收集并排入接收设施 |
| 含货油残余物的油污水 | 内河 | 全部油船 | | 全部油船自2018年7月1日起,收集并排入接收设施 |
| | 沿海 | 150总吨及以上油船 | | 自2018年7月1日起,收集并排入接收设施,或在船舶航行中排放,并同时满足下列条件:(1)油船距最近陆地50海里以上;<br>(2)排入海中油污水含油量瞬间排放率不超过30升/海里;<br>(3)排入海中油污水含油量不得超过货油总量的1/30 000;<br>(4)排油监控系统运转正常 |
| | | 150总吨以下油船 | | 自2018年7月1日起,收集并排入接收设施 |

（2）机器处所油污水污染物排放控制按表5-9-2的规定执行,排放应在船舶航行中进行。

表5-9-2　船舶机器处所油污水污染物排放限值

| 污染物项目 | 限值 | 污染物排放监控位置 |
|---|---|---|
| 石油类(毫克/升) | 15 | 油污水处理装置出水口 |

（3）生活污水排放控制要求:

自2018年7月1日起,400总吨及以上的船舶,以及400总吨以下且经核定许可载运15人及以上的船舶,在不同水域船舶生活污水的排放控制分别按以下要求执行:

①在内河和距最近陆地3海里以内(含)的海域,船舶生活污水应采用下列方式之一进行处理,不得直接排入环境水体:

a. 利用船载收集装置收集,排入接收设施;

b. 利用船载生活污水处理装置处理,达到规定要求后在航行中排放。

②在距最近陆地 3 海里以外海域,船舶生活污水污染物排放控制按表 5-9-3 的规定执行。

表 5-9-3　距最近陆地 3 海里以外海域,船舶生活污水排放控制要求

| 水域 | 排放控制要求 |
|---|---|
| 与最近陆地间距离:大于 3 海里且小于等于 12 海里的海域 | 同时满足下列条件:<br>(1)使用设备打碎固形物和消毒后排放;<br>(2)船速不低于 4 节,且生活污水排放速率不超过相应船速下的最大允许排放速率 |
| 与最近陆地间距离:大于 12 海里的海域 | 船速不低于 4 节,且生活污水排放速率不超过相应船速下的最大允许排放速率 |

(4)在饮用水水源保护区内,不得排放生活污水,并按规定对控制措施进行记录。

(5)船舶在沿海排放含有毒液体物质的污水,按表 5-9-4 的规定执行。

表 5-9-4　含有毒液体物质的污水排放控制要求

| 污水中含有以下任何一种有毒液体物质 | 排放控制要求 |
|---|---|
| (1)X 类物质;<br>(2)Y 类物质中的高黏度或凝固物质;<br>(3)未按规定程序卸货的 Y 类物质;<br>(4)未按规定程序卸货的 Z 类物质 | 如不能免除预洗,船舶在离开卸货港前应按规定程序预洗,预洗的洗舱水应排入接收设施。其中,X 类物质应预洗至浓度小于或等于 0.1%(质量百分比),浓度达到要求后应将舱内剩余的污水继续排入接收设施,直至该舱排空。预洗后,再向该舱注水产生的含有毒液体物质的污水排放按本标准 6.2(见标准原文,下同)执行 |
| (1)按规定程序卸货的 Y 类物质;<br>(2)按规定程序卸货的 Z 类物质 | 按本标准 6.2 执行:对于 2007 年 1 月 1 日之前建造的船舶,含 Z 类物质或暂定为 Z 类物质的污水排放,可免除 6.2c)中在水线以下通过水下排出口排放的要求 |

(6)船舶垃圾排放控制要求:

①内河禁止倾倒船舶垃圾。在允许排放垃圾的海域,根据船舶垃圾类别和海域性质,分别执行相应的排放控制要求。

a. 在任何海域,应将塑料废弃物、废弃食用油、生活废弃物、焚烧炉灰渣、废弃渔具和电子垃圾收集并排入接收设施。

b. 对于食品废弃物,在距最近陆地 3 海里以内(含)的海域,应收集并排入接收设施;在距最近陆地 3 海里至 12 海里(含)的海域,粉碎或磨碎至直径不大于 25 毫米后方可排放,在距最近陆地 12 海里以外的海域可以排放。

c. 对于货物残留物,在距最近陆地 12 海里以内(含)的海域,应收集并排入接收设施;在距最近陆地 12 海里以外的海域,不含危害海洋环境物质的货物残留物方可排放。

d. 对于动物尸体,在距最近陆地 12 海里以内(含)的海域,应收集并排入接收设施;在距最近陆地 12 海里以外的海域可以排放。

②在任何海域,对于货舱、甲板和外表面清洗水,其含有的清洁剂或添加剂不属于危害海洋环境物质的方可排放;其他操作废弃物应收集并排入接收设施。

# 任务十　船员劳动合同相关法规规定

船员劳动合同以及船员就业协议是船员与船员用人单位建立劳动用工关系的约定,在明确双方当事人的权利和义务的前提下,重点在于保护船员的合法权益。

## 一、船员劳动合同法律规定

劳动合同是劳动者与用人单位确立劳动关系、明确双方权利和义务的协议,根据《中华人民共和国劳动法》(以下简称《劳动法》)的规定,建立劳动关系应当订立劳动合同。

根据《中华人民共和国劳动合同法》(以下简称《劳动合同法》)第二条:"中华人民共和国境内的企业、个体经济组织、民办非企业单位等组织(以下称用人单位)与劳动者建立劳动关系,订立、履行、变更、解除或者终止劳动合同,适用本法。国家机关、事业单位、社会团体和与其建立劳动关系的劳动者,订立、履行、变更、解除或者终止劳动合同,依照本法执行。"因此,船员与用人单位之间劳动合同的订立、履行、变更、解除或者终止有关事宜,适用《劳动合同法》,应当遵守法律的有关规定。

为保护船员的合法权益,《中华人民共和国船员条例》规定,船员用人单位应当与船员依照国家有关劳动合同的法律、法规以及中华人民共和国缔结或者加入的有关船员劳动与社会保障国际条约的规定,订立劳动合同。除法律和条例对船员用人单位及船员的劳动和社会保障有特别规定外,船员用人单位及船员应当执行有关劳动和社会保障的法律、行政法规以及国家有关规定。

## 二、船员劳动合同与海员就业协议

劳动合同是我国有关劳动与社会保障的法律法规要求确立劳动关系、明确双方权利和义务的协议统称,由于我国目前尚未出台专门的船员法,因此在船员的劳动关系、权益保障方面适用有关综合性法律以及相关的行政法规和规定等,船员与船员用人单位建立劳动用工关系的约定属于劳动合同范畴。

由于船员工作和航运劳务市场的特殊性,常见的商船船员劳动合同存在两种不同形式。一种为约定服务年限或海龄或无固定期限的劳动合同,实际中可能称为"聘用合同"等,通常约定聘用单位负责船员的培训和办证、缴纳政府规定的社会保险金、船员服务的海龄等,聘用单位可能是船公司即船东,也可能是船员管理公司等服务机构。另一种是船员上船前需要和用人单位(依法与船员签订劳动合同的单位为船员用人单位,使用未与船员用人单位解除劳动合同船员的单位为船员用工单位)签订的约定船上任职的劳动合同,实际中可能称为"劳务合同""就业协议"等,主要针对船上任职期间的职务和待遇等进行约定。如果船员从属于用人单位,因有前一种劳动合同和用人单位相关规章制度约束,实际中也可能不签后一种劳动合同。

我国《中华人民共和国船员条例》《中华人民共和国船员服务管理规定》《中华人民共和国海员外派管理规定》等法规和规定并没有针对船员前述两种劳动合同在用语上加以区别,两者均属于《劳动法》《劳动合同法》意义上的劳动合同。应当注意的是,根据我国目前航运企业的体制和船员聘用方式的不同,船员与航运企业之间的法律关系(包括全民和集体所有制企业、私营和个体航运企业与船员之间的劳动关系)属于《劳动法》意义上的劳动合同关系,但个人所有的渔船、小型运输船的船舶所有人与船员之间的雇佣关系,并不符合劳动合同一方须为单位的主体要求,不属于《劳动法》意义上的劳动合同关系。而"劳务合同""就业协议"等具体含义因具体使用目的而异,就 MLC 2006 规定的"海员就业协议"(Seafarers Employment Agreements)而言,包括就业合同和协议条款,从其内容来看,偏重于规定海员在船上工作期间的就业条款和条件。

另外,我国《全国普通高等学校毕业生就业协议书》(以下简称《就业协议书》)通常也简称"就业协议",又叫三方协议。它是明确毕业生、用人单位、学校三方在毕业生就业工作中的权利和义务的书面表现形式,主要约定应届毕业生户籍、档案、保险、公积金等一系列相关问题的处理。《就业协议书》是明确毕业生、用人单位和学校在毕业生就业工作中权利和义务的书面表现形式,并不是确定劳动关系的凭证,不能替代劳动合同。《就业协议书》的作用仅限于对学生就业过程的约定,在毕业生到单位报到,用人单位正式接收,劳动合同签订并生效后,协议自行终止。

## 三、船员劳动合同的签订

为保护船员的合法权益,我国的法律规定船员用人单位应当与船员签订劳动合同,由于航运劳务市场的特殊性,根据船员用人或用工的方式,劳动合同的签订方有一定差别。

1. 船员与船员用人单位

为保护船员的合法权益,根据《中华人民共和国船员条例》的规定,船员用人单位应当与船员依照国家有关劳动合同的法律、法规以及中华人民共和国缔结或者加入的有关船员劳动与社会保障国际条约的规定,订立劳动合同。

如果船员属于船员用人单位的员工或船员不属于任何其他单位且未与任何其他单位签订劳动合同的,则船员直接与船员用人单位签订劳动合同。

2. 船员配员服务

根据《中华人民共和国船员条例》的规定,船员服务机构向船员用人单位提供船舶配员服务时,应当督促船员与船员用人单位依法订立劳动合同,船员用人单位未与船员依法订立劳动合同的,船员服务机构应当终止向船员用人单位提供船员服务。

劳务派遣是一种特殊用工方式,根据《劳动合同法》第五章关于劳务派遣的规定,劳务派遣单位是《劳动合同法》所称用人单位,应当履行用人单位对劳动者的义务。劳务派遣单位与被派遣劳动者订立的劳动合同,除应当载明劳动合同法规定的事项外,还应当载明被派遣劳动者的用工单位以及派遣期限、工作岗位等情况。

根据《劳动合同法》《中华人民共和国船员服务管理规定》,船员服务机构提供的配员服务不属于劳动合同法所指的劳务派遣,船员用人单位应当与船员依法订立劳动合同。

3. 海员外派

如果船员用人单位为境外船东,即所谓的海员外派,根据《中华人民共和国海员外派管理规定》，外派机构应当保证外派海员与下列单位之一签订有劳动合同：本机构；境外船东；我国的航运公司或者其他相关行业单位。

## 四、船员劳动合同的内容

根据《劳动合同法》第十七条的规定，劳动合同应当具备以下条款："用人单位的名称、住所和法定代表人或者主要负责人；劳动者的姓名、住址和居民身份证或者其他有效身份证件号码；劳动合同期限；工作内容和工作地点；工作时间和休息休假；劳动报酬；社会保险；劳动保护、劳动条件和职业危害防护；法律、法规规定应当纳入劳动合同的其他事项。劳动合同除前款规定的必备条款外，用人单位与劳动者可以约定试用期、培训、保守秘密、补充保险和福利待遇等其他事项。"

## 五、船员劳动合同的解除和终止

劳动合同的解除可以由用人单位与劳动者协商解除或某一方根据条件单方解除，达到终止条件时劳动合同终止。

1. 协商解除

用人单位与劳动者协商一致，可以解除劳动合同。

2. 劳动者单方解除

劳动者提前三十日以书面形式通知用人单位，可以解除劳动合同。劳动者在试用期内提前三日通知用人单位，可以解除劳动合同。

用人单位有下列情形之一的，劳动者可以解除劳动合同：未按照劳动合同约定提供劳动保护或者劳动条件的；未及时足额支付劳动报酬的；未依法为劳动者缴纳社会保险费的；用人单位的规章制度违反法律、法规的规定，损害劳动者权益的；因以欺诈、胁迫的手段或者乘人之危，使对方在违背真实意思的情况下订立或者变更劳动合同的情形致使劳动合同无效的；法律、行政法规规定劳动者可以解除劳动合同的其他情形。

用人单位以暴力、威胁或者非法限制人身自由的手段强迫劳动者劳动的，或者用人单位违章指挥、强令冒险作业危及劳动者人身安全的，劳动者可以立即解除劳动合同，不需要事先告知用人单位。

3. 用人单位单方解除

劳动者有下列情形之一的，用人单位可以解除劳动合同：在试用期间被证明不符合录用条件的；严重违反用人单位的规章制度的；严重失职，营私舞弊，给用人单位造成重大损害的；劳动者同时与其他用人单位建立劳动关系，对完成本单位的工作任务造成严重影响，或者经用人单位提出，拒不改正的；有欺诈、胁迫或者乘人之危情形致使劳动合同无效的；被依法追究刑事责任的。

有下列情形之一的，用人单位提前三十日以书面形式通知劳动者本人或者额外支付劳动者一个月工资后，可以解除劳动合同：劳动者患病或者非因工负伤，在规定的医疗期满后不能从事原工作，也不能从事由用人单位另行安排的工作的；劳动者不能胜任工作，经过培训或者调整工作岗位，仍不能胜任工作的；劳动合同订立时所依据的客观情况发生重大变化，致使劳动合同无法履行，经用人单位与劳动者协商，未能就变更劳动合同内容达成协议的。

劳动者有下列情形之一的,用人单位不得解除劳动合同:从事接触职业病危害作业的劳动者未进行离岗前职业健康检查,或者疑似职业病病人在诊断或者医学观察期间的;在本单位患职业病或者因工负伤并被确认丧失或者部分丧失劳动能力的;患病或者非因工负伤,在规定的医疗期内的;女职工在孕期、产期、哺乳期的;在本单位连续工作满十五年,且距法定退休年龄不足五年的;法律、行政法规规定的其他情形。

4. 劳动合同终止

有下列情形之一的,劳动合同终止:劳动合同期满的;劳动者开始依法享受基本养老保险待遇的;劳动者死亡,或者被人民法院宣告死亡或者宣告失踪的;用人单位被依法宣告破产的;用人单位被吊销营业执照、责令关闭、撤销或者用人单位决定提前解散的;法律、行政法规规定的其他情形。

## 六、船员职业保障的法律规定

根据《中华人民共和国船员条例》的规定,船员用人单位应当根据船员职业的风险性、艰苦性、流动性等因素,向船员支付合理的工资,并按时足额发放给船员。船员用人单位应当向在劳动合同有效期内的待派船员,支付不低于船员用人单位所在地人民政府公布的最低工资。任何单位和个人不得克扣船员的工资报酬。

船员在船工作期间患病或者受伤,船员用人单位应当及时给予救治;船员失踪或者死亡的,船员用人单位应当及时做好相应的善后工作。

船员在船工作时间应当符合国务院交通主管部门规定的标准,不得疲劳值班。船员除享有国家法定的节假日外,还享有在船舶上每工作 2 个月不少于 5 日的年休假。船员用人单位应当向在年休假期间的船员,支付不低于船员在船服务期间平均工资的报酬。

# 任务十一　中华人民共和国海员船上工作和生活条件管理办法

为了保护海员的合法权益,规范海员的船上工作和生活条件,根据《中华人民共和国船员条例》以及我国缔结或者参加的相关国际条约,交通运输部制定了《中华人民共和国海员船上工作和生活条件管理办法》。(交通运输部于 2013 年 6 月 27 日、2018 年 12 月 7 日对本办法做出两次修订。最新修订自 2019 年 1 月 1 日起施行。)

## 一、总则

1. 适用范围

在中国籍国际航行船舶和国内沿海航行船舶上的海员工作和生活条件,适用本办法。

军事船舶、公务船舶、渔业船舶、体育运动船艇,以及仅在港区、内河和遮蔽水域及紧邻水域航行、作业的船舶除外。

2. 主管机关

国家海事管理机构负责海员船上工作和生活条件的管理工作。各级海事管理机构根据授权具体负责海员船上工作和生活条件的监督检查工作。

## 二、起居舱室和娱乐设施

（1）船东应当提供保持海员健康的起居舱室环境,应当确保以下船舶设备、设施和建造要求持续符合船舶检验技术规范的规定,并取得船员舱室设备的证明文件。

（2）船长或者经船长授权的海员应当每周对起居舱室进行检查,确保起居舱室保持健康、卫生和安全舒适的状况,并保存检查记录。

（3）船东应当为海员免费提供船上的娱乐和福利设施。船东为海员提供的船岸电话通信、电子邮件、互联网和邮件的投递,不得收取额外的费用。

（4）船东应当为海员提供可阅读和集中学习的场所和设施。

（5）船东应当采取适当的措施,在满足保安审查的条件下,保证船舶在港口停留期间允许海员的亲属和朋友登船探视。

（6）船东应当在满足船舶安全条件的情况下允许海员的配偶陪同其航海。海员的配偶应当投有充分的人身意外和疾病保险,船东应当为其获得这种保险给予必要的帮助。

（7）船长或者经船长授权的海员应当负责船上娱乐设施的管理和维护。

## 三、膳食服务

（1）在船上从事膳食服务的海员应当具备相应的知识和技能,并按有关要求经过培训。

（2）配员 10 人及以上的船舶应当配备船上厨师。船上厨师因疾病或者死亡等特殊情况无法承担厨师工作的,经海事管理机构同意并签发特免证明后,可由膳食服务辅助人员替代船上厨师,直到下一个方便的挂靠港或时间不超过 1 个月。

（3）配员少于 10 人的船舶,可不配备船上厨师,由膳食服务辅助人员替代。

（4）船上应当成立膳食委员会,负责船上膳食管理,保证在良好卫生条件下为海员提供符合标准的膳食,并将膳食费用使用情况、食品和饮用水采购情况、膳食安排计划定期向船上全体海员公示。

（5）船东应当考虑海员数量、文化和宗教背景以及航线长度和性质等因素,为船舶配备充分的厨具和餐具,并免费向海员提供数量、质量和营养价值等方面均满足实际需要的食品和饮用水。

（6）船长或者经船长授权的海员应当根据船舶航行的实际情况至少每周对船上食品、饮用水和膳食服务设施等情况进行检查,并保存检查记录。

## 四、医疗和健康保障

（1）船东应当采取积极、有效的预防和保障措施,防止海员在船工作期间发生与职业有关的事故和疾病。船东应当为海员提供职业安全、健康保护及事故预防的培训。

（2）载员 100 人及以上并且航程在 3 天以上的国际航行船舶应当至少配备 1 名专职医生负责船上的医疗服务。

无须配备医生的船舶,应当至少有 1 名海员负责船上的急救、医护和药品管理工作。其中负责船上急救工作的海员应当持有精通急救培训合格证,负责船上医护和药品管理工作的海员应当持有船上医护培训合格证。

（3）船东应当根据船舶的类型、船上人员的数量、航次性质、目的地和航程,按照《船舶与海上设施法定检验规则》的要求为其船舶配备足够的医疗设施和设备,以及国际船舶医疗指南和能获得医疗指导的无线电台清单。

（4）船长或者负责医疗、急救和药品管理的海员应当妥善维护船上配备的医疗设施、设备和指南,每年对全部药品的标签、有效期、存放条件、用法用量以及医疗设备的功能等至少进行一次全面检查,并保持检查记录。

（5）船东应当向在船工作的海员提供免费医疗和健康保护,包括基本的牙科治疗,并及时提供合理的就医便利。

（6）船东应当保证船舶具有通过无线电或者卫星通信获得医疗指导的能力。国家海事管理机构制定标准的中英文对照海员医疗报告表,供船长和相关的岸上和船上医疗人员使用。医疗报告表内容只限于对海员的疾病治疗,接触到医疗报告表的人员应当对内容予以保密。

（7）船东应当按照国家海事管理机构颁布的与海员职业安全健康管理有关的导则建立并实施船上职业安全和健康保护及事故预防的方针和计划,明确规定船东、海员和其他有关人员的责任和义务,并特别注意未成年海员的安全和健康,确保在其船上工作的海员得到职业健康保护,并且能在安全和卫生的船上环境中生活、工作和培训。

（8）船东应考虑到国际有关标准和导则的要求,及时对船上发生的职业事故或职业疾病向第一抵达港和船籍港海事管理机构报告。

（9）发生职业事故的船舶在其国内第一抵达港的海事管理机构应在船舶抵港后及时对职业事故进行调查。

（10）船东应每年对职业安全与健康管理情况进行风险评估。配员5人及以上的船舶应当成立由船长负责的船舶安全委员会。

（11）船舶安全委员会应当承担履行和实施船舶职业安全和健康方针、计划的具体责任,并对在船上工作的海员定期开展相关职业安全和健康保护及事故预防等内容的培训。

（12）船舶安全委员会会议每3个月应当至少举行一次,做好会议记录并形成安全委员会报告,由船长签字确认后随船备查。

## 五、工资支付

（1）船东应当至少每月向海员支付一次工资,采取汇款方式支付的,船东、海员用人单位不得收取额外的服务费用。船东应当每月在船上以书面形式告知海员其月薪账目,月薪账目应当至少包括上船协议约定的工资项目、额外报酬、应付报酬、实付数额。

海员确需查询工资实际支付情况的,船东有责任协助海员获得相关的信息,并不得收取额外的服务费。船上支付的劳动报酬采用的货币兑换率应当按照有利于海员的标准确定,且不得低于当日国家银行执行的外汇汇率标准。

（2）海员在船期间需将其工资的全部或者部分转给其家人、受赡养人或者法定受益人时,船东应当为其提供便利。

## 六、上船协议

（1）船东或者船东代表应当与上船工作或者实习、见习的海员订立书面上船协议。上船协议应当由船东与海员协商一致,并经双方在协议文本上签字或者盖章生效。协议文本原件应当由双方各执一份。上船协议和适用的集体合同应具有中英文文本,其正本或者复印件应当随船备查。

（2）船东使用船员服务机构为船舶提供船员配员服务的,应当将船员服务机构许可证复印件、配员协议和配员名单随船备查。

（3）船员服务机构不得利用各种方式、机制或清单来阻止或阻挠海员获得其所称职的工作。

（4）船员服务机构不得因提供就业机会而向海员个人收取费用,也不得要求海员提供抵押金或担保金等,但海员取得健康证书、护照或其他个人旅行证件以及国家法律规定的其他费用除外。海员的签证费用由船东承担。

（5）船员服务机构应当建立一个保护机制,通过保险或适当的等效措施,赔偿由于服务机构或有关船东未能按上船协议履行对海员的义务而可能给海员造成的资金损失。

（6）船东与海员协商一致,可以提前解除上船协议,但应当至少提前7天以书面形式通知对方。船东应当将上船协议签订方的名称、协议期限、服务的船名等相关信息报船籍港海事管理机构备案。

## 七、未成年海员的特殊保护

（1）船东仅能安排未成年海员在船上实习或者见习,且实习和见习工作不得危及未成年海员的健康和安全。

（2）船东不得安排未成年海员从事以下范围的实习和见习工作:

①搬运重物作业;

②进入锅炉、液舱和隔离舱;

③置身于有害的噪声和振动中;

④操作起重机械或其他动力设备或器械,或向操作此类机械的人员发信号;

⑤操作系泊中拖缆或锚泊设备;

⑥索具作业;

⑦恶劣天气中在高处或甲板上工作;

⑧电气设备维护;

⑨接触有潜在危害的物质,或诸如危险或有毒物质等有害的物理试剂及受到电离辐射;

⑩清洗厨房机械;

⑪操控小艇。

（3）船东不得安排未成年海员在夜间工作,但是根据国家海事管理机构规定的符合STCW公约的船上见习或者实习要求开展的夜航训练除外。

（4）船东不得聘用未成年海员担任船上厨师。

（5）船东应当确保未成年海员在船见习或者实习的时间不能超过每日8小时、每周40小时,且在日间正餐有至少1小时的休息时间以及每连续工作2小时后有15分钟的休息时间。

由于未成年海员被安排见习和实习的岗位培训的需要不能满足上述规定的,船长应当说明原因,做好记录并签名。

（6）未成年海员首次在国际航行船舶上实习或者见习4个月后,表现出不适应海上生活的,船东应当尽快安排其在合适的港口遣返。

# 任务十二　国内航行海船法定检验技术规则

## 一、概述

为了贯彻中华人民共和国相关法律和行政法规,保障水上人命财产安全,防止环境污染,保障船员的工作和生活条件,确保船舶和相关海上设施在其生命周期内持续符合安全和环保技术标准,并促进我国航运业和造船业可持续发展,中华人民共和国海事局制定了《国内航行海船法定检验技术规则》(以下简称本法规)。《国内航行海船法定检验技术规则(2022 年修改通报)》按规定程序已经由交通运输部批准,于 2022 年 10 月 17 日公布,自 2022 年 11 月1 日起施行。

1. 适用范围

除本法规各篇另有规定外,本法规适用于船长为 20 米及以上的国内海上航行的中国籍船舶。不适用于下列船舶:军用舰艇、公安船艇、体育运动船艇、游艇、渔船。

2. 检验申请

船舶所有人或经营人,应按本法规的规定向船舶检验机构申请法定检验,并确认船舶和/或相关项目(如适用)经自检符合本法规适用要求且提供必要的检验条件,包括相关的安全措施。

3. 免除

对于通常从事国内特定航区/航线航行的船舶,在特殊情况下需要进行一次超出原定航区/航线航行时,本局可以免除本法规中的有关要求,但该船应符合本局认为适合于预定航次的安全要求。

对于具有新颖特征的任何船舶,如应用本法规有关篇章的任何规定会严重妨碍对发展这种特征的研究和在从事国内海上航行的船舶上对这些特征的采用时,本局基于技术评估的结果可免除这些要求,但该船应适合于预定的用途,并能保证其全面安全。

4. 等效与替代设计

(1)对本法规要求船上所应装设或配备的专门装置、材料、设备或器具,或其型式,或本法规要求应设置的任何专门设施,本局可准许该船上装设或配备任何其他的装置、材料、设备或器具,或其型式,或设置任何其他的设施,但应通过试验或其他方法认定这些装置、材料、设备或器具,或其型式,或其他设施,至少与本法规所要求者具有同等效能。

(2)可准许本法规要求之外的新能源的应用,但应经船舶检验机构评估认为其安全与环保水平不低于本法规要求,并经本局同意。

(3)在应用本法规相关篇章时,如采用替代设计方法,应执行本局《国际航行海船法定检验技术规则》总则中的"附录　船舶替代设计实施要求",并考虑本局《国际航行海船法定检验技术规则》相关篇章引用的国际海事组织的相关指南,确保满足相关篇章规定的替代设计的要求。

5. 有关解释

本法规所述的"本局"系指中华人民共和国海事局；"经船舶检验机构同意"系指经省级船检机构或中国船级社总部同意；"经同意"系指经船舶检验机构具体实施机构同意；"经认可"系指需经产品检验认可。

6. 责任

中华人民共和国海事局对船舶检验机构及其所执行的法定检验进行监督管理。船舶检验机构应依据本法规相关要求进行检验，并对检验质量负责。船舶设计方应确保其船舶设计图纸资料符合本法规相关要求，并对所设计船舶的设计质量负责。船舶建造方应按照船舶检验机构批准的图纸建造/改建船舶，并对其所建造船舶的建造质量负责。船舶所有人/经营人在船舶营运期间内，应确保船舶处于适航状态，按照本法规的规定及时向船舶检验机构申请相关的检验，确保持有有效的证书，并对船舶营运安全管理负责。船长应关注和采取措施确保船舶安全操作，遵守海事部门关于船舶开航的规定并对航行安全承担相应责任。船舶所有人/经营人和船长应按照安全管理要求和本法规有关规定制定应对事故的应急预案，并在船舶一旦发生事故后实施应急预案规定的救助操作程序。

7. 申诉

有关方对船舶检验机构的检验结论有异议的，可以向上一级检验机构申请复验；对复验结论仍有异议的，可以向本局提出再复验，由本局组织技术专家组进行检验、评议，做出最终结论。

8. 事故

船舶所发生的任何海上安全和海上污染事故，如认为对该项事故进行技术分析有助于确定本法规可能需要的修改，则应由本局组织法规编制相关单位对事故进行技术分析，但技术分析报告或资料，不得泄露有关船舶的辨认特征，也不以任何方式确定或暗示任何船舶或个人承担的责任。

## 二、法定证书

1. 证书

法定检验合格后，应签发或签署下列有关适用法定证书：

（1）国内航行海船安全与环保证书；（2）海上船舶临时乘客定额证书；（3）海上船舶危险货物适装证书；（4）船舶适航证书。

2. 证书的承认

船舶检验机构或其验船师所签发的证书在本法规规定范围内使用时，应予以承认。

3. 保持证书有效性的条件

满足如下条件，证书保持有效：（1）接受本法规规定的各种检验，并处于良好技术状态，适合预定用途；（2）证书经签署；（3）按证书限定的航区和条件进行营运/作业。

## 三、船舶检验

从事国内海上航行的中国籍船舶的所有人或经营人，应按规定向国内船舶检验机构申请下列检验：

1. 建造检验

下列情况之一,应当向建造或者改建地船舶检验机构申请建造检验:

(1)船舶建造;

(2)船舶重大改建。

与法定证书有关的图纸和资料应提交船舶检验机构审批,确认符合本法规的适用要求。经检验、试验,认为船舶符合经批准的图纸和资料的要求,且工艺和安装令人满意。

2. 初次检验

下列情况之一,应申请初次检验:

(1)外国籍船舶改为中国籍船舶;

(2)体育运动船艇、渔船改为本法规适用的船舶;

(3)营运船舶检验证书失效时间超过一个换证检验周期的;

(4)老旧营运运输船舶检验证书失效时间超过一个特别定期检验周期。

与法定证书有关的图纸和资料应提交船舶检验机构审批,确认符合本法规的适用要求。经检验、试验,认为船舶符合经批准的图纸和资料的要求,且工艺和安装令人满意。

3. 定期检验

船舶投入营运后,应申请定期检验,包括年度检验、中间检验、换证检验、船底外部检验、螺旋桨轴与尾管轴检验、锅炉检验、特别定期检验。船舶应予适当维修保养,以使船舶的技术状况处于良好状态,并适合预定用途。

4. 临时检验

下列情况之一,应申请临时检验:

(1)因船舶发生事故,影响船舶适航性能;

(2)改变船舶证书所限定的航区或者用途;

(3)船舶检验机构签发的证书失效时间不超过一个换证周期;

(4)涉及船舶安全的修理或改装,但重大改建除外;

(5)变更船舶检验机构;

(6)变更船名、船籍港;

(7)存在重大安全缺陷影响航行和环境安全,海事管理机构责成检验的;

(8)船舶法定证书展期。

对客船,因维修等原因使船上救生设备容量少于额定数量,则该航次应依据船上实际的救生设备容量相应减少载客数,船舶所有人或经营人应申请临时检验并由船舶检验机构签发一份相应的船舶临时乘客定额证书,同时撤销原国内航行海船安全与环保证书的船舶乘客定额附页,新发的船舶临时乘客定额证书仅对预定的航次有效。

## 四、证书的发放与保存

船舶检验机构应直接将各种法定证书按申请人的要求发放给申请人/船舶所有人或经营人。船上应保存所持有的各种有效法定证书,并随时可供检查。

# 任务十三　船员管理有关法规

## 一、中华人民共和国海船船员适任考试和发证规则

为了提高海船船员素质,保障海上人命和财产安全,保护海洋环境,根据《中华人民共和国海上交通安全法》《中华人民共和国船员条例》以及我国缔结或者加入的有关国际公约,制定了《中华人民共和国海船船员适任考试和发证规则》。(本规则于 2020 年 7 月 6 日由交通运输部令 2020 年第 11 号发布,根据 2022 年 4 月 14 日《交通运输部关于修改〈中华人民共和国海船船员适任考试和发证规则〉的决定》修正。修正版自 2022 年 4 月 14 日起施行。)

### (一)总则

1.适用范围

本规则适用于为取得中华人民共和国海船船员适任证书(以下简称适任证书)而进行的考试以及适任证书、适任证书特免证明和外国适任证书承认签证的签发与管理。

2.主管机关

交通运输部主管全国海船船员适任考试和发证工作。

交通运输部海事局在交通运输部的领导下,对海船船员适任考试和发证工作进行统一管理。

交通运输部海事局所属的各级海事管理机构按照交通运输部海事局确定的职责范围具体负责海船船员适任考试和发证工作。

3.原则

海船船员适任考试和发证应当遵循公平、公正、公开、便民的原则。

### (二)适任证书基本信息

(1)适任证书包含以下基本内容:持证人姓名、性别、出生日期、国籍、签名及照片;证书编号;持证人适任的航区、职务;发证日期和有效期;签发机关名称和签发官员署名;规定需要载明的其他内容。

(2)参加航行和轮机值班的适任证书还应当包含证书等级、职能,有关国际公约的适用条款,持证人适任的船舶种类、主推进动力装置类型、特殊设备操作等内容。

(3)持证人适任的航区分为无限航区和沿海航区。

(4)无线电操作人员适任的航区分为 A1 海区、A2 海区、A3 海区和 A4 海区。

### (三)船员职务分类

(1)参加航行和轮机值班的船员:

①船长;

②甲板部船员包括大副、二副、三副、高级值班水手、值班水手,其中大副、二副、三副统称为驾驶员;

③轮机部船员包括轮机长、大管轮、二管轮、三管轮、电子电气员、高级值班机工、值班机工、电子技工,其中大管轮、二管轮、三管轮统称为轮机员;

④无线电操作人员包括一级无线电电子员、二级无线电电子员、通用操作员、限用操作员。

（2）不参加航行和轮机值班的船员。

## （四）船员职能分工

（1）船员职能根据分工分为：航行；货物操作和积载；船舶作业和人员管理；轮机工程；电气、电子和控制工程；维护和修理；无线电通信。

（2）船员职能根据技术要求分为管理级、操作级和支持级。

## （五）适任证书等级

船长、驾驶员、轮机长、轮机员适任证书分为：

（1）船长、大副、轮机长、大管轮无限航区适任证书分为两个等级：

①一等适任证书：适用于 3 000 总吨及以上或者主推进动力装置 3 000 千瓦及以上的船舶；

②二等适任证书：适用于 500 总吨及以上至 3 000 总吨或者主推进动力装置 750 千瓦及以上至 3 000 千瓦的船舶。

（2）二副、三副、二管轮、三管轮无限航区适任证书适用于 500 总吨及以上或者主推进动力装置 750 千瓦及以上的船舶。

（3）船长、大副、轮机长、大管轮沿海航区适任证书分为三个等级：

①一等适任证书：适用于 3 000 总吨及以上或者主推进动力装置 3 000 千瓦及以上的船舶；

②二等适任证书：适用于 500 总吨及以上至 3 000 总吨或者主推进动力装置 750 千瓦及以上至 3 000 千瓦的船舶；

③三等适任证书：适用于未满 500 总吨或者主推进动力装置未满 750 千瓦的船舶。

（4）二副、三副、二管轮、三管轮沿海航区适任证书分为两个等级：

①一等适任证书：适用于 500 总吨及以上或者主推进动力装置 750 千瓦及以上的船舶；

②二等适任证书：适用于未满 500 总吨或者主推进动力装置未满 750 千瓦的船舶。

高级值班水手、高级值班机工适任证书适用于 500 总吨及以上或者主推进动力装置 750 千瓦及以上的船舶。

值班水手、值班机工适任证书等级分为：

①无限航区适任证书适用于 500 总吨及以上或者主推进动力装置 750 千瓦及以上的船舶。

②沿海航区适任证书分为两个等级：

a. 一等适任证书：适用于 500 总吨及以上或者主推进动力装置 750 千瓦及以上的船舶；

b. 二等适任证书：适用于未满 500 总吨或者主推进动力装置未满 750 千瓦的船舶。

电子电气员和电子技工适任证书适用于主推进动力装置 750 千瓦及以上的船舶。

在拖船上任职的船长和甲板部船员所持适任证书等级与该拖船的主推进动力装置功率的等级相对应。

不参加航行和轮机值班的船员适任证书不分等级。

适任证书持有人应当在适任证书适用范围内担任职务或者担任低于适任证书适用范围的职务。但担任值班水手职务的船员必须持有值班水手或者高级值班水手适任证书，担任值班机工职务的船员必须持有值班机工或者高级值班机工适任证书。

### （六）适任证书的签发

（1）取得适任证书，应当具备下列条件：

①年满18周岁（在船实习、见习人员年满16周岁）且初次申请不超过60周岁；

②符合船员任职岗位健康要求；

③经过船员基本安全培训；

④通过相应的适任考试。

参加航行和轮机值班的船员还应当经过相应的船员适任培训、特殊培训，具备相应的船员任职资历，并且任职表现和安全记录良好。国际航行船舶的船员申请适任证书的，还应当通过船员专业外语考试。

（2）不参加航行和轮机值班的海船船员申请适任证书的，应当提交下列材料：

①海船船员适任证书申请表；

②海船船员健康证明；

③身份证件；

④符合海事管理机构要求的照片；

⑤基本安全培训合格证。

（3）参加航行和轮机值班的海船船员初次申请适任证书的，应当取得上述第（2）条规定的不参加航行和轮机值班的海船船员适任证书，并提交下列材料：

①海船船员适任证书申请表；

②海船船员健康证明；

③身份证件；

④符合海事管理机构要求的照片；

⑤基本安全培训合格证；

⑥专业技能适任培训合格证；

⑦岗位适任培训证明或者航海教育毕业证书；

⑧船员服务簿；

⑨船上见习记录簿；

⑩适任考试合格证明；

⑪现持有的适任证书。

（4）参加航行和轮机值班的海船船员申请适任证书所载职务晋升、航区扩大、吨位或者功率提高的，应当提交上述第（3）条规定的材料。

（5）持有三副、三管轮适任证书申请二副、二管轮适任证书者，免于提交上述第（3）条第⑦、⑨、⑩项规定的材料。按照本规则的规定免于船上见习者，免于提交上述第（3）条第⑨项规定的材料。

（6）海事管理机构对于发证申请，经审核符合本规则规定条件的，应当按照《中华人民共和国行政许可法》《交通行政许可实施程序规定》的要求签发相应的适任证书。对初次申请适任证书的船员，海事管理机构应当同时配发船员服务簿。

参加航行和轮机值班的船员适任证书有效期不超过5年，不参加航行和轮机值班的船员适任证书长期有效。适任证书有效期截止日期不超过持证人65周岁生日。

（7）持有船长和高级船员适任证书者，满足下列条件之一，可以在适任证书有效期届满前12个月内或者届满后3个月内向有相应管理权限的海事管理机构申请适任证书再有效：

①从申请之日起向前计算5年内具有与其适任证书所记载范围相应的不少于12个月的海上服务资历，且任职表现和安全记录良好。其中，无限航区的船员不少于6个月是在无限航区的船舶上任职；船长、轮机长担任大副、大管轮或者二副、二管轮担任三副、三管轮的，可以作为原职务适任证书再有效的海上任职资历。

②从申请之日起向前计算6个月内具有与其适任证书所记载范围相应的不少于3个月的海上服务资历，且任职表现和安全记录良好。

（8）未满足本规则上述第（7）条规定的船长和高级船员，申请适任证书再有效的，应当符合下列规定：

①未满足第（7）条规定，或者适任证书过期3个月及以上5年以下的，应当参加模拟器培训和知识更新培训，并通过相应的抽查项目的评估；

②适任证书过期5年及以上10年以下的，应当参加模拟器培训和知识更新培训，并通过相应的抽查科目的理论考试和项目的评估；

③适任证书过期10年及以上的，应当参加模拟器培训和知识更新培训，通过相应的抽查科目的理论考试和项目的评估，并在适任证书记载的相应航区、等级范围内按照"船上见习记录簿"的规定完成不少于3个月的船上见习。

（9）适任证书的补发：

适任证书损坏或者遗失时，持证人除应当向原证书签发的海事管理机构提交补发申请及规则规定的材料外，还应当满足下列要求：

①适任证书损坏的，应当缴回被损坏的证书原件；

②适任证书遗失的，应当提交证书遗失说明。

补发的适任证书的有效期截止日期与原适任证书的有效期截止日期相同。

（10）因违反海事行政管理规定被吊销适任证书者，自证书被吊销之日起2年后，通过低一级职务的适任考试，可以按照本规则规定提交相应材料，向原签发适任证书的海事管理机构申请低一级职务的适任证书。海事管理机构对通过适任考试的，应当签发其相应的适任证书。

（11）曾在内河船舶、海洋渔业船舶或者军事船舶上任职的人员，具备下列条件的，可以按照交通运输部海事局的规定申请相应的适任证书：

①拟申请证书的等级和职务不高于其在内河船舶、海洋渔业船舶或者军事船舶上相应的证书等级和职务，其中可以申请的职务最高为大副或者大管轮；

②在内河船舶、海洋渔业船舶或者军事船舶上的水上任职资历能够与本规则规定的海上任职资历相适应，且任职表现和安全记录良好；

③参加相应的岗位适任培训，并通过与申请职务相应的理论考试和评估。

（12）特殊类型船舶船员的特殊要求：

①拟在油船、化学品船、液化气船、客船、高速船、使用气体或者其他低闪点燃料船舶等特殊类型船舶或者极地水域船舶上任职的，还应当按照相关规定完成相应的特殊培训，并取得培训合格证。

②在两港间航程50海里及以上的客船上服务的船长、大副、二副、三副、轮机长、大管轮、二管轮、三管轮，都应当持有适用于相应航区的一等适任证书。

③申请适用于两港间航程 50 海里及以上客船驾驶员、船长适任证书的,应当具备下列条件:

a. 申请适用于客船三副适任证书者,应当在其他种类的 500 总吨及以上海船上担任三副满 12 个月,任职表现和安全记录良好,并至少在客船上任见习三副 3 个月;或者通过三副适任考试,在客船上完成 18 个月的船上见习,任职表现和安全记录良好。

b. 申请适用于客船二副适任证书者,应当在其他种类的 500 总吨及以上海船上担任二副满 12 个月,任职表现和安全记录良好,并至少在客船上任见习二副 3 个月;或者持有客船三副适任证书并在相应航区、船舶等级的海船上担任三副不少于 12 个月,任职表现和安全记录良好,其中曾经担任客船三副至少 6 个月。

c. 申请适用于客船大副适任证书者,应当在其他种类的 3 000 总吨及以上海船上担任大副满 24 个月,任职表现和安全记录良好,并至少在客船上任见习大副 3 个月;或者持有客船二副适任证书并在相应航区、船舶等级的海船上担任二副不少于 12 个月,其中曾经担任客船二副至少 6 个月,通过大副考试,至少在客船上任见习大副 3 个月,任职表现和安全记录良好。

d. 申请适用于客船船长适任证书者,应当在其他种类的 3 000 总吨及以上海船上担任船长满 24 个月,任职表现和安全记录良好,并至少在客船上任见习船长 3 个月;或者持有客船大副适任证书并在相应航区、船舶等级的海船上担任大副不少于 18 个月,任职表现和安全记录良好,其中曾经担任客船大副至少 6 个月,通过船长考试,且至少在客船上任见习船长 3 个月。

## (七)适任考试

(1)适任考试包括理论考试和评估:

①理论考试以理论知识为主要考试内容,重点对海船船员专业知识的掌握和理解程度进行测试。

②评估通过对相应船舶、模拟器或者其他设备的操作,国际通用语言听力测验与口试等方式,重点对海船船员专业知识综合运用、操作及应急等能力进行技能测评。

(2)适任考试科目、大纲由交通运输部海事局统一制定并公布。相关海事管理机构应当在职责范围内制订并公布适任考试具体计划,明确适任考试的时间、地点、申请程序等相关信息。

(3)符合本规则申请海船船员适任证书要求,申请参加相应适任考试的,应当按照公布的申请程序向有相应权限的海事管理机构提供下列信息:

①身份证件;

②所申请考试的适任证书类别;

③符合海事管理机构要求的照片;

④相应培训证明和海上任职资历。

(4)海事管理机构应当于适任考试开始 5 日前向申请人发放准考证,并告知申请人查询适任考试成绩的途径等事项。适任考试有科目或者项目不及格的,可以在初次适任考试准考证签发之日起 3 年内申请 5 次补考。逾期不能通过全部适任考试的,所有适任考试成绩失效。海事管理机构应当在考试结束后 10 日内公布成绩。适任考试成绩自全部理论考试和评估成绩均合格之日起 5 年内有效。

## (八)特免证明

中国籍船舶在境外遇有不可抗力或者其他导致持证船员不能履行职务的特殊情况,无法满足船舶最低安全配员要求,需要由本船下一级船员临时担任上一级职务时,应当到签发该船员适任证书的海事管理机构办理特免证明事宜。

(1)办理船长、驾驶员、轮机长、轮机员特免证明的,应当符合下列条件:

①办理船长、轮机长特免证明的,应当持有大副或者大管轮适任证书,并在自办理之日起前 5 年内,具有不少于 12 个月的不低于其适任证书所记载船舶、航区、职务的任职资历,任职表现和安全记录良好,且船长、轮机长不能履行职务的情况是因不可抗力原因造成;

②办理大副、大管轮特免证明的,应当持有二副、二管轮适任证书,并在自办理之日起前 5 年内,具有不少于 12 个月的不低于其适任证书所记载船舶、航区、职务的任职资历,且任职表现和安全记录良好;

③办理二副、二管轮特免证明的,应当持有三副、三管轮适任证书,并在自办理之日起前 5 年内,具有不少于 6 个月的不低于其适任证书所记载船舶、航区、职务的任职资历,且任职表现和安全记录良好;

④办理三副、三管轮特免证明的,应当持有高级值班水手、值班水手或者高级值班机工、值班机工适任证书,并在自办理之日起前 5 年内,具有不少于 12 个月的不低于其适任证书所记载船舶、航区、职务的任职资历,任职表现和安全记录良好。

上述船员以外的其他船员,不予办理特免证明。

(2)办理特免证明的,应当向海事管理机构提交包含下列内容的材料:

①办理理由;

②船舶名称、航行区域、停泊港口;

③拟办理签发对象的资历情况;

④相关证明材料。

海事管理机构应当核实有关情况,对符合规定条件的,应当在 3 日内办理有效期不超过 6 个月的特免证明,但船长或者轮机长特免证明的有效期不超过 3 个月。不符合条件的,应当在 3 日内告知申请人不予办理特免证明的理由。一艘船舶上同时持特免证明的船长和高级船员总共不得超过 3 名。

(3)当事船舶抵达中国第一个港口后,特免证明自动失效。失效的特免证明应当及时缴回原办理的海事管理机构。航运公司应当及时为当事船舶安排持相应适任证书的人员补充空缺职位。

### (九)承认签证

持有经修正的《1978 年海员培训、发证和值班标准国际公约》(以下称 STCW 公约)缔约国签发的外国船长和高级船员适任证书的船员在中国籍船舶上任职的,应当取得由海事管理机构签发的外国船员适任证书的承认签证。

(1)申请承认签证的,应当向海事管理机构提交下列材料:

①所属缔约国签发的适任证书原件;

②表明申请人符合 STCW 公约和所属缔约国有关船员管理规定的证明文件;

③申请人的海船船员身份证件。

(2)交通运输部海事局应当按照 STCW 公约和本规则规定的标准、条件等内容,对申请承认签证船员所属缔约国的有关船员管理制度从下列方面进行评价:

①有关船员适任培训、考试及发证制度是否符合 STCW 公约的要求;

②是否按照 STCW 公约的要求建立了有效的船员质量标准控制体系；

③船员适任条件等相关要求是否低于本规则规定的相关标准。

对于按照本条进行评价的结果表明该缔约国的有关船员管理制度不低于 STCW 公约及本规则的相关要求，我国可以与之签署船员证书互认协议。船员持有与我国签署船员证书互认协议的缔约国所签发的船员证书，方可向我国申请承认签证。其中，签发船长、大副、轮机长、大管轮适任证书承认签证前，申请人还应当参加与申请职务相应的海上交通安全、环境保护等方面的培训，并经海事管理机构考核合格。

（3）承认签证的有效期不得超过被承认适任证书的有效期，且最长不得超过 5 年。当被承认适任证书失效时，相应的承认签证自动失效。

### （十）航运公司及相关机构的责任

（1）航运公司及相关机构应当保证被指派任职的船员满足下列要求：

①持有适当、有效的适任证书，熟悉自身岗位职责；

②熟悉船舶的布置、装置、设备、工作程序、特性和局限性等相关情况；

③具有良好的工作语言运用及沟通能力，确保在紧急情况下和执行安全、防污染和保安职能时，能够有效履行职责。

（2）航运公司及相关机构应当建立并完善船员培训制度，按照以下要求加强对本公司、机构船员的培训：

①按照交通运输部海事局的规定制订并执行有关培训、见习等方面的培训计划，并在培训、见习记录簿内如实填写或者记载；

②采取有效措施，确保应当由本公司、机构负责的其他各类船员培训有效实施。

（3）航运公司及相关机构应当备有完整、最新的船员管理法规和相关国际公约。

（4）航运公司及相关机构应当建立船员档案，对船员录用、培训、资历、健康状况以及有关船员考试、证书持有情况等信息进行连续有效的记录和管理，并确保可以供随时查询。

### （十一）监督管理

（1）海事管理机构应当对船员履行职责、安全记录等情况进行监督检查，加强对船员适任能力的监管。

（2）有下列情形之一的，海事管理机构可以组织对负有责任的船员适任能力进行考核：

①船舶发生碰撞、搁浅或者触礁的；

②在航行、锚泊或者靠泊时，从船上非法排放物质的；

③违反航行规则的；

④以其他危及海上人命、财产安全和海洋环境的方式操作船舶的。

按照本条对船员进行适任能力考核的，应当根据本规则规定的船员适任要求通过抽考、现场考核等方式进行。对于考核结果表明船员不再符合适任条件的，海事管理机构应当注销其适任证书或者承认签证。

（3）按照上述（2）被注销适任证书的船员，可以按照海事管理机构的要求参加低一级职务的评估，海事管理机构签发与其考核结果相适应的适任证书。

（4）负责船员适任考试和发证的海事管理机构应当配备满足适任考试、发证要求的人员、设备、场地和资料，建立相关的质量管理体系并通过交通运输部海事局的审核。

（5）海事管理机构应当加强对从事船员适任考试、发证工作人员的岗位培训和考核。不符合上岗条件的,不得从事船员适任考试、发证工作。

（6）海事管理机构应当建立船员信息数据库、船员证书电子登记系统等船员档案,并按照交通运输部海事局的规定具备相应信息的查询功能。

（7）海事管理机构应当公开海船船员适任考试和发证管理的事项、办事程序、举报电话等信息,自觉接受社会的监督。

（8）除海事管理机构依法实施外,任何机构和个人不得以任何理由扣留或者吊销船员适任证书。

## 二、中华人民共和国海船船员船上培训管理办法

为了规范海船船员船上培训行为,加强船上培训管理,依据《中华人民共和国船员条例》《中华人民共和国船员培训管理规则》《中华人民共和国海船船员适任考试和发证规则》《中华人民共和国船舶安全监督规则》《中华人民共和国海船船员值班规则》等相关规定以及经修订的《1978 年海员培训、发证和值班标准国际公约》,制定本办法。（本办法自 2019 年 1 月 20 日起施行。）

### （一）总则

1. 适用范围

本办法适用于为取得中华人民共和国海船船员适任证书、培训合格证或者船员履职而进行的船上培训,包括船上见习、船上熟悉培训、船上知识更新培训。

（1）船上见习,包括职务晋升船上见习、吨位（功率）提高船上见习和培训合格证船上见习;

（2）船上熟悉培训,是指船员履职前在船开展的安全熟悉培训、保安熟悉培训、液货船货物特性和操作熟悉培训等岗位熟悉培训;

（3）船上知识更新培训,是指航运公司为本公司自有船员在船开展的适任证书和培训合格证再有效知识更新培训。

2. 主管机关

中华人民共和国海事局是船上培训的主管机关。各级海事管理机构在主管机关确定的职责范围内,具体负责船上培训的监督管理。"船上见习记录簿"样式由主管机关统一制定和发布。公司如自行编制"船上见习记录簿"的,其内容不得低于主管机关发布的"船上见习记录簿"规定的要求。

### （二）培训主体与职责

1. 培训主体

（1）公司是实施船上培训的责任主体,应制定并完善船上培训管理制度,指定专人负责,保障船上培训的有效实施,并保持完整的培训记录。

（2）公司和开展培训的船舶应根据船上培训的种类、船舶类型、航区（线）、货物作业条件等,分别制订船上培训计划和船上培训实施计划。

（3）公司应编制"船上培训记录簿",用于记录船员在船培训情况。

（4）公司应对安排上船任职的船员,开展岗位熟悉培训,以确保船员熟悉其具体职责,以

及与其日常或应急职责有关的所有船舶布置、装置、设备、程序和船舶特性等。

（5）开展船上见习的公司应满足以下要求：

①拥有自有或管理的船舶，或者与航运公司签订包含船上见习内容的配员协议，或者与航运公司签订配员协议及船上见习协议；

②学员舱室、生活和培训条件满足相关国际公约和国内法规的要求；

③已建立船上培训管理制度；

④公司培训师、船上培训师具备与所开展的船上培训相适应的培训能力。

（6）开展船上知识更新培训的航运公司应满足以下要求：

①具有所开展知识更新培训所需的教学资料和设施设备；

②具有经过适当培训的公司培训师；

③已将知识更新培训纳入公司安全管理体系，并取得符合证明（DOC）。

（7）开展船上见习的公司和船上知识更新培训的航运公司，应将船上培训计划、学员名单、船长、船上培训师名单及资历等信息报送公司所在地辖区海事管理机构。

2. 培训职责

（1）公司负责组织和安排船上培训，履行下列职责：

①指定负责船上培训的部门和公司培训师；

②制订船上培训管理制度和船上培训计划；

③选定培训船舶；

④负责公司培训师、船上培训师的管理；

⑤对船上培训实施跟踪管理；

⑥为船上见习的学员出具公司的鉴定意见；

⑦每年1月份向海事管理机构报告上一年度船上见习和船上知识更新培训的开展情况。

（2）公司培训师应由具有实际担任管理级职务不少于3年且持有有效适任证书的自有船员担任，且与开展培训的船舶类型、吨位（主机功率）和航区（线）相适应并经过公司组织的适当培训。

公司培训师负责拟订公司的船上培训计划，检查船上培训计划的执行情况，检查相关记录簿的记载情况，并签署公司的鉴定意见。

（3）船上培训师由开展培训船舶的船长根据培训任务指定船上经验丰富的船员担任，负责船上见习的船上培训师职务应不低于学员的见习职务。船上培训师主要履行以下职责：

①结合船舶航行任务制订船上培训实施计划，做好包括安全预防措施在内的训练准备；

②按船上培训实施计划开展培训，督促和指导学员完成相关培训任务，并检查学员的培训记录；

③评估船上见习学员的见习完成情况和效果，公正、客观地签署评估意见。

（4）船长全面管理船上培训工作，审核船上培训实施计划，定期检查学员的培训情况，确保船上培训师有效履行职责和船上培训计划有效实施；负责签署或授权轮机长签署学员船上培训的意见。

### （三）船上培训的组织实施

（1）公司应按照体系管理要求、相应制度、船上培训计划及规定的船上培训内容，组织实施船上培训。

（2）公司和开展培训的船舶,应确保开展船上培训不影响船舶的航行安全和正常操作,使船上培训师有适当的时间和精力从事相应的船上培训工作。

（3）公司应在学员开展船上见习前,向辖区海事管理机构报送船上见习信息表。公司安排船长和高级船员见习时,每艘船舶同一职务同时在船见习不得超过2人。

（4）学员在船上培训期间,应在每项培训完成后在"船上培训记录簿"中如实记载。学员在船上见习期间,应在船上培训师的指导下完成规定内容的培训,及时在"船上见习记录簿"中如实记载,并保持连续记载,以供随时检查。

（5）船上培训师应在船上见习学员完成每一项见习任务后,对其进行评估并在"船上见习记录簿"中填写评估意见;对未按要求完成见习任务的,应及时告知,督促其按要求完成见习任务,并再次进行评估和记载。学员无法完成"船上见习记录簿"中所列原定计划内容时,船上培训师应予以记录并及时报告船长。

（6）船长应在学员完成在本船见习任务后,根据其见习记录、船上培训师的评估意见以及对学员船上见习的检查情况,在"船上见习记录簿"中填写鉴定意见,签名并加盖船章,送交公司。

（7）公司在收到"船上见习记录簿"后,由公司培训师根据见习记录、鉴定意见和公司跟踪管理情况,在"船上见习记录簿"中客观、公正地填写公司的鉴定意见,清楚说明学员是否已完成规定的船上见习任务、是否达到"船上见习记录簿"规定的相关能力要求,以及见习期间的表现情况,加盖公司公章后留存"船上见习记录簿"副本,原件交与学员本人。

（8）学员进行见习的公司发生变化时,负责学员见习的公司应将"船上见习记录簿"副本的评价报告部分报送辖区海事管理机构,负责继续学员船上见习的公司应按本办法相关条例的要求向辖区海事管理机构报送相关信息。

学员换船进行见习但公司未发生变化的,公司应按照本办法相关条例的要求向辖区海事管理机构报送相关信息。

（9）"船上见习记录簿"由学员本人保存,负责学员见习的公司应保存副本至少3年。"船上培训记录簿"由公司保存,保存期限至少5年。"船上见习记录簿""船上培训记录簿"应用不褪色的蓝黑色或黑色墨水笔填写。

### （四）监督管理

（1）海事管理机构应加强对船上培训的监督管理。公司存在下列情形之一的,2年内不得开展船上见习和船上知识更新培训:

①未按照船上培训计划组织开展培训的;

②信息报送失实、培训记录造假、不如实填写鉴定意见;

③未按规定如实向海事管理机构报告船上培训情况的;

④未按规定保存"船上见习记录簿"副本和"船上培训记录簿"的。

（2）公司停止开展船上培训后,仍应负责已在船见习的学员按计划完成该次船上见习。

（3）对于学员船上见习时间不足、见习内容未全部完成、"船上见习记录簿"记载失实等未达到规定要求的,不得视作其满足《中华人民共和国海船船员适任考试和发证规则》规定的船上见习的任职资历要求。

### 三、中国船舶报告系统管理规定

为了保证中国船舶系统的有效运行,提高搜救行动的效率,保障海上人命、财产的安全,保护海洋环境,根据有关法律、法规制定本规定。(本规定自 2001 年 6 月 1 日起施行。)

1. 报告系统的作用

船舶报告系统是指船舶使用规定的报告格式和程序向中国船舶报告管理中心报告,各海上搜救中心应用报告信息对遇险船舶组织救助的一种制度。

2. 报告系统的组成

中国船舶报告系统由中国海上搜救中心、船舶报告管理中心、区域海上搜救中心、报告接收站和参加中国船舶报告系统的船舶组成。

3. 主管机关

中华人民共和国海事局是中国船舶报告系统的主管机关。

4. 管理规定

(1)加入中国船舶报告系统的船舶应当按照《中国船舶报告系统船长指南》中规定的报告方式、种类、格式、内容和要求进行报告。

(2)船舶所有人、经营人或代理人应通过有效的通信方式,及时、准确地向船舶报告管理中心提供船舶报告信息。

(3)船舶报告管理中心应及时、准确地处理采集的信息。中国海上搜救中心和各区域海上搜救中心根据搜救需要,利用中国船舶报告系统的信息组织搜救。

(4)在船舶或航空器遇险或可能遇险的情况下,各海上搜救中心应根据搜救的需要从船舶报告管理中心调取信息。船舶报告的信息只能用于船舶或航空器遇险救助、航行安全和防止海域污染等海上安全管理。

(5)参加船舶报告和参与救助行动的船舶应保持通信畅通。

5. 中国船舶报告系统船长指南

(1)中国船舶报告系统(CHISREP)是一个应急保障系统。中国船舶报告系统提供船舶资料,为组织协调指挥船舶参与搜寻救助提供相关信息,避免或减少海上人员伤亡和财产损失,保障人命安全。

(2)CHISREP 的报告区为其他国家领海和内水以外的北纬 9°以北,东经 130°以西的海域。

(3)适用船舶:

①航行在中国船舶报告区域内,且航行时间超过 6 小时的 300 总吨及以上的中国籍船舶必须加入中国船舶报告系统。

②中国政府鼓励外国籍船舶自愿加入中国船舶报告系统。

(4)目的:

①在没有收到遇险信号时,缩短同船舶失去联系与开始搜救工作之间的时间间隔;

②迅速认定能被招来提供援助的船舶;

③在遇险人员、船舶的位置不明或不定时,可划定一定范围的搜寻区域;

④便于提供紧急医疗援助或咨询。

（5）管理机构：

中国船舶报告系统由中华人民共和国海事局通过设在中华人民共和国上海海事局内的中国船舶报告管理中心进行管理。中国船舶报告管理中心是 CHISREP 的运行管理机构。

## 四、船舶引航管理规定

为了规范船舶引航活动，维护国家主权，保障水上人命财产安全，适应水上运输和港口生产的需要，交通运输部颁布了《船舶引航管理规定》。（本规定自 2002 年 1 月 1 日起实施，根据 2021 年 9 月 1 日交通运输部《关于修改〈船舶引航管理规定〉的决定》进行了修正。）

1. 总则

（1）适用范围

在中华人民共和国沿海、内河和港口从事船舶引航活动适用本规定。

（2）主管机关

交通运输部主管全国引航工作。中华人民共和国海事管理机构负责引航安全监督管理工作。

（3）船长责任

船舶接受引航服务，不解除被引船舶的船长驾驶和管理船舶的责任。

2. 应申请引航的船舶

（1）下列船舶在交通运输部划定的海上引航区内航行、停泊或者移泊的，应当向引航机构申请引航：

①外国籍船舶，但交通运输部经报国务院批准后规定可以免除的除外；

②核动力船舶、载运放射性物质的船舶、10 万总吨及以上油船；

③可能危及港口安全的散装液化气船、散装危险化学品船；

④长、宽以及吃水或者水面以上高度接近相应航道通航条件限值的船舶。

第③项、第④项船舶的具体标准，由交通运输部直属海事管理机构根据港口、航道实际情况制定并公布。

（2）下列船舶在内河航行，应当向引航机构申请引航：

①外国籍船舶；

②1 000 总吨以上的海上机动船舶，但船长驾驶同一类型的海上机动船舶在同一内河通航水域航行与上一航次间隔 2 个月以内的除外；

③长、宽以及吃水或者水面以上高度接近相应航道通航条件限值的船舶。

（3）下列船舶在长江干线航行，应当向引航机构申请引航：

①客位 500 人及以上且载客航行的客船，但旅客班船、渡船除外；

②2.1 万总吨及以上且载运闪点小于 23 ℃的散装液体化学品船；

③载运《国际散装危险化学品船舶构造和设备规则》中 X 类的散装液体化学品船。

（2）中第③项船舶的具体标准，由长江航务管理部门、省级交通运输主管部门根据管辖水域的航道实际情况制定并公布。

（4）船舶自愿申请引航的，引航机构应当提供引航服务。

3. 引航申请与实施

（1）申请引航的船舶或者其代理人应当向相应的引航机构提出引航申请。船舶不得直接聘请引航员或者非引航员登船引航。船舶的引航申请和变更,应当按市级地方人民政府港口主管部门规定的时间向引航机构提出。

(2)引航机构应当满足船舶提出的正当引航要求,及时为船舶提供引航服务,不得无故拒绝或者拖延。

(3)引航机构应当根据船舶状况、通航条件和拖船配备要求,制定合理的拖船使用方法。被引航船舶应当根据引航机构提供的拖船使用方法的要求安排拖船或者委托引航机构安排拖船,并承担相应的费用。

(4)申请引航的船舶,应当使用专用的甚高频频道与引航机构和引航员联系,确认登船时间、地点等事项,并保持值守。

(5)引航员登船后,应当向被引船舶的船长介绍引航方案;被引船舶的船长应当向引航员介绍本船的操纵性能以及其他与引航业务有关的情况。

(6)在一次连续的引航中,同时有2名或2名以上的引航员在船时,引航机构必须指定其中一人为本次引航的责任引航员。

(7)引航员上船引领时,被引船舶应当在其主桅悬挂引航旗。任何船舶不得在非引领时悬挂引航旗。

(8)引航员应当谨慎引航,按规定向海事管理机构及时报告被引船舶动态。引航员发现水上交通事故、污染事故或违章行为时,应当及时向引航机构、海事管理机构报告。

(9)引航员在遇到下列情况之一时,有权拒绝、暂停或者终止引航,并及时向引航机构、海事管理机构报告:

①恶劣的气象、海况;

②被引船舶不适航;

③航道或者码头条件不满足被引船舶的航行、停泊、作业的安全要求;

④被引船舶的引航员登离装置不符合安全规定;

⑤引航员身体不适,不能继续引领船舶;

⑥其他不适于引航的原因。

引航员在做出上述决定之前,应当明确地告知被引船舶的船长,并对被引船舶当时的安全做出妥善安排,包括将船舶引领至安全和不妨碍其他船舶正常航行、停泊或者作业的地点。

(10)使用拖船引航,拖船应当服从引航员的指挥,并保持与引航员通信联系良好。引航员应当注意拖船的安全。

(11)船舶接受引航服务,被引船舶的船长应当遵守下列规定:

①按照SOLAS公约的规定,为引航员提供方便、安全的登离船设备,并采取必要的措施确保引航员安全登离船舶;

②为引航员提供工作便利,并配合引航员实施引航;

③回答引航员有关引航的疑问,除有危及船舶安全的情况外,应当采纳引航员的引航指令;

④在离开驾驶台时,指定代职驾驶员并告知引航员,并尽快返回;

⑤船长发现引航员的引航指令可能对船舶安全构成威胁时,可以要求引航员更改引航指令,必要时还可要求引航机构更换引航员,并及时向海事管理机构报告。

(12)引航员应当将被引船舶从规定的引航起始地点引抵规定的引航目的地。引航员离船时应当向船长或者接替的引航员交接清楚,在双方确认安全的情况下方可离船。

(13)因恶劣的天气或者海况等情形,引航员不能离开船舶或者不能在规定的登离水域登离船舶时,船长应当制定相应的保障措施,并征得海事管理机构的同意后,将船舶驶抵能使引航员安全登离船舶的地点,并负责支付因此造成的相关费用。

(14)引航机构、船舶、拖船,均应当配备必要的通信设备或者器材,以便及时与引航员保持联系。

(15)引航结束时船长和引航员应当准确填写引航签证单。被引船舶或者其代理人应当按规定支付引航费。

## 五、中华人民共和国船舶交通管理系统安全监督管理规则

为了加强船舶交通管理,保障船舶交通安全,提高船舶交通效率,保护水域环境,根据《中华人民共和国海上交通安全法》《中华人民共和国内河交通安全管理条例》等有关法律、法规,制定本规则。(现行规则于1997年9月15日发布,自1998年1月1日起施行。)

### (一)总则
1.适用范围

本规则适用于在中华人民共和国沿海及内河设有船舶交通管理系统(VTS系统)的区域内航行、停泊和作业的船舶、设施及其所有人、经营人和代理人。

2.主管机关

中华人民共和国海事局是全国船舶交通管理系统安全监督管理的主管机关。

### (二)船舶报告
(1)船舶在VTS区域内航行、停泊和作业时,必须按主管机关颁发的《VTS用户指南》所明确的报告程序和内容,通过甚高频无线电话或其他有效手段向VTS中心进行船舶动态报告。

(2)船舶在VTS区域内发生交通事故、污染事故或其他紧急情况时,应通过甚高频无线电话或其他一切有效手段立即向VTS中心报告。

(3)船舶发现助航标志异常、有碍航行安全的障碍物、漂流物或其他妨碍航行安全的异常情况时,应迅速向VTS中心报告。

(4)船舶与VTS中心在甚高频无线电话中所使用的语言应为汉语普通话或英语。

### (三)船舶交通管理
(1)在VTS区域内航行的船舶除应遵守《1972年国际海上避碰规则》《中华人民共和国内河避碰规则》外,还应遵守交通运输部和主管机关颁布的有关航行、避让的特别规定。

(2)船舶在VTS区域内航行时,应用安全航速行驶,并应遵守交通运输部和主管机关的限速规定。

(3)船舶在VTS区域内应按规定锚泊,并应遵守锚泊秩序。

(4)任何船舶不得在航道、港池和其他禁锚区锚泊,紧急情况下锚泊必须立即报告VTS中心。

(5)船舶在锚地并靠或过驳必须符合交通运输部和主管机关的有关规定,并应及时通报VTS中心。VTS中心根据交通流量和通航环境情况及港口船舶动态计划实施交通组织。VTS中心有权根据交通组织的实际情况对航行计划予以调整、变更。

（6）船舶在 VTS 区域内航行、停泊和作业时,应在规定的甚高频通信频道上正常守听,并应接受 VTS 中心的询问。

（7）在 VTS 区域内航行的船舶和船队的队形及尺度等技术参数均应符合交通运输部和主管机关的有关规定。

### （四）船舶交通服务

（1）各 VTS 中心应根据其现有功能为船舶提供相应服务。

（2）应船舶请求,VTS 中心可向其提供他船动态、助航标志、水文气象、航行警（通）告和其他有关信息服务。VTS 中心可在固定的时间或其他时间播发上文规定的信息。

（3）应船舶请求,VTS 中心可为船舶在航行困难或气象恶劣环境下,或船舶一旦出现了故障或损坏时,提供助航服务。船舶不再需要助航时,应及时报告 VTS 中心。

（4）为避免紧迫局面的发生,VTS 中心可向船舶提出建议、劝告或发出警告。

（5）VTS 中心认为必要的时候或应船舶或其所有人、经营人、代理人的请求,可为其传递打捞或清除污染等信息和协调救助行动。

（6）应船舶或其所有人、经营人、代理人的请求,有条件的 VTS 中心还可为其提供本规则规定以外的服务。

### （五）法律责任

（1）对违反本规则的,主管机关依据有关法律、法规和交通运输部颁布的有关规章给予处罚。

（2）本规则的实施,在任何情况下都不免除船长对本船安全航行的责任,也不妨碍引航员和船长之间的职责关系。

（3）为避免危及人命财产或环境安全的紧急情况发生,船长和引航员在背离本规则有关条款时,应立即报告 VTS 中心。

# 项目六
# 防止船舶污染海洋环境

## 学习目标

1. 了解船舶对海洋环境污染的途径和船舶污染对海洋环境的损害。
2. 熟悉防止船舶污染海洋环境的措施。
3. 掌握《国际防止船舶造成污染公约》的相关内容。
4. 熟悉国内防污染相关法规内容。

## 任务一  船舶对海洋环境污染的途径

船舶对海洋环境污染的途径主要有操作性污染和海损事故性溢漏两个方面。

### 一、操作性污染

操作性污染是指船舶营运过程中由船员或货物装卸人员操作不当或相关系统的损坏导致的意外排放。为船舶安全或救助海上人命的故意排放,可看作特殊的操作性污染。

(1)操作性油污染的途径有:机舱舱底污水和机舱残油、污油、油泥的违规排放;排放含油的压载水或洗舱水时,油量瞬间排放率超标;在绝对禁止排放的海域排放油类或含油污水;管系泄漏事故;舱柜满溢事故;船壳泄漏事故;为了船舶安全的故意排油;为了救助海上人命的故意排油;等等。装卸和移驳货油和添加燃油期间发生的跑、冒、滴、漏等也是造成海洋污染的途径之一。

(2)操作性散装有毒液体物质污染的途径与操作性油污染类似,只是污染物质和排放条件不同而已。

(3)操作性包装有害物质污染的途径有:在船上将用以清除从包装货物中洒落或泄漏的有害物质的清洗水直接排入海中;将装有散装有毒液体物质洒落或泄漏的舱室中清除出来的

垃圾混合物或包装材料扔到海里;将装有散装有毒液体物质的货泵舱中积聚的舱底水排入海中等。装卸作业不慎,造成包装有害物质意外落海,也是造成海洋污染的途径之一。

（4）操作性船舶生活污水污染,主要是不当排放船上产生的粪便水和尿液、医务室的面盆和洗澡盆的排出物、活动物处所的排出物等造成的污染。

（5）操作性船舶垃圾污染,主要是不当排放船舶垃圾造成的污染。

## 二、海损事故性溢漏

海损事故性溢漏通常是指船舶发生碰撞搁浅、触礁等严重的海损事故,使所载的油类、散装有毒液体物质、包装有害物质等部分或全部溢入海中,造成了严重的海洋污染。可引起海损事故性溢油的海损事故包括:触礁或搁浅、火灾或爆炸、碰撞、船壳破损、严重横倾等。而操舵设备、推进器、供电系统、重要的船载导航设备等影响船舶适航性的机械和设备的损坏或故障,也是引起海损事故性溢油进而引发污染事故的原因。

# 任务二　船舶污染对海洋环境的损害

船舶污染将会对海洋环境造成下列损害。

## 一、形成海面污染物

海洋表层被船舶排放的油类、油性混合物形成的油膜以及从船舶排放出的垃圾覆盖,在海面形成一层污染物,该层污染物将会妨碍海水与阳光、风等的相互作用,从而影响氧气的产生、大气的成分和温度,阻碍水汽的蒸发,并通过大气环流影响人体健康;海面污染物所产生的有害气体也会随大气环流播散全球,危害人体健康;海面污染物会妨碍海面养殖和其他作业;海面漂浮物会妨碍船舶的安全航行;海面垃圾及其腐臭味,会影响海上休息,也会使旅游胜地失去其价值。

## 二、污染海水水质

船舶排放的污染物中的有害化学物质分散于水中而影响海水的工业利用价值;有害物质被鱼类、贝类、食用藻类吸收:轻则影响其食用价值,导致人的慢性中毒而危害健康和生命;重则会使大量海洋生物灭绝,海洋食物链中断,使人类丧失至关重要的海洋食物源。

## 三、污染物沉淀危害

船舶排放的污染物沉淀,会使海底生物受到污染甚至死亡,使滩涂荒废、海岸污染,从而使人的海洋食物源、健康、生活和旅游环境、滩涂利用和海岸工程都受到不良影响。

## 四、破坏大气臭氧层

船舶超标排放的废气会破坏大气臭氧层,使人体遭受超标紫外线的侵害,超标排放的废气进入大气后经过一系列的反应会生成毒性很大的光化学烟雾,危害人体健康。

# 任务三　防止船舶污染海洋环境的措施

## 一、制定、完善并严格执行防污染法规

船舶防治污染立法是涉及防治船舶污染环境的公约、法律、法规、规则、规章和标准的总和,具有普遍性和强制性。

船舶防治污染立法的普遍性在于有关的行政部门,企事业法人、自然人和船舶都必须执行。其强制性在于法的实施是以国家强制机构作为后盾的,违法者要受到国家强制制裁,具有普遍的威慑力。严格执法则要求通过各种手段迫使船舶按立法的要求完善船舶防污染结构、布置和材料,配齐防污染设备和文书,健全防污染应急程序;一旦发生污染则依法追究责任人的法律责任,特别是经济赔偿责任。通过立法和执法,增强人们的防污染意识,使其自觉遵守防污染法规。

## 二、配备先进的防污染设备

船舶应根据有关国际公约和法规的要求,配备足够的先进的防污染设备。

## 三、加强对船舶防污染检查与监督

通过 PSC 监督检查和 FSC 监督检查,确保本国籍的和到港的外国籍船舶防污染设备处于良好的技术状态,船员熟悉防污染操作并遵守防污染规定,从而避免船舶对海洋环境的污染。

## 四、增强从业人员的防污染意识

具有良好职业素质的船员,是避免船舶污染海洋环境的必要条件。适当的教育和培训,可使受训人员迅速掌握防污染的知识和操作技能,具备防污染的责任感和自觉性。有计划的日常宣传教育和集中再教育,有利于巩固船员的防污染知识和提升相应的技能,形成环境保护观念。

## 五、规范船员职业行为

规范船员职业行为,是指规范船员在船上的操作行为和管理行为,确保船员以远离威胁和避免损失的方式操作和管理,及时用安全的行为方式,预防船舶污染事故的发生。规范职业行为的手段通常体现为制定职业行为规范,执行规范并按规定留下记录,监督职业行为,定期评价和完善规范。在船任职的每个船员都应具备最基本的技能,妥善而谨慎地管理货物,规避灾害性天气,运用良好的船艺,精心操作,避免海事尤其是灾难性的污染事故的发生。

## 六、严格遵守各类作业操作规程

每个船员都应严格按照油类或散装有毒液体货物的作业规程安全操作。船公司必须制定并要求船舶坚决执行有关安全生产的各项规章制度，以此来减少人为的或人员失误造成的油类或有毒物质污染海洋环境。

船舶航行至国外港口应遵守当地的有关法令和特殊规定。特别是在处理船上留存的油类残余物，进行货油或其他有害物质装载作业时，更应严格按照 IMO 所推荐和确认的指南去执行，防止溢漏事故发生。

## 七、构建与船舶防污染要求相适应的船外环境

预防船舶污染环境，应有与船舶防污染要求相适应的船外环境，以保证船舶运作的全过程不发生污染事故，或将污染损害降至最低限度。船外的环境配套措施主要有：

（1）按照国际公约的要求设置船舶油污水接收设备（设施、装置）、有毒液体物质接收设备、船舶垃圾接收设备等，保证船舶的废弃物在岸上得到妥善处理；

（2）妥善选择散装液体货物的作业场所，避免强风急流的侵袭引发污染事故；

（3）在作业场所设置防止溢漏或散落的器材，防止落水污染物扩散的器材；

（4）严谨的船-岸作业规程、船-船作业规程及其监督；

（5）有效的航道系统、导航系统及船舶交通管理，避免海损事故引起污染事故；

（6）沿海国有效的防污染协作制度和技术队伍，以便最大限度地减轻污染损害。

# 任务四　船舶防污染技术与设备

## 一、防止油污染

船舶防污染技术主要是从改进原有的操作方法、改变船体结构和增加防污染设备三个方面入手，并通过提高船舶自身净化能力来实现的。

### （一）油船残油处理技术

1. 装于上部法

所谓装于上部法，就是在油舱卸油后，直接向未经清洗的油舱打进压舱水，并在航行中把沉淀在油舱下部含油量较低的压载水排入海中，而把其余含油量较高的压载水排入用作污油水舱的某货油舱，让其继续静止沉淀，自然分离，然后把污油水舱下部的清洗水排放入海，而把上部污油留在污油水舱内，待下次装油时，将新的货油直接装于残存的污油之上。

2. 专用压载舱和清洁压载舱

大型原油船和成品油船均应设专用压载舱，使压载舱与货油舱、燃油舱及其系统分开。专用压载舱一般采用双重边舱和双层底结构。这样可以大大减少船舶因碰撞、搁浅等事故而发生溢油的危险、溢油量和含油污水，缩短了船舶在港时间，避免水分、盐分与石油制品掺混，并能防止油水交替作用对油舱的腐蚀。

清洁压载舱是现有油船替代专用压载舱的一项等效措施。它是将一部分货油舱进行彻底清洗后改作压载舱,并固定用于装载压载水,而未对其结构、泵和管系做变动(泵和管路系统仍与货油系统共用)。采用清洁压载舱的油船,应增设油水分离设备和油分浓度计,以便对排放压载水中的含油量进行监测。

3. 原油洗舱

所谓原油洗舱,就是在卸油的同时,利用所载货油中的一部分原油在高压下经洗舱机喷射到货舱内,借以把附着在货油舱舱壁、管路、肋骨等表面的原油油泥清洗掉的方法。装有原油洗舱系统的油船,必须设置惰性气体系统。

## (二)船用油水分离器

油水分离器在防止船舶对海洋造成油污染方面起到了很好的作用。

1. 油水分离的方法

油水分离的方法按其原理可分为物理方法、化学方法和生物处理方法。物理方法有重力分离、浮选分离、过滤分离和吸附分离等方法;化学方法有凝聚、电凝聚等方法;生物处理方法有活性污泥法、生物滤池法等方法。受船舶条件所限,目前在船用油水分离器中采用最多的方法是物理方法,而物理方法中又以重力分离、聚结分离、过滤分离和吸附分离为主。

目前,实际使用的船用油水分离器种类繁多,但绝大多数采用重力分离法,加上聚结分离或过滤分离或吸附分离等方法,即所谓的组合式结构,以满足国际公约规定的排放标准的要求。

2. 自动排油装置和油分浓度监测装置

(1)自动排油装置

油水分离器分离出的污油集聚在顶部达一定数量时,便自动打开排油阀将污油排往污油柜,这种装置称为自动排油装置。自动排油装置主要由电阻式或电容式油位检测器和排油阀组成。

(2)油分浓度监测装置

油分浓度监测装置在含油污水排放时用来测定、记录和控制排放浓度、排放总量及瞬时排放率。若排放污水中含油浓度超过规定的标准,检测器就发出声光报警。目前,常用光学方法来检测水中含油浓度,它又分为光学浊度法、红外线吸收法、紫外线吸收法和荧光法。

## (三)污油水舱及接收设备

1. 污油水舱

400 总吨及以上船舶应设置有足够容量的舱柜,用来存放不能以其他方式处理的残油或油渣,如净化燃润油时产生的油渣以及机器处所泄漏产生的残油和含油污水处理产生的污油等。这种舱柜应便于清洗和将其内的残油排至接收设备。

2. 接收设备

按有关公约的要求,在装油港、站,修理港及船舶需排放残油的其他港口应设置接收留存的残油和油性混合物的足够设备,以满足到港船舶的需要。

为使岸上的接收设备的管路能与船上机舱舱底残余物的排放管路相连接,在船上应备有油类标准排放接头。

## 二、生活污水的处理

目前,船上采用的生活污水处理设备基本分为两种:一种是收集、贮存、集中排放的设备;另一种是在船上处理后直接排出的设备。

1. 收集贮存装置

该装置主要由污水柜、污水泵、粉碎机和污水管路组成。污水和废水经粉碎机处理后流入污水柜,然后由污水泵排至露天甲板的标准排放接头送往岸上接收设备,或当船舶航行到允许排放海域时再排出舷外。

2. 生化处理装置

生化处理装置利用以好氧菌为主的活性污泥对污水中的有机物质进行分解处理。

## 三、船舶垃圾的处理

船舶垃圾来源于厨房垃圾、舱室垃圾、污泥、废油、污油、渣油、油泥及扫舱垃圾等。对不同性质的垃圾采用不同的处理方法,如直接投弃、粉碎处理后投弃和焚烧炉焚烧。

焚烧炉用来处理渣油、废油、污水处理装置中产生的污泥,以及其他固体垃圾等。对船上的废油、油渣、含油棉纱以及生活污水中的固体物质和垃圾等,最干净、最简便的处理方法就是用焚烧炉焚烧。

# 项目七 船舶检验

## 学习目标

1. 了解船舶检验的目的、机构和种类。
2. 了解法定检验的种类、检验时间安排。
3. 了解保持船级的检验种类、入级符号、附加标志、船级证书、船级的暂停与取消。
4. 了解公证检验的种类。

## 任务一　船舶检验的目的、机构和种类

### 一、船舶检验的目的

船舶检验的目的在于通过对船舶及其设备的检验,促使船公司保持船舶的良好技术状况,以保证船舶的营运安全和防止污染、损害海洋环境,保证船旗国和港口国政府对船舶实施有效的管理和控制,同时也为船舶所有人提高船舶在航运市场的竞争力,降低保险费率,以及为公证、索赔、海事处理等提供必要的技术依据。

### 二、船舶检验的机构和种类

#### (一)船舶检验机构

世界上大多数海运国家的船舶各类检验是由船级社来完成的。

国际船级社协会(IACS)成立于1968年,致力于联合各船级社,利用技术支持、检测证明和开发研究,通过海事安全与海事规范,维护与追求全球船舶安全与海洋环境清洁。

目前,IACS共有12个成员,即美国船级社(ABS)、法国船级社(BV)、挪威船级社(DNV)、韩国船级社(KR)、英国劳氏船级社(LR)、日本海事协会(NK)、意大利船级社(RINA)、中国船

级社（CCS）、波兰船级社（PRS）、印度船级社（IRS）、俄罗斯船级社（RS）和克罗地亚船舶登记局（CRS）。

中国船级社（CCS）成立于1956年，总部设在北京，是国际船级社协会的正式成员。

中国船级社为船舶、海上设施及相关工业产品提供世界领先的技术规范和标准并提供入级检验服务，同时还依据国际公约、规则以及授权船旗国或地区的有关法规提供法定检验、鉴证检验、公证检验、认证认可等服务。

### （二）船舶检验的种类

按照检验性质的不同，船舶检验可以分为法定检验、船级检验和公证检验等三种基本类型。

#### 1. 法定检验

法定检验属于强制性检验，是指按照船旗国政府的法令、法规、条例和（或）政府批准、接受、承认或加入的有关国际公约、议定书、修正案、规则等，对国际或国内航行的船舶进行的检验、检查和鉴定。在检验、检查和鉴定合格后签发或签署相应的法定证书。法定检验必须由政府主管机关或其授权的组织或个人进行。

#### 2. 船级检验

船级检验（也称入级检验）属于商业性检验，是指由船舶所有人选定的船级社，依据其制定的船舶入级规范，对船体（包括设备，下同）、船舶机械装置（包括电气设备，下同）等是否处于或保持良好、有效的技术状态进行的检验、检查和鉴定。在检验、检查和鉴定合格后签发或签署相应的船级证书。

#### 3. 公证检验

公证检验是应船舶所有人、经营人、租船人或保险人等的申请，对由某种原因造成的船舶实际状况进行具有公证性质的检验，以证明船舶的实际状况或产生事故的原因。公证检验完成后应签发相应的检验报告。

# 任务二　法定检验

## 一、法定检验概述

### （一）法定检验的范围、目的与依据

#### 1. 范围

法定检验的范围包括：SOLAS公约中规定的各种船舶结构与设备检验、MARPOL公约中规定的各种船舶结构与设备检验、LL公约中规定的船舶载重线勘绘与检验、特种船舶构造和设备检验、船舶起重和吊货设备的检验、船舶吨位丈量等，以及按有关国际公约和各国制定的法规，对船舶结构、设备、载重线、稳性、吨位等进行的各种监督性检查、试验和鉴定。

#### 2. 目的

法定检验的目的是按照有关国际公约和船旗国法律、法规的要求，对船舶结构、设备、载重线、稳性、吨位、锅炉及其他受压容器、主机、辅机、电气设备、无线电通信设备、救生设备、消防

设备、航行和信号设备、防止污染设备、起货设备等进行监督,并确认其处于有效技术状态和适合预定用途。

3.依据

实施法定检验的依据为有关国际公约以及国内法规。国际公约包括《1974 年国际海上人命安全公约》(SOLAS 1974)及作为该公约组成部分的所有规则(如 FSS 规则、LSA 规则、IBC 规则、IGC 规则、IMSBC 规则、ISPS 规则等);《关于 1973 年国际防止船舶造成污染公约的 1978 年议定书》(MARPOL 73/78);《1969 年国际船舶吨位丈量公约》(ITC 1969);《1966 年国际载重线公约 1988 年议定书》(LL 66/88);《1972 年国际海上避碰规则》(COLREG 1972)及其 2001 年修正案。国内法规包括《中华人民共和国船舶和海上设施检验条例》《国内航行海船法定检验技术规则》《散装运输危险化学品船舶结构与设备规范》《非国际航行海船法定检验技术规则》《中华人民共和国海上交通安全法》《防治船舶污染海洋环境管理条例》《中华人民共和国船舶和海上设施检验条例》《船舶与海上设施法定检验技术规则》等。

### (二)法定检验的种类

1.初次检验

船舶投入营运以及第一次对船舶颁发法定证书之前应进行初次检验,包括对船舶结构、机械、设备的一次完整检查和必要时的试验,以确保船舶满足相应证书的有关要求,保证船舶结构、机械和设备都适合其所要从事的营运业务。

经初次检验合格的船舶应颁发相应的法定证书和/或记录簿。

2.年度检验

有关船舶法定证书上记载的签发日每周年日期前后 3 个月内应进行年度检验。年度检验应能使主管机关确认船舶的状况(包括其机械和设备)都按有关公约的要求得到了保持。经年度检验合格的船舶应在有关法定证书上签署。

3.期间检验

在有关船舶法定证书上的第 2 个或第 3 个周年日期前后 3 个月内应进行期间检验。该期间检验应替代一次年度检验。期间检验是对有关法定证书的指定项目进行检查,以确保这些项目都处于良好状态,并且适合船舶所从事的营运业务。经期间检验合格的船舶应在有关法定证书上签署。

4.定期检验

对货船设备安全证书而言,在该证书上的第 2 个或第 3 个周年日期前后 3 个月内应进行定期检验,且该定期检验应替代一次年度检验;对货船无线电安全证书而言,在该证书上记载的签发日每周年前后 3 个月内应进行定期检验。定期检验应包括对设备的检查以及必要时的试验,以确保符合货船设备安全证书和货船无线电安全证书的要求,且设备处于良好的状态,并且适合船舶所从事的营运业务。经定期检验合格的船舶应在有关法定证书上签署。

5.船底外部检查

货船构造安全证书所要求的特有检查。货船船底外部检查和有关项目的检验应能确保其处于良好状态,并且适合于所从事的营运业务。船舶通常在干坞内进行船底外部检查,但对于被授予了水下检验附加标志的船舶,若满足一定的条件,也可考虑在船舶处于漂浮状态下进行水下检验。经货船船底外部检查合格的船舶应在货船构造安全证书上签署。

6. 附加检验

附加检验也称临时检验。每当船舶发生事故,或发现影响船舶安全性或完整性,或影响其设备的效力配套性的缺陷时,由船长或船舶所有人提出申请,负责颁发有关证书的主管机关、指定的验船师或授权的船级社根据具体情况,确定是否需要按适用的公约或规则进行检验,此种检验称为附加检验。附加检验可以是总体的,也可以是部分的。附加检验应确保维修和任何换新已经有效地进行,且船舶及其设备继续适用于船舶所从事的营运业务。一般认为,下列情况应申请法定附加检验:更换船名、船舶所有人、船旗、船籍港、船舶识别号;船舶重大修理、改装、改建、更换设备;更改船舶航区或航线;等等。

我国《船舶检验管理规定》明确规定,中国籍船舶、水上设施的所有人或者经营人,有下列情形之一的,应当向国内船舶检验机构申请临时检验:

（1）因发生事故,影响船舶适航性能;

（2）改变证书所限定的航区或者用途;

（3）船舶检验机构签发的证书失效时间不超过一个换证周期;

（4）涉及船舶安全的修理或者改装,但重大改建除外;

（5）变更船舶检验机构;

（6）变更船名、船籍港;

（7）存在重大安全缺陷影响航行和环境安全,海事管理机构责成检验的。

7. 换证检验

换证检验也称换新检验,是指原证书到期,在相应证书换新之前进行的检验。换证检验应包括对结构、机械和设备的检验以及必要时的试验,以确保船舶满足相应证书的有关要求,保证船舶结构、机械和设备都处于良好状态,适合于其所从事的营运业务。

经相应证书换证检验合格的船舶应为其换发相应的新证书。

## 二、法定检验时间安排

### （一）初次和换证检验

1. 初次检验

初次检验应在船舶投入营运前进行。

2. 换证检验

所有需要换证检验的证书应在相应证书到期前 3 个月内完成换证检验。

### （二）年度和期间检验

1. 年度检验

年度检验应在证书的每周年日期前后 3 个月内进行。

2. 期间检验

期间检验应在相应证书的第 2 个或第 3 个周年日期前后 3 个月内进行,且该检验应替代一次年度检验。

### （三）定期检验

（1）货船设备安全证书的定期检验应在证书的第 2 个或第 3 个周年日期前后 3 个月内进行,且该检验应替代一次年度检验;

(2)货船无线电安全证书的定期检验应在证书的每一周年日期前后3个月内进行。

### (四)船底外部检查

1.客船的船底外部检查

客船的船底外部检查应每年进行一次。

2.货船的船底外部检查

货船的船底外部检查在货船构造安全证书有效期间的5年内应至少进行2次,且任何2次之间的间隔不超过3年,其中1次应在换证检验时进行。

3.高速船的船底外部检查

高速船的船底外部检查一般应每年进行一次。

# 任务三　船级检验和公证检验

船级是评定船舶技术状态的国际通用形式,是船舶所有人为了投保、索赔和处理海事纠纷的便利而自愿进行的。船级检验由船级社执行,鉴于各船级社的船舶入级规范不同,下面以中国船级社(CCS)的《钢质海船入级规范》为例,介绍船级检验要求。

## 一、保持船级的各种检验

### (一)一般规定

1.一般要求

(1)已在CCS入级的船舶,为保持证书的有效性,应进行保持船级的各种检验。CCS验船师在检验中可根据其专业判断扩大检验范围,船东应提供相应的检验条件和做好安排。

(2)在检验中,如发现影响证书的有效性的损坏或缺陷并认为必须立即进行处理时,验船师应将处理意见通知船东或其代理人。

(3)船东有责任向CCS提出保持证书有效性的各种检验的申请,并按规范的要求做好检验的项目准备和为检验提供安全措施。

2.重新入级

当已被取消CCS船级的船舶要求重新入级时,CCS将根据船龄和原船级具体情况进行检验,如检验表明船舶处于良好状态并符合CCS规范的要求,CCS将恢复其原授予的船级或按需要授予其他船级。

3.损坏和修理检验

(1)涉及入级的船体、设备和轮机(包括电气设备)等部件遭到认为可能影响入级的损坏时,应及时通知CCS。CCS将指派验船师在该平台抵达的适当港口及时登船进行损坏检验,其检验范围应为验船师能查明损坏程度和原因所需的范围。

(2)涉及入级的船体、设备和轮机(包括电气设备)做任何修理,应在CCS验船师在场的情况下进行。

4.改装或改建检验

(1)涉及入级的船体、设备和轮机(包括电气设备)的结构尺寸或装置在进行改装或改建时,其相关图纸应提交 CCS 批准。

（2）船舶有重大特征的改装或改建时,应符合"船舶重大改建、修理和改装的检验"的有关规定。

### （二）检验种类与周期

1. 初次入级检验

（1）初次入级检验系指对申请入级的船舶,在第一次授予其 CCS 船级和颁发入级证书之前,所进行的符合性检查,以确认其文件、结构和设备的设计、配置和技术状况以及管理等符合 CCS 入级规范、规则及 CCS 承认的其他技术要求。

（2）现有船舶和不在 CCS 检验下的建造中船舶的初次入级检验应按不在 CCS 检验下建造船舶的初次入级检验的有关规定进行。

对于国际航行的新船,其完整稳性应符合船旗国主管机关的要求或不低于 IMO 的有关标准。

（3）新建船舶的初次入级检验应按建造中检验的有关规定进行。

2. 年度检验

所有已入级船舶应进行年度检验。年度检验应在初次入级检验日期或上次特别检验日期的每周年日期前后 3 个月内进行。

3. 中间检验

（1）所有已入级船舶应进行中间检验。中间检验应在第 2 次或第 3 次年度检验之时或 2 次检验之间进行。除年度检验要求之外的项目,可在第 2 次或第 3 次年度检验之时或 2 次检验之间进行。

（2）中间检验和特别检验要求的处所的检验和测厚不应相互替代。

4. 船底外部及有关项目的检验

（1）船底外部及有关项目的检验既可以在干船坞内或在船排上进行,也可以在船舶漂浮状态下进行。在干船坞内或在船排上进行的检验称为坞内检验,在船舶漂浮状态下的检验称为水下检验。

（2）在每 5 年进行的特别检验周期内,至少应进行 2 次船底外部及有关项目的检验。其中一次应结合特别检验进行。在所有情况下,任何 2 次检验的间隔不应超过 36 个月。

（3）对船底外部及有关项目的检验通常应在干船坞内进行。但是,可以考虑在船舶漂浮状态下采用水下检验方式进行。

（4）对于船龄在 15 年以上需进行加强检验（ESP 检验）的船舶,检验应在干船坞内进行。

（5）国际航行客船（包括客滚船）的坞内检验每年应进行一次。其中 5 年内不少于 2 次应在干船坞内进行,其余的可以在船舶浮态下以水下检验方式来替代。同时应注意船旗国主管机关的规定。

5. 特别检验

（1）船体、设备和轮机（包括电气设备）应在 5 年间隔期内进行特别检验,以便更新入级证书。第一次特别检验应在初次入级检验之日起 5 年内完成,其后特别检验应在上次特别检验之日起 5 年内完成。对于入级证书有效期小于 5 年的船舶,可缩短特别检验周期。

（2）特别检验可在到期日前一个年度检验开始,于到期日前完成。如特别检验开始的时间早于到期日前一个年度检验,则全部特别检验应在特别检验开始后的 15 个月内完成。在此情况下特别检验开始时进行的项目,方可作为特别检验的组成部分。

（3）在例外情况下,如在特别检验到期日船东未能安排进行船舶的特别检验,根据船东到期日前的书面申请,并经 CCS 同意,特别检验可给予不超过 3 个月的展期。

（4）如特别检验在证书到期日 3 个月前完成,则下次特别检验的日期从特别检验完成日算起。如特别检验在证书到期日前 3 个月以内完成,则下次特别检验的日期从原证书到期日算起。如特别检验在证书到期日以后完成,下次特别检验的日期仍从原证书到期日算起。

（5）中间检验和特别检验所要求的处所的检验和测厚不应相互替代。

6. 螺旋桨轴检验

（1）单螺旋桨轴检验间隔期为 3 年,最长不超过 5 年;

（2）多螺旋桨轴检验间隔期为 4 年,最长不超过 5 年。

7. 锅炉检验

（1）主水管锅炉,其内部检验每 5 年内不少于 2 次,5 年内 2 次最大间隔期应不超过 3 年。

（2）主火管锅炉,在 10 年内锅炉内部检验每 5 年内不少于 2 次,最大间隔期应不超过 3 年。其后锅炉内部检验每年一次。

8. 循环检验

（1）船体循环检验系统

①船体循环检验系统是特别检验的替代检验系统,适用于除普通干货船、油船、散装货船和兼用船及化学品船以外的船舶。

②根据船东申请并经 CCS 同意,满足船体特别检验要求的船体全面检验,可以在循环检验系统的基础上进行。

③采用循环检验时,船体特别检验的所有要求,应在 5 年特别检验期满之前完成。

④在循环检验周期内,所有特别检验项目,应尽实际可能在特别检验周期内（5 年内）均匀分配在每年度进行检验。

⑤船东有权确定船体检验项目的顺序。但是,各检验周期内的顺序应与之前检验周期内的顺序相关联,以确保在 2 个周期内的检验项目间隔时间不超过 5 年。只要符合船底外部及有关项目检验的相关要求,坞内检验也可以在 5 年船级检验期内任何时候进行。对于船龄在 10 年以上的船舶,压载舱在每个 5 年船级检验期内应进行 2 次内部检验,即一次在中间检验范围内,另一次在替代特别检验的船体循环检验系统内。

⑥如检验中发现缺陷,验船师可以扩大检验范围。

⑦CCS 可以撤回基于循环检验体系的检验协议。

（2）轮机循环检验系统

①应船东的要求并经 CCS 同意,机械装置（包括电气设备）特别检验的所有检验和试验项目,可采用循环检验的方式来进行。

②采用循环检验时,应将机械装置（包括电气设备）特别检验所有项目,尽实际可能在特别检验周期内（5 年内）均匀分配在每年度进行检验。

③循环检验每一项目的最长检验间隔期不应超过 5 年。所有检验项目应像特别检验的状态那样提交检验,即在打开和清洁情况下提交检验。而对控制、报警和安全系统通常仅做动作试验和模拟试验。

④根据船东的要求,同意轮机长按 CCS 授权的检验项目进行检验。检验后,轮机长应将

所检验的情况记载于检验报告上，并应在船舶抵达有 CCS 验船师的第一个港口时，申请做确认检验，提交检验报告。

⑤CCS 或船东根据循环检验系统的实施情况，可以终止循环检验系统，而采用特别检验。

9. 机械计划保养系统检验

（1）按计划维护保养的机械装置，CCS 可同意用机械计划保养系统检验替代轮机和电气的特别检验和循环检验，条件是：

①制订船上所有机械、装置和设备的维护保养计划，并经 CCS 认可；

②船上实施计划人员应遵守认可的维护保养计划，按计划进行维护保养并做记录；

③应每年对维护保养计划记录进行一次检验，以确认其处于有效状态。

（2）当维护保养计划记录不能完全满足建造后的检验要求时，则实施的机械计划保养系统检验将予以取消，其后采用特别检验或循环检验的方式。

10. 搁置检验

（1）具有 CCS 船级的船舶搁置，船东应书面通知 CCS。

（2）搁置开始时，应申请进行搁置开始检验；在搁置期间，应进行搁置状态年度检验；搁置结束时，应申请恢复营运检验。

（3）如搁置船舶具有经 CCS 同意的搁置维护方案，而且其搁置期跨过船级特别检验已到期日期，只要能够满意地完成搁置状态年度检验，则在搁置期间，所有已过期的建造后检验展期到重新营运日期。

（4）船舶在其搁置期间，根据其船东申请，特别考虑检验范围和日期，可进行部分或全部的建造后检验。这些所进行的检验可在确定船舶重新营运检验范围，和/或确定下一次相同类别建造后检验的有效期时予以考虑。

（5）船舶结束搁置，船东应通知 CCS，并在重新投入营运之前，申请恢复营运检验。

11. 临时检验

（1）临时检验是指不属于各种定期检验的任何检验。按检验船舶的不同部分，该检验可以定义为对船体、机械、锅炉、电气和自动控制与遥控系统等的临时检验。

（2）船舶发生下列情况时，船东或其代理人应申请临时检验：

①船名、船籍港、船旗国和船东或经营人变更；

②遭受影响入级的船舶及其设备的损坏；

③港口国当局的检验；

④涉及入级的任何修理或改装或更换时；

⑤检验的延期或建议。

（3）临时检验根据情况可以是总体的或部分的，应确保维修或任何换新业已有效地进行，且船舶及其设备继续适合于船舶所从事的营运业务。

（4）完成临时检验，应在船舶入级证书中做相应的签注。

## 二、入级符号和附加标志

### （一）入级符号

1. 定义

入级符号是对船舶主要特性的表述，具有强制性。船舶的船体（包括设备）与轮机（包括电气设备)符合 CCS 规范、指南或等效规定,CCS 将授予其相应的入级符号与附加标志。

2. 符号

凡船舶的船体(包括设备)与轮机(包括电气设备)经 CCS 批准入级,CCS 将根据不同情况授予下列入级符号:

(1)★CSA,★CSM;

(2)★CSA,★CSM;

(3)★CSA,★CSM。

3. 入级符号含义

★CSA——船舶的结构与设备由 CCS 审图和建造中检验,并符合 CCS 规范的规定。

★CSA——船舶的结构与设备不由 CCS 审图和建造中检验,其后经 CCS 进行检验认为其符合 CCS 规范的规定。

★CSM——船舶的推进机械和具有重要用途的辅助机械由 CCS 进行产品检验,而且船舶轮机和电气设备由 CCS 审图和建造中检验,并符合 CCS 规范的规定。

★CSM——船舶的推进机械和重要用途的辅助机械不由 CCS 进行产品检验,但船舶轮机和电气设备由 CCS 审图和建造中检验,并符合 CCS 规范的规定。

★CSM——船舶轮机和电气设备不由 CCS 审图和建造中检验,其后经 CCS 进行入级检验,认为其符合 CCS 规范的规定。

对于按 CCS 接受的船级社批准的图纸进行建造中检验的新建船舶,上列入级符号中的★由★代替。

## (二)附加标志

(1)附加标志是对船舶不同特点的分级表述,加注在入级符号之后,可分为必需性附加标志和可选性附加标志。

(2)附加标志包括船舶类型、货物特性、特种任务、特殊的特征、航区限制、航线限制以及其他含义的 1 个或 1 组标志。

常用附加标志见表 7-3-1 至表 7-3-6。

表 7-3-1　船舶类型附加标志

| 名称 | 附加标志 | 名称 | 附加标志 |
|------|---------|------|---------|
| 普通干货船 | General Dry Cargo Ship | 集装箱船 | Container Ship |
| 客船 | Passenger Ship | 散货船 | Bulk Carrier |
| 滚装船 | Ro/Ro Ship | 矿砂船 | Ore Carrier |
| 油船 | Oil Tanker | 高速船 | HSC |
| 双壳油船 | Oil Tanker, Double Hull | LPG 运输船 | LPG Carrier |
| 化学品船 | Chemical Tanker | LNG 运输船 | LNG Carrier |

表 7-3-2　航区限制附加标志

| 附加标志 | 说明 | 附加标志 | 说明 |
|---|---|---|---|
| Ice Class B1 | 最严重冰况区域航行 | Ice Class B | 小块漂流浮冰区域航行 |
| Ice Class B1 | 严重冰况区域航行 | R1 | 1 类航区 |
| Ice Class B2 | 中等冰况区域航行 | R2 | 2 类航区 |
| Ice Class B3 | 轻度冰况区域航行 | R3 | 3 类航区 |

表 7-3-3　特殊检验附加标志

| 名称 | 附加标志 | 名称 | 附加标志 |
|---|---|---|---|
| 水下检验 | In-water Survey | 螺旋桨轴状态监控 | SCM |
| 加强检验程序 | ESP | 柴油机滑油状态监控 | ECM |
| 船体循环检验 | CHS | 机械计划保养系统 | PMS |
| 轮机循环检验 | CMS | | |

表 7-3-4　特殊设备附加标志

| 名称 | 附加标志 | 名称 | 附加标志 |
|---|---|---|---|
| 自卸货系统 | Cargo Handling by Conveyor System | 装载仪 （S、I、G、D） | Loading Computer （S、I、G、D） |
| 应急拖带装置 | Emergency Towing Arrangement | 清洁压载舱 | CBT |
| | | 专用压载舱 | SBT |
| 原油洗舱系统 | COW | 惰性气体系统 | IGS |

表 7-3-5　自动控制附加标志

| 名称 | 附加标志 |
|---|---|
| 推进装置由驾驶室控制站遥控,机器处所包括机舱集控站(室)周期性无人值班 | AUT-0 |
| 船舶设置机舱集控站(室)和就地集控站,并在机电设备正常运行时,机舱集控站(室)连续有人值班 | MCC |
| 主推进装置由驾驶室控制站遥控,机器处所连续有人值班的船舶 | BRC |
| 2 级动力定位系统 | DP-2 |
| 1 人驾驶 | OMBO |

表 7-3-6　环境保护附加标志

| 名称 | 附加标志 | 名称 | 附加标志 |
|------|---------|------|---------|
| 洁净 | Clean | $SO_x$ 排放控制 | SEC |
| 燃油舱保护 | FTP | 压载水管理计划 | BWMP |
| 灰水控制 | GWC | 冷藏系统控制 | RSC |
| $NO_x$ 排放控制 | NEC | 防污底系统 | AFS |

船级符号和附加标志在船级证书中的表达形式如下：一艘散货船由 CCS 规范进行建造检验，小块漂流浮冰区域航行，无限航区航行，船体加强可装重货，装重货时 2、4、6 舱可空舱，抓斗装卸（最大 20 t 重）结构加强，按 CCS COMPASS-Structure 软件进行船舶结构直接计算和疲劳强度评估，总强度、完整稳性和散装谷物计算装载仪，加强检验，水下检验，机器处所周期性无人值班，螺旋桨轴状态监控。可授予下列入级符号及附加标志：

★CSA，Bulk Carrier；CSR；Ice Class B；BC-A；Holds Nos. 2, 4 & 6 may be empty；Strengthened for Heavy Cargoes；Grab(20)；COMPASS(D、F)；Loading Computer(S、I、G)；ESP, In-water Survey ★CSM，AUT-0；SCM。

# 三、入级证书

1. 证书

（1）入级证书仅表示证书所覆盖的项目，通过审图、入级检验，确认符合 CCS 规范的要求，适合于预定的用途。

（2）入级证书所附的设备记录，是入级证书的一部分。

（3）入级证书应附有双方同意的条款与条件。

2. 证书有效期限

（1）船舶入级证书的有效期一般不超过 5 年。

（2）临时入级证书的有效期应不超过 5 个月。

（3）入级证书的有效期应尽量与其法定证书有效期进行协调。

3. 入级证书的签发与签署

（1）入级检验完成后，由执行检验单位签发临时入级证书。

（2）临时入级证书签发后，检验单位应提交临时入级证书、记录、报告和其他技术文件，经 CCS 总部主管部门审核并报请船级委员会核准，由 CCS 总裁或其授权人员签发入级证书。

（3）完成建造后检验，现场验船师应按规定在入级证书上签署。

（4）特别检验完成后，如在现有入级证书期满日前不能发新的入级证书，则验船师可在现有入级证书上签署，签署有效期为从现有入级证书期满日起不超过 5 个月。

（5）特别检验完成后，检验单位应提交报告和其他技术文件，经 CCS 总部主管部门或指定的检验单位审核，由 CCS 总裁或其授权人员签发入级证书。

### 四、船级的暂停与取消

1. 船级的暂停

（1）船舶超出入级符号与附加标志规定的限制，以及批准的其他附加条件进行营运，船级将被暂停，入级证书将失效。

（2）船舶一旦发生任何可能使已授予的船级趋于失效的损坏、缺陷、故障或搁浅，且未在合理的第一时间向船级社报告，或者在预期的修理开始之前未取得 CCS 同意，均可能导致船级暂停，并使入级证书失效。

（3）有下列情况之一，将导致船级暂停和入级证书失效：

①CCS 给出的遗留项目或船级条件在规定的时间内未消除，且未经 CCS 同意展期；

②在年度检验时，当前或过期的循环检验项目未完成，且未经 CCS 同意展期；

③除年度检验、中间检验或特别检验以外的其他建造后检验，未在到期日前完成，且未经 CCS 同意展期；

④任何损坏、缺陷、故障或搁浅的修理未按规定完成并检验；

⑤船东未能安排要求的不定期检验。

（4）有下列情况之一，将导致船级自动暂停和入级证书失效：

①年度检验未在其周年到期日的后 3 个月内完成；

②中间检验未在 5 年特别检验周期的第 3 个年度检验周年到期日的后 3 个月内完成；

③船舶未在 CCS 规定的期限内完成特别检验，且未经 CCS 同意展期。

（5）如出现超出船东或 CCS 正常控制能力的不可抗力的情况，船舶在港时无法及时完成到期检验项目，经船东申请，在满足下列条件的情况下，CCS 可同意船舶在保持船级的情况下，直接航行到卸货港卸货，必要时，随后压载航行至将完成检验的港口：

①检查船舶记录。

②当因不可预见的原因导致 CCS 验船师无法在当前港口登船时，CCS 应能够在船舶的第一个到达港，进行到期和/或过期的检验项目及遗留项目/船级条件的检查。

③通过对该船的历史记录的了解和当前港口的检验，如现场验船师认为船舶状况适合单航次航行至卸货港，以及必要时随后压载航行至修船港，并经过 CCS 总部确认。

④当因不可预见的原因导致 CCS 验船师无法在当前港口登船时，船长应确认船舶状况满足前往最近的停靠港的要求。在此情况下，船级已经自动暂停的船舶，如满足上述条件，可以恢复船级。

（6）如果船舶在 1 年内发生 2 次或 2 年内发生 3 次被 PSC 滞留，且被给出严重缺陷，CCS 可决定暂停其船级，并在船舶录中给出相应的注释。

2. 船级的取消

（1）如发生下述情况之一，船级将被取消：

①应船东的申请时；

②当导致船级暂停的情况未在规定的时间纠正时；

③如船舶在尚未完成要求其在开航前处理的遗留项目或尚未满足船级条件时出海航行，船级将立即被取消；

④船级连续暂停达到 6 个月时；

⑤船舶的船体(包括设备)、轮机(包括电气设备),遭受重大损坏或发生其他情况,经确认已无法继续营运时,如沉没、拆船等;

⑥未按时缴纳检验费。

(2)如果船舶在1年内发生2次或2年内发生3次被PSC滞留,且被给出严重缺陷,CCS也可决定取消其船级,并在船舶录中给出相应的注释。

(3)如只是与保持特殊的附加标志有关的检验要求未按规定进行,则暂停或取消仅限于相应的特殊附加标志。

## 五、公证检验

船舶公证检验业务的内容很广泛,主要是为船舶的海损、机损以及为履行某种合同条款而进行的第三方检验。

公证检验包括海损检验、索赔检验、起租退租检验、船舶状况检验、货损检验等。如船舶起、退租时的状况鉴定,买卖船时的船舶技术状况勘验,船存油、水的测量证明,某些海损事故所致损坏程度的鉴定等。

公证检验的检验报告可作为海事索赔、保险理赔、费用追偿和分摊等的合法依据。

# 项目八
# 海上应急反应

## 学习目标

1. 了解船舶应急反应计划及应急准备。
2. 熟悉船舶应急演习与训练。
3. 了解船舶应急行动。

## 任务一　船舶应急的程序

### 一、船舶应急的定义及分类

1. 船舶应急的定义

船舶应急又称为船舶应变，是指船舶在发生各种意外事故和紧急情况时的紧急处置方法和措施。

2. 船舶应急的分类

（1）按目前多数船上配置的船舶应变部署表中的应急部署，船舶应急分为消防应急、救生（包括弃船和人落水）应急以及油污应急。

（2）根据 ISM 规则的要求，船舶应对船上可能发生的各种紧急情况做好应急准备，并建立相应的应急反应程序，包括在碰撞、触礁、搁浅、火灾、爆炸、人落水、船舶油污、船舶丧失操纵能力、船体结构损坏、船舶严重横倾、货舱进水、货物移动、货物撒漏污染、进入封闭舱室、临近战争危险、遭遇海盗、遭遇保安威胁、船员伤病、弃船等情况下的应急反应程序。

船舶应急要求对以上各种紧急情况加以标识，并应指导建立各种应急计划的反应和具体内容。

## 二、船舶应急计划

船舶在海上航行、停泊和作业所处环境复杂多变,各种紧急状况随时可能发生并危及船舶、人命、财产的安全和海洋环境,为减少和控制事故的发生和损失,每一船舶都应当根据船舶类型、人员状况、设备的配备以及货物装卸等情况编制各种应变计划,明确规定在紧急情况下每个人的应急岗位、应急职责和应具体执行的应急任务,并定期进行训练和演习,使每位船员在船舶发生紧急情况时,都能根据已熟悉的应急程序采取有效措施,正确使用各种应急设备,有效地控制危险局面,把事故数量和损害降至最低限度。

### (一)船舶应变部署表

船舶的一些主要应急部署统一编制在一张表格上,这张表格称为船舶应变部署表。

1. 船舶应变部署表的配置要求

我国规定 500 总吨及以上的中国籍船舶应配备由国家海事管理机构认可的统一印制的货船或客船应变部署表。

2. 船舶应变部署表的编制原则

船舶应变部署表的编制应考虑以下原则:

(1)应结合本船的船舶条件、船员条件、客货条件以及航区自然条件;

(2)关键岗位与关键动作应指派技术熟练、经验丰富的人员;

(3)根据本船的具体情况,可以一职多人,或一人多职;

(4)人员的安排应有利于应急任务的完成。

3. 船舶应变部署表的主要内容

(1)按照 SOLAS 公约的要求,船舶应变部署表应写明:

①通用紧急警报信号和有线广播的细则,发出警报时船员、乘客应采取的行动,弃船命令如何发出;

②指派给不同船员的应急职责,在客船上还应标明船员在组织旅客应急时的相关职责;

③有关救生、消防设备的配备;

④指明各高级船员负责保证维护救生、消防设备并使其处于完好和立即可用状态;

⑤职务与编号、姓名、艇号、筏号的对照一览表;

⑥消防应急、弃船求生、放救生艇(筏)的详细分工内容和执行人员的编号;

⑦航行中驾驶台、机舱、电台固定人员及其任务;

⑧指明关键人员受伤后的替换者,要考虑到不同的应急情况要求不同的行动;

⑨船舶及船公司名称、船长署名及公布日期。

(2)我国海事主管机关认可的统一印制的货船应变部署表包括以下内容:

①船名、船公司、船舶识别号;

②各类应急警报信号;

③救生设备(包括救生衣、救生服、救生圈、双向无线电话、EPIRB、SART、EEBD 等)所在位置;

④消防设备(包括消防员装备、$CO_2$ 间、手提式泡沫枪、消火栓与消防皮龙、应急消防泵、手提式灭火器、国际通岸接头、消防控制站等)所在位置;

⑤船员姓名、编号、职务及其应登乘的艇号、筏号对照一览表；

⑥弃船救生动作及执行人；

⑦降放救生艇动作与任务及执行人；

⑧救生部署、消防部署；

⑨关键人员受伤后的替换者；

⑩船长签署及公布日期。

4.船舶应变部署表的编制职责与公布要求

（1）船舶应变部署表应在船舶出航前制定。在船舶应变部署表制定后，如船员有所变动而必须变更应急部署时，应修订该表，或制定新表。

（2）船舶应变部署表由三副具体编制，大副负责技术指导，经船长审核、签署后公布实施。

（3）船舶应变部署表应张贴或用镜框配挂在驾驶台、机舱、餐厅和生活区走廊的主要部位。

## （二）船舶油污应变部署表

（1）船舶油污应变部署表的性质与船舶应变部署表相同，是针对船舶发生油污事故后参加应变的船员的职责和应采取的应急措施所做的明确分工和规定。各船应根据本船的具体情况编制。

（2）船舶油污应变部署表的主要内容包括：

①船名；

②油污警报信号；

③油污应变集合地点（通常为主甲板）；

④参加油污应变的船员的编号、职务、应变岗位以及应变职责；

⑤船长及公布日期等。

## （三）应急任务卡和应急须知

（1）三副应根据船长批准并公布的应变部署表以及船舶应急程序文件编制应急任务卡，分派给相应的船员，或将其制成床头卡，放置在每个船员床头边的专用卡槽内。

（2）应急任务卡或床头卡内应注明应变时相应船员的应急岗位、应急职责、应急时应携带的器材、弃船时应登乘的救生艇筏的编号，以及各种应急警报信号等。

（3）货船上的应急任务卡应包括消防、人落水、弃船、溢油、碰撞、失控、触礁、搁浅、船体破损、货物移动、船员伤亡、进入战区、遭遇海盗等需要应急情况下的相应船员的应急任务。

（4）客船上应在旅客舱室、集合地点及其他乘客处所张贴图解和应急须知，向乘客介绍集合地点、应急时必须采取的行动、救生衣穿着方法等。

## （四）船上油污应急计划

150 总吨及以上的油船和 400 总吨及以上的非油船应备有经主管机关认可的船上油污应急计划（SOPEP）。该计划的编制应符合 IMO 制定的《船上油污应急计划编制指南》的要求，并使用船长和驾驶员的工作语言编写。

1.制订船上油污应急计划的目的及要求

（1）目的

制订船上油污应急计划，是为了帮助船员在船舶发生意外排油时采取必要的措施，以控制或尽量减少排油,减轻油污损害。

（2）要求

①计划应切实、可行、易于操作,应能被船上人员和岸上的船舶管理人员所理解;

②应对计划定期进行评估、检查和修改。

**2. 船上油污应急计划的主要内容**

根据 MARPOL 公约附则 Ⅰ 第 26 条的规定,船上油污应急计划至少应包括四部分内容:

（1）油污事故的报告

船舶发生油污事故或可能发生油污事故时,船长或负责管理该船的其他人员需立即向最近沿岸国作初始报告。然后,根据需要及时作补充报告,以便对初始报告做进一步补充,或提供有关油污事态发展信息。此外,还要按照沿岸国的要求提供更详细的信息,即附加报告。

（2）需要联系的有关当局或人员的名单

发生油污事故的船舶必须以最迅速的方式与沿岸国（负责受理和处理油污事故的主管机关,或指定的海岸电台、船舶报告点,或海上搜救协调中心等）、港口（船舶代理人或公司航运代表）和船舶重要联系人（与船舶有重要利害关系的船公司、保险公司、救助单位、船舶岸上管理人员等）进行联系。有关联系人员的名单必须满足 24 小时都能联系上,并提供他们的替代人名单。有关联系人员的名单随着人员和电话、电报、电传号码的变更须及时更新。

（3）为减少或控制排油应采取的应急措施

不同类型的船舶采取的应急措施可能有所不同,但船上油污应急计划至少应提供包括操作性溢油和海损事故性溢油两方面的应急措施的指导。

①操作性溢油应急措施

操作性溢油是指在正常装卸和内部驳运油的过程中所发生的管系泄漏、舱柜满溢以及船壳泄漏所引起的溢油。船上油污应急计划应针对上述三种情况导致的溢油,分别制定应急措施和应急反应程序。

②海损事故性溢油应急措施

船上油污应急计划应针对搁浅、触礁、火灾/爆炸、碰撞、船体损坏/严重横倾、浸水、沉没等海损事故造成或可能引起的溢油,分别制定应急措施和应急反应程序。

③其他措施

船上油污应急计划还应就优先措施、稳性和应力影响、减载等问题提供相关指导。

（4）与沿岸国或地方当局的联系和协作

当发生油污事故,船舶在进行油污应急反应前,必须与沿岸国或地方当局取得联系,并提供相关资料,以便得到核准。船上与沿岸国或地方当局快速、有效的协作对于减少污染事故的危害影响是至关重要的。因此,船上油污应急计划应提供与沿岸国地方当局联系、请求协作的方式、注意事项,以及有关应急反应队伍资料等。

**3. 非强制性部分**

除上述四部分强制内容外,船上油污应急计划中还应有计划核查程序、培训和训练程序、记录保存程序、公关事务处理程序、应急反应设备等非强制性部分的内容。

### （五）船上有毒液体物质海洋污染应急计划/船上海洋污染应急计划

1. 对船上有毒液体物质海洋污染应急计划的要求

每艘载运散装有毒液体物质的 150 总吨及以上的船舶,应备有主管机关认可的船上有毒液体物质海洋污染应急计划。该计划的编制应符合 IMO 制定的《船上有毒液体物质海洋污染应急计划编制指南》的要求,并使用船长和驾驶员的工作语言编写。该计划可以与船上油污应急计划合并使用。在此情况下,该计划的标题应为"船上海洋污染应急计划"。

2. 船上有毒液体物质海洋污染应急计划的主要内容

根据 MARPOL 公约附则Ⅱ第 17 条的规定,船上有毒液体物质海洋污染应急计划至少应包括以下四部分内容:

(1)船长或负责管理该船的其他人员报告有毒液体物质污染事故应遵循的程序;

(2)在发生有毒液体物质海洋污染事故时应与之联系的当局或人员的名单;

(3)在事故发生后,为减少或控制有毒液体物质海洋污染应立即采取的措施的详细说明;

(4)在处理污染时,为使船舶与沿岸国、地方当局协同行动取得联系的程序和要点。

### （六）应急决策支持系统

(1)根据 SOLAS 公约的要求,客船应在驾驶台配置一个用于处理应急情况的"应急决策支持系统"。

(2)"应急决策支持系统"除包括一个或几个纸印的应急计划外,还可在驾驶室内采用以计算机为基础的支持系统,以便提供应急计划中所有的信息、程序、检查清单,并针对预计的应急状态提出拟采取的建议方案。

(3)"应急决策支持系统"中的应急计划应包括各种可以预见的需要应急的情况,如:火灾;船舶破损;海洋污染事故;威胁到船舶和人员安全的非法行为;人员伤亡;应急援助其他船舶;等等。

(4)应急计划中的应急程序应向船长提供处理各种组合应急情况的决策支持方案。

### （七）船上紧急情况应急计划综合系统

为了避免各种应急计划在紧急情况下可能出现的相互冲突,有必要制定一个综合的紧急情况下的应急系统,以便对这些冲突加以协调。

1. 应急计划综合系统的作用

应急计划综合系统旨在将诸多不同的应急计划综合成一个紧急情况下的应急计划系统。

2. 应急计划综合系统的结构

应急计划综合系统应包括以下主要内容(模块):

(1)制定船上紧急情况应急计划综合系统的目的、最终目标以及改进要求。

(2)报告紧急情况应遵循的程序,对潜在的船上紧急情况做出识别和反应的程序。

潜在的船上紧急情况包括但不限于火灾、船舶损坏、人员事故、货物事故、污染事故、威胁船舶及旅客和船员安全的非法行为、向他船提供紧急援助等紧急情况。

(3)使船上人员熟知本系统和计划,开展相关培训和教育的规定,以及演习和训练时间表。

(4)当船舶在航行、锚泊、靠泊、港内或干坞中可能遇到潜在的紧急情况时,为了保护船舶、人员、货物和海洋环境而应该采取的最佳行动。

（5）用于报告紧急情况的船方联络点、沿海国联络点、港口联络点，以及关于报告时间、报告方法、报告内容和联络人员等方面的指导。

（6）对紧急情况做出成功反应所需的信息和执行本计划的其他要求等。

## （八）船舶应急响应计划和应急手册

为了避免船舶在发生海事时引起灾难性的后果。MARPOL公约要求有关船舶应制订船舶应急响应计划，以便在需要时能够立即获得基于岸基计算机系统支持的船舶应急响应服务（ERS）。

ERS机构将为每艘ERS注册船舶编制应急手册。该手册内容包括：ERS程序中的呼叫和应急响应程序；在启动应急响应服务后，船方应向服务机构提交的与事故有关的信息资料；事故报告表的填写方法；等等。

## （九）各种应急计划的复查

要保持各种应急计划的完整、有效和实用，船公司、船长应根据安全管理体系的要求，定期复查这些应急计划。复查后，应及时通过修改来纠正各应急计划中发现的缺陷，但属于主管机关控制的内容（如油污应急计划中的强制部分）或公司控制的内容（如安全管理体系中的通用规定），修改的内容必须事先获得控制方的批准。

应急计划的复查可通过下列四种方法完成：

（1）演习复查：每次演习后应结合对演习效果的评估，复查应急计划编制的合理性和有效性，并做必要的修改。

（2）年度复查：船东或船舶经营人至少应每年复查各种应急计划一次。复查的主要内容为应急计划中联系人名称和联系方式；因船舶性能变化而需要对应急计划的修改；在应急计划的训练和演习过程存在的缺陷等，并对应急计划做出必要的修改和（或）更新。

（3）定期复查：配合主管机关对船舶安全管理体系每5年一次的换证审核，对船舶各种应急计划进行全面的复查和评估。

（4）事故复查：船舶发生事故，在执行了应急计划以后，船东或船舶经营人应适时评估应急计划的完整性、适用性和有效性，并做出相应的修改、补充和完善。

# 三、各种应急情况下的应急措施

船舶应急行动与应急措施是应急反应计划的一部分，在紧急情况下，应当根据计划进行应急反应，采取应急措施。

## （一）弃船应急行动

船舶发生海上事故后，全体船员应在船长的统一领导下，按照船上应急反应计划，尽力救助人命和船舶。船长根据专业判断，船舶沉没、毁灭不可避免时，可以做出弃船决定。如情况许可，应报经船舶所有人同意。

1. 弃船前行动

船长发出弃船信号或宣布弃船命令，船员按应变部署表规定的职责进行弃船准备。电台、机舱值班人员应坚守岗位，完成弃船前必要的通信和操车工作，直至总指挥通知撤离为止。

弃船前应做好下列工作：降下国旗；销毁必要的文件；关闭油舱（柜）在甲板上的透气孔、阀门；撤离机舱前应关机、熄火、放汽、停电，关闭海底阀，应急遥控油阀等；船长应指挥船员尽力抢救并指定专人或亲自携带国旗和航海日志、轮机日志、油类记录簿、无线电台日志、本航次使用过的海图和文件以及贵重物品、邮件和现金等；通知值班人员撤离并清点人数。此外，船长应向各艇负责人通报（或各艇负责人向船长请示）：本船遇险地点；发出的求救信号是否有回答；可能获救的时间、地点；驶往最近陆地或交通线的航向、距离；其他有关救生方面的指示。

2. 弃船后行动

登艇后迅速驶离难船适当的安全距离，防止因大船下沉对艇筏造成影响。

弃船登艇时，人员撤离顺序应是首先组织旅客撤离，然后安排船员离船，最后船长离船。

### （二）船舶失火或爆炸时的应急行动

船舶消防安全的目标是防止火灾和爆炸的发生、减少火灾造成的生命危险和对财产及环境的破坏危险，并将火灾和爆炸抑制、控制在火源舱室内。船舶在发生火灾或爆炸时应当根据船舶火灾特点，按照应变部署采取应变行动，保护人员、船舶、货物安全以及海洋环境。

1. 船舶火灾的特点

由于船舶结构复杂，一旦发生火灾，发现往往较晚，若船员灭火作业熟练程度较低，易错失最佳扑灭时机，而且灭火作业较为特殊和困难。

海上航行中发生火灾，短时间内很难得到外援；系泊中发生火灾，由于岸上消防人员对船舶的特点、舱室、管道等缺乏了解，也会给灭火工作带来种种困难，有时还会危及港口安全。

载货舱室内发生火灾时，尤其是满载时，几乎不可能将燃烧物移出，小型灭火器材也起不了什么作用，且火势蔓延较快，很难控制。机舱是最易发生火灾的场所之一，除各种油和沾油棉纱等可燃物外，还有锅炉、发电机和排气管等热源，一旦操作不慎，或违章明火作业，就可能发生火灾。起居场所所用材料大多具有可燃性，燃烧后易蔓延。随着船龄的增加，电器老化导致火灾发生的概率也会增大。

船上灭火应注意，采用封闭窒息法灭火后，不要急于开舱或通风，因其有死灰复燃的可能。采用灌水法灭火时，应注意船舶浮力、横倾和稳性的变化，以防发生不利倾斜甚至倾覆和沉没。

2. 应急处置

船舶发生火灾或爆炸：火情发现者应立即用快捷可行的方式报警，并用就近的灭火器材尽力扑救；船舶应立即发出消防应变信息，全体船员听到警报信号后，按应变部署迅速到达指定地点集合待命，并按具体分工投入灭火工作。

（1）消防应急措施

应急措施一般包括以下各点：切断通往火场的电路和油路，保证人员安全；如有人被困火场，应采取救助措施，客船上应将旅客转移至安全区域，防止有人跳水逃生；确定火区无人后，关闭火灾舱室的所有门窗、通风设备，以隔绝空气流通；迅速将火场附近的易燃物品隔离，并应对隔舱壁喷水降温；危险物有可能失火时，应不失时机地采取灌水或将其抛入海中等措施；船长应根据具体情况决定灭火方案，根据火灾性质选择合适的灭火器进行灭火，并对是否可能引起爆炸做出判断；使用 $CO_2$、蒸汽等大型灭火设施灭火时，在施救之前应确保现场人员全部撤离，封闭现场，然后按现场指挥的命令正确地操作和施救。

在自力灭火无效或觉察无法有效控制火势时，应请求外援。若无外援，应做出抢滩或弃船决策。

船舶发生火灾或爆炸时，应按规定向有关主管机关或沿岸国报告，迅速将事故报告船舶所有人，当判断自力灭火无望时，应尽早请求消防援助或做好弃船准备。

（2）应急操纵措施

航行中发生火灾,应根据火源地点操纵船舶使火源处于下风侧,具体操作方法为:舷侧失火时使船横风行驶,船尾失火时使船迎风行驶,船首失火时使船顺风行驶并使船速小于风速。但应注意避免急剧转向,并尽可能降低船速,以免风助火势。

在港内时应立即停止货物作业,视具体情况做好拖带出港的准备。如在系泊中发生火灾,并危及港口安全时,应尽快离开泊位,确保港口安全,油船更是如此。

（3）灭火行动

船舶灭火行动应遵循以下顺序:

①查明火情:查明火源、火灾性质、燃烧范围及火势是确定灭火方案的基础。现场指挥（大副）应指挥灭火人员尽快查明火源及火灾的性质、火场周围的情况,以便确定合适的扑救方案、使用适当的灭火剂和正确的扑救方法。

②控制火势:在探明火情的基础上可立即展开灭火行动,控制火势,或采取疏散、隔离火场周围的可燃物,喷水降低火场周围的温度,切断电源,关闭通风,封闭门窗等措施,防止火势蔓延。

③组织救援:设法及时解救被火灾围困的人员及伤员,将其转移至安全地带。

④现场检查清理:火灾被基本扑灭之后,应及时清理,检查现场,探明存在或可能存在的余火和隐蔽的燃烧物,防止死灰复燃。

3. 船上灭火措施

火灾的发生离不开"燃烧三要素",即可燃物质、助燃物质和火源。灭火的方法就是针对三要素而采取的冷却法、隔离法、窒息法等。

（1）机舱火灾

机舱火灾的灭火措施包括:以喷雾水枪掩护灭火人员;可打开机舱天窗排放机舱内的热气和烟雾,防止灭火人员被浓烟和巨大的热浪包围;因火势猛烈而无法进入机舱灭火时,可尝试从地轴弄或逃生口进入,往往机舱底部的温度较低和烟雾较少,且易于接近火源;使用 $CO_2$ 固定式灭火系统时,必须先撤离所有人员,再封闭所有开口,然后快速地一次性施放足量的灭火剂。

（2）货舱火灾

扑灭一般货船的货舱火灾时,如使用 $CO_2$ 固定式灭火系统,应首先关闭舱盖、通风及所有开口,然后一次性施放足量的灭火剂,但不能轻易开舱,防止复燃。对黄麻、棉花等物质的燃烧,至少要在灭火后 48 小时才能开舱。如使用水灭火系统,应估计大量注水后船舶损失的浮力和稳性。

（3）起居处所火灾

起居处所发生火灾,首先应查明是否有被困人员并设法施救,迅速关闭防火门、舷窗,切断通风,用水冷却舱壁,防止火势蔓延。扑救房间内的火灾,尽量不要开门,减少空气进入,水枪可从门下部的百叶窗处伸进喷射。

（4）危险品火灾的扑救

危险品的种类繁多、性质复杂,船舶装运危险品必须按照《国际海上危险货物运输规则》和我国的有关规定进行,一旦发生火灾,按其理化性质,采取正确的扑救措施。

爆炸品火灾的扑救:最有效的灭火方法是大量喷水,使燃烧的物质急剧降温(但与水发生反应者除外)；可以使用泡沫和 $CO_2$ 灭火剂,但效果较差;不能采用沙土掩盖的窒息灭火法。

压缩、液化气体火灾的扑救:贮存在压力容器内的高压气体种类较多,具有易燃、助燃、剧毒等性质,受热或在剧烈撞击下可能燃烧、爆炸,应用大量的水冷却,也可用 $CO_2$、泡沫或沙土等扑灭。

易燃液体火灾的扑救:对不溶于水的油类火灾,扑救时宜用泡沫、干粉、沙土等灭火剂,但不能使用水冲冷却法;对能溶于水的易燃液体,则可用水扑救。

自燃物品和遇水燃烧物品火灾的扑救:扑救一级自燃物品火灾可用干粉、沙土等灭火剂,但不能用水;扑救遇水燃烧物品火灾,可用沙土、干粉等灭火剂,但不能用水和泡沫等灭火剂。

### (三)船舶碰撞时的应急行动

由于通航密度的增大、人的失误以及环境因素的影响等,船舶航行可能发生避碰失误而导致碰撞事故。在发生碰撞事故的前后,船舶应采取适当的操纵措施,以使损失降至最低。

1. 碰撞前的应急操纵

无论何种原因导致碰撞不可避免时,船舶驾引人员应运用良好船艺,采取减少碰撞损失的应急措施。这些措施包括:采取紧急措施避免船中或机舱附近被他船船首撞击;采取大角度紧急转向措施减小碰撞角度,避免垂直角度碰撞;全速后退,降低船速,以减小撞击能量。

2. 碰撞后的应急操纵

当我船船首撞入他船船体后,应首先开微速进车顶住对方。为使本船能与对方船体靠紧以减少进水量和防止滑出,有时可互用缆绳系住,并配合用车,保持顶住对方破洞的姿态。如被撞船舶有沉没的危险且附近有浅滩,经对方同意后,可顶向浅滩搁浅。待被撞船舶采取防水应急措施后,征得同意后方可倒车退出。倒车退出后,应滞留在附近,一方面检查本船的损坏情况,另一方面随时准备实施救助和协助。当确信对方已经脱离危险可以继续航行时,本船也确信可安全续航,并办理完有关碰撞事实确认手续之后,方可离去。

当我船船体被他船撞入后,应尽可能减小或消除船舶纵向惯性速度,使本船停住(消除对水速度),以减少进水量,并迅速关闭破损舱室前后的水密装置,进行排水及堵漏工作。当确认船舶没有沉没的危险,且船舶本身的排水、堵漏器材能控制进水量后,方可同意对方倒车脱出。如果是一舷船体受损,应尽可能操纵船舶使破损部位处于下风侧。

3. 碰撞后的应变部署

船舶发生碰撞后,应立即发出碰撞警报信号,实施碰撞应变部署。

(1)查明情况

检查受损情况,决定应变部署。船体进水情况要进行现场检查,由大副和水手长检查全船,测量各货舱污水井(沟)、压载水舱和淡水舱的水位,通知机舱测量各油舱的油位,迅速确定船体破损的位置、大小及进水量等情况。

判明损坏情况时应考虑下列因素:碰撞的船舶大小;碰撞前的相对速度;碰撞角度的大小;碰撞的部位。

(2)应急措施

根据船舶发生碰撞的性质、具体情况,迅速调查受损程度和部位,可酌情分别发出堵漏、人员落水、消防、油污等应变部署警报,并采取适当的应急措施。根据具体情况,应急措施包括:及时处理遇水有危险的货物,在因进水可能引起货物着火或可能引起货物急剧膨胀、为保持稳性及保留储备浮力以及为减少进水量的情况下应采取抛弃货物的措施;当船舶倾斜接近纵倾

10°和/或横倾20°时,应及时降下救生艇备用;如双方均有沉没危险,要迅速发出求救信号,做出弃船决定;发生碰撞的船舶在不严重危及自身安全的情况下,应尽力救助遇险人员;当船体破损进水有沉没危险时,如条件许可(如近岸航行)可择地抢滩搁浅,等待救援。

**4. 碰撞事故处理**

船舶发生碰撞后,船上应尽快调查双方受损情况并做记录,包括拍照,将对方船名、船籍港等电告船东。船长尽快写出碰撞通知书,并及时向对方提交,要求由对方承担事故责任,并要求对方船长签署。若对方船长要求签署"碰撞责任通知书",不应承认本船对事故的责任,只签署收到的日期和时间,船长应签字并加盖船章,并批注"仅限收讫"。船舶发生碰撞后应将事实经过详细记入航海日志。

**5. 续航、抢滩或弃船**

船舶发生碰撞,采取了上述应急措施后,应对船舶所面临的危险进行评估,根据评估结果,做出续航、抢滩或弃船的决策。

### (四)船舶搁浅和触礁后应采取的行动

搁浅是由于水深小于船舶实际吃水而使船体搁置水底上,触礁是船体与礁石的触碰。无论搁浅还是触礁,严重者均可能导致船体的破损,并进一步导致溢油或沉没。船舶在发生搁浅、触礁事故后,视具体情况,采取有效应急措施限制损害和救助船舶。

船舶发生搁浅或触礁时,值班驾驶员应立即报告船长,船长应通知机舱发出警报、召集船员,进行应急反应。

**1. 判明情况**

船舶搁浅、触礁后,首要的工作是搞清搁浅、触礁的部位和船体损害情况。情况不明时禁止盲目用车或用舵企图脱浅或摆脱礁石。船长或驾驶员应对搁浅船的态势进行初步评估,包括但不限于下列各项:船上人员的安全状况;天气和海况,包括预报情况;潮流和潮汐情况;船舶周围水域的海底底质、海岸线和水深情况;船舶损坏情况以及已发生的污染和潜在污染的危险性;进一步损失的危险性;保持通信畅通的情况;船体与海底之间的作用力;脱浅后船舶的吃水和纵倾情况。

**2. 争取外援**

一旦决定通过外援浮起船舶,应立即发出救助请求,且不可延误。救助程序的及早启动和救助人员的及早到达是救助成功的关键。

**3. 启动相应应变部署**

如船体进水或漏油,应立即执行堵漏或油污应变部署。为防止因严重横倾而无法放艇,应先放下高舷救生艇以备急需。发现船舶进水,应立即按堵漏应变部署/进水应急计划,组织排水、水密隔离和堵漏,同时判断可否立即动车脱浅。

**4. 确定脱浅方案**

船长根据情况调查,结合当时当地的天气、海况、潮汐情况,做出船舶能否起浮、脱浅的判断和实施方案。

船舶低潮搁浅且不严重时,根据搁浅部位,可采取调整首尾吃水改变纵倾或转移燃油或压载水改变横倾,以及排除压载水、淡水、抛货减小吃水等措施,争取在下一个高潮时起浮自力脱浅。

大型船舶在高潮前后搁浅,难以自力脱浅时或自力脱浅无效果时,船长应考虑并经船东同意,申请外援脱浅。在等候自力脱浅时机或外援脱浅期间,应根据天气、海况及等候时间的长短,适当采取固定船位的措施,包括用锚和向舱室灌水的方法,防止船体打横、严重横倾、断裂、被推上高滩甚至倾覆。

### (五)船体破损进水应急行动

船体因碰撞、搁浅、触礁、爆炸等,使水线下船体破损进水后,船舶应立即按照应急反应计划采取应急行动。

**1. 应急反应程序**

发出堵漏应变报警信号,召集船员,如果破损部位已明确,则按应变部署表规定的职责和分工,携带堵漏器材迅速赶赴现场。大副任现场指挥,船长任总指挥,在驾驶台操纵船舶。如破损部位尚需判断,则应按现场指挥的意图行动,查明进水部位。

如果出现溢油现象,应立即关闭该油舱(柜)在甲板上的所有开口,包括透气阀,并发出油污应急警报。

救生艇应降至水面备妥,以备急需,防止因严重横倾而无法降落。

详细记录抢救过程,迅速将破损事故的时间、地点、破损程度、抢救情况及是否需要援助等情况按要求向沿岸国主管机关及船东报告。

**2. 应急措施**

如查明破损部位,应根据本船破损控制图,迅速关闭破损部位附近各层甲板及舱室的水密装置,必要时对邻近舱壁进行加强。如果破损面积较大,用一般的堵漏工具难以短时间奏效时,应对相邻的舱壁进行加固和支撑。

如果船舶仍在航行中,则应减速以减小水流、波浪对船体的冲击,必要时应停车或改变航向将破损部位置于下风(流)舷,减少进水量。

通知机舱备妥主机,机舱人员除应保持主、辅机处于良好、可用状态外,应全力排水,并协助堵漏队在现场进行抢修和堵漏。

**3. 调整严重横倾和纵倾**

为了调整严重横倾和纵倾,根据本船的实际情况,慎重选择适当方法保持船体平衡。

(1)移驳法

向破损相反一侧调驳油、水。此法的优点是不增加船舶载荷、不损失储备浮力,但要防止重心提高、稳性减小,而且可移驳的油、水数量有限,故此法效果不明显,只适用于调整纵、横倾不大的情况。

(2)对称注入法

向破损相反一侧注入海水。此法可增加船舶载荷,损失储备浮力,只适用于水密舱室多而小的船舶(如客船、军舰等),一般船舶必须慎用。

(3)减载法

将横、纵倾一侧的油、水排出,或将该侧的货物抛弃或向他船驳载以减轻该侧的重量。此法可减少船舶载荷、增大储备浮力,对船舶安全有利,但排油、抛货应慎重,要及时宣布共同海损。无论如何,采取任何措施都应充分考虑其对船舶的稳性和强度的影响。

### (六)船舶污染应急反应

根据 MARPOL 73/78 附则 I 的要求,150 总吨及以上的油船和 400 总吨及以上的非油船应备有经主管机关认可的《船上油污应急计划》(以下简称《计划》),如果该船也符合公约附则Ⅱ的要求,应将《船上海洋污染应急计划》与《船上油污应急计划》合并。船舶发生油污事故时,应当按照船上应急计划采取应急行动,包括报告、控制排放、与沿岸国的协调行动等。

1. 报告

船长或负责管理本船的其他人员,应按照 MARPOL 73/78 第 8 条和议定书Ⅰ的要求,根据《计划》中在报告油类或有毒液体物质污染事故时应遵守的程序,把实际排放或可能排放情况通知最近的沿岸国家,以便沿海国家采取相应的行动。

(1)报告时机

船舶发生实际排放或可能排放的事故以及船舶损坏、失灵或故障,均应按规定的程序进行报告。

发生实际排油或有毒液体物质的情况,船长需要向沿海国家报告,包括:无论任何原因,包括为保障船舶安全和海上救助人命所致的排放油类或有毒液体物质超过允许水平;船舶操作过程中,油类或有毒液体物质的排放超过公约允许排放量或瞬时排放率。

有可能发生排放时,船长应评估排放的可能状况。在判断是否有排放可能以及是否应该报告时,至少应考虑以下因素:船舶、机器或设备的损坏、故障或失灵;船位以及与陆地的接近程度或其他航行危险;天气、潮汐、水流和海况;交通密集程度。当船上发生下列情况且船长判断可能造成排放时,也应予以报告:影响船舶安全的损坏、故障或失灵,如碰撞、搁浅、火灾、爆炸、结构故障、进水和货物移动等;影响船舶航行安全的机器或设备故障或失灵,如舵机、推进器、发电系统、导航装置等故障或失灵。

(2)报告内容

报告的内容应按照 A.851(20)决议中的报告指南的要求。在最初报告之后,应尽快和尽量在补充报告中提供与事故有关的保护海洋环境所必需的资料并使用同样的格式和标准的航海英语,包括:船上货物、燃料油的数量、种类和损坏概况;污染概况,溢漏量;天气、海况;船舶资料;等等。

(3)联系人

为了迅速反应并最大限度地减少海洋污染物质造成的损害,迅速、及时地通知有关方面是非常必要的。需要进行通信联系的有关方面包括:沿岸国联系人;港口联系人;与船舶有关的利益方,如货主、保险公司、救助单位等。这些人的单位、姓名、地址、电话、电传、传真号码等信息,应列入附录的表中并且必须及时更新。

2. 控制排放的措施

不同类型的船舶采取的应急措施可能有所不同,对操作性溢漏和事故溢漏应采取相应的应急措施。操作性溢漏应急措施应包括防止管系泄漏、舱柜满溢和船壳泄漏 3 种溢漏的措施和应急反应程序。事故溢漏包括船舶发生火灾或爆炸、搁浅、碰撞、严重横倾等 13 种情况。《计划》或《船上海洋污染应急计划》应针对上述各种事故分别制定应急措施,包括能确保船长在船舶面临危险、事故和紧急情况下做出反应时考虑所有适当因素的各种核查清单或其他方法,核查清单必须针对具体船舶、具体品名和物质类型特别编制。下面是一些典型操作性溢漏和事故溢漏的实例。

(1)管系泄漏应急措施

船舶装卸油类或有毒液体物质(NLS)作业期间,因管系泄漏,应立即采取以下措施:发出报警信号,采取行动并通知有关方面;尽快停止有关操作;关闭有关管系上的有关阀门;采取适当措施清除甲板的泄漏物,以减少向船舶外部的泄漏,查明管系泄漏来源及原因;若本船不能处理,通知岸上协作;泄漏事故未查明或事故未排除前不能恢复工作;使用过的清洁材料和收集的残油或 NLS 应妥善保存,待以后处理;管系泄漏经妥善处理后,必须得到当地海事主管机关的允许,方可继续进行正常作业。

（2）舱柜满溢应急措施

舱柜满溢应急措施主要是将可能满溢的油类或 NLS 驳送到空液舱或不满的液舱;或者将其超量的部分移送到岸上容器中,以降低其液位。

应采取的措施包括:发出警报,采取行动并通知有关方面;立即停止有关操作;关闭有关阀门,确认溢流阀已开启(如适用);将满溢液舱中的油类或 NLS 驳入空液舱或不满的液舱中去,或者将其超量的部分移送到岸上容器中,以降低其液位;清除泄漏的油类或 NLS 和甲板上的油类或 NLS;收集的残油或 NLS 应妥善保存,待以后处理;如满溢的数量较大,除船上船员的应急反应外,应联系清污公司协助清污。

如果可能,立即操纵小艇准备和布置围油栏以防油类扩散,同时用吸油材料尽量收回漂浮的油。液舱满溢经妥善处理后,必须得到当地海事主管当局的允许,方可继续进行正常作业。

（3）船壳泄漏应急措施

在船舶加装作业期间,如发现在船舶邻近水面有油类或 NLS,并经查,而查不出任何作业溢漏的迹象,则很可能是船壳泄漏。采取应急措施时,应考虑到破裂船壳处和其他部位的应力和船舶稳性的问题。

船壳泄漏,通常采取的程序和措施如下:立即停止有关操作,关闭有关管系上的有关阀门,确认溢流阀开启(如适用);发出报警信号,实施最初的溢漏应急反应程序;将事故情况通知有关装卸作业方,配合采取应急措施;估计船壳水下可能破漏的部位,应请潜水员探摸,查明泄漏的原因;在查明泄漏原因的同时,进行清除工作;将泄漏的油类或 NLS 驳入空液舱或不满的液舱或岸上容器中去;如有可能,考虑用泵将海水泵入受损的破口舱内,形成水垫,防止更多的油类或 NLS 泄漏;如果溢漏量较大,除船上船员的应急反应外,应联系清污公司协助清污;采取上述措施时,应考虑到破裂船壳处和其他部位的应力和船舶稳性的问题;船壳泄漏经妥善处理后,必须得到当地海事主管当局的允许,方可继续进行正常作业。

（4）火灾或爆炸应急防污措施

如果船舶发生火灾或爆炸,应采取下列措施:发出应急警报,实施应急反应程序;按本船消防应变部署表规定的人员职责,组织船员动用消防灭火器材施救,力争控制火势;迅速探明着火部位,查明火情,了解起火原因及火场周围有无易燃物品或爆炸物品;调整船舶航行方向,使着火部位处于下风位置(火在前部,顺风而行;火在后部,迎风而行;火在中部,停止航行);尽量降低航速和摇摆,避免急剧转向,切断通入失火舱室油或 NLS 管系和电路,关闭水密门窗和不必要的进风口,向失火舱室释放二氧化碳气体,防止火灾蔓延;如采用水消防系统连续长时间地向舱内冲水最后会导致船身倾斜和倾覆的危险,此时应考虑将船驶至就近安全地点抢滩后继续施救;如果溢漏量较大,仅由本船船员施救难以获得理想效果,应直接联系或通过当地代理联系当地清污公司协助清理。

（5）搁浅应急防污措施

如果船舶发生搁浅,应采取以下措施:发出应急警报,实施应急反应程序;检测船舶的搁浅位置,测量四周水深;确定搁浅部位,了解搁浅水域底质及当地的气象和潮流潮汐情况;测量液货舱,燃润油料舱及与船壳邻近的其他舱室中的液位变化情况;如发现船底破损进水,应查看破口位置和破损程度,并考虑船体应力和稳性的影响,决定是否采取排水堵漏、减载过驳或将破损液舱中的油或 NLS 驳入其他舱室等措施,以避免进一步溢漏;如果溢漏量较大,仅由本船船员施救难以获得理想效果,应直接联系或通过当地代理联系当地清污公司协助清理;如果船舶尝试自行脱浅,应评估由此造成的额外损坏是否大于停留在原地直至获得援助所造成的损坏。

(6)碰撞应急防污措施

如果船舶发生碰撞,应采取以下措施:发出应急警报,实施应急反应程序;探明本船和他船的受损情况(在未查明破口对船体稳性和强度的影响前,应采取措施使尚未脱离的两船碰撞部位保持不分离);测定碰撞位置附近的液舱(含淡水舱、压载水舱),双层底及污水井中的液位和水深变化情况,确定船体受损情况;如发现船体破损进水,应立即查明破口位置和破损程度,评估对船舶的整体结构(应力和稳性损失)的影响,如有可能,应采取排水、堵漏、补焊等抢救措施;如发现破口位置有油或 NLS 外溢,应迅速查明溢漏源,采取转驳措施,并迅速采取控制排放的措施;如果溢漏量较大,仅由本船船员施救难以获得理想效果,应直接联系或通过当地代理联系当地清污公司协助清理。

(7)严重横倾应急措施

如果船舶意外地发生严重横倾,可能是船壳破损、两舱间的舱壁破损、不正确的装卸、驳油或 NLS、压载作业及机舱进水、自由液面影响等。应立即采取以下措施:停止有关作业;发出应急警报,集合全体船员;如在航行中,则应调整航向和航速,使船舶顶风航行,尽量减小横摇角度;关闭一切水密门、窗和甲板开口,防止上浪进水加剧横倾;机舱应尽力保证主机、辅机、舵机等设备处于绝对安全和良好的状态;尽快查明原因,并采取适当的纠正措施扶正船舶;采用压水扶正船身的方法,应考虑到自由液面对稳性的影响,不能几个舱同时压;可选择高舷侧双层底舱,先压前后两端的小舱,后压中部大舱;如高舷侧双层底舱压满后,船身仍没有扶正,可排出低舷侧双层底舱中的压载水(一般不宜将舷侧双层底舱中的压载水直接移入高舷侧双层底舱,特别是在船舶稳性欠佳时);如发现破口位置有油或 NLS 外溢,应迅速查明溢漏源,迅速采取控制排放的措施;如果溢漏量较大,仅由本船船员施救难以获得理想效果,应直接联系或通过当地代理联系当地清污公司协助清理。

3.特别要求

发生油污或有毒液体物质污染时,船长还应考虑有关优先措施,稳性、应力影响及减载和缓解措施。

(1)优先措施

对事故的反应,船长优先考虑的应是保证船舶和人员安全,并采取措施,防止事故升级。在发生溢漏的海损事故时,应立即采取防止发生火灾/爆炸的有效措施,如改变航向,使船舶位于浮油或 NLS 的上风,关闭不必要的进风口等。因搁浅船舶不能操纵,应消除一切火源,并采取措施防止易燃气体进入居住舱室和机舱处所。当船舶可以操纵时,应设法把船移泊到较合适的位置,以便能够进行应急修理或减载作业;采取补救措施之前,应对所有货油舱或 NLS 舱等舱室进行直观检查,关闭透气口、测量口等所有开口;确认船舶损害状况以后,再决定采取何种措施,防止或减少进一步溢漏。

（2）稳性和应力

在海损事故应急反应中，采取措施防止或减缓油类或 NLS 溢漏或使船舶脱浅时，应特别谨慎地考虑船体稳性和应力，船内转驳，只有在充分考虑可能影响船舶整体稳性和应力之后，才能进行。计划应明确指出，为评估破舱稳性和受损的纵向强度，应与谁联系，以便获得所需资料。

（3）减载

船舶结构受损严重时，可能有必要将全部或部分货物驳到另一艘船上，因此计划应包含船与船过驳的安全措施和操作程序。

4. 国家和地方协作

发生溢漏事故时，船舶与沿岸国或其他有关部门快速、有效的协作，对减少污染事故的危害影响至关重要，因此实施控制措施之前，有必要与沿岸国取得联系，以得到核准。计划应提供与沿岸国或地方当局联系请求协作的方式、注意事项和有关应急反应队伍资料。

## （七）防范海盗及暴力袭击

目前，海盗活动日益猖獗，正朝着集团化、组织化、国际化的方向发展。海盗活动猖獗的地区有西非沿岸海域、南美沿岸海域和东南亚海域以及印度、孟加拉国、斯里兰卡、索马里等。

### 1. 海盗袭击规律

劫匪通常在夜间，特别是 0100—0600 期间袭击船舶，以一艘或多艘小艇靠近大船，用带钩的绳索登船。登船地点通常选在船尾，如果船舶干舷低，也可能从舷侧登船。海盗袭击的目标通常为吨位较小的船舶、速度较慢的船舶、处于满载状态或干舷较小的船舶，以及戒备松懈的船舶。登船后的抢劫目标是船长室，因为那是船上保险柜及钥匙的存放地。

### 2. 防范海盗的基本原则

防范海盗的基本原则为：加强值班，及早发现可疑船舶和人员，并用一切有效手段(灯光、警铃)警告他们已被发现；使用一切手段阻止海盗登船；发现海盗登船，应迅速集合船员，占据有利位置，千方百计地将其驱赶下船。驱赶海盗可使用水龙和其他器械，但不要伤其生命，更不要抓人，以防被报复。如被海盗抢劫少量物料，不要穷追不舍。注意保护船员的安全，防止被海盗伤害。如海盗已登船，要尽力保证船员的安全，对武装的匪徒应放弃与之对峙，即使有武器也不应发给船员，以避免伤亡；将人员、财产损失降至最低。

### 3. 防范海盗的行动

提高警惕，保持 24 小时监视与安全的值班；值班人员对小艇和渔船须保持特别的雷达观测和瞭望。除此之外，船员应经常保持在显眼处的巡逻，以便使海盗船发现船员已处于戒备状态，而没有规律的巡逻比有规律的巡逻更可取；加强夜间值班和巡逻，尤其是 0100—0600 期间。巡逻人员与驾驶员保持联系，如可能，在海盗活动频繁区域应指派 1 名驾驶员专门负责雷达观测和瞭望试图接近本船的小艇；封闭进入船内的一切通道，除紧急逃生需要外，尽可能封闭通往生活区尤其是后甲板至生活区的通道；在船长室和电台以外的地方设置 1 台备用的 VHF 装置，以备急需；在不影响本船和他船安全航行的情况下，尽量增设甲板和舷外照明灯；甲板水龙带处于随时可用状态；备妥砍断缆绳的太平斧；将可被盗走的物品、设备等移至安全场所，减少损失；根据舱室结构和有效封闭程度，建立一个或几个安全区，当大批武装劫匪已登船时将船员撤至安全区，保证船员、旅客安全；制订防海盗的安全计划，规定报警信号并举行演习和训练；等待进港期间为了防范海盗，如条件许可，应避免抛锚，宜在距岸 20～40 海里的地方保持滞航或漂航,必须抛锚时,锚链水要保持常开。

4.发现海盗时的行动

第一个发现海盗者,应立即通知值班驾驶员,如可行,应立即执行防海盗计划规定的程序;鸣放预先规定的警报,打开全船的扩音系统;如可行,船舶应立即加速转向外海;用探照灯照射海盗船,使其耀眼;操作水龙带使其无法靠近;燃放火箭降落伞火焰信号;向海岸和附近船舶报警;如海盗正在用带钩的绳索登船,则砍断其绳索。

5.海盗已登船的行动

根据已登船海盗的人数、武器情况,可将船员撤至预先安排的安全区,并向沿岸就近的港口主管机关报告,寻求可能的援助。要避免与武装海盗发生冲突,以防人员伤亡。

# 任务二　船舶碰撞或搁浅应急措施

## 一、船舶发生碰撞后的应急行动

1.初始阶段

(1)船舶发生碰撞后,驾驶台应立即报告船长和通知机舱。

(2)如碰撞造成油污、火灾、人落水等,应立即发出油污、消防、人落水等应急警报信号。有关船员应根据发出的警报信号,按应变部署表中规定的分工和职责,携带指定的器材到现场参加应急。

(3)大副或轮机长(如碰撞部位在机舱)担任应急现场指挥。现场指挥到达应急现场后应立即与驾驶台取得联系。

2.应急阶段

(1)大副应在现场指挥有关人员做连续测量和记录;木匠负责观察(测量)淡水舱、污水沟(井)、双层底压载舱、干隔舱等有无进水以及水位变化情况;机舱有关人员测量各油舱(柜)的液位变化情况;水手长带领水手测量船舶周围水深,尤其是船首尾的水深变化情况。

(2)在保证人身安全的前提下,大副应带领水手长检查货物有无移位、倒塌。

(3)如碰撞导致船体结构损坏、船壳破损进水等紧急情况,应立即组织力量排水、堵漏,进水严重应设法抢滩。如碰撞引起火灾,应立即启动消防应变部署。如碰撞引起油污,应立即按船上的油污应急部署和油污应急计划进行应变。如碰撞后导致溢油,应立即按船上的油污应急部署和油污应急计划进行应变。如碰撞后导致人员受伤,应立即组织抢救。

(4)如本船装有遇水燃烧或吸水膨胀的货物,应根据具体情况及时妥善处理(包括抛货)。

(5)在不严重危及自身安全的情况下,根据船长指示救助对方船上的船员及旅客,并设法尽量减轻对方船舶因碰撞而造成的损失。

(6)如本船有沉没危险,根据船长的命令迅速发出求救信号,并做好弃船准备。

3.应急结束后

(1)与相碰船互相通报船名、国籍、船籍港、始发港、目的港。

(2)迅速向有关主管当局报告。

（3）检查确认船舶的续航能力。

（4）采取措施，设法保持或恢复船舶的续航能力，以便驶往挂靠港、目的港或避难港。

## 二、船舶触礁、搁浅后的应急行动

1. 初始阶段

（1）航行中，船舶发生触礁或搁浅后，值班驾驶员应立即停车，并报告船长和通知机舱。

（2）如因触礁、搁浅造成油污、人落水等，应立即发出油污、人落水等应急警报信号。有关船员应根据发出的警报信号，按应变部署表中规定的分工和职责，携带指定的器材到现场参加应急。

（3）驾驶台值班人员应详细记录触礁和搁浅的时间、船舶概位，并按规定显示号灯号型。

（4）船舶触礁或搁浅后，为防止损失进一步扩大，应避免盲目用车、舵企图脱浅或摆脱礁石。

2. 应急阶段

（1）设法判断触礁搁浅部位及船舶和货物受损害的程度。在保证人身安全的前提下，应检查货物有无移位、倒塌。

（2）如船体进水或漏油，应立即执行船体破损进水应急程序或油污应急部署。

①大副应在现场指挥有关人员做连续测量和记录；木匠负责观察（测量）淡水舱、污水沟（井）、双层底压载舱、干隔舱等有无进水以及水位变化情况；机舱有关人员测量各油舱（柜）的液位变化情况；水手长带领水手测量船舶周围水深，尤其是船首尾的水深变化情况。

②轮机长应带领机舱人员检查主机、辅机、舵机是否受损，能否正常工作，能否提供脱浅所需要的动力和电力。

③在保证人身安全的前提下，大副应带领水手长检查货物有无移位、倒塌。

（3）连续测定船位，检查、判断船舶触礁、搁浅后船位是否有移动，险情是否会进一步加剧。

（4）当船舶搁置在礁石上严重横倾时，应设法调整（如采用打排和移驳油水等方法）。为防止因大船严重横倾而无法放艇，应先将高舷救生艇放出以备急需。

（5）如船体进水或漏油，应立即执行堵漏或油污应急部署。

（6）如触礁或搁浅导致火灾、人落水或需要弃船时，按相应的应变部署行动。

3. 起浮脱浅

（1）起浮脱浅方案必须考虑下列因素：可打排和移驳的油水、可移动的货物、本船主机功率和辅机的最大负荷、潮汐和风流所需拖船的功率、船体强度、待救和脱浅所需的时间等。

（2）船舶低潮时搁浅且不严重时，可根据搁浅部位，采取调整船舶载荷沿纵向或横向分布来改变船舶的纵倾和横倾，或利用减少载荷（排出压载水、淡水，抛货等）来减少船舶吃水，以达到争取下一个高潮时自力起浮脱浅的目的。

# 任务三　救助落水人员应急行动

## 一、救助落水人员的应急行动

1. 发现落水人员时的紧急处置

(1) 采取操船措施,避开落水人员;

(2) 立即投下就近的带自发烟雾信号(夜间带自亮灯)的救生圈;

(3) 值班驾驶员应迅速按下 GPS 上的"SAVE"或"MOB"按钮;

(4) 立即向船长报告;

(5) 指派专人登高瞭望,不使目标丢失;

(6) 发出人落水警报,开始实施人落水应变部署;

(7) 有关人员应做好放下救助艇的准备工作。

2. 驶近落水者的操船方法

可采用单向旋回法(安德森回旋法)、威廉逊(Williamson)回旋法、斯恰诺(Schrnow)回旋法等操船方法,将船舶驶向落水者附近。

3. 放艇救助

(1) 根据船长指令做好放艇前的准备工作。

(2) 本船驶向落水者的上风一侧,准备释放下风舷的救生艇(或救助艇,下同)。

(3) 最好是在本船停住后放艇;本船前进中放艇,则船速应在 5 节以下。

(4) 艇准备好后,2 人登艇;放艇时艇员集中于艇的中部。

(5) 按规定降放救生艇。

(6) 在救生艇降落下水前,发动艇机,以便艇降落至水面后可迅速驶离。

(7) 当波峰即将到达时,将艇降至水面,在下 2 个波峰来临之前,同时解脱前后吊艇钩,如不能同时脱物,应先脱后钩,并解去艇缆,用外舷舵进车驶离大船。

(8) 救助:

①救生艇最好从落水人员下风一侧接近,将落水人员置于上风舷,利用救生圈或网具将落水者救至艇内然后送上本船。

②若需立即将落水人员送上本船,如风浪较大,救生艇难以驶回本船,本船应驶至救生艇的上风舷侧,放出艇缆,救生艇驶向艇缆并带好。由本船绞救生艇缆,将救生艇绞至本船边,再使用本船吊货装置或用网具从艇内将遇险人员吊起。

## 二、救助遇险船、遇险艇筏上人员以及海上漂浮遇险人员的应急行动

### (一)救助遇险船上人员的应急行动

救助遇险船上的人员可按下述步骤进行:

(1) 如果遇险船不能放艇,而需要本船释放救生(助)艇救助遇险船上的人员时,本船(施救船,下同)应驶向遇险船的上风一侧,自本船下风舷放艇。收艇时,本船应绕航至遇险船的

下风侧,等待救生(助)艇驶靠本船的下风舷后,再行收起。

(2)如遇险船可放出救生艇或救生筏,本船应驶往遇险船的下风侧停留,并等待对方救生艇驶来;也可驶至遇险船船首或船尾的近距离处使本船位于遇险船上风,以便遇险船放下的救生艇筏来靠本船的下风舷。

(3)作为救助作业的场所,应在本船的下风舷侧张挂攀网,并在两侧备好软梯,以便遇险人员攀上本船。还应根据需要,及早备好系艇筏用的绳索。

### (二)救助遇险艇筏上人员的应急行动

1.到达载有遇险人员的艇筏之前的准备工作

(1)在本船两舷沿水线从船首到船尾各系好 1 根供艇筏系靠用的大缆;

(2)如条件许可,在本船两舷各备妥吊杆以及吊货网、盘;

(3)在本船的最低开敞甲板两侧备妥撇缆、软梯、攀网;

(4)备妥 1 只作为登船点用的救生筏,但在到达现场前不要充气;

(5)备好抛绳器和 1 根引缆、1 根大缆,以便连接遇险艇筏;

(6)准备至少 2 根有足够强度的吊艇钢索(两端均为琵琶头或一端为吊钩);

(7)应采用使本船非常容易地被遇险艇在夜间注意到的措施,如夜灯、鸣放汽笛等;

(8)做好医疗、准备。

2.到达后

(1)在到达载有遇险人员的救生艇筏后,一般应将艇筏置于本船的下风舷,但若艇筏漂移太快而难以靠近,则可考虑将艇筏置于本船的上风舷。

(2)本船和救生艇筏慢慢地靠近。

(3)当救生艇筏靠拢本船后,为艇筏带上首缆、尾缆和横缆。

(4)风浪不大时,可让艇筏上身体健壮的人员由软梯或攀网直接登船或攀爬上本船,将力竭和伤病人员在本船派出水手的协助下用吊货网、盘等器材吊上本船。

(5)在风浪大、干舷高、艇上人员体能差的情况下,船长应当下令释放作为登船点用的救生筏。船长可指派经验丰富、身体健壮的水手身穿救生衣经该救生筏登艇,系好吊艇钢索,并指挥本船直接将救生艇吊上本船,对有吊放环的救生筏,也可直接吊上本船。

### (三)救助海上漂浮遇险人员的应急行动

1.到达现场前的准备工作

在船舶到达现场前,救助船应做好下列准备工作:

(1)如条件许可,在本船的两舷各备妥吊杆以及吊货网、盘;

(2)在本船最低开敞甲板两侧备妥撇缆、软梯、攀网;

(3)做好本船救生艇筏的释放准备工作;

(4)指派经验丰富、身体健壮的水手穿好救生衣,以便其能进入水中援助海上漂浮的遇险人员;

(5)做好医疗急救的准备工作。

2.到达现场后

(1)通常考虑将本船驶到漂浮人员的下风不远处。

(2)如仅有少量的海上漂浮遇险人员,可采取类似于救助落水人员的应急行动,放艇进行救助。

（3）如有大量的海上漂浮遇险人员,则应：

①释放救生(助)艇或救生筏；

②让救生(助)艇或救生筏拖曳各种浮具在海上漂浮遇险人员的上风处旋回,让漂浮人员抓附；

③帮助抓附浮具的海上漂浮遇险人员登上救生(助)艇或救生筏；

④将登上救生(助)艇或救生筏的遇险人员转移到本船。

（4）对距本船较远的漂浮遇险人员,可用抛绳枪向其抛掷带浮体的救生索,让其抓附,再设法对其进行救助。

（5）对本船周围的那些还有一定体能的海上漂浮遇险人员,可采用类似于救助落水人员的应急行动放艇进行救助,首先让这些海上漂浮遇险人员登上救生(助)艇或救生筏,然后通过软梯、攀网自行攀爬上本船,或直接将救生(助)艇或救生筏吊上本船。

# 任务四　消防、救生设备状态的保持

## 一、船舶消防设备状态的保持

### （一）基本要求

（1）船舶应按 SOLAS 公约、FSS 规则、国家主管部门以及各公司安全管理体系的规范要求配备消防设备、设施。

（2）三副、三管轮为船舶消防设备状态保持的责任人。

（3）分别记入将船舶消防设备的维护保养情况应"船舶消防、救生设备检查养护登记簿""船舶应急设备试验、检查、修理记录簿"内。

### （二）维护保养、检查和试验计划

（1）应为船舶消防设备制订维护保养、检查和试验计划。三副负责制订该计划,并报大副列入"船舶年度维修计划"。

（2）船舶消防设备的维护保养、检查和试验应依据所制订的维护保养、检查和试验计划进行。

（3）制订船舶消防设备维护保养、检查和试验计划时,应充分考虑在实施计划时能确保船舶消防设备的可靠性。

（4）船舶消防设备维护保养、检查和试验计划应用通俗易懂的文字和图片予以表达。

（5）船舶消防设备维护保养、检查和试验计划应涉及下列船舶消防设备：

①固定式灭火系统：包括水灭火系统(消防总管消防泵、应急消防泵、消火栓、消防皮龙、消防水枪、国际通岸接头、消防总管上的各种阀门等)、$CO_2$ 灭火系统、机舱水雾灭火系统、自动喷水系统(供水泵压力水柜、监控装置、喷水器)等,以及油船上的泡沫灭火系统、惰性气体灭火系统。

②火灾探测和报警系统：包括固定式探火系统、火灾报警系统等。

③隔离系统：包括通风筒上的防火（烟）挡板、防火门及其控制系统、供电和燃油的应急切断系统、风机及其控制系统等。

④消防器材与装备：包括手提（便携）式灭火器、推车式灭火器、消防员装备、紧急逃生呼吸装置等。

⑤其他：包括公共广播系统、通用应急报警系统、应急发电机、应急照明系统、应急通信系统、脱险通道等。

（6）全船的消防设备状态的保持并不都是由三副亲自完成的，如船上的防火门应由木匠负责；机舱的通风装置上的挡火（烟）闸、机舱天窗和烟囱的应急速闭装置、油柜速闭阀等应由大管轮负责；风机应急速闭装置、油泵应急切断等应由电机员负责；消防泵和应急消防泵应由三管轮负责等，但三副应及时提醒这些设备的主管及时做好设备的状态保持工作。

### （三）船舶消防设备状态的保持

1. 固定式灭火系统

（1）每周

应检查确认固定式灭火系统所在处所的应急照明正常；消火栓附近没有堆积杂物；消防皮龙（水带）及水枪放置在消火栓附近的消防皮龙箱内，处于可使用状态并摆放整齐，没有被挪作他用；消防皮龙数量符合防火控制图的要求；消防皮龙箱的铰链正常，箱内均配有 F 形或 Y 形扳手。

（2）每月

①应检查确认：

a. 消火栓标识清晰，各部件完好，出水阀保持活络。

b. 消防皮龙无破损和霉变，与接头连接可靠；消防皮龙接头的橡皮垫圈（密封圈）无破损、变形和老化。

c. 水雾/水柱型消防水枪的关闭和转换装置保持活络；水枪接口处的橡皮垫圈（密封圈）无破损、变形和老化；水枪喷嘴无堵塞。

d. 消防总管管路无锈蚀、破损；所有控制阀、截止阀、泄水阀阀门活络，标志清晰。

e. 所有固定式灭火系统的控制阀、截止阀处于适当的开或关位置。

f. $CO_2$ 间清洁、干燥，没有堆放杂物。

g. 自动喷水系统的喷头无损坏、变形，管路通畅；自动喷水系统的压力表显示工作压力正常。

②结合消防演习，启动所有消防泵及应急消防泵一次，检查出水情况、所需时间以及消防水柱的射程。

③如航行至寒冷地区，检查确认消防总管及消火栓在使用后已放尽管内残留的水。

④检查 $CO_2$ 气瓶的储量是否充足，有没有泄漏现象；检查 $CO_2$ 系统的管路标识和操作说明是否清晰；检查 $CO_2$ 间里的通风机工作是否正常；检查置于 $CO_2$ 间里的温度计（表）工作是否正常；检查 $CO_2$ 系统的管路及各释放口的情况。

⑤对 $CO_2$ 系统的拉索、导向轮等进行加油活络。

（3）每3个月

①检查确认 $CO_2$ 气瓶固定牢固，$CO_2$ 瓶头与释放操纵系统夹头（卡子）间连接紧密。

②检查确认国际通岸接头处于适用状态，各附件完好无缺，没有变形损坏。

③对水灭火系统的各控制阀、截止阀、泄水阀进行加油活络。

④对消防皮龙至少应取出摊开并重卷一次,使其折叠处得到变换。

⑤对自动喷水系统的每一分区自动报警功能进行试验;随机检查自动喷水系统的喷嘴状况。

(4)每年

①进行泡沫固定式灭火系统和机舱水雾灭火系统的工作试验。

②对 $CO_2$ 气瓶控制拉索的传动系统进行检查,并按照情况进行必要的调整。

③检查消防总管接头和自动喷水系统并进行工作试验;启动所有消防泵(包括自动喷水系统的水泵),检查其工作压力和流量。

④对所有消火栓进行工作试验;对所有消防皮龙进行水压试验。

⑤通过外观检查,确定所有固定式灭火系统可以到达部位的各系统部件处于正常状态。

⑥仔细检查固定式灭火系统的控制阀;对整个固定气体灭火系统进行全面检查,及时修复损坏部件。

⑦对所有固定式灭火系统进行全面的除锈、油漆,并重做各类标志。

⑧$CO_2$ 气瓶使用 10 年后,每年应对其进行占总数 10% 的气瓶水压试验。

⑨对固定式灭火系统的管路进行空气吹通试验(此为 SOLAS 公约的要求,可由船舶自己完成,但需做相应的吹通试验记录,内容包括吹通的日期、时间、船位、操作人员、吹通操作方法及过程、吹通结果等)。

(5)每 2 年

①对 $CO_2$ 灭火系统中的钢瓶(含启动瓶)进行称重检查;

②对 $CO_2$ 灭火系统的管路进行空气吹通试验(此为 CCS 的要求,需由有资质的机构完成,并出具吹通试验报告)。

(6)每 5 年

进行固定式灭火系统控制阀的内部检查。

2. 火灾探测和报警系统

(1)每周

对火灾探测和报警系统的主控面板进行外观清洁、检查。

(2)每月

①检查火灾探测和报警系统的电气控制部分。

②对火灾探测和报警系统进行手动测试。

③用烟雾测试剂测试每个探测头。

(3)每 3 个月

①对火灾探测系统进行一次试验,确认其处于正常的技术状态;查看火灾探测系统的探头有无损坏、污染;检查火灾探测系统的电源是否可靠,是否符合要求。

②对火灾报警系统进行一次试验,确认其可以正常工作。

③检查船上各场所的火灾报警按钮是否完好,标志是否清晰,如有损坏应立即修复。

3. 隔离系统

(1)每月

①检查确认全船防火门处于常关状态,没有被绳或铁丝捆绑,处于敞开状态,自闭器能起

到自闭作用。

②检查防火门的完整性并清除其周围的障碍。

③给防火门铰链和手柄加油活络。

（2）每3个月

①对通风筒上的挡火（烟）闸进行一次检查,查看是否有损坏、变形,标识是否清晰;试验通风筒的挡火（烟）闸的自动和手动开关装置能否正常工作。

②对所有防火门进行就地开关操作试验,并检查其自闭和关闭后的密封情况。

③对机舱天窗、风机应急速闭装置进行一次检查,查看开关是否正常,关闭后密封是否良好。

④对供电和燃油的应急切断系统进行就地试验,查看是否工作正常。

（3）每年

对可遥控开关的通风系统的挡火（烟）闸以及防火门进行遥控开关操作试验。

4. 手提（便携）式和推车式灭火器

（1）每月

对手提（便携）式和推车式灭火器检查一次,检查的主要内容有:

①灭火器的存放是否与防火控制图标识的位置一致（包括正确固定,有明显和合格的标识,易于提取）。

②灭火器压力表、安全阀铅封、安全帽泄气孔、喷嘴喷射管、推车式灭火器的行走机构、支架等零部件是否完整无缺并处于适用状态。

③灭火器的瓶壳外表有无锈蚀。

④铭牌、标签和标识是否清晰完好。

⑤灭火器用过后是否已及时重新充装新的灭火剂。

检查中如发现灭火器存在严重损坏,应予以报废并及时补充。

（2）每年

①对 $CO_2$ 灭火器每年应至少进行一次称重检查,如灭火剂泄漏量超过10%时,应予以检修并补足灭火剂。

②对干粉灭火器里的干粉每年或按制造厂的规定（取时间短者）进行一次性能检测,当有干粉结块或重量减少达10%时,应重新充装。每年应结合干粉的性能检测对干粉灭火器进行一次检查。

（3）每2年

①对泡沫灭火器里的灭火剂每2年或按制造厂的规定（取时间短者）进行一次性能检测,如有灭火剂变质,应重新充装。

②对泡沫灭火器应每隔2年或根据制造厂的规定（取时间短者）由专业机构进行一次水压试验。

（4）每5年

对除泡沫灭火器以外的其他形式灭火器应每隔5年或第二次充装前由专业机构进行一次水压试验。

5. 消防员装备与紧急逃生呼吸装置

（1）每周

检查确认消防员装备与紧急逃生呼吸装置中的供气瓶完好、无泄漏。

（2）每月

①检查确认消防员装备的数量、位置、标志和防火控制图保持一致；消防员装备完好无损；消防员防护服各部件完整、完好；防火绳手提灯、太平斧完整、完好；空气呼吸器装备完整、完好；供气瓶的压力在允许的范围内；手提安全灯的电量充足；所有的消防员装备处于适用状态。

②检查确认船上的紧急逃生呼吸装置按规定配足并保持在有效期内；紧急逃生呼吸装置存放位置与防火控制图标识的位置一致；紧急逃生呼吸装置外观清洁，标识清晰。

（3）每3个月

对紧急逃生呼吸装置进行外观检查，确保该装置处于可用状态，供气瓶的压力处于正常范围，必要时充气或维修。

（4）每年

①检查确认消防员装备的备用气瓶压力在允许的范围内。

②全面检查、保养消防员装备。

（5）每5年

请专业机构对自给式呼吸器供气瓶进行水压试验，并保存检验证明。

6. 通用应急报警系统

（1）每周

对通用应急报警系统进行外观检查，并进行测试。

（2）每月

结合消防演习，试验通用应急报警系统。要求能在驾驶台进行操作，全船各处均能听到警报；测试通用应急报警装置的声响及灯光报警效果；抽查船上各处的应急报警按钮能否正常启动报警。

（3）每3个月

检查船上各处的应急报警按钮和警铃等设备是否完好，标识是否清晰。

（4）每年

全面检查位于驾驶台的通用应急报警系统控制装置；检查所有报警点的实际效用及报警设备（应急报警按钮和警铃等）的实际状况。

7. 其他

（1）每周

①检查确认所有的公共广播系统和应急通信系统均能正常工作。

②检查确认应急照明系统工作正常。

③进行应急发电机启动与并电试验，确认其工作正常。

（2）每月

检查确认存放灭火设备的处所和防火控制站处于适用状态。

（3）每年

对公共广播系统进行全面检查。

## 二、船舶救生设备状态的保持

### （一）基本要求

（1）船舶应按 SOLAS 公约、LSA 规则、国家主管部门以及各公司安全管理体系的规范要求配备救生设备。

（2）三副、三管轮为船舶救生设备状态保持的责任人。

（3）应将船舶救生设备的维护保养情况分别记入"船舶消防、救生设备检查养护登记簿""船舶应急设备试验、检查、修理记录簿"内。

### （二）维护保养、检查和试验计划

（1）应为船舶救生设备制订维护保养、检查和试验计划。三副负责制订该计划，并报大副列入"船舶年度维修计划"中。

（2）船舶救生设备的维护保养、检查和试验应依据所制订的维护保养、检查和试验计划进行。

（3）制订船舶救生设备维护保养、检查和试验计划时，应充分考虑在实施计划时能确保船舶救生设备的可靠性。

（4）船舶救生设备维护保养、检查和试验计划应用通俗易懂的文字和图片予以表达。

（5）船舶救生设备维护保养、检查和试验计划应涉及下列船舶救生设备：

①救生（助）艇筏：包括救生艇及其属具、救生艇降落与回收装置、救助艇及其属具、救助艇降落和登乘设备及其回收装置、救生筏、救生筏存放和降落设备、静水压力释放器等。

②救生圈：包括救生圈、自亮灯、自发烟雾信号、可浮救生索等。

③救生衣：包括救生衣、救生衣上的灯、救生服（抗暴露服）、保温用具、逆向反光材料等。

④救生视觉信号：包括火箭降落伞火焰信号、手持火焰信号、漂浮烟雾信号等。

⑤无线电救生设备：包括双向甚高频（VHF）无线电话设备、雷达应答器（SART）、紧急无线电示位标（EPIRB）等。

⑥其他：包括抛绳器、通用紧急报警设备、有线广播等。

（6）全船的救生设备状态的保持并不都是由三副亲自完成的，如对救生艇、救生艇架降落装置、承载释放装置的彻底检查需要水手长和木匠等的配合；对救生艇和救助艇的发动机的检修和试验应由三管轮负责等，但三副应及时邀请或提醒有关人员配合，及时做好有关救生设备的状态保持工作。

### （三）船舶救生设备状态的保持

1. 救生（助）艇

（1）每周

①所有救生艇、救助艇和降落设备应进行外观检查，以确保其随时可用。外观检查的内容应包括：吊钩、吊钩与救生艇的连接；承载释放装置等部件的状况；救生艇体有无裂缝；艇身各固定部件是否完好；艇内是否清洁，有无积水；吊艇架和滑车有无障碍及卡死现象；艇身各标志是否清晰，反光带是否按要求贴在救生艇相应部位。

②只要环境温度在发动机启动和运转所要求的最低温度以上，所有救生艇和救助艇的发动机均应进行运转（正倒车）试验，总时间不得少于 3 分钟，或按制造商手册中规定的时间

进行。

③只要天气和海况允许,货船上除自由降落式救生艇以外的救生艇,应在不载人的情况下从其存放位置做必要的移动,以证实降落设备可正常操作。

(2)每月

①只要天气和海况允许,货船上除自由降落式救生艇外的所有救生艇,应在不载人的情况下移离其存放位置(扬出)。

②只要天气和海况允许,应至少将救助艇降落下水一次,并在水面操纵。

③每月或每次开航时,按救生艇属具清册清点、检查救生艇属具及备品是否符合规定配备的数量,是否被放置在艇内,有没有被移至别处或被挪作他用。

④全面检查艇内急救药箱内的药品,清点数量,检查药品是否缺少及其是否在有效期内。

⑤救生艇淡水每月更换一次(密封罐装的除外)。

⑥为吊艇钢丝抹油,防止其锈蚀;为吊艇架和滑车的活动部位加油活络。

⑦检查确认吊艇钢丝通过的滑轮情况正常;吊艇机制动器和收绞装置、脱钩装置、吊艇架限位器有效可靠;蓄电瓶电量充足;供集合和弃船用的应急照明工作正常。

⑧对封闭式救生艇洒水系统进行试验。

⑨检查确认救生艇操作规程和救生艇标志保持完好。

(3)每3个月

①结合演习,每艘救生艇应至少降落下水一次,并在水面操纵。

②给吊艇架、吊艇机、滑车等活动部分以及吊艇索和其他钢索加(抹)油,必要时应对滑车做拆装检查。

(4)每半年

检查救生艇中的救生干粮,若发现过期、变质,应及时更换。

(5)每年

①结合船舶年度检验,对救生艇、救生艇架降落装置、承载释放装置进行彻底检查。

②以最大降落速度对绞车制动器进行动态试验(该检查应由制造商代表或由制造商授权的人员进行。如果制造商不能提供此项服务,可以由主管机关授权的机构进行)。

③将救生艇的内外表面油漆一次。

(6)每5年

①检查确认救生艇吊艇索已换新。

②对救生(助)艇的降落设备进行全面彻底检查。

③对救生艇承载释放装置进行检修和操作试验。

2.气胀式救生筏

(1)每周

对救生筏及降落设备做外观检查,确认救生筏的标志清晰。

(2)每月

①检查救生筏及筏架;

②检查救生筏系固件(包括静水压力释放器、花篮螺丝、系固绳索等),确认救生筏充气拉索处于完好状态。

（3）每年

①将救生筏送至船检部门认可的检修站检修（可向船检申请展期到 17 个月）。

②将静水压力释放器送至船检部门认可的检修站检修（可向船检申请展期到 17 个月）。

（4）每 5 年

彻底检查救生筏降落设备。

### 3. 救生圈

（1）开航前

经检查确认救生圈放置在指定位置,没有绑死,也未被挪作他用。

（2）每月

①检查确认所有救生圈上的编号、船名和船籍港等保持清晰。

②如救生圈上附有烟雾信号和自亮灯,检查确认其处于正常的技术状态。

③如发现救生圈有裂痕或其系绳损坏时应及时更换。

④检查救生圈上的反光带,必要时予以更换。

### 4. 救生衣

（1）开航前

检查确认工作场所的救生衣按规定的数量配置放置在指定位置,没有绑死,也未被挪作他用。

（2）每月

①检查确认所有救生衣清洁、干燥,其上的编号、船名、船籍港清晰,并附有哨笛和自亮灯;救生衣自亮灯电量充足并在有效期内。

②检查确认发给船员的救生衣放置在各自的救生衣架上或各自床铺附近,没有被系牢,没有被随意放置或被挪作他用;备用救生衣和放在客房内供旅客用的救生衣有专人负责,妥为保管。

③检查救生衣上的反光带,必要时予以更换。

### 5. 保温救生服(浸水服)

（1）每月

①检查确认所有保温救生服清洁、干燥,其上的编号、船名、船籍港清晰,并附有哨笛和自亮灯;保温救生服自亮灯电量充足并在有效期内。

②检查保温救生服上的反光带,必要时予以更换。

（2）每 3 年

保温救生服应进行一次压力试验和检测(此试验和检测应由主管机关或船级社认可的部门完成)。

### 6. 抛绳器

抛绳器每月应检查一次,查看是否干燥,火箭药筒绳索是否完好无损,绳索是否摆放整齐。应注意抛绳器的有效期,到期应更换。

### 7. 无线电救生设备

（1）每月

①试验一次双向甚高频无线电话设备,注意其电池的电量和有效性。

②试验一次雷达应答器,注意其电池的电量和有效性。

（2）每 3 个月

试验一次紧急无线电示位标,检查其安装是否正确、自由释放能力是否受影响、电池和静水力释放装置是否在有效期内。

（3）每年

对紧急无线电示位标进行全面操作效用试验。

（4）每 5 年

确认紧急无线电示位标已在经认可的岸基维修站进行维修。

8. 救生视觉信号

每月或每次出航时应检查救生视觉信号一次,检查内容包括:外观是否破损;数量是否短少;是否在有效期内;是否放置在固定地点;标志是否清晰;电池发光信号灯是否电量充足。发现短缺,应按规定数量补齐;对于将要超过使用期限的救生视觉信号,应予以更换。

9. 通用紧急报警系统

与船舶消防设备状态的保持中的要求相同。

10. 公共广播系统

每月至少检查、试验一次,以保证各个要害位置(控制站、集合和登乘地点等)之间的双向通信联系畅通无阻。如发现问题,应及时解决。

# 任务五　船舶应急演习与训练

## 一、对船舶应急演习的组织

1. 应急演习的目的

组织船舶应急演习是为了:

（1）增强船员安全意识,树立居安思危、常备不懈的思想。

（2）使船员熟悉应变岗位及职责,避免应急时惊慌失措。

（3）使船员熟练掌握各种应急设备的操作技能,以便在应急时能正确操作这些设备。

（4）检查、试验各类应急器材、设备的技术状态,发现问题及时解决,使其处于随时可用状态。

2. 应急演习的时间间隔

根据 SOLAS 公约及国内的有关规定:

（1）应急演习应当以适当的间隔进行,既要保证全船处于良好的可随时应急的状态,又不至于干扰船上的正常工作。船长可根据情况和需要,酌情增加应急演习。例如,在前往油污控制严格的国家,或前往海盗活动频繁的海区时,可以临时增加油污演习或反海盗演习等。

（2）每位船员应在开航前熟悉其应急职责。

（3）每位船员每月应至少参加弃船演习和消防演习各一次,若有 25% 以上的船员未参加上个月的演习,应在该船离港后 24 小时内举行上述两项演习。

（4）客船每周进行一次弃船演习和消防演习,每次演习不必全体船员都参加,但每位船员应每月参加弃船演习和消防演习各一次。对于航行时间超过 1 周的客船,在离港前应举行一次全面的水密门、舷窗泄水孔的阀及关闭装置、出水管与垃圾管的操作演习,此后在航行中至少每周举行一次这样的演习。

(5)从事非短途国际航行的客船,应在乘客上船后24小时内举行乘客集合演习。从事短途航行的客船,如在离港后未能举行乘客集合演习,则应通过广播或其他有效手段提请乘客注意"应急须知"的内容介绍。

(6)应急操舵演习每3个月应进行一次。

(7)油污应变演习每3个月,最长不超过6个月应进行一次。

3. 应急演习的策划

各类应急演习尽管有一定的时间间隔规定,但船长还是需要对在什么时间、什么地点、进行哪种应急演习予以适当的安排。需要考虑的因素包括:

(1)演习对人员、船舶、设备、环境的安全性,例如放艇操作应选择在遮蔽海区或平静海面进行。

(2)港内演习或在某些敏感区域举行演习,须事先经有关主管当局批准。

(3)是否需要对某种应急情况增加演习次数,可能的演习效果和是否需要在演习前进行必要的培训。

(4)是进行单项演习,还是进行多项演习,还是进行综合演习等。

演习是用来保障应急能力和完善应急部署的,如果在当时情况和环境下演习会严重危及船舶或人员的安全,则应另择时间、地点进行演习,并将原因记录于航海日志中。

4. 对应急演习的监督

成功的应急必须具备的基本条件包括:训练有素的人员;完备的应急设备和器材;高效的应急预案;正确、果断的组织和指挥。为使船舶能够成功应急,在平时组织的应急演习过程中,船长应对演习的全过程进行监督,并注意检查下列事项:

(1)在施放应急警报信号后,参加演习的船员能否在2分钟内到达指定地点;消防演习时,机舱能否在5分钟内开泵供水;弃船演习时,能否在船长下达放艇命令后5分钟内将艇放至水面。

(2)参加演习的船员能否按应变部署表或应急计划的要求正确携带指定的器材。

(3)对参加演习的船员所规定的、布置的行动是否能切实有效地进行。

(4)参加演习的船员能否熟练地使用应急设备和了解应急设备的性能。

(5)船上应急系统、设备、器材等是否处于随时可用状态。

(6)针对不同的应急情况和船舶状况,所采取的措施的有效程度。

(7)应急逃生通道是否通畅;救生艇筏的释放是否无障碍;消火栓附近有无妨碍消防皮龙连接的货物或物品;消防控制站内有无堆放杂物;应急操作说明和示意图是否张贴良好和方便阅读;等等。

(8)参加演习的船员对应急初期所取得的成果的有效性的认识如何。

(9)通信、联络、送电、送水等有关系统的有效性。

(10)参加演习的船员的应变意识,重视程度;整体配合的协调程度;对任务变换的适应能力;接替人的适任性;应变部署表的有效性;船岸协同应急的效果如何;等等。

5. 应急演习总结

对演习监督过程中发现或暴露出来的问题,应及时总结并迅速制定整改措施。应通过下一次演习(必要时可尽快组织补充演习)来验证整改措施的有效性。

6.应急演习记录

大副将演习的起止时间、地点、内容和有关情况,如实、正确地记入航海日志的重大记事栏内。若在指定时间未举行全部应急演习或训练项目,则应在航海日志内记述其原因和已举行演习或训练项目的范围。

7.应急演习善后

演习结束后,应立即将演习中所使用过的应急设备恢复到原状,以便其能被立即用来应急。

## 二、对船舶各类应急演习的要求

1.消防演习

(1)SOLAS公约规定,每次消防演习应包括下列内容:

①向集合地点报到,并准备执行应变部署表中规定的任务;

②检查是否按应变部署表上的规定携带指定的器材;

③检查消防员装备和其他人员的救助设备;

④启动1个消防泵,要求至少射出2股水柱,以表明该系统处于正常的工作状况;

⑤检查有关的通信设备;

⑥检查演习区域内水密门、防火门、防火闸和通风系统的主要进、出口的操作情况;

⑦检查供随后弃船用的必要装置。

(2)消防演习应根据消防演习计划进行。在制订消防演习计划时,对根据船型和货物而实际可能发生的各种紧急情况,应给予充分考虑。

(3)在每次进行消防演习时,可分别模拟机舱着火、厨房着火、生活区着火、货舱着火,进行相应的火灾报警、鸣放警报信号、集合、关闭通风、探火、灭火等消防程序的演练,以及演习结束后的讲评,最后宣布演习结束。

2.弃船演习

(1)SOLAS公约规定,每次弃船演习应包括下列内容:

①先使用报警系统,然后通过公共广播或其他通信系统宣布进行演习,将乘客和船员召集至集合站,并确保他们知道本船命令;

②向集合地点报到,并准备执行应变部署表中规定的任务;

③查看船员和旅客的穿着是否合适;

④查看船员和旅客是否正确地穿好救生衣;

⑤在完成任何必要的降落准备工作后,至少降下1艘救生艇;

⑥启动并操作救生艇发动机;

⑦操作降落救生筏所用的吊筏架;

⑧模拟搜救几位被困于客舱中的乘客;

⑨介绍无线电救生设备的使用。

(2)弃船演习应根据弃船演习计划进行。

(3)每艘救生艇应每3个月在弃船演习时降落下水一次,并指定操作的船员进行水上操纵(演习)。在这样的演习中,救生艇在降放时可不搭载操作的船员。

（4）从事短途国际航行的船舶,每艘救生艇至少每 3 个月降下一次,并每年降落下水一次。

（5）自由降落式救生艇,每 3 个月至少有一次船员应登上救生艇,在其座位中正确系固并开始降落下水程序但不必实际释放救生艇(即释放钩不应松开);在不超过 6 个月的间隔期内,搭载操艇船员自由降落下水,或按 IMO 制定的指南模拟降落下水。

（6）在合理可行的情况下,专用救助艇应搭载被指派的船员每个月降落下水一次,并在水中操纵。无论如何,这个要求每 3 个月至少进行一次。

（7）航行中降落救生艇、救助艇下水演习时,应在遮蔽水域进行,并在有此项演习经验的驾驶员监督下进行。

（8）每次弃船演习应试验供集合和弃船用的应急照明系统。

（9）在每次进行弃船演习时,应进行鸣放弃船信号、完成弃船前的甲板和机舱自我保护动作、集合、放艇(筏)前的检查放艇(筏)、回收艇(筏)等弃船程序的演练,以及演习结束后的讲评,最后宣布演习结束。

3. 人落水演习

（1）在船上举行的人落水演习应包括下列内容:

①向船长报告,鸣放人落水警报信号,模拟观察和抛掷救生圈;

②向集合地点报到,并准备执行应变部署表中规定的任务;

③检查是否按应变部署表上的规定携带指定的器材;

④做好救助艇的放艇准备;

⑤检查参加演习的人员是否熟悉自己相应的应急职责,能否按应变部署表中的规定进行人落水应急操作。

（2）人落水演习应根据人落水演习计划进行。

（3）在每次进行人落水演习时,应进行鸣放警报信号、操船甩尾、模拟观察和抛掷救生圈、集合、模拟放艇等人落水应急程序的演练,以及演习结束后的讲评,最后宣布演习结束。

4. 油污演习

（1）在船上举行的油污演习应包括下列内容:

①检查、试验有关油污警报和通信系统;

②发出油污警报,向集合地点报到,并准备执行应变部署表中规定的任务;

③检查参加演习的人员是否熟悉自己的油污应急职责,能否按应变部署表和船上油污应急计划中的规定进行油污应急操作;

④模拟向公司及有关主管机关报告;

⑤演练关闭阀门,堵塞甲板排水孔、甲板围栏和收集溢油、清除溢出舷外的溢油等油污应急行动。

（2）油污演习应根据油污演习计划进行。在制订油污演习计划时,应充分考虑油污应急计划中的要求。

（3）油污演习可以和其他演习联合进行。

（4）在每次进行油污演习时,应进行鸣放警报信号、集合、关闭阀门、堵塞甲板排水孔、模拟收集溢油等油污应急程序的演练,以及演习结束后的讲评,最后宣布演习结束。

5.应急操舵演习

(1)SOLAS公约规定,每次在船上举行的应急操舵演习应包括下列内容:

①在舵机间对舵机的直接控制;

②驾驶台与舵机间的通信程序;

③转换动力供应的操作。

(2)应急操舵演习应按应急操舵演习计划进行。

(3)每3个月至少进行一次应急操舵演习(试验),每次演习前应对应急操舵装置各部件进行检查,在演习中应模拟舵机故障及模拟故障检查和排除,在舵机间进行应急操舵,在驾驶台与舵机间进行通信,进行操舵装置的动力转换的演练。演习结束后应进行讲评,最后宣布演习结束。

## 三、船上训练与授课

1.训练与授课安排

(1)应尽快地(不迟于船员上船后的2周内)进行船舶救生、消防设备用法的船上训练。

(2)在装有吊架降落救生筏的船上,应在不超过4个月的间隔期内进行一次该设备用法的船上训练。

(3)应按照与应急演习相同的间隔,讲授船舶消防、救生设备用法和海上救生须知方面的课程。每一课程的内容可以是船舶救生和消防设备系统中的不同部分,但每2个月一期的课程应覆盖全部救生和消防设备。

(4)每次授课有未参加听课的值班人员应对其专门补课。

2.授课内容

每位船员均应听课。课程内容包括但不限于:气胀式救生筏的操作与使用;低温保护问题;低温急救护理及其他合适的急救方法;在恶劣天气和海况中使用救生设备所必需的专门知识;消防设备的操作与使用。

3.训练手册

(1)根据公约的要求编写的训练手册应存放在餐厅、娱乐室、船员舱室及其他公共场所。目前,船上通常在下列场所放置训练手册:驾驶台、机舱集控室、机舱工作间、船首仓库、消防系统控制室、餐厅、娱乐室、救生艇内等处所。目前,国内船上通常配置由中华人民共和国海事局组织编写的训练手册,外国籍船上通常配置由IMO编写的训练手册。大的船公司通常还有自己的训练手册。

(2)训练手册应使用船舶的工作语言。

(3)船上训练应参考训练手册中的内容进行。

(4)训练手册应包括(但不限于)以下内容:

①消防

不同部位消防演习的程序和步骤;灭火系统和消防设备的操作与使用;消防员装备(包括自给式呼吸器)的使用方法;有关烟气的危害、电气火灾、易燃液体和船上类似的常见危险的一般防火安全实践和预防手段;有关灭火行为和灭火程序的一般性应知、应会的内容,包括火灾报告及使用手动报警按钮的程序;火的类型、灭火原理及应选用的灭火介质;如何辨别火源,判断火势蔓延和爆炸的可能性;防火门、挡火(烟)闸的操作和使用;脱险通道系统和设备的使用;紧急逃生呼吸装置的使用;在注满烟气的封闭处所如何采取安全措施;厨房火灾的应急处理;机器处所火灾的应急处理;等等。

②救生

弃船、救生演习程序和步骤;救生艇筏和救助艇的登乘、降落和离开,包括海上撤离系统的使用;封闭式救生艇在艇内的降落方法,如何从降落设备上脱开;救生艇筏和救助艇的回收,包括存放和系固;救生艇艇机启动及附件的使用方法;气胀式救生筏的操作与使用;暴露的危险和穿保温服的必要性;救生衣、救生服、浸水保温服和抗暴露服的穿着方法;低温保护、低温急救护理以及其他合适的急救方法;在恶劣气候和恶劣海况中,船舶救生设备的正确使用;降落区域照明和防护设备的用法;海锚及艇内所有救生属具的用法;无线电救生设备的用法;救生的方法,包括直升机救助装置、连裤救生圈、海岸救生工具和船舶抛绳设备的用法;应变部署表与应急须知所列出的所有其他措施;救生设备的应急修理须知;等等。

# 项目九
## 领导力和团队工作技能

### 学习目标

1. 熟悉船上人员的管理和培训相关知识。
2. 了解有效资源管理的相关内容。
3. 了解运用决策技能的知识。

## 任务一　概述

### 一、资源与管理的定义与内涵

1. 资源的定义

广义的资源是指一切可被人类开发和利用的客观存在。从管理的角度,狭义的资源是指可被管理者利用的人、财、物、时间、信息等。

2. 管理的定义

管理是指管理者或管理机构在一定范围内,通过由计划、组织、控制、指挥和协调等要素组成的活动,对组织所拥有的资源进行合理配置和有效使用,以实现组织预定目标的过程。

3. 管理的内涵

从管理的定义,我们认为管理具有以下内涵:管理是一个过程;管理的核心是实现目标;管理的手段是运用组织拥有的各种资源;管理的本质是协调。

我们也可以从多个角度来揭示管理的内涵:管理是通过计划工作、组织工作、控制工作、指挥工作和协调工作来有效使用所拥有的资源,以便实现既定的目标;管理是在某一组织中,为实现目标所从事的对人力和物质资源的协调过程;管理就是由一个或多个人来协调他人的行动,以便取得个人单独活动所不能取得的效果而进行的各种活动;管理就是协调人际关系激发人的积极性,以实现共同目标的各种活动;管理是一种以绩效责任为基础的专业职能;管理就是根据一个系统所固有的客观规律,对这个系统施加影响,从而使这个系统呈现一种新状态的过程。

4. 船舶资源管理的定义与作用

船舶资源管理(Ship's Resource Management,SRM),是指通过协调和利用船上人员的技能、知识、经验和船舶内外的相关资源,以实现保障船舶安全生产和提高船舶营运效益的目标。

通过船舶资源管理这一手段,充分发挥船舶团队成员对驾驶台、机舱等船舶工作场所及工作环境内各种可供利用的资源的控制、协调和组织的管理艺术和技能,以实现船舶团队工作的预期目标——保障船舶安全、人命安全、货物安全、财产安全、海洋环境安全,以及船舶营运生产的效益最大化等。

5. 船舶资源的构成、特点、分配与排序

船舶资源包括驾驶台资源、机舱资源以及其他可以利用的船上和岸基资源。需要进行管理的船舶资源包括:船员资源(船长、引航员、驾驶台和机舱值班人员),硬件资源(为保证船舶正常航行和操作所需的设备,如仪器、工具、备件、物品等),软件资源(来自电子海图、AIS、命令簿、手册、指导书、指南、计划、规范、航次计划、航海出版物等提供的信息),其他资源(为保证船舶正常航行和操作所需的时间、空间、技能、经验,以及与有关部门合作和可获得的支持等)。

船员资源属于人力资源,是船舶资源中最为重要的资源,在对船舶资源进行分配与排序时应放在首位考虑;硬件资源属于物质资源,是确保船舶正常航行和操作的基本资源,在对船舶资源进行分配与排序时应予以重点考虑;软件资源属于信息资源,是确保船舶正常航行和操作的必要资源,在对船舶资源进行分配与排序时应予以特别考虑;其他资源有助于船舶资源管理的组织目标实现,在对船舶资源进行分配与排序时不能忽视。

6. 船舶资源的利用与协调

(1)为了合理利用船舶资源,负责船舶航行和机舱管理的人员应该掌握现代管理的基本知识与技能,通过对管理本身的计划、组织、控制、指挥和协调五大功能的运用,做到事先周密计划、现场组织和实施有效的控制,正确地操纵与指挥,并合理协调相关各方之间的关系及工作,保证各项活动不发生矛盾、重叠和冲突,从而顺利地完成船舶资源管理的组织目标——船舶安全、货物安全、人员(包括旅客)安全和防止海洋环境污染。

(2)为了充分利用和协调船舶资源,在进行船舶资源管理时,应充分考虑以下界面的关系:

①人-人界面(L-L):人-人界面是船舶安全管理系统中最为关键的界面,协调沟通能力是人-人界面关系的核心。系统中人与人之间的活动(包括领导、组织、管理、交流与协作等)都属于人-人界面活动,如船长对船员的管理、船员给予船长的配合、船员间的合作、船长与引航员的交流、船长和船员与有关部门之间的沟通与协作等。管理者应重视人-人界面活动,团队的管理,人与人之间的有效交流、协调依赖于人-人界面活动。人-人界面活动也是提高管理绩效、降低危险的载体。

②人-硬件界面(L-H):人-硬件界面是船舶安全管理系统中最基本的界面,人与硬件是否相互适应是人-硬件界面关系的核心。船舶硬件设备的设计、安装、放置应便于船员对其进行使用和操作管理、维护,并考虑使用者的便利、高效和安全;船员则要尽可能了解并适应船舶硬

件设备,并能安全和有效地管理、使用它们。

③人–环境界面(L-E):人–环境界面是船舶安全管理系统中重要的界面,人必须了解环境和适应环境是人–环境界面关系的核心。船员必须了解和适应自然环境和社会环境,避免因对自然环境发生感知上的差错和受到社会环境的负面影响而导致事故的发生。

④人–软件界面(L-S):人–软件界面是船舶安全管理系统中最容易出现问题的界面,保证软件的完备、充足、可靠和可操作是人–软件界面关系的核心。船员应重视配备、保持、更新各种航海图书资料、航行指导文件、船舶与设备操作文件,同时应重视从软件中获得的信息,避免由于软件方面存在的问题和忽视从软件中获得的信息而导致事故的发生。

7.船舶资源管理的作用与目的

船舶资源管理的作用与目的包括:

(1)分析人为失误和船舶事故的发生之间的关系;

(2)注意多元文化意识对船舶安全工作的影响;

(3)强调情境意识对船舶航行安全的作用;

(4)强调船舶通信和人员交流沟通在船舶航行安全中的重要性;

(5)明确团队以及团队工作在船舶航行中的必要性;

(6)探讨船舶航行中的决策与领导工作的改进;

(7)掌握正确处理船舶航行中的工作压力和消除疲劳的方法;

(8)规范化执行规章制度和操作规程;

(9)提高船舶应急处理的技能。

# 任务二　人为失误与情境意识

## 一、人为失误

人为失误是指在某一特定系统中的操作人员在完成任务的过程中因意识、判断或行为等出现疏忽,从而不能根据当时环境和情况进行适当的操作,最终致使其无法正确处理面临的情况而发生系统运行的失常。

### (一)失误链

实践证明,海上事故或灾难很少是由单一事件引起的,绝大多数是由一系列看上去不严重的小的失误或事件相互叠加、互为因果导致的。也就是说,这些事故或灾难都是失误链或事件链发展的最终结果。换言之,系列失误链或事件链的连续发展,将导致事故或灾难的发生。这些失误链或事件链可能是按顺序发展,也可能是无序发展;它们之间可能有联系,也可能没有联系;它们之间的联系可能是明显的,也可能是不明显的。无数事故证明:在事故发生以前,实际上已经存在了正在不断发展的失误链。这种失误链客观上也就形成了事件链。在常规情况下,由潜在因素形成的失误链通过一定时间与条件的发展而进入增长期,在特定条件下,当不安全行为发生后,又进入了临界期,直至最后的工作差错而导致事故的最终发生。

### （二）失误链形成的征兆

失误链形成的征兆与失去了情境意识的征兆是一样的，对于船舶驾驶人员和机舱管理人员来说，什么时候失去了情境意识，就表明失误链正在形成。

失误链形成的具体征兆包括但不限于以下几条：

（1）含糊不清或不确定性。当事人对所获取的信息感到困惑、不确定，以至于无法做出正确的判断。

（2）注意力分散。当事人的注意力集中在一件与当前工作无关的事情上，而无视或漠视当前的现状。

（3）感觉不充分或困惑。当事人无法全面感受当时的局面，或对局面觉得困惑，缺乏了解，不知道下一步将发生什么。

（4）沟通中断。由于噪声、缺少共同语言、不同的程序或误解，当事人与团队内部以及外部的沟通出现障碍或中断。

（5）指挥或瞭望不当以及偏离计划航线。由于指挥不当、监控不力或瞭望不正规，当事人失去了情境意识，或造成船舶偏离计划航线。

（6）违反已建立的规则和程序。没有正当理由而背离明确规定的规则、标准操作程序。

### （三）人为失误的原因

80%以上的海事是由人为失误造成的，这已成为海运业的共识。船舶管理人员必须对人为失误产生的原因和特点保持清醒的认识。

人类不同于机器，人类擅长的是利用自己的知识和经验对所处的局面进行评估，并灵活解决工作过程中所遇到的问题。人类不擅长的是长时间从事重复性的工作，或精力高度集中，长时间得不到休息，这种情况下，人为失误最易产生。

人为失误产生的主要原因有以下几个方面：

1. 疏忽和差错

由于疏忽或差错而导致的失误是最为常见的。它们的产生往往与人本身对待工作的态度和自己在工作所处环境中的实际情况密切相关。例如，由于自己对工作掉以轻心而引起注意力分散，或是对船舶的安全工作重视不够而未能保持高度警惕，或是在实际工作中因工作压力太大和过度疲劳等而造成对正常可预见环境的变化不能采取适当、有效的行动。另外，注意力不集中和分配不当会造成疏忽和差错。

2. 基于知识的失误

基于知识的失误主要是指因本身的无知而犯错，即由于自己缺乏足够的相关知识或错误理解了船舶航行或作业中的一些关键性原则，而无法或不能正确应对或处理相关的局面或情况而导致的失误。这种失误在当今受过良好教育的船舶驾驶人员中并不多见，但客观上因自己对知识理解不深和运用不当的错误还是存在的。

3. 基于法规的失误

基于法规的失误主要是指：没有正确或充分考虑相应的法规，就快速、草率地做出决定；没有注意到某些法规已失效而仍去使用；由于对法规理解的不准确而错误地使用；由于完全按法规的规定做太麻烦，想走捷径和省力，而简化或偏离法规规定的做法。

4. 基于技能的失误

基于技能的失误主要是指因本身缺乏从事本职工作的操作技能而导致在实际工作中发生

的失误,往往是因为缺乏足够的训练或缺少实际工作的实践经验,当然也和与同事间的经验交流过少有关。这类失误在担任船舶驾驶与轮机管理工作时间不长或工作经历还不多的船舶驾驶和轮机管理人员中屡有发生。

5. 基于文化背景差异造成的失误

基于文化背景差异造成的失误是指因本身工作环境中的团队人员文化背景的不同而产生的局限性所引发的失误。许多在陆地上用于保障社会稳定的文化背景方面的习惯,在船舶这样一个命令性的操作氛围中并不适用。多国船员组成的船舶团队,常常由于文化背景的差异,造成沟通上的障碍或中断;对不同语言的使用与理解,缺乏上下级人员之间的交流,可能对意图产生误解而导致失误。船舶团队在国外港口与引航员、拖船、带缆工人、装卸工人、理货人员的合作也存在着文化背景差异造成的沟通问题,常常因沟通不畅而造成各种失误。

6. 基于违反安全惯例的失误

基于违反安全惯例的失误是指因本身未能严格遵守实际工作中形成的通常的安全习惯做法而引发的失误。这类失误的发生常与自己过于自信或自满,对工作中习惯做法与安全之间的关系不够重视,喜欢凭个人经验办事,不注重团队工作的作用,忽视别人的建议,查阅的书或出版物有误,以及背离原定的计划航线有关。

## (四)人为失误的预防措施

1. 全面认识人的因素与船舶事故的关系

为了预防船舶事故的发生,船舶领导和团队成员必须充分考虑和结合自己行为模型中的偏差和在实际工作中对信息处理、决策和操作过程中可能产生的失误及其对本职工作的影响,从思想上全面认识人为失误与船舶事故之间的密切关系。

2. 认真分析船舶事故中涉及人的综合影响因素

为了降低航行风险,保证航行安全,船舶领导和团队成员除了应全面认识人的因素与船舶事故的关系外,还应对船舶事故的综合因素进行认真分析,以有利于制定有效的措施来消除或减少人为失误。

3. 注意调节生理与心理状态

(1)保持良好的生理状态

船员在生病的情况下继续坚持工作,往往会因为生理问题而产生对外界情况的观测不全面或因反应不灵敏而导致误判断、误动作,或者导致操作不到位,从而引发事故。

(2)避免不正常的心理状态

心理状态是人的心理活动在某一段时间内的特征,如分心、疲劳、激情、镇定、紧张、松弛、克制、欲望等。为了确保船舶航行安全,不仅需要保持良好的生理状态,而且必须避免侥幸心理、盲目自信与麻痹心理、逞能好强心理、捷径心理、胆怯心理、逆反心理等不正常的心理状态。

4. 及时识别和破断安全工作中的失误链与事故链

为了能及时发现失误链与事故链的存在及了解其发展过程,船舶领导和团队成员首先必须通过保持高度的情境意识,了解船舶内外部的实际情况,掌握和知晓周围局面对本船将产生的影响,从而能在识别失误链与事故链的存在后及时采取相应的措施来终止它们的发展。

在及时识别失误链与事故链和果断采取措施将其破断的过程中,必须做好一些细节性工作。实际上,在船舶航行中只有能注意到一些细节问题,才能做好失误链与事故链的识别与破断工作。

## 二、工作态度

1. 概念

（1）态度是个体在一定环境中对事物或对象做出积极或消极反应的心理倾向。

（2）工作态度是个体在一定环境中对工作做出积极或消极反应的心理倾向。

2. 工作态度与责任心

工作态度与责任心紧密相关。一个人的责任心如何，决定着他在工作中的态度。一个人如果没有责任心，即使很有才能，也不一定能做好工作。只有有责任心的人才会：认真地对待工作；在责任心的驱使下认真地、主动地、积极地、勤奋地工作；以工作为重，主动承担责任，努力克服困难；积极思考，力避失误和差错，主动寻找方法，为实现既定目标做好自己的工作。反之，没有责任心的人不可能认真地对待工作，在工作中极易出现疏忽、过失和差错。

3. 工作态度与人为失误

疏忽是导致人为失误的主要原因之一，而疏忽的产生往往与人的责任心有关。责任心不强的人：工作态度不认真，在工作时马马虎虎、掉以轻心、注意力不集中、心不在焉；对工作、劳动、作业中的危险不能保持应有的警觉；或明知有危险，却存在侥幸心理，明知是违章，却觉得可以试一试，总认为采取安全措施要付出的代价高，而采取不安全措施也不一定每次都出事故，在这样一种心态下，疏忽大意、过失在所难免。不认真的工作态度，必然会有不负责任的行为表现。事不关己、敷衍了事、玩忽职守、漫不经心、投机取巧、争强好胜、消极退缩、得过且过、行为随意、操作随便，这样的一些工作态度和行为表现均是引起人为失误的根源，而人为失误又是导致事故和灾难的主要原因。

## 三、情境意识

### （一）概念

情境意识是指在特定的时间段内对影响船舶的因素和条件的准确感知，是人们对于事故发生的一种预知和警惕。情境意识不是一种特定的行为，而是工作态度的产物，属于思维和思想活动的范畴，它决定着人的行为与动作。

船舶运动充满了复杂性和偶然性，这就要求我们对船舶所处环境和条件的复杂性与偶然性有更加全面的、综合的和动态的了解。为保证船舶的航行安全，保证船舶情境意识是十分必要的。

### （二）情境意识的构成

1. 经验与训练

情境意识最基本的影响因素是经验和训练。经验和训练是获取知识的重要途径。知识越丰富，理解力、判断力和适应性越强，情境意识自然越高。

尽管不同的船舶和不同的职务要求船员知识的深度和广度会有差别，但为了使船舶能够安全营运，所必需的知识是不可缺少的。而且船舶越复杂，自动化程度越高，所要求的知识水平就越高。船舶驾驶和机舱管理人员日常工作中的传统习惯和经常性的做法，即运用船舶作业人员所对应职责应具有的知识、经验、技能和在各种情况下所要求的戒备以避免危险的习惯做法，都可以作为成功应对不同条件和局面的经验，而这些经验可以认为是情境意识的基本内容之一。

2. 操纵与操作技能

技能是构成情境意识的重要因素。操纵与操作技能越强,理解力和适应性也越强,情境意识越高。

技能与知识虽有密切关系,但在本质上有特殊的内容与要求。技能是通过实际技术训练才能获得的能力,特别是船舶实际操纵技术,船员必须能够适应不断变化的外界条件的要求,又必须能够及时跟上不断更新的技术与设备的发展步伐。因此,除了经由一定数量的实践来掌握实际技能之外,难有其他捷径。

3. 身体与心理状态

健康状况是情境意识非常重要的构成因素,也是充分运用知识和技能的基本条件。不良的身体状态会降低各感官的功能,容易使人疲劳、无精打采。航海中许多误操作引发的海事,重要原因之一正在于此。

情境意识的构成因素也包括心理状态。极强的政治责任心、极强的安全意识、极高的道德水准、顽强的战胜困难的意志与毅力、忠于职守的热忱与执着、良好的工作习惯以及临危不惧且巧于应变的能力等,都是应有的心理状态。在这种心理状态下,船舶驾驶和机舱管理人员的注意力非常集中,情境意识高。无上述心理状态,丰富的技术知识、熟练的技能和健康的体魄便失去了发挥作用的基础,情境意识更是无从谈起。

4. 对情况的适应与熟悉程度

对情况的熟悉程度越高,认识过程中对局面和条件的感知越容易,在思考、分析和判断上越容易达成与实际情况相一致的结论,情境意识自然也越高。从某种意义上来讲,不断地改变服务船舶种类,不断地改变服务船舶航线,对团队情境意识来说是一个负面的影响,所以船长对本船的团队情境意识和综合能力要时刻有一个清醒的认识。

5. 领导与管理技能

船舶作业是一个多部门、多人员相互协同的工作。单凭个人的力量是不可能保持高水平的情境意识的。要想得到良好的情境意识,充分发挥每一成员的作用与功能,使其相互支持和监督是十分必要的。

安全管理工作的具体目的就是消除物的不安全状态和人的不安全行为。任何一艘船舶,要做到绝对安全,消除物的不安全状态是很困难的,也是很难办到的。但无论物的不安全状态怎样,只有发挥人的主观能动性,主动地去认真检查,物的不安全状态才有可能被消除。而人的行为是受思想支配的、不易控制的,也容易出现不安全行为。因此,在安全管理中,在注意物的不安全状态的同时,要密切注意人的不安全行为。正因为如此,领导与管理技能的高低与船舶团队成员所形成的情境意识有着密切的联系。

### (三) 良好的情境意识

良好的情境意识表现为:

(1)能迅速地感知工作现场的实际情况与变化趋势;

(2)能敏捷地觉察现场周围的实际情况与变化趋势;

(3)能正确地判断现场周围情况变化对安全的影响;

(4)能准确地预测船舶即将面临的局面和安全状况。

### （四）情境意识丧失

情境意识的丧失表明失误链正在形成。

情境意识丧失的迹象包括：

#### 1. 不确定性

实际的或真实的信息与接受的或处理的信息不对称，就会形成不确定性。出现不确定性，就难以正确感知信息，极易出现行为过失，从而形成失误链。

#### 2. 注意力分散

一般情况下，人必须将注意力集中在重要的事物上，并剔除不相关的信息。虽然我们可以转移注意力，但当过多的重要信息需要人来同时处理时，问题就随之产生了，我们就可能出现注意力分散，或者说我们的注意力就可能转移到一些使我们分心的信息中。

导致注意力分散的原因有：

（1）领导与指挥的错误

错误的领导与指挥会导致船舶人员不能把有限的资源用在关键的地方，导致人员的注意力分散。

（2）信息过载

当过多的重要信息需要人来同时处理时，危险就随之产生了，我们的注意力可能分散，并转移到一些对我们不是很关键的信息中，出现顾此失彼的现象。

（3）压力和疲劳

压力和疲劳会使人的信息处理能力进一步下降，从而就使注意力分散、接收不到其他信息。

（4）紧急情况

在紧急情况下，人们的心理状态会发生变化，导致惊慌失措、高度紧张、不能集中注意力。

（5）经验不足

由于经验不足，人们面对稍微有点复杂的局面时就会不知该如何作为，从而将注意力集中在一些细枝末节上，而忽略了非常关键的信息。

同时，我们还要充分认识到，注意力过于集中在一个问题或某方面会占据一个人的大部分注意力，从而使他忽视了其他情况，忽视了其他需要处理的更为紧迫的事件。这是注意力分散的另一种形式。

不论何种形式的注意力分散都是情境意识丧失的表征。

#### 3. 感知不全面或混乱

对局面的正确感知，是情境意识的重要信息来源。它不仅能确认船舶目前所处的情况，还可预测随后将会发生什么。对局面感知不全或感知混乱是情境意识丧失的一种迹象。

#### 4. 通信中断

通信是信息传递的重要形式和手段。船内通信可能被物理因素干扰，例如噪声等，也可能因缺乏共同语言或不同的处理方法而中断。外部通信的中断可能是没有共同语言或误解造成的。不正确的或不良的通信将导致指令不能被正确执行，丢失信息，不能完整地接受和理解计划等。不论何种通信，若被中断，都会造成情境意识的丧失。

#### 5. 指挥不当

指挥不当可能是由对环境和局面不能做出正确的感知造成的。指挥不当是丧失情境意识的一种迹象。

**6. 偏离计划航线**

船舶在航行中指挥或监控不当而造成船舶驶离计划航线,是丧失情境意识的迹象,尤其是受到限制的可航水域。这种情况通常是由以下情况导致的:未制订或落实好航次计划,未制订或落实好背离航次计划的内容,未能通过采取进一步措施来达到已制订计划的目的与要求等。

**7. 违反已建立的规则或程序**

建立规则或程序的根本出发点是通过规范对船舶安全与防污染进行管理,提高船岸人员的质量管理意识和实际管理水平,进而有效降低人的因素造成事故的概率。没有正当理由而背离明确规定的规则和标准操作程序,都是丧失情境意识的迹象。

**8. 自满**

自满意味着过于自信或盲目自信,容易产生不重视危险的心理。在这样的心理状态支配下,船舶驾驶人员与机舱管理人员往往凭经验、印象、习惯进行操作,未能在作业过程中判断自己操作方法是否存在错误,会忽视异常情况,反而自我认为很安全。当突然出现与预料相反的客观条件变化时,由于没有心理准备,往往表现为惊慌失措、手忙脚乱,未能采取有力措施,最终造成事故。另外,船舶驾驶与机舱管理人员对手中的工作与任务过于熟悉,不考虑和轻视潜在问题也是自满的一种表现。这些想法都是丧失情境意识的迹象。

### (五)驾驶台情境意识的保持

为了保持良好的情境意识,及时发现事故链形成的迹象和中止事故链,以达到船舶航行安全的目的,驾驶台团队成员应当:

(1)培养和提高个人的情境意识;

(2)提前做好周密详尽的计划和准备;

(3)在平时工作中养成安全的习惯;

(4)灵活地把握注意力的转移和集中;

(5)避免由于个人的错觉以及主观臆断而造成的失误;

(6)充分认识并发挥其他驾驶台团队成员的作用;

(7)重视通信、交流与沟通中的反馈;

(8)进行有效的相互检查和监督;

(9)对航行风险等级进行预见性评估,并制定与风险等级对应的戒备措施。

### (六)情境意识与船舶安全

船舶团队成员如果丧失情境意识,表明事故链正在形成,事故正在逼近。因此,船舶团队成员的情境意识越好,发生事故的概率就越小;反之,情境意识越差,发生事故的概率就越大。为了保持船舶的航行安全,要求船舶团队成员具有和保持良好的情境意识。

# 任务三　通信与沟通

## 一、通信

有效通信意味着有效交流。发送者必须清楚地认识到通信的目的、传递路线及接受者可能做出的反应。接受者则必须学会如何听，不但要能懂得信息的内容，而且要能听出发送者在信息传递中同时表达出来的感情和情绪。

### （一）建立通信

在建立通信前，发送方首先应明确或确定 5 个"W"：

（1）Why：为什么要发送信息，即发送信息的原因。

（2）Who：向谁发送信息，即需要确定信息的受体是谁，明确通信的对象。

（3）What：发送什么样的信息，即需要发送的信息内容是什么，应当考虑按接受者易于理解的方式来安排发送信息的内容。

（4）When：在什么时间发送信息，应当考虑选择适宜的时机，不要在充满压力的时候发送信息。

（5）Where：在哪里发送信息，应当考虑选择适宜发送信息的地点，尽量避开环境干扰。

### （二）完整的通信过程

完整的通信应该是一个闭环式通信过程，包括以下闭环通信过程：

（1）需求：发送方希望向接收方发送信息。

（2）发送：选择合适的方式和手段，有效传送信息。

（3）接收：接收方接收并准确理解信息，如有任何疑问应当要求发送者做进一步澄清。

（4）反馈：接收方确认收到的信息，并根据情况及时向发送方反馈。

（5）完成：通信完成并终止。

以上过程可以在船舶无线电通信工作中得到充分体现，比如 VHF 无线电话通信信息交换程序包括六个步骤：初始呼叫、回答呼叫、确定工作频道、发送信文、回答信文和终止发送。初始呼叫是由呼叫台为开始建立信息交换而进行的信号发送。回答呼叫是呼叫平台或呼叫船对初始呼叫的回答。由于呼叫频道往往不是工作频道，在不知道通信工作频道的情况下，一般使用 70 或 16 频道进行呼叫，但不能在该频道占用较长时间，因此要进行一般信息的交换，必须确定另一频道作为工作频道。及时和正确建立联系的主要目的是发送信文，根据需要，每一信文的内容有长有短，但应当尽量做到既要表达清楚，又要言简意赅。对信文内容进行回答时，如果信文内容较长，发信台应当将信文内容分为若干段落，多次发送；收信台也应当多次回答信文。终止发送表示相互间的信息交换已经完结，一般由呼叫平台执行。

### （三）船舶通信的实现

#### 1. 船上发送信息

船上信息的发送必须目的明确、思路清晰、注意表达方式。在信息交流之前，信息发送者应当考虑好自己将要表达的意思，抓住中心思想。在通信过程中要使用双方都理解的用语和示意动作,并恰当地运用语气和表达方式,措辞不仅要清晰、明确,还要注意情感上的细微差别,力求准确,使对方能有效接收所传递的信息。信息发送者有必要对所传递信息的背景、依据、理由等做出适当的解释,使对方对信息有明确、全面的了解:假如你要分配一项任务,那么要对任务进行全面分析,这样你才能正确地对任务进行说明;假如你面临的是纪律问题,那么在批评和处罚之前应当对情况进行全面了解,获得真凭实据,这样的处理会取得圆满的效果。

2.船上接收信息

接收船上信息必须注意力集中,并认真理解信息。在接收信息时,信息接收者应当听或读,仔细理解内容,抓住中心内容。在通信过程中要借助双方都理解的对象,必要时,为了澄清应进行询问或质疑。应答时,除非特别告知不这样做,否则,即使仅仅是确认收到信息,也要应答。必要时,信息接收者应当给出反馈。

### (四)准确的通信

要准确地实现通信,除了按照以上要求做外,还必须注意通信中信息的表达问题。一个好的信息要符合4C原则,即完整性(Complete)、连贯性(Coherence)、简洁性(Conciseness)、准确性(Correction)。为简易、有效地实现以上目标,使用标准词语、短语是有效的方法。

### (五)通信障碍

通信障碍指任何干扰、阻碍或影响通信的因素,如通信中断。障碍有可能是物理障碍,也有可能是人为障碍。

物理障碍在船舶通信中通常表现为通信设备的噪声、船舶设备工作的干扰、船舶振动、风浪声响、驾驶台设备同频干扰等。因此,要保障船舶正常通信,应当尽力减少或排除物理障碍。

人为障碍指信息的传递者和接收者的个人障碍,主要表现在由于所使用的语言(母语与外国语,标准语与地方方言等)的不同而存在的障碍。语言通信还有语气、语调、清晰度、速度、节奏等问题。当然,通信中的人为障碍还会表现为工作负荷、注意力分散、压力、疲劳等问题引起的通信障碍。

## 二、沟通

沟通是人与人之间、人与群体之间或群体与群体之间思想、感情、信息指令的传递和反馈,是信息传与受的行为。发送者凭借一定的渠道,将信息传递给接收者,并寻求反馈,以达到相互理解的目的。

### (一)沟通的方式及特点

在团队中,沟通的方式是多样化的,按照不同的分类标准,沟通可分为不同的类别,并具有不同的特征。

1.按照表现形式来分

按照表现形式来分,沟通可分为口头沟通、书面沟通和非语言沟通。

(1)口头沟通

传递信息最主要的方法就是口头沟通,它是指运用口头语言进行的沟通,如演讲、集体讨论、报告等,这些都是口头沟通最普遍的形式。

(2)书面沟通

书面沟通是运用书面文字符号进行的沟通,包括备忘录、书信、电子邮件、传真,以及其他通过文字或符号形式沟通信息的方式。

（3）非语言沟通

除口头沟通、书面沟通以外，现实生活中的非语言沟通也是客观存在的，例如，表情、手势、语气、眼神等。非语言沟通是语言沟通的重要补充形式。

2. 按照方向来分

按照方向来分，沟通可分为上行沟通、下行沟通和平行沟通。

（1）上行沟通

上行沟通主要是指团队成员通过一定的渠道与团队领导者进行的信息交流。上行沟通可以是一层层传递，如水手长向大副反映近一段时间上甲板的保养情况，大副再向船长反映近一段时间船体的维修保养情况；上行沟通也可以是越级反映，这里指的是减少中间层次，团队成员直接与团队领导者进行信息交流，如二副向船长汇报本航次的航行计划。

（2）下行沟通

下行沟通是指从高职务向低职务方向所进行的自上而下的沟通。一般而言，决策、计划、指挥、协调、控制等管理职能信息的传递都是通过下行沟通的方式达成的。自上而下沟通常用于团队领导者向团队成员分配工作任务、做出工作指示、向团队成员说明工作程序等。

（3）平行沟通

当沟通发生于同一层级同一工作群体的团队成员之间，或同一层级不同工作群体的团队成员之间，或同一层级不同工作群体的团队领导者之间，或任何具有相同地位的同一团队成员之间时，这种沟通即平行沟通。平行沟通是团队中最普遍的沟通形式，如船上水手之间的交流、二副之间和三副之间的沟通等。平行沟通有利于节省时间和协调成员关系。

3. 按照组织的结构特征来分

按照组织的结构特征来分，沟通可以分为正式沟通和非正式沟通。

（1）正式沟通

正式沟通是指在团队内，依据一定的组织原则所进行的信息传递与交流。正式沟通的优点是：沟通效果好，比较严肃，约束力强，易于保密，可以使信息沟通保持权威性。其缺点是：由于依靠组织系统层层传递，所以较刻板，沟通速度慢。

（2）非正式沟通

在正式沟通渠道之外进行的所有信息的传递和交流都属于非正式沟通。例如，团队成员之间私下交换意见，议论某人、某事及关于船舶的小道消息等都属于非正式沟通。非正式沟通的优点是：沟通形式不拘，直接明了，速度很快，并且常常能提供大量的通过正式沟通难以获得的信息，真实地反映员工的思想态度和动机。其缺点在于：非正式沟通难以控制，传递的信息有时不确切，容易失真、曲解，而且它容易形成小集团、小圈子，影响人心稳定和团队的凝聚力。

## （二）沟通障碍

1. 造成沟通障碍的原因

沟通障碍是指任何干扰、阻碍或影响沟通有效进行的因素。船舶沟通中的物理障碍主要有：各种噪声设备所处的场所和位置造成的障碍、环境因素及船舶设备工作的干扰等。如船舶抛起锚，锚机的轰鸣声会影响船首与驾驶台的沟通；起货设备的操作人员可能看不到甲板上指挥者的手势等。人为障碍主要包括：缺少共同语言、不用专业术语、对传递的信息没有很好的组织、没有遵循标准的沟通程序等。另外，文化背景和宗教信仰等方面的差异、工作负荷太大、注意力分散、压力、疲劳等都会造成人为障碍。团队的管理者应该有针对性地采取措施,来减少或消除这些障碍。

2.克服沟通障碍的方法

虽然沟通障碍不可能完全避免,但是应尽量克服障碍,改进信息沟通进而达到组织成员之间的有效沟通还是有必要的。

以下原则可以帮助克服沟通中的障碍,提高沟通的效果:

(1)信息发送者必须对他要传递的信息有清晰的想法。

(2)不能脱离实际制订信息沟通计划。

(3)要考虑信息接收者的需要。无论何时,信息都要有用,或在短期内,或在较远的未来,沟通内容对于接收者来说要有价值。

(4)要注意多种沟通方式的协调使用。

(5)要注意反馈。

(6)要注意沟通中的情感运用。

(7)要强调沟通双方的责任。有效的信息沟通,不仅是发送者的职责,也是接收者的职责。

## (三)船上重要的沟通

在船舶日常工作中,有许多重要的沟通。这些沟通如果出现障碍或中断将直接影响船舶的安全,应当引起船舶驾驶人员的高度重视,如:

(1)船舶安全工作会议中的沟通;

(2)船舶驾驶台与机舱的沟通;

(3)船舶驾驶台与船首尾部的沟通(靠离码头、抛起锚、狭水道航行等);

(4)船长航行(夜航)命令;

(5)船长及驾驶台团队与引航员的沟通;

(6)船舶驾驶台与引航站、VTS及港调等管理部门的沟通等。

## (四)船上沟通的技巧

良好的沟通可以消除误解,增强团队的凝聚力和船舶指挥人员的情境意识,可以增强工作效率,保证船舶这样一个命令型的结构系统正常运作,减少人为事故的发生。因此,船舶指挥人员,应当掌握一定的沟通技巧。

1.沟通途径与工具的选择

信息传送的方式有很多。船舶内部的口头沟通方式包括各种会议、工作前的安排说明、工作后的情况小结、电话沟通、对讲机和广播系统沟通等;书面沟通方式包括值班命令(船长命令、夜航命令)、船舶操作手册布告或公告等。船舶与外部的口头沟通工具主要包括电话、VHF/MF/HF等;船舶与外部的书面沟通工具包括信件、电子邮件、传真、电传等。应当根据需要选择最佳的沟通途径和工具,以期达到最佳的沟通效果。

2.沟通注意事项

(1)应当遵守标准的沟通程序,比如,舵令、车钟令必须按照发出指令、重复指令、执行指令和反馈的程序进行。

(2)保证信息交流准确、清晰、简洁并切中要点。

（3）发送者尽量减少、限制那些多余的、没必要的信息传送。

（4）接收者要学会耐心聆听，以准确理解发送者的意图。如有任何疑问，应及时要求澄清。

（5）应当使用标准的专业术语和 IMO 标准航海通信用语。

（6）对有些复杂的口头沟通最好先做书面准备。

**3. 质询与回应是一种重要且必要的沟通**

（1）如果发现有背离原计划、标准程序、操作规程，或认为有违规行为、不良船艺、错误指令的情况发生，应表示疑问，质询，要求立即澄清。被质询对象经核对后应做出回应，如有失误行为应立即纠正。

（2）船长和部门长应营造质询的氛围，船舶团队成员应积极支持和参与质询和回应，在设定的界限内，有疑问必须质询，有质询必须给予回应。

（3）领导者应注意在质询和回应方面可能存在的障碍，这些障碍有可能是质询方的原因（内向、不自信、等级观念、缺乏责任感、人际关系紧张、不良经历等），也有可能是被质询方的原因（权威受到威胁、缺乏自信、情绪性回应、不擅长沟通、管理能力较差等）。

## （五）在船人员的沟通

**1. 船长和驾驶员的沟通与交流**

（1）为了和驾驶员建立有效的沟通与交流，船长应组织航前准备会。在航前准备会上，船长应：向驾驶员介绍航线计划；与驾驶员进行交流；对驾驶员提出相关要求；向驾驶员指出航线中可能存在的控制薄弱的航区。

（2）船长应：告知驾驶员有责任通报各自情况以及协调其中的具体操作，在驾驶台建立一种开放的、互动的、闭环的交流与沟通方式；航行中向驾驶员传达遇到的具有重要意义的情报；鼓励所有驾驶员勇于质询和回应；航行中或航次结束后尽快会同驾驶员总结航行中遇到的重要情况。

（3）在航次结束后召开总结会，在总结会上船长应带领驾驶员进行总结。在总结会上不要对个人进行指责，应积极地总结经验，制订一个可及早发现并改正错误的改进计划。

**2. 驾驶员与引航员的沟通与交流**

（1）引航员上驾驶台后应与驾驶员进行充分的沟通和交流，引航员应尽可能多地让驾驶员清楚自己的操作（纵）计划。

（2）引航员应向驾驶员简述当地的环境和交通规则。引航员对航向或航速所做的任何改变，除了告诉船长外还应告知驾驶员。任何通航、天气、能见度、流的改变或预期改变，均应告知驾驶员。

（3）驾驶员应将自己通过正规瞭望获得的信息及时告知引航员。对引航员的指令或行为或意图如有任何疑问，应向引航员求证或要求其澄清，必要时应立即报告船长。

（4）如果引航员没有遵循做详尽情况介绍以及充分交流的原则，在不影响权威的前提下，值班驾驶员应该用恰当的方式指出。

**3. 驾驶员之间的沟通**

值班驾驶员应该积极支持和参与所有的情况介绍和工作总结活动。在值班交接的时候应确保已经进行了详尽的情况介绍和交流。值班驾驶员应积极地参与到支持有效交流的工作环境中去。

4. 驾驶台与机舱之间的沟通

(1)驾驶台与机舱之间的通信要保持简短、准确,把多余的通信降到最少。

(2)驾驶台与机舱应保持密切的联系和及时的沟通,尤其是发生特殊情况时更应及时通报,并协调对策。

5. 与船舶交管站和港口当局的沟通

按有关国际公约和国内规定,船舶进出港口时应使用通信设备按照规定向 VTS 报告。在报告与交流中,需注意以下方面:保持交流简短、准确,把多余的交流降到最少。如航次计划报告,将有关船舶的主要信息(包括进港、出港、过境、船名、国籍、总长度、总吨位、吃水、最大高度、始发港、目的港、预靠泊位或锚位、预抵时间、载货种类与数量和旅客人数)给予报告,而将多余的交流降到最少。

在报告前先写好信息对缩短报告时间是有帮助的。

# 任务四　团队与团队管理

## 一、团队

1. 团队的概念

团队是由两个或两个以上的人组成的,通过彼此的相互影响、相互作用,在行为上有共同规范的一种组织形态。通俗地说,团队是由一起工作以完成共同任务的个体组成的一个群体。

2. 团队的特点

(1)团队成员有着共同的目标,为了完成这一目标,成员之间彼此合作,这是构成和维持团队的基本条件。团队成员之间有着和谐、成熟的人际关系,相互理解,具有一致的想法和情感,大家彼此信任、相互支持。

(2)团队成员之间分工不同,每个人都为了实现共同的目标而承担着一定的责任。

(3)团队成员具备实现目标所必需的技术和能力,而且有能够良好合作的品质,从而能够出色地完成任务。

## 二、船舶团队管理

1. 船舶团队

船舶团队是指在同一艘船上工作的由船舶驾驶人员、机舱管理人员,以及为团队服务的支持人员组成的为实现团队共同目标而存在的一个群体。船舶团队通过合作,互相监督、互相提醒、互相支持,并发挥团队中每个成员的主观能动性,实现船舶安全、货物安全、人员安全和环境安全的共同目标。

2. 船舶团队管理

(1)船舶管理人员应当将船上所有人员看作一个有共同目标的团队,不断强化船员的团队意识。每个成员在工作中经常会需要其他成员所拥有的经验和技能,成员之间必须相互协作、相互支持,才能更好地完成船长确定的工作目标。

（2）船舶团队应当能够很好地与临时加入的地方人员进行合作，例如与引航员、拖船带缆工人、装卸工人、理货人员等进行合作。

（3）应防止船上任何人员单独工作。由于船舶的工作环境特殊，即使在人员紧张的情况下，也应保证单独工作的船员能够随时与其他成员进行有效的沟通，并随时可以得到相应的支持。

（4）如果条件允许，船长在确定工作目标时应与自己的团队共同讨论，使相关人员能够充分地表明自己的观点，并在此基础上制订详细的实施计划。

（5）团队领导者应当坚定，但又不失灵活和友好。应当尽力避免过于专制的领导方式，同时，也应当避免放任不管的领导方式。

（6）团队中每个成员都应明确自己的职责并恪尽职守，这样船长就有更多的时间来监控船舶的安全。团队每个成员都应随时留心周围发生的一切，以便及早发现失误并避免事故链的形成。团队成员之间要有良好的沟通，不要害怕向船长或引航员询问他的操作意图。

（7）团队管理者要意识到每个成员的贡献都是有价值的，这会对团队产生强烈的激励作用。

（8）团队工作应当始终按规定的标准操作程序进行。船上做出任何决定都要依据事实，而不是个人偏见和主观臆断。船舶团队应当能对各种突发事件、紧急情况及环境的突然改变做出迅速、准确的反应。

（9）船舶团队长期工作在复杂多变的环境中，他们的工作可以说是在压力下承担责任。因此，船舶团队成员应当做到：保持不间断的警觉；加强情境意识；提前对重要事件予以考虑；做事应当分清轻重缓急，警惕对小问题纠缠不清，避免因小失大；保持良好的联络与沟通；形成质询和回应的氛围，工作中有疑虑时及时澄清；习惯性地进行相互检查；保持身心健康。

（10）船舶团队成员要警惕以下倾向：过分依赖无线电助航设备和自动系统；不愿寻求帮助；不愿指出上级犯的错误；因小问题分心而忽视了需优先考虑的大问题。

# 任务五　决策与领导力

## 一、决策

决策就是为了实现某一特定目标，借助一定的科学决策程序，在分析、评价、比较的基础上，从两个或两个以上的可行方案中选择一个最优方案的全部过程。

### （一）决策的内涵

1. 决策的主体是人

在决策活动中，人是处于主动状态下的主体。这体现在以下两个方面：一是决策的设想是由人提出的；二是所有涉及决策的客观条件的取舍也是由人做出的。

2. 决策有明确的目标性

决策的明确目标性表现在：一方面，决策具有针对性，即决策总是针对特定的对象进行的；另一方面，决策是为了推动事物向预定的方向发展，以实现决策者的预期目标。

3. 决策是人的心理活动的反映

在进行决策时,尤其是在做出重大决策时,人的心理活动涉及很多方面,其内在的潜力也会被最大限度地得到现实性的发挥。

4. 决策是人的思维活动的最终成果

在决策过程中,人的思维活动起着关键作用。它是对所有涉及决策的信息进行加工和处理,然后分门别类地形成若干个备选方案供选用。

5. 决策是对方案进行分析、比较和选择的过程

作为决策的主体,人们在决策过程中将会对若干个备选方案进行分析、比较,最终选择一个与预期目标一致性程度最高的可实行的行动方案。

## (二)决策的类型

决策的分类有多种,根据决策工作内容及时间上的要求,可以把决策分成以下 3 种类型:

1. 紧急情况下的决策

当出现意外而又紧迫的局面或问题时,为了能及时处置和应对,在这种没有太多的时间做审慎考虑的情况下做出的决策,称为紧急情况下的决策。

2. 一般情况下的决策

原定的计划或安排因为生产或工作的变化而无法继续实施,或是遇到一些新的问题,必须做出一些新的决策,在这种情况并不紧急,可以有一定的时间来考虑的情况下所做的决策,称为一般情况下的决策。

3. 日常工作中的决策

在日常工作中,根据计划任务进度或操作规程,做出常规性的决定,称为日常工作中的决策。

## (三)决策的方式

决策的方式包括个体决策和群体决策。

1. 个体决策

个体决策是指管理者根据自己所掌握的知识做出决策,然后向群体解释并使其接受。

个人决策的有效与否,不仅同是否有科学的决策程序、方法有关,而且很大程度上取决于管理者的决策风格。所谓风格,就是指人们做事的习惯、方式或手段。所谓决策风格,就是指人们决策的习惯和方式。决策风格对决策效果和效率有着非常明显的影响。决策过程与结果往往与决策者的年龄、心理素质、知识、经验、阅历、性格、习惯等有着直接的关系,同时还受到所处社会环境和时代风尚的影响。诸多不同的因素,使决策者对待决策的态度、方法也各有不同,久而久之,就形成了不同的决策习惯,进而形成各有所长的决策风格。

个体决策的优点之一就是快速。个体决策不需要召集会议并花费大量时间来讨论各种方案,因此需要迅速做出决策时,个体决策有着自身的优势。个体决策的优点是职责清晰,谁制定了决策,谁就应当对后果负责。

2. 群体决策

群体决策是指对组织中的重大问题,在领导的主持下通过集体讨论做出最合理的决定的过程。

群体决策的优点在于通过集思广益,能够提供更加丰富的信息和知识,能够给决策过程带

来异质性,还可增加观点的多样性,因而就会有更多的方法和选择。群体决策能增加个体决策的认可程度,因为这个决策是他自己做出的。群体决策的缺点是浪费时间,有从众压力,责任不清。

个体决策与群体决策孰优孰劣要视情况而定,关键问题是看效率与效果孰轻孰重。就效果而言,群体决策能提供更多选择,更富有创造性,更准确。但是,个体决策比群体决策更有效率。

## （四）决策的过程

决策过程包括以下步骤:

1. 确认决策的必要性

决策的目的是实现一定的目标,所以制定决策首先要做好分析和确定决策必要性的工作。

2. 明确决策的目的

在分析了决策的必要性后,还要有针对性地研究将要采取的措施必须达到什么样的效果,也就是说要明确决策的目的。

3. 收集决策所需资料

在明确决策的目的以后,就必须根据决策的要求,详尽地收集相关的资料与信息,以便于能在全面了解和掌握真实情况的基础上,有针对性地进行分析研究,做好制定对策的准备工作。

4. 拟订决策的方案

在全面了解和掌握真实情况的基础上,就可以为实现目标来研究和制定可采取的各种对策及其相应的具体措施和主要步骤。

5. 选择对策

决策的本质和最终的工作是选择对策。而要进行正确的选择,就必须对所拟的多种备选方案进行分析、比较和排列。在这个过程中,决策者必须最终从多种备选方案中选择出最佳的应对方案。

6. 实施应对方案

决策者最终选择出最佳的应对方案后,根据需要加以实施。在具体实施选择的对策的过程中,还需要不断地跟踪和查核实际效果并做好评估工作。

## （五）决策的要点

为了保证决策的正确性和可行性,决策者在决策的过程中应当注意以下要点:

1. 决策前

(1)首先明确需要解决的问题和决策的最终目的,以保证所做的决策能有的放矢。

(2)积极调动团队成员的工作积极性,让他们共同参与决策工作,集思广益。

(3)认真做好资料收集工作,有针对性地尽最大可能获取更多的信息。

2. 决策时

(1)决策者应当根据所需要解决问题的轻重缓急来进行相应的决策。在紧急情况下,必须在最短的时间内沉着、果断地做出决策。但这种决策不能因为时间紧迫而草率做出。

(2)对收集到的各种资料和信息加以充分的分析与研究,仔细考虑所有可能的情况,以确保这些资料和信息的真实性。

（3）在做出相应决策的同时,应当认真考虑采用该决策后可能发生的情况,做好最坏的打算,并制定好一旦发生其他特定情况的替代方案。

3.决策后

（1）决策一旦付诸实施,就应当及时和连续地监督其实际进展情况,并不断核实所采取的决策和方法能否达到预期的效果。

（2）在监督决策的实施和查核其有效性的过程中,还应当对其进行评估。如果发现新的情况与所做决策有冲突,不要急于假设决策或情况有误,而应再次认真地考虑和分析局面,重新全面地考虑问题。

（3）通过对决策方案的查核和评估,结合经验与教训,在必要时对决策方案加以改进和完善,以便能真正充分利用好所有的资源。

### （六）驾驶台团队决策

（1）在船舶航行过程中,需要做出决策的驾驶台团队成员包括船长、驾驶员和引航员。驾驶台团队成员所做的决策必须是明确的。这些决策的最终目的是在船舶安全的前提下,确保船舶航行的正常与顺利。由于船舶航行具有一定的复杂性和可变性,驾驶台团队成员在航行过程中的决策应是他们根据自己的经验与技能,并在具有高度综合性的心理活动中做出的。

（2）驾驶台团队成员在决策前应当利用一切可获得的时间收集、了解和分析相关的资料和情况,仔细考虑所收集到的信息和所有可能发生的情况（包括最不可能的情况）,并充分利用所有可利用的船舶驾驶台资源,决不能根据自己不完全的判断与意愿随意行事;决策做出后,则应当把握正确时机,及时加以实施并监督其进展情况和查核效果;必要时对所采取的措施加以调整,最终达到保证船舶安全航行的目的。

（3）驾驶台团队成员应当在工作中充分考虑针对不同问题所做的不同决策的优先性,注意对不同风险程度的评估和应当优先考虑的因素,以保证决策的应变性、适应性和有效性。

（4）驾驶台团队成员在进行决策时,必须尊重驾驶台团队的全体人员,加强与驾驶台团队其他成员之间的交流;了解自己的决策风格与驾驶台团队其他人员决策风格的异同,通过取长补短来提高决策的有效性。

（5）驾驶台团队成员在时间许可的情况下,应当协助船长的工作,积极提供信息和参与决策的制定。在认真落实和实施相关决策的过程中,应当及时发现和处理好因工作条件或外界因素发生变化而对所做决策的影响,必要时应当立即向船长汇报,尽可能提出自己的修改意见,以便船长能进一步改进和完善原定的决策。

## 二、领导力

### （一）团队领导者

广义的团队领导者是指在正式的社会组织中经合法途径被任命担任一定领导职务、履行特定领导职能、掌握一定权力、肩负某种领导责任的个人和集体。狭义的团队领导者是指在某个特定的团队中被指定或推选担任领导职务、肩负领导责任并履行特定领导职能的个人或集体。以下提及的领导者均是指狭义的团队领导者。

### （二）领导者的作用

一般认为领导者的作用有三点:

1. 指挥作用

领导在团队活动中需要有清晰的思路,能运筹帷幄,为下属提供方法和指明方向,引领团队共同前进。

2. 协调作用

在团队实际工作中,每个人的世界观、价值观、工作作风、方法、思路等都不相同,这就需要领导起到协调作用,引领团队共同前进。

3. 激励作用

在工作中不可避免地会遇到挫折、困难,这时领导需要不断地激励团队成员,并且为他们排除困难,带领团队成员共同前进。

## (三)领导者的基本条件

作为一名领导者,要想带领下级完成本部门的既定目标,首先就必须建立起自己的领导权威。权威就是权力与威信的统一,是由领导者的素质及其行为形成的。一个优秀的领导者,能团结与其共同工作的同事和下属,充分调动他们的工作积极性,并通过自己的良好素质与魅力来树立其威信。这些良好的素质包括:高尚的品德;高深的专业知识;丰富的工作经验;敏锐的观察能力;冷静的思考判断;巧妙的沟通;充沛的精神活力;坚定的意志目标;公正的立场和评判。

## (四)对领导者的要求

一名优秀的领导者应当诚实、正直、自信、智慧,具备进取心、与工作有关的知识,以及良好的政治素质、思想素质、道德素质、文化素质、业务素质、身体素质、心理素质、领导能力、管理能力等。

## (五)领导的类型

领导者在实际工作中都会根据具体的要求,结合自己领导工作的经验和风格而从事具体的领导工作,他们也会因工作要求和具体的实施方式的不同而形成以下多种领导的类型和风格。

1. 民主型

民主型的领导在工作中常采用民主协商的方式,听取下属的意见,并鼓励他们积极发表改进工作的意见,从而提高自己在组织管理上的灵活性,增强下属本身的责任感。

2. 激励型

激励型的领导往往注重下属的个人情感,运用物质激励的管理方式,为下属创造积极向上的氛围,不轻易对下属完成工作的方式进行不必要的责难,以最有效地调动他们的积极性。

3. 制度型

制度型的领导要求下属按制度做,即要求下属以任务为中心工作,通过制度来约束行为。

4. 教育型

教育型的领导要求由我来教你怎么做,并给予下属大量的指导和反馈,促使下属自觉采取符合领导者意图的行为。

5. 榜样型

榜样型的领导通过以身作则、率先示范的行动来树立自己的权威,依靠个人的人格魅力的影响和职位上的优势来领导和带动下属,引导他们仿而效之。

6. 专制型

专制型的领导独断独行,通过下达命令来要求下属绝对服从。这种类型的领导可能具有一定的工作能力与魄力,敢于承担责任,在面临困境或者碰到危急关头时往往非常果断,常能发挥速战速决的作用。

7. 放任型

放任型的领导一般都会将工作任务与问题交付下属处理,自己不愿多加过问,也不想多承担工作的责任。

## (六)领导的风格

鉴于以上不同类型的领导在实际工作中的特点,他们的领导风格也会各不相同。领导风格主要包括:

1. 命令型

具有命令型领导风格的领导往往采用下达命令的方式来要求下属必须完成工作任务。他们会给出明确的指令,包括要求他们做什么、如何做、在何时与何地做等细节。

2. 指示型

具有指示型领导风格的领导往往采用发出指示的方式来布置具体的工作任务。他们会向下属提供框架性的指示和要求,并要求下属通过自己的努力去完成相关的任务。

3. 参与型

具有参与型领导风格的领导往往能在发出指示和布置具体工作任务的同时,主动和下属共同讨论和决定完成工作任务与解决问题的最佳方案。

4. 委托型

具有委托型领导风格的领导往往只是向下属发出指示和布置具体工作任务,很少向下属提供如何完成工作任务或解决问题的具体指导和人员支持,也不愿多承担责任和多履行义务。

## (七)领导者的影响力

影响力一般指人在人际交往中影响和改变他人心理与行为的能力。领导影响力就是领导者在领导过程中,有效改变和影响他人心理和行为的一种能力或力量。在领导过程中,领导者如果不能有效影响或改变被领导者的心理或行为,那他就很难实现领导的功能,团队目标也就无法实现。

构成领导影响力(或者说权力)的基础有两大方面:一是权力性影响力;二是非权力性影响力。

权力性影响力又称为强制性影响力,主要源于法律、职位、习惯和武力等。权力性影响力对人的影响具有强迫性、不可抗拒性,通过外推力的方式发挥其作用。在这种方式作用下,权力性影响力对人的心理和行为的激励是有限的。

与权力性影响力相反的另一种影响是非权力性影响力。非权力性影响力也称非强制性影响力,主要源于领导者个人的人格魅力,源于领导者与被领导者之间的相互感召和相互信赖。构成非权力性影响力的因素主要有品格、能力、知识、情感等因素。

(1)品格是反映在人的一切言行中的道德、品行、人格、作风等的总和。优良的品格会给领导者带来巨大的感召力,使群体成员对其产生敬爱感。

(2)能力是指能够胜任某项工作的主观条件。如果一个领导能够在安排下属的工作中,避其所短,扬其所长,使下属的专长得到充分的发挥,使团队的各项工作更加井然有序,这就是领导者识人、用人的本领和能力。

(3)知识是人们在改造客观世界的实践活动中所获得的直接经验和间接经验的总和。知识是一个人的宝贵财富,是领导者领导团队成员实现团队目标的重要依据。丰富的知识会给领导者带来良好的感召力,会使下属对其产生依赖感。

(4)情感是人对客观事物(包括人)主观态度的一种反映。领导者平易近人,时时体贴关心下属,与下属建立良好的情感关系,就容易使下属对其产生亲切感,下属的意见也容易反映给领导者,从而使领导者在做决策时可以根据团队成员的工作情况和思想状况做出更科学、合理的决策。

## 三、权威与自信

### (一)权威

权威是权力在人的头脑中的主观反映,是对权力的一种自愿的服从和支持。对权力安排的服从可能有被迫的成分,但是对权威安排的服从属于认同。

### (二)自信

(1)自信就是相信自己,相信自己的判断和能力,相信自己所追求的目标,自己对自己的能力予以正面的肯定。

(2)自信的人:外向,好交际,易亲近,人际关系好;勇敢、坚定,敢说敢做;有目标,相信自己是对的,坚持自己的看法,想做的事一定去做,不屈不挠;控制力好,主动,不迷信,遇事镇静、不乱。不自信的人:不合群,人际关系较差,与人交流有障碍;没有主见,易从众,易动摇,无原则,不能坚持自己的观点;目标不明确,瞻前顾后、畏首畏尾,犹豫不决,不主动、不积极;惧怕权威,怕独立做事,怕承担责任,害怕失败;遇到挫折立即掉头,受到质疑容易改变。

(3)自信的人认为自己一定行;不自信的人认为自己不一定行;自卑的人认为自己一定不行;自傲的人认为只有自己行;自负的人认为自己毫无疑问,绝对行。

(4)自信的人在面临困难时能想方设法去克服,在面临危险时能临危不惧去决策,在面临挑战时能毫不犹豫去接受。不自信的人或自卑的人,会怀疑自己的能力,在遇到问题时不敢面对,遇到危险时不知怎么办,面临挑战时立即逃避,需要决策时犹豫不决。

### (三)权威和自信

1.权威和自信的不平衡

(1)过高的权威和过低的自信

拥有过高权威的领导者个性张扬,而拥有过低自信的下属对这样的领导者唯唯诺诺,什么事都是领导者一个人说了算,没有质疑,缺乏质询,有可能导致决策错误。

(2)过低的权威和过高的自信

除了职务,下属在各方面明显优于领导者,虽然领导者对下属没有完全按自己的想法行事有疑惑,但因具体工作由下属完成,下属也自信有能力完成,风险不大。

（3）过高的权威和过高的自信

这是一种危险的组合,在紧急情况下,会出现技术上的分歧,对决策可能意见不一,都想指挥和控制,因自尊而各不相让,导致争吵、延缓行动或行动不力。

（4）过低的权威和过低的自信

这是一种最危险的组合,双方都意识不到问题,不做决定或决定不及时,或由于缺乏质询而使决策不正确。

2. 导致过高权威和过低自信的原因

（1）导致过高权威的主要原因:权力欲过强,希望全面控制;缺乏与团队成员的沟通技巧;不善于将工作和任务委派给适当的团队成员;只注重结果,希望通过职务权威来获得结果;想证明自己;等等。

（2）导致过低自信的主要原因:因对领导者的职务权力而产生畏惧;对自己的能力有怀疑;对结果如何无预见;缺乏与领导者的沟通技巧;人际关系紧张;等等。

## （四）自信心的培养

一个人由于缺乏成功的经验,缺乏客观的期望和评价,消极的自我暗示抑制了自信心,加上心理上的缺陷、不良的成长环境等原因而导致了自卑心理的产生。因此,自信心的培养要从以下几方面入手:

1. 缺乏自信心的人

缺乏自信心的人应:

（1）有意识地选择与那些性格开朗、乐观热情、善良、尊重和关心别人的人进行交往。在交往过程中,通过有意识的比较,可以正确认识自己,调整自我评价,提高自信心。

（2）不断提高对自我的评价,对自己做全面、正确的分析,多看看自己的长处,多想想成功的经历,并且不断进行自我暗示、自我激励。

（3）想办法不断增加自己成功的体验,寻找一些力所能及的事情作为试点,努力获取成功。如果第一次行动成功,使自己增加了自信心,随着成功体验的积累,自卑心理就会被自信所取代。

（4）不断提高自己各方面的能力,拥有丰富的知识、技能和经验,具备良好的身体素质和心理素质,才能让自己充满自信。

2. 领导者

领导者应:

（1）为缺乏自信心的人营造一个轻松的氛围,多给他话语权。

（2）鼓励自信心较低的人勇于质询,鼓励他与人交流,鼓励他坚持自己的观点,鼓励他承担一定的责任。

（3）鼓励对自己能力有怀疑的人通过更多的实践获得相应的知识、技能和经验,从而提高自己的能力。

（4）正确评价缺乏自信心的人的实际能力,安排他去做适当的甚至是稍稍超出他的能力的工作,让缺乏自信心的人在成功面前感到喜悦和对自我的肯定。

（5）对缺乏自信心的人适时地给予切合实际的表扬与称赞,以及公正的评价,不要轻易地批评。

（6）鼓励自信心较低的人借鉴他人成功的经验,让其利用想象力增强自信,逐步建立真实可靠的自信心。

# 任务六　疲劳与压力

研究与统计表明,很多事故是由疲劳与压力对人体机能所产生的影响所致。

## 一、疲劳

疲劳又称疲乏,是主观上的一种疲乏无力的不适感觉,是人的一种保护性生理反应。疲劳是由于工作时间过长、劳动强度过大、心理压力过重以及得不到足够的休息和睡眠而导致精疲力竭、学习或工作效率降低的一种现象。

### (一)疲劳的分类

疲劳的分类有很多种,常见的是将疲劳分为生理疲劳和心理疲劳两类。

1. 生理疲劳

生理疲劳,即肌肉疲劳。人在连续从事体力活动一定时间以后就会产生生理疲劳,这时在人体内发生了生理活动变化,分解代谢和合成代谢难以维持,肌肉收缩变弱,中枢神经系统产生抑制作用,全身感到精疲力竭,渴望休息或睡眠。

2. 心理疲劳

心理疲劳,即精神疲劳。引起心理疲劳的主要原因有:工作单调、缺乏兴趣;困难较多;技能不熟练;劳动条件较差;心里感到不舒服;人际关系紧张;精神负担重;不愉快;工作压力过大;等等。

### (二)产生疲劳的原因

产生疲劳的原因很多,主要包括生理因素、心理因素及社会因素等。对于船员来说,引起疲劳的主要原因是缺少睡眠、休息质量差、压力和工作量大。

### (三)人对疲劳的反应

人对疲劳的主要反应有:身体和头脑反应迟钝,缺少必要的警觉,易于忘事,不能很好地做出判断,难于决策;变得脾气暴躁、喜怒无常;注意力分散,意志力减弱,缺乏积极性,对身边的事无动于衷;处理信息缓慢,动作缺乏准确性甚至出现失误。

### (四)疲劳可导致的后果

疲劳可导致以下后果:

(1)注意力不能集中,不能组织有效的活动。

(2)记忆力下降,遗忘掉某一项任务或任务的某一个部分,忽略连贯性工作程序中的一些步骤。

(3)决策能力降低,判断错误,为了节省精力常会选择一些具有高风险的工作策略。

(4)对非正常或紧急情况的反应迟钝,需要更长的时间对变化进行感知和反应。

(5)活动失去控制,不能保持清醒和自制,发生语言障碍。

(6)态度和行为改变,沉默寡言,沮丧,易发怒。

### (五)疲劳对船员的影响

疲劳对船员的工作会产生不利的影响,如干扰船员的注意力,降低船员身体和大脑的反应能力,以及降低做出各种合理决策的能力。

### (六)缓解船员疲劳的措施

(1)缓解船员疲劳的最有效的方法是保证船员获得高质量的、足够的和有效的睡眠。

(2)睡眠是缓解疲劳最有效的策略。一个有效的睡眠必须同时具备以下3个条件:

①适当的持续时间

每个人所需的睡眠时间不尽相同,通常认为平均7~8小时是合适的。

②高质量的睡眠

保持自己处于深度睡眠状态。

③较好的连续性,睡眠不应被打断

实践证明,1个持续7小时的睡眠的效果远胜于7个持续1小时的打盹。

(3)缓解船员疲劳的另一有效的方法是设法让船员得到足够的休息。除了睡眠以外,对于维持人体机能来说,休息或小睡是必需的。研究表明,短暂的小睡作为短时间的缓解措施可以帮助人体在较长时间的清醒中保持身体机能。小睡最有效的时间是20分钟。但是小睡也有某些缺点,一个潜在的危险是小睡如果长于30分钟,将会导致睡眠惯性,而情境意识将会受到影响,醒来之后的20分钟内将会头昏眼花和迷失方向。小睡也可能会干扰后来的睡眠,在应该睡觉时可能感觉不困。

(4)根据人体生理节奏,人类正常的睡眠周期受体温节奏的控制。这种节奏在夜间会积极促进睡眠,在白天则会使人保持清醒。因此,夜间工作可能会使人更加疲劳,一个人不可能在白天休息的时间里获得宁静的睡眠,所以在同样长的时间里,人们在白天将会比晚上获得更少的睡眠。此外,人在白天睡觉不踏实,容易受到嘈杂声、温度等因素的影响。显然,在管理过程中必须对这个因素予以考虑,从而缓解在特殊情况下夜间作业给船员带来的疲劳。

## 二、压力

压力是一种主观上的感受。压力是心理压力源和心理压力反应共同构成的一种认知和行为体验过程。

### (一)压力源

压力的产生原因是复杂的,我们将带来压力感受的事件或环境称为压力源。压力源包括:

#### 1. 生物性压力源

生物性压力源是指那些直接对人的躯体发生刺激作用而造成身心紧张状态的事件或环境,包括躯体疾病、创伤、饥饿、睡眠剥夺、噪声、气温变化等。

#### 2. 精神性压力源

精神性压力源是指那些直接阻碍和破坏个体正常精神需求的内在事件和外在事件,包括心理冲突与挫折、不切实际的期望、不祥预感、与工作责任有关的压力和紧张等。

#### 3. 社会环境性压力源

社会环境性压力源是指那些直接造成个人生活方式上的变化,并要求人们根据其做出调整和适应的情境与事件,如重大社会变革、重大家庭变故、家庭长期矛盾、船上人际关系不适应问题等。

## （二）压力过大带来的危害

适度的压力可以激励人进步,但如果压力过大,持续时间过长,就会给个体和团队带来危害。

1. 对个体的危害

（1）情绪:出现恐惧、焦虑、抑郁、烦躁、疲倦、消沉、紧张、缺乏兴趣等反应。

（2）身体:出现心跳加快、血压升高、肌肉紧张、大量出汗、口干、呼吸困难、胃肠功能紊乱、尿频等反应。

（3）健康:出现人体免疫力降低、头痛、偏头痛、睡眠紊乱,以及胆固醇升高和肾上腺素上升等反应。

（4）精神:出现失去自信、忧虑、无助感、绝望感,甚至认知功能失调、思考困难、对工作不满、沮丧、易怒、失落等反应。

（5）行为:出现人际关系紧张、酗酒、吸毒、过度吸烟、语无伦次、工作失误频繁等反应。

（6）思维:出现难以做出决定、解决问题缺乏创造性、记忆力下降、反应迟钝、对批评过于敏感等反应。

2. 对团队的危害

（1）工作积极性明显降低;

（2）失误和事故明显增多;

（3）工作表现不稳定;

（4）同事间人际关系紧张,团队成员之间或部门之间交流、沟通不畅;

（5）工作效率明显下降。

## （三）压力与事故

压力与事故的发生是密切相关的。压力可以诱发事故的发生,而事故的发生又会给人带来压力。

## （四）船员减压措施

压力产生的原因不同,应对的措施也不尽相同。压力的产生不外乎有生理的、心理的、认知的、人际关系的、社会的、文化的和制度上的等原因。只有找准压力产生的原因,应对或减压措施才能做到有的放矢、对症下药。

为减轻船员来自生理、心理以及工作上的压力,可以采取以下应对措施:

（1）通过采取多种方法与措施来引导船员正确对待工作压力和心理压力,包括:学习和掌握心理学基础知识,在需要时寻求心理咨询和进行心理调适,开展文体娱乐性活动等。

（2）船员无论在工作还是生活上遇到什么困难和压力,都要加强与船上领导和同事之间的沟通与交流,尤其是在遇到困难和情绪低落的时候,沟通与交流是排解压抑情绪、舒缓心理压力的最好方式。

（3）船上人员应定期参加相应的专业技术培训,熟练地掌握相关的知识和技能,减少因不熟悉自己的工作和欠缺相关的知识和技能而带来的工作压力。

（4）公司应为船舶配备足够的能够胜任其工作的合格船员,以避免船员在船上超期工作而导致身体上的疲劳和精神上的懈怠。

（5）公司应尽可能为船员创造符合相关国际公约要求的舒适的生活和工作环境,以减轻船员在船工作期间因不良的生活和工作环境带来的身体不适和负面情绪。

（6）船员应学会管理好个人的时间,保持充足、有效的睡眠,减少因疲劳而感到的生理上的不适。

（7）船上的工作程序应尽可能人性化,每项工作都应按照标准的程序进行。船员个人即使在紧张的工作中也要注意用良好的心态来减轻自己的压力。

（8）船员应对船上存在的潜在的压力局面有充分的了解并有必要的心理准备。复杂的操作一定要采取团队协作的方式,不要把所有的责任和担子加于自己身上。

（9）船舶管理人员要对船员进行有关压力知识的培训,并能够提供适当的心理咨询。

# >> 参考文献

[1] 张晓,龚雪根. 船舶管理:驾驶员. 北京:人民交通出版社,大连:大连海事大学出版社,2012.

[2] 卜仁祥,陶肆,肖金峰. 船舶管理:二/三副. 大连:大连海事大学出版社,2020.

[3] 卜仁祥,陶肆,肖金峰. 船舶管理:二/三副. 大连:大连海事大学出版社,2021.

[4] 陈秋妹,范中洲,陶肆. 船舶管理:船长/大副. 大连:大连海事大学出版社,2018.

[5] 陈秋妹,范中洲,陶肆,等. 船舶管理:船长/大副. 大连:大连海事大学出版社,2022.

[6]《管理学》编写组. 管理学. 北京:高等教育出版社,2019.

[7] 周三多,陈传明,刘子馨,等. 管理学:原理与方法. 7版. 上海:复旦大学出版社,2018.

[8] 陈宝忠,鲁农安,陈煜. 船舶管理:轮机. 北京:人民交通出版社,2000.

[9] 联合国第三次海洋法会议. 联合国海洋法公约. 北京:海洋出版社,1983.

[10] 张晓,龚雪根. 船舶管理:船长. 北京:人民交通出版社,2012.

[11] 陈伟炯. 船舶安全与管理. 大连:大连海事大学出版社,1998.

[12] 方泉根. 船舶驾驶台资源管理:船舶驾驶专业. 北京:人民交通出版社,2006.

[13] 刘正江. 船舶安全管理. 北京:大连海事大学出版社,2016.

[14] 汪益兵,汪舟娜,骆海洋. 船舶管理. 大连:大连海事大学出版社,2023.